权威·前沿·原创

皮书系列为
“十二五”“十三五”国家重点图书出版规划项目

中国社会科学院生态文明研究智库成果

中国社会科学院创新工程学术出版资助项目

中国城市发展报告

No.13

ANNUAL REPORT ON URBAN DEVELOPMENT OF CHINA
No.13

大国治理之城市安全

顾　问／杨开忠　张永生
主　编／单菁菁　李红玉　武占云
副主编／张卓群　苗婷婷

社会科学文献出版社
SOCIAL SCIENCES ACADEMIC PRESS (CHINA)

图书在版编目（CIP）数据

中国城市发展报告．No.13，大国治理之城市安全／单菁菁，李红玉，武占云主编．--北京：社会科学文献出版社，2020.10
（城市蓝皮书）
ISBN 978-7-5201-7459-6

Ⅰ．①中…　Ⅱ．①单…　②李…　③武…　Ⅲ．①城市经济-经济发展-研究报告-中国　Ⅳ．①F299.21

中国版本图书馆CIP数据核字（2020）第198531号

城市蓝皮书

中国城市发展报告 No.13
——大国治理之城市安全

主　　编／单菁菁　李红玉　武占云
副 主 编／张卓群　苗婷婷

出 版 人／谢寿光
责任编辑／薛铭洁

出　　版／社会科学文献出版社·皮书出版分社（010）59367127
　　　　　地址：北京市北三环中路甲29号院华龙大厦　邮编：100029
　　　　　网址：www.ssap.com.cn
发　　行／市场营销中心（010）59367081　59367083
印　　装／天津千鹤文化传播有限公司

规　　格／开 本：787mm×1092mm　1/16
　　　　　印 张：25.25　字 数：377千字
版　　次／2020年10月第1版　2020年10月第1次印刷
书　　号／ISBN 978-7-5201-7459-6
定　　价／158.00元

本书如有印装质量问题，请与读者服务中心（010-59367028）联系

城市蓝皮书编委会

主要编撰者简介

单菁菁　中国社会科学院生态文明研究所研究员、博士生导师，中国城市经济学会常务副秘书长。主要从事城市与区域可持续发展、国土空间开发与治理、城市与区域经济、城市与区域管理等研究。先后主持国家社科基金课题、中国社科院重大课题、国际合作课题、国家各部委课题等研究项目60余项，出版专著3部，主编著作13部，参与14部学术著作和《城市学概论》《环境经济学》等研究生重点教材的撰写工作，先后在国内外学术期刊和《人民日报》《光明日报》《经济日报》等发表论文或理论文章100多篇，向党中央、国务院提交的政策建议多次得到国家领导人的批示，获得各类科研成果奖15项。

李红玉　中国社会科学院生态文明研究所城市政策与城市文化研究中心主任、副研究员，中国社会科学院研究生院硕士生导师，主要研究方向为国土空间规划、城市发展战略与规划、大城市病及城市更新。主持和参与省部级研究课题和地方政府委托研究项目50余项。出版学术著作2部，参与撰写学术著作7部，在《城市发展研究》《光明日报》《城市建设研究》《城市》《学习与探索》等学术刊物和报纸上发表学术论文30余篇。

武占云　中国社会科学院生态文明研究所副研究员，理学博士，应用经济学博士后，主要从事城市与区域经济、国土空间开发与治理等研究。在国内外核心期刊发表中英文学术论文30余篇，撰写研究报告10余篇。先后主持或参与完成了10余项科研项目，其中包括国家社科基金4项、国家自然基金3项、教育部人文社科项目1项、博士后基金1项、中国社科院中英研究项目1项、中国社科院青年中心基金1项。

摘 要

城市安全是社会经济可持续发展的前提，是人民群众安居乐业的保障，是衡量城市竞争力的重要指标。当前，中国城市化水平持续提高，城市规模不断扩大，城市结构日趋复杂，各类要素快速集聚流动，再加上社会经济发展阶段和时代形势复杂变化的影响，城市安全问题日益凸显，城市安全治理面临更高的要求。2020 年初起新冠肺炎疫情大流行，2020 年 6 月以来全国爆发了大范围的洪涝灾害，再次凸显城市风险应对和安全治理面临的严峻考验，成为社会各界广泛关注的焦点问题。

习近平总书记强调要“坚持总体国家安全观，走出一条中国特色国家安全道路”，而城市安全是国家安全观在城市的具体落实。《中国城市发展报告 No. 13》（以下简称《报告》）以“大国治理之城市安全”为主题，紧密围绕新中国成立以来，尤其是 2003 年“非典”以来我国的城市安全发展历程，对城市安全治理的制度、理念和实践进行了系统分析和深入研究。《报告》共设计了总报告、城市治理篇、制度建设篇、技术创新篇、社会治理篇、应急产业篇、国内案例篇、国际经验篇和附录 9 个篇章，分专题深入研究了我国城市安全治理的发展沿革、治理现状、问题挑战、发展态势、创新经验，并结合国外城市安全治理的有益做法，对进一步提升我国城市安全治理体系和治理能力现代化水平提出了对策建议。

《报告》指出，在近 20 年的城市安全治理改革中，我国城市安全治理理念发生重大转变，呈现新的发展趋势：从以往的被动应对转变为主动预防，从针对单项要素的碎片化管理转变为总体国家安全观指导下的综合性治理，从注重事故发生后的应急救灾转变为贯穿“事前—事中—事后”的常态化、全周期管理，从主要依靠人工经验的传统式管理转变为科技赋能的智慧化管理，治理理念和手段不断发展、创新。在城市安全治理体系建设上，以“一案三制”为框架构建了“纵向到底、横向到边”的城市安全应急预案体系，基本建成了系统的安全治理法律体系，实施了一系列行之有效的安全治理机制，城市安全治理的规范化、制度化和法治化水平不断提高，逐步建立起了“统一指挥、专常兼备、反应灵敏、上下联动、平战结合”的中国特色城市安全治理体系。

《报告》同时指出，现代社会正在进入一种“风险型社会”，呈现自然灾害频发化、城市系统脆弱化、突发事件常态化等特征，城市安全与可持续发展面临越来越严峻的挑战。而城市风险本身具有系统性、复杂性、突发性、连锁性等特点，安全防控难度较大，特别是此次疫情防控暴露出了我国城市安全治理的一些短板和不足。如，安全治理思路局限在“已知风险”的范畴内，限制了思维框架和行动范畴；城市安全治理法制体系尚不健全，法律之间耦合度低，部分领域存在漏洞和空白；城市治理结构不够完善，多主体协同联动不足；城市安全应急预案的编制存在同质化强、针对性不足、预见性和可操作性弱等问题；突发事件的预防准备、监测预警、应急处置和救援、恢复和重建机制仍有很大的改进空间。

习近平总书记提到“备豫不虞，为国常道”，要“发挥我国应急管理体系的特色和优势，借鉴国外应急管理有益做法，积极推进我国应急管理体系和能力现代化”。综观全球，国外城市安全治理十分注重理念引领、法律的动态修订和完善、“一体化”或“综合化”管理、社区和个人在突发事件应对过程中的“自依”和“互依”以及信息科技的运用。尤其值得关注的是，“韧性城市”建设已成为当前国内外城市安全治理发展的新趋势。“韧性城市”理念注重对社会、经济和自然等多要素的结合，强调多部门和多主体在灾害应对中的多元合作与联动共治，主张在灾害的抵御阶段和恢复阶段，通过学习、组织重组、调整转型等方式，增强对灾害的随机反应能力、消化恢复能力以及城市自身的演进和可持续发展能力。

立足中国国情，借鉴国际经验，《报告》提出，在新的发展阶段，我国城市安全治理改革须从转变应急治理理念，建立健全安全治理的法制、体制和机制等几个方面入手，秉承总体安全观，推动全视域、常态化、全周期治理；完善法律体系，为城市安全治理提供法制保障；坚持“平战结合”，强化城市安全治理的顶层设计；鼓励社会参与，促进城市安全多元协同共治；加强安全宣教，夯实基层应急安全能力建设；坚持科技赋能，进一步推动城市安全智慧化治理；全面提高城市的公共安全治理能力，保障城市的稳定健康运行，建设更具“韧性”、更可持续的安全城市。

关键词：城市安全　应急管理　多元治理　全周期　韧性城市

目 录

Ⅰ 总报告

B.1 中国城市安全治理：挑战与应对…………………… 总报告课题组 / 001

B.2 2019～2020年度中国城市健康发展评价
………………………………………… 武占云 单菁菁 张双悦 / 040

Ⅱ 城市治理篇

B.3 我国城市社区的生态管理及公共卫生服务能力建设评价
……………………………… 曾 晨 邓祥征 杨 婧 赵彤欣 / 084

B.4 从应急到韧性：风险治理中的韧性城市建设探索
………………………………………………… 单菁菁 王 斐 / 099

B.5 雨水资源化视角下的城市内涝治理研究…………………… 单菁菁 / 115

Ⅲ 制度建设篇

B.6 中国城市应急管理体制建设研究……………… 庄国波 时 新 / 123

B.7 现代城市治理的主要问题与政策建议
………………………………………… 郝 庆 单菁菁 苗婷婷 / 138

B.8 韧性社区：风险治理中社区建设方向与探索
…………………………………………………… 王佃利　徐静冉 / 154

Ⅳ　技术创新篇

B.9 大数据驱动的城市公共安全治理研究………… 刘宽斌　张卓群 / 171

B.10 人工智能在城市公共安全领域的应用及发展研究
…………………………………………………… 周　济　牛站奎 / 187

B.11 公共安全危机背景下应急物流的需求与供给研究 …… 王　菡 / 204

Ⅴ　社会治理篇

B.12 城市公共安全多元合作治理研究 ……………………… 李红玉 / 214

B.13 我国应急宣教及国民应急素养的现状、问题和对策 …… 苗婷婷 / 226

Ⅵ　应急产业篇

B.14 我国应急产业发展：现状、挑战及对策 …… 丛晓男　季俊宇 / 241

B.15 网络安全产业发展状况、问题与对策 ………………… 张卓群 / 257

Ⅶ　国内案例篇

B.16 北京公共安全治理的进展与经验启示 ………………… 龚　轶 / 270

B.17 上海市城市安全治理经验与创新 ……………………… 蒋华福 / 289

B.18 智慧城市视角下的青岛公共安全治理的模式与经验…… 葛　通 / 307

Ⅷ 国际经验篇

B.19 伦敦安全治理的经验：打造更韧性的全球城市 ……… 王晓阳 / 322

B.20 新西兰的应急管理制度及其韧性城市策略…… 苗婷婷 陈立丰 / 335

Ⅸ 附录

B.21 城市发展大事记 ………………………… 武占云 张双悦 执笔 / 351

Abstract ………………………………………………………………… / 362

Contents ………………………………………………………………… / 366

皮书数据库阅读**使用指南**

总 报 告

General Reports

B.1

中国城市安全治理：挑战与应对

总报告课题组*

摘 要： 随着城镇化的快速发展和人类高强度的开发建设，城市人口规模日益膨胀，空间持续扩张，社会结构和生产生活关系的复杂程度不断提升。总体上，城市社会正在进入一种“风险型社会”，呈现自然灾害频发化、城市系统脆弱化、突发事件常态化等特征，城市安全面临越来越严峻的挑战。2003 年“非典”疫情暴发以来，中国城市安全治理建设取得显著成就，但仍然存在公共安全规划滞后于城市发展要求、安全法律法规体系不健全、城市安全治理以被动应对为主、主动防

* 执笔人：单菁菁，中国社会科学院生态文明研究所国土空间与生态安全研究室主任、研究员、博士生导师，研究方向：城市与区域可持续发展、国土空间开发与治理、城市与区域经济、城市与区域管理等；苗婷婷，中国社会科学院生态文明研究所博士后，奥克兰大学博士，研究方向：城市治理、农民工市民化、城乡公共政策等；郝庆，中国社会科学院生态文明研究所博士后、副研究员，研究方向：国土空间规划、国土空间治理、城市与区域管理。

御和跨部门跨区域协同不足等问题。立足当前实际，借鉴国际经验，本文提出以“一案三制”为框架继续推进城市安全治理改革：秉承总体安全观，建立全视域、常态化、全周期治理；完善法律法规体系，筑牢城市安全治理的法制基础；强化韧性思维，做好城市安全治理的顶层设计；因时因地制宜，完善城市应急预案体系；鼓励社会参与，促进城市安全多元协同共治；加快赋权扩能，强化基层安全治理能力建设；坚持科技赋能，进一步提升城市安全治理效能，建设更具韧性、更可持续的安全城市。

关键词： 城市　安全治理　“一案三制”　全周期

城市是人类文明的结晶，是人口和财富的聚集地，但也因此，人类历史上每次发生巨大灾难，城市往往成为灾难中心和风暴策源地。当前，全球有一半以上的人口居住在城市，城市安全是人类社会经济健康发展的基本前提，是人民群众安居乐业的基础保障，是衡量一个国家或地区综合竞争力与可持续发展能力的重要表征。随着城镇化的快速发展和人类的高度集聚与高强度开发建设，城市系统的复杂性不断上升；加之全球气候变化、地质活动等引起的自然灾害，以及重大传染性疾病、极端恐怖主义等事件频发，各类不可预测、不确定性风险对城市生存和发展带来的威胁日益增加；现代社会正在进入一种“风险型社会”，呈现自然灾害频发化、城市系统脆弱化、突发事件常态化等特征，城市安全与可持续发展面临越来越严峻的挑战。我国高度重视城市安全问题。2014 年 4 月，习近平总书记主持召开中央国家安全委员会，首次提出要“坚持总体国家安全观，走出一条中国特色国家安全道路”。2018 年 1 月，中共中央办公厅、国务院办公厅印发《关于推进城市安全发展的意见》，提出“切实把安全发展作为城市现代文明的重要标志”“打造共建共治共享的城市安全社会治理格局”。2019 年 12 月，习近平总书记在第十九次中央政治局集体学习会议上再次强调，“积极推进我国应急管理体系和能力现代化”。城市安全观是国家安全观在城市的具体化，2020 年初以来的新冠肺炎疫情大流行再次警示我们加强城市安全治理的必要性和紧迫性。

我国自然地理条件和气候条件复杂，是自然灾害多发频发的国家，自然灾害种类多、分布广、季节性强，形成巨灾的风险较高；同时，我国城市人口总量大、快速工业化城市化过程带来的安全隐患和潜在威胁多，城市安全体系建设明显滞后于经济发展。在经济发展由高速增长阶段向高质量发展阶段转变的过程中，需要遵循生态文明建设新理念，坚持总体国家安全观，准确把握城市安全形势变化的新特点新趋势，不断完善城市安全治理体系建设，全面提升城市安全治理体系和治理能力现代化水平，积极应对各类风险挑战和潜在威胁，为城市高质量发展和人民群众高品质生活提供安全保障。

一 中国城市安全面临的严峻挑战

新中国成立以来，特别是改革开放之后，我国城市得到前所未有的发展，城镇人口比重由 1949 年的 10.64% 上升到 2019 年的 60.60%，实现了由传统农业社会向以城镇为主的现代社会转变。我国城市经济社会与各项建设取得了重大成就，但是受自然地理条件、经济社会发展阶段以及人口分布与迁移、城镇化发展与城市治理等多重因素的影响，城市系统遭受到多重威胁，且威胁的态势较为严重，为城市安全治理带来巨大挑战。

（一）各类自然灾害频发，形成巨灾风险较高

地形地貌条件和气候条件是造就自然地理格局的两大基础要素，也是影响自然灾害发生和分布的基础。我国地处世界两大地震带之间①，新构造运动强烈，地表起伏大，地貌类型多样，多数区域的地质环境不稳定性与地表

① 世界两大地震带为环太平洋地震带和欧亚地震带（又称地中海 - 喜马拉雅地震带）。

脆弱性特征明显；季风气候控制我国大部分地区，容易出现强降雨、大风、冻雨、暴雪等极端天气。另外，我国人口众多，开发历史悠久，特别是改革开放之后，进行了大规模的开发建设活动。城镇空间拓展、基础设施建设、矿业开发等人类活动对自然环境和生态系统带来深刻影响，特别是城市地区的高强度开发对地表径流、自然生态系统、地质环境稳定性等的影响极大。在上述作用的影响下，我国自然灾害种类多、分布广、频率高、冲击强、损失大，形成巨灾的风险较高。近十年来，我国自然灾害以洪涝、台风、干旱、地震、地质灾害为主，并存在风雹、雪灾等其他类型自然灾害，每年自然灾害造成的经济损失居高不下，年均高达 3847.53 亿元。其中，2019 年各种自然灾害共造成 1.3 亿人次受灾，909 人死亡或失踪，528.6 万人次紧急转移安置，直接经济损失达 3270.9 亿元，约占全国 GDP 的 0.33%（见图 1）。

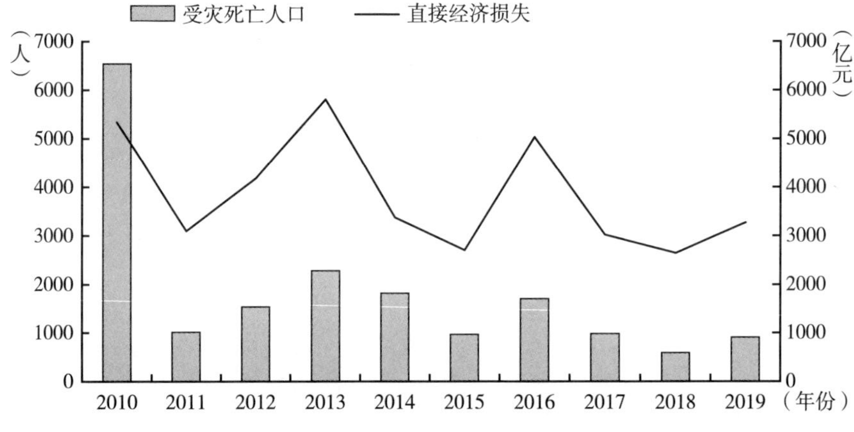

图 1　2010～2019 年中国自然灾害受灾情况

资料来源：2010～2018 年数据来源于国家统计局网站；2019 年数据来源于国家应急管理部网站，2019 年受灾死亡人口含失踪人口。

随着全球气候变化和地球进入地质活动高发期，自然灾害的威胁将越来越强烈，洪涝、台风、风雹、低温和冷冻、雪灾，以及滑坡、泥石流、崩塌等各类灾种的灾害等级将呈上升趋势。我国人口和城市集中分布的东中部地区，遭受台风、暴雨、洪水、海洋灾害以及各类灾害叠加的风险将更加显著。一些主要城市遭受自然灾害的风险威胁将长期存在，影响城市的正常生产生活。

（二）人口与资源环境空间错配，城市生态环境安全得不到充分保障

改革开放 40 多年来，我国城市人口快速增加，1978 年到 2019 年，城镇人口比重增长了 42.68 个百分点。其中，2000 年到 2019 年城镇总人口由 4.59 亿人增加到 8.13 亿人，增长了 77.12%。长期以来，我国的城市发展过度关注经济增长、过于强调城市的生产功能，忽视了城市的生态保护与环境治理，导致空气污染严重、地下水超采以及生态系统退化，人口集聚与资源环境在空间上形成错配，部分地区的生态环境压力持续加大。

尽管近年来我国开展了一系列环境治理工作，城市的生态环境质量有所好转，但大气污染、水污染等问题依然突出。以 2019 年为例，全国 337 个地级及以上城市①中，空气质量达标的城市仅占 46.6%，空气质量未达标的城市（180 个）超过一半（见图 2）。全国地级及以上城市累计出现严重空气污染 452 天，重度空气污染 1666 天，与 2018 年相比，PM2.5 和 O_3超标天数均呈上升趋势。全国地表水水质监测断面（点位）中，约有 1/4 未达到Ⅲ类水质，其中劣Ⅴ类占 3.4%，COD、总磷和高锰酸盐指数普遍超标。全国七大流域中②，黄河、淮河、海河、辽河和松花江五大流域为轻度污染，太湖、巢湖、滇池、松花湖等主要城市湖泊均呈现轻度到中度污染，上海和浙江等发达地区的近岸海域水质严重污染。生态质量差和较差的县域面积约占国土面积的近 1/3（32.6%），而生态质量优和良的县域面积不足一半（44.7%），城市运行的生态环境安全仍得不到充分保障。

---

① 地级以上城市包括直辖市、地级市、地区、自治州和盟。2019 年，因山东莱芜市并入济南市，城市数量由之前的 338 个变为 337 个。

② 七大流域指长江流域、黄河流域、珠江流域、淮河流域、海河流域、辽河流域和松花江流域。

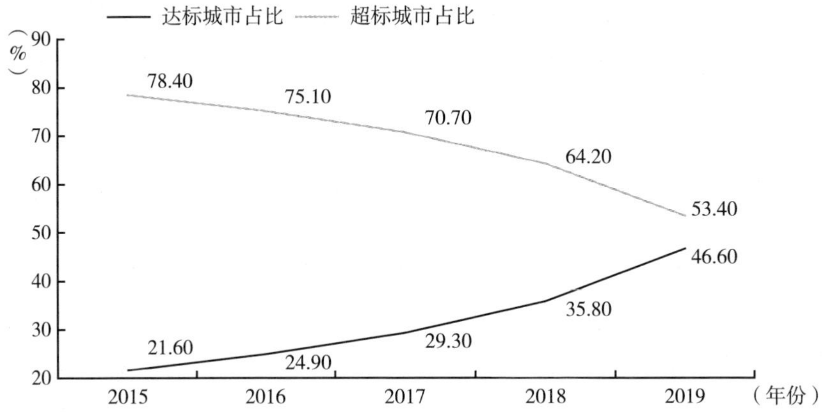

图 2　2015～2019 年中国地级及以上城市大气环境治理达标情况

资料来源：生态环境部，历年《中国生态环境公报》。

（三）城市安全体系建设滞后，城市社会脆弱性明显

我国城市建设成绩斐然，但城市安全体系建设滞后。全国城市建成区面积由 2000 年的 2.24 万平方公里增加到 2018 年的 5.85 万平方公里，增长了 161.16%，人均城镇建设用地面积大幅增加。高楼大厦、宽马路、现代化建筑等城市建设的“面子”越来越光鲜，但是城市的地下综合管廊、城市排水、污水处理、消防设施等关系城市安全的基础设施建设和安全保障体系建设明显滞后。例如，一场暴雨之后，城市进入“看海”模式相继在我国南北方的多个大城市发生。

在城市内部，城市人口不断增加的同时也在进行阶层分化，出现多元群体。各群体的利益诉求、文化传统、行为方式等存在较大差异。在当前我国经济转型和社会转轨的特殊关键时期，社会利益关系面临重大调整，社会矛盾凸显，如果城市治理不完善、对特殊人群的人文关怀缺失，则容易出现城市群体性事件、刑事犯罪事件等影响城市安全的不良问题。根据国家统计局公布的数据，近年来，我国各类刑事案件的立案数量仍然居高不下（见图 3），一些造成较大社会影响的恶性事件时有发生。

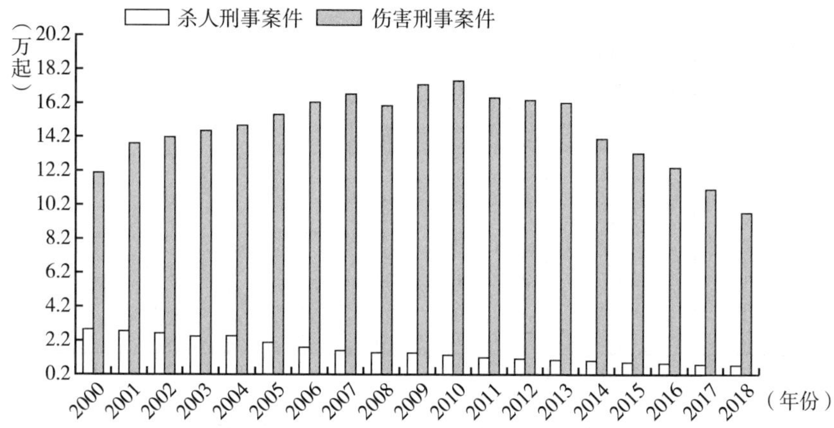

图 3 2000～2018 年全国公安机关立案杀人与伤害刑事案件数

资料来源：国家统计局。

（四）城市人口聚集性流动性加剧，非传统安全压力陡升

在快速城镇化背景下，人类活动频率增多、范围扩大、强度提升、聚集性和流动性增加、对自然与社会的干扰增强，大大加剧了城市安全压力，“风险型社会”特征日益凸显。在风险社会中，风险的结构、特征和规模发生了重大变化，人类成为风险的重要生产者，各类突发事件呈现经常化或常态化趋势，给人民群众的生命财产安全带来巨大威胁。仅以生产安全为例，虽然自 2010 年国务院安委会启动“重大事故查处挂牌督办办法”后，企业安全治理水平不断提高，但每年发生的重大生产安全事故仍然高达十数起到几十起（见图 4）。例如，2019 年江苏省盐城市响水县生态化工业园区发生重大爆炸事故，造成 78 人死亡、76 人重伤、640 人住院治疗，经济损失高达近 20 亿元，产生了严重的社会负面影响。

又如，在道路交通安全方面，由于机动车数量、驾驶员人数、道路里程等快速增长，交通事故隐患增多。2010 年以来，全国每年因交通事故死亡的人数在 6 万人左右，造成的直接经济损失在 10 亿元以上（见图 5）。另外，随着物联网、云计算、大数据、人工智能等创新技术的逐步应用，新形

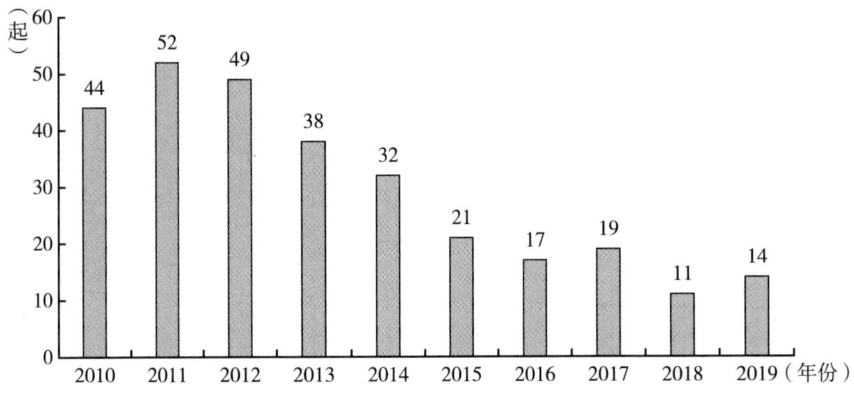

图 4　安委会重大生产安全事故查处挂牌督办事项数量

资料来源：应急管理部。

式的安全威胁和风险正不断滋生、扩散和叠加。最高人民法院公布的数据显示，近年来网络犯罪的数量呈上升趋势。

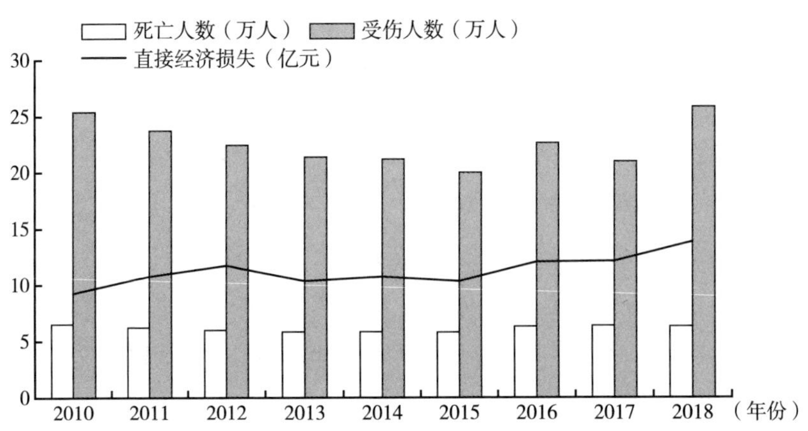

图 5　2010～2018 年全国交通事故情况

资料来源：国家统计局。

另外，国内外经济社会交流的活跃度日益提升，城市人口流动性逐步增加，也容易带来传染性疾病等公共安全事件。近年来我国甲乙类法定传染病报告发病人数居高不下、死亡人数呈上升态势（见图 6）。仍在持续的全球新冠肺炎疫情，也给我国城市公共安全带来极大影响。在疫情防控进入常态化之后，需要更加关注城市安全问题。

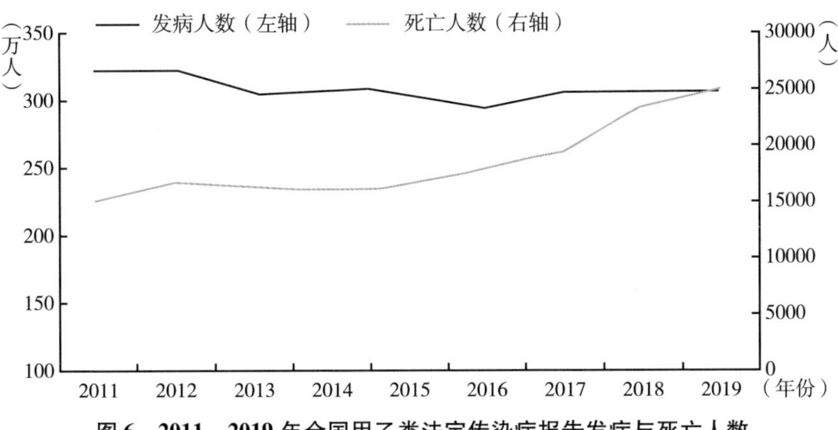

图6　2011～2019年全国甲乙类法定传染病报告发病与死亡人数

资料来源：国家卫生健康委员会疾病预防控制局。

二　中国城市安全治理的发展历程

新中国成立以来，中国城市安全治理大致经历了“建设起步（1949～1978年）”、“发展提升（1979～2002年）”、“转折提速（2003～2012年）”和“系统优化（2013年至今）”四个发展阶段，城市安全治理体系逐步完善，城市安全发展水平不断提高。

（一）建设起步阶段（1949～1978年）

新中国成立初期，城市安全形势异常严峻。经历了100多年的战乱，国民经济完全崩溃，百废待兴，封建残余尚未扫除，社会封闭，形势不稳，秩序紊乱，党政机关在摸索中创建，组织管理建设不规范，城市安全难以得到保障。中国城市安全管理艰难起步。

代表性的事件有，为恢复生产并保障安全，中国人民政治协商会议于1949年通过了《共同纲领》，产生确立了一些新的安全生产管理方法，如

“五同时”原则、安全生产责任制度、安全技术措施计划制度、安全教育培训制度，推进了城市安全生产管理工作的初步开展。1949 年开始，为改变旧中国的不卫生状况和传染病严重流行的现实，全国绝大多数地方，主要是城市，开展了除“四害”安全卫生运动。各单位均成立“爱国卫生运动委员会”，热火朝天地动员群众清理垃圾、改建厕所、挖水井、疏通渠道、剿扑“四害”（老鼠、麻雀、苍蝇、蚊子）。自 20 世纪 50 年代初开始，为巩固新政权，中共中央开启“镇压反革命”运动，肃清了国民党反动派以及关联的境外反华势力在大陆的残余，社会治安情况大为好转。为应对频繁严重的洪涝灾害，党和政府以解放军和武警部队为骨干组建防汛抢险救灾队伍，大规模建设防洪工程体系，防汛防洪取得了令人瞩目的成绩。

这一时期，我国经济发展水平比较低，物质比较匮乏，财产安全尤其是公共财产安全具有特殊的保护意义；自新中国成立到改革开放前的这一阶段，社会系统比较封闭，单灾种、单部门自上而下的组织动员为主要的管理模式；政府掌握了主要的稀缺资源，是安全管理的绝对主体；由于技术和管理条件比较落后，被动救灾为主要表现形式。

（二）发展提升阶段（1979～2002年）

改革开放后，随着经济发展水平和社会管理水平的不断提高，中国城市安全管理进入发展提升阶段。

为整顿经济环境和经济秩序，国务院成立全国安全生产委员会，恢复了安全生产的各项制度，加强了企业安全生产和劳动保护，安全生产事故快速减少。随着国力提升，这时期党中央和国务院以“工程为基”，高度重视水利设施建设，一批大型水利枢纽工程，包括三峡工程、大藤峡工程、小浪底工程、临淮岗工程等建成并投入使用，治黄、治淮、治江等治水大业轰轰烈烈开展，大江大河大湖的防洪减灾能力明显增强。针对社会治安不好的大形势，1983 年开始的“全国严打”遏制了犯罪率的急剧上升。1989 年国家开始卫生城市创建活动，为市民提供了清洁安全的环境。

同时，全国人大及常委会出台了大量规范各领域安全的专项法律，城市安全管理的法治化进程明显加快，安全管理法律体系基本成型于这一时期。《中华人民共和国减灾规划（1998～2010年）》出台，标志着我国减灾体系初步形成。基于遥感和地理信息系统技术建立了重大自然灾害监测与评估信息系统，洪水、干旱、森林火灾、雪灾、地震、病虫灾害等自然灾害的预测水平有所提升。伴随市场经济的引入，多元异质社会个体不断涌现，社会保险事业快速发展，传统的“大政府—小社会”的安全管理格局受到冲击。

这一时期，党中央逐步扭转高度集中的计划经济体制，市场经济飞速发展。但是，城市安全生产秩序受到挑战；城市建设杂乱无章、规划滞后、管理积弊严重、安全隐患较多；安全应急以工程防灾为主；运动式治理也带来了治标不治本的问题，城市安全管理体系亟待完善。

（三）转折提速阶段（2003～2012年）

2003年暴发的“非典”疫情是我国城市安全治理体系建设的转折点。面对突如其来的严峻考验，国家顶层意识到我们的“突发事件应急机制不健全，处理和管理危机能力不强，一些地方和部门缺乏应对突发事件的准备和能力”①，并做出全面加强安全治理工作的重要决策。

在梳理总结抗击“非典”经验的基础上，国家以“一案三制”为框架，开始启动具有现代意义的城市安全应急治理体系建设。“一案”即建立国家突发公共事件应急预案体系，“三制”即建立健全应急管理的体制、机制和法制。其中，应急管理体制主要是建立统一高效的指挥机构；机制建设主要是建立健全应急管理的监测预警机制、信息报告机制、协调决策机制等；而法制建设则是推动安全应急治理迈向法治化、制度化和规范化。

2001年上海市率先启动了《上海市灾害事故紧急处置总体预案》编制工作，2003年北京市发布了《北京防治传染性非典型肺炎应急预案》。2004年国务院办公厅印发了《省（区、市）人民政府突发公共事件总体应急预

① 胡锦涛同志在2003年全国防治“非典”工作会议上的讲话。

案框架指南》，2005 年国务院常务会议讨论通过了《国家突发公共事件总体应急预案》和 25 项专项预案、80 项部门预案。2006 年，国务院办公厅设置国务院应急管理办公室，履行值守应急、信息汇总和综合协调职能，发挥了运转枢纽的作用。2007 年，全国人大通过了《中华人民共和国突发事件应对法》（以下简称《突发事件应对法》），将自然灾害、事故灾难、公共卫生事件和社会安全事件明确为城市安全应急管理工作的主要对象。在这一时期，中国城市安全治理建设开始全面加速，城市安全治理的法律政策体系、组织体系、队伍建设和保障能力明显提升，建立和完善了针对防汛抗旱、抗震救灾等特定灾害的议事协调机构和联席会议制度，改进了安全应急管理综合协调的体制机制。

2008 年我国南方的低温雨雪冰冻灾害和“5·12”汶川大地震再次对我国的安全治理工作提出严峻考验，安全管理被进一步纳入国家社会经济建设的重要议程。“十一五”期间，很多城市出台了“突发事件应急体系建设规划”，对城市安全规划的整体布局和总体任务、安全能力建设的主要项目和保障措施做出了重点部署，安全治理体系不断完善。

因此，这一阶段我国城市安全治理建设取得了里程碑式的跨越，城市安全治理的法制化、制度化和常态化进程显著提升，安全治理工作受到高度重视，初步建立了具有中国特色的“一案三制”应急管理体系，为城市安全发展提供了有力保障。

（四）系统优化阶段（2013年至今）

党的十八大以来，在以习近平同志为核心的党中央的领导下，城市安全治理成为推进国家治理体系和治理能力现代化的重要内容，城市安全治理的规范化、常态化和制度化不断加强。

2013 年，国家安全委员会设立，安全问题受到国家顶层的高度重视。2014 年，习近平总书记提出了“总体国家安全观”的概念，对安全的内涵、外延和时空领域进行了全新阐释，指出要“以人为本”，构建集各类传统安全和非传统安全于一体的国家安全体系。2018 年，各级政府实施国家应急管理机构改革，相继组建了应急管理部和应急管理厅局，逐步建立起了“统一指挥、专常兼备、反应灵敏、上下联动、平战结合”的中国特色应急管理体制。2019 年底，新冠肺炎疫情在全球暴发，党中央成立应对疫情工作领导小组，采取了一系列前所未有的防控措施，取得了阶段性成效，受到世界卫生组织和他国肯定。

这一时期，尤其是在疫情防控进入常态化的状态下，我国城市安全治理在实践中不断创新。安全治理，尤其是公共卫生突发事件应急治理的法律法规不断完善，程序机制持续优化，部门间协调程度有所提高，治理中心向基层下沉，多元主体积极参与，信息技术广泛运用，城市安全治理的现代化水平显著提高。

三　中国城市安全治理取得的成效

新中国成立以来，特别是经历 2003 年“非典”疫情和 2008 年“汶川地震”之后，中国城市安全治理体系建设逐步提速并不断完善，在法制建设、机制建构、组织管理等方面取得显著成绩，城市安全治理能力不断提升，城市安全发展水平明显提高。

（一）法律法规体系基本建立

我国自 1954 年首次发布戒严制度以来，到 2007 年《突发事件应对法》出台之前，已陆续制定与公共安全相关的法律 35 件、行政法规 37 件、部门规章 55 件、相关法规性文件 111 件①，城市安全治理法律法规体系经历了从无到有的发展历程。但部门立法多而散、碎片化问题十分突出，城市安全治理缺少一部非常时期统领性的“龙头法”。2003 年“非典”疫情之后，国务院开始着手制定非常时期的安全治理基本法。2007 年《突发事件应对

① 江田汉：《我国应急管理法律体系》，http：//www.360doc.com/content/18/0713/21/14398649_ 770173541. shtml。

法》颁布实施，明确了特殊时期公共风险防控的行政程序规范，结束了城市安全治理各自为政的局面。

目前，我国城市公共安全治理在横向上建成了以《宪法》为根本、以《突发事件应对法》为核心、以其他单项应急安全管理法律法规为配套的公共安全治理法律体系（见表1）；在纵向层面形成了包括法律、法规、规章和规范性文件在内的具有不同位阶和效力的层级体系，为规范城市安全治理提供了法律制度保障。

《宪法》作为我国的基本大法，确定了国家，包括城市进行公共安全治理的权力与责任；《突发事件应对法》对县级以上人民政府针对各类威胁城市安全的突发事件，从预防与应急准备、监测与预警、应急处置与救援、事后恢复与重建四个阶段对如何进行全天候治理进行了法律规定。《气象法》《防震减灾法》《防洪法》等对县级以上人民政府的自然灾害防御工作进行了说明。《安全生产法》《劳动法》《工会法》《物权法》《行政处罚法》《行政复议法》《行政许可法》《行政监察法》《矿山安全法》《煤炭法》《矿产资源法》《消防法》《道路交通安全法》《科学技术进步法》等对安全生产、劳动保护、政府监管等做出了法律规定。《职业病防治法》《传染病防治法》《食品卫生法》《药品管理法》《动物防疫法》《国境卫生检疫法》等则对食品药品监管、传染病防治、动植物检疫防疫等做出规定，对维护公共卫生安全提供了保障。《刑法》《国家安全法》《人民警察法》《治安管理处罚法》《集会游行示威法》《网络安全法》《防恐怖主义法》等则围绕社会安全事件治理，对人民的权利义务、县级以上人民政府的责权利进行了规范。

表1 我国城市安全法律法规体系——以城市消防为例

法律类别	名称	制定、发布机关	生效/修改时间
法律	《消防法》	第十三届全国人民代表大会常务委员会	1998年4月29日 （2019年4月23日修订）
国务院法规	《消防救援衔条例》	国务院	2018年10月26日

续表

法律类别	名称	制定、发布机关	生效/修改时间
部门规章（12个）	《建设工程消防监督管理规定》	公安部	2009年5月1日（2012年7月17日修改）
	《消防监督检查规定》	公安部	2009年5月1日（2012年7月17日修改）
	《火灾事故调查规定》	公安部	2009年5月1日（2012年7月17日修改）
	《消防产品监督管理规定》	公安部、国家工商行政管理总局、国家质量监督检验检疫总局	2013年1月1日
	《社会消防安全技术服务管理规定》	公安部	2014年5月1日
	《社会消防安全教育培训规定》	公安部、教育部、民政部、人力资源和社会保障部、住房和城乡建设部、文化部、国家广播电视电影总局、国家安全生产监督管理总局、国家旅游局	2009年6月1日
	《机关、团体、企业、事业单位消防安全管理规定》	公安部	2002年5月1日
	《公共娱乐场所消防安全管理规定》	公安部	1999年5月25日
	《高等学校消防安全管理规定》	教育部、公安部	2010年1月1日
	《仓库防火安全管理规则》	公安部	1990年4月10日
	《高层居民住宅楼防火管理规则》	公安部	1992年10月12日
	《医疗机构消防安全管理》	原卫生部	2009年3月12日
地方法规	《北京市消防条例》《上海市消防条例》《山东省消防条例》等	地方人大及常委会	—
地方规章	《山东省公共场所消防安全管理办法》《银川市公共消火栓建设维护管理条例》等	地方政府相关部门	—

资料来源：作者根据国家相关法律法规和各地/各部门政府官方网站信息整理。

在单项安全治理法律和相关专门法律之下，国务院制定行政法规，同时在法定职权范围内制定相应的规章，对有效贯彻落实法律法规，更好地开展行政管理事项进行进一步细化。例如，公安部颁布的《建设工程消防监督管理规定》（2012 年修订）对建设单位的工程消防设计、施工质量和安全责任，对公安机关的消防监督权力责任进行了规定。地方人大及常委会出台地方性法规，对法律实施进行进一步说明，同时根据不同行业的监管特点，制定有针对性的部门规章。比如，银川市在《消防法》的基础上制定《银川市公共消火栓建设维护管理条例》，对加强公共消火栓的建设、维护和管理，确保灭火救援用水等进行规范。

（二）组织管理架构逐步完善

2003 年改革前，城市安全管理没有一个综合统一协调机构，部门间各自为政、部门职责权利不清晰、上下层级之间联动不畅，这种部门分割的体制不利于非常时期的信息整合共享和对人、财、物等各类资源的统一调度，降低了面对突发事件的反应速度，提高了安全治理成本。“非典”疫情发生后，《突发事件应对法》出台，为我国城市安全治理的组织管理奠定了基调，确立了“统一领导、综合协调、分类管理、分级负责、属地管理”的组织管理原则。

“统一领导”是指在应对公共安全突发事件中，市、县、区成立“突发事件应急委员会”，由政府主要负责人担任领导，对城市安全治理各项任务进行统一指挥，乡镇人民政府和街道办事处设立或确定应急管理机构，配备专职工作人员。在纵向上，各级政府实施垂直领导，下级服从上级；在横向上，城市政府及各有关部门需相互配合，共同服务于指挥中枢。“综合协调”是指涉及安全治理的各类主体，包括政府、职能部门、社会组织、企事业单位、公民个体，在统一指挥下，应密切配合、有效联动，以实现人、财、物和信息等各类资源的最佳配置。“分类管理”要求根据突发事件的类型，规定对应的牵头主管部门，发挥专业部门的技术优势，为决策者和指挥机构提供专业化的防灾减灾抗灾建议。“分级负责”是指根据突发事件的影响程度，各级政府实行分级管理，在自己的辖域和职权范围内做好预防、监测预警、响应和恢复工作。“属地管理”则是指城市政府在当地安全治理工作中承担主要责任，享有特殊权力，以便更加快速、有针对性地应对各类突发事件。

2018 年国务院机构改革，将国务院办公厅、公安部、民政部、水利部、农业部、国土资源部、国家林业局、中国地震局、国家安全生产监督管理总局、国家防汛抗旱总指挥部、国家森林防火指挥部、国务院抗震救灾指挥部、国家减灾委员会等 13 个部门涉及安全生产、自然灾害和事故灾难的应急救援职责进行整合，成立国家应急管理部，承担国家应对特大灾害的指挥工作。按照“分级负责”原则，一般性灾害由各级地方政府负责，国家应急管理部代表中央统一响应支援；当发生特别重大的灾害时，国家应急管理部作为总指挥部，协助中央组织安排相应的应急处置救援工作，明确与相关部门和地方政府的职责分工，保证统一指挥、上下联动、协调配合。

在此指导下，围绕城市安全发展，中国城市安全治理的组织架构得到进一步完善。以北京市为例，2018 年，国务院组建应急管理部，北京市及其 16 个区跟随国务院机构改革步伐，相继成立应急管理局。由此，北京市形成了“3 +2 +1”应急管理组织框架体系：“3”即市、区和专项应急管理机构，“2”即 110 和 12345 两个电话热线，“1”即基层应急体系。从 3 个安全应急管理机构的职能上看，北京市突发事件应急委员会统一领导突发公共安全事件，北京市应急管理局为办事机构，同时北京市应急委员会设突发事件专项应急指挥部。从 2 个电话服务中心来看，110 热线和 12345 热线形成了面向企业群众需求的“一号响应”机制。从 1 个基层应急体系来看，北京通过“街乡吹哨、部门报到”赋予了街乡“吹哨”权力，推动部门到街乡报到，构建了自下而上的快速响应机制。

在“3 +2 +1”的应急管理组织体系下，北京市按照“分级负责”原则建立了公共安全突发事件的四级响应机制。其中，第四级响应级别对应一般突发事件，由所在区指挥应对，市协助；第三级响应级别对应较大突发事件，天安门、中心城区等重点区域由市专项指挥部指挥应对，其他区由区或市专项指挥部指挥应对；第二级响应级别对应重大突发事件，由市应急委员会统一指挥，市专项应急指挥部具体指挥；第一级响应级别对应特别重大且影响首都社会稳定的突发事件，一般由北京市委成立突发事件响应领导小组和办公室，进行统一指挥应对。

（三）安全治理机制日趋成熟

城市安全治理机制指的是城市在应对各类突发事件的过程中，所采取的各种程序化、制度化的安全治理方法及措施。中国经过几十年的探索实践，在突发事件的预防准备、监测预警、处置救援和恢复重建等环节已形成一套相对成熟有效的城市安全治理机制（见图 7）。在城市安全治理的预防准备环节，中国城市从防灾减灾规划、风险防范、应急宣传教育、应急资源配置等方面做了大量工作，对降低和减缓事故风险起到了显著效果。如各地在城市总体规划中按规定都要设置综合防灾减灾篇章，制定防灾减灾专项规划，对城市防灾设施、应急保障、灾害防御等防灾减灾工作做出相应布局和安排。此外，政府相关职能部门还会依据各自的专业领域和权力范围，制定详尽的单灾种防灾减灾规划，比如地震局、水利局、应急管理局、国土资源部门会分别制定城市的抗震防灾规划、防洪规划、应急储备规划、地质灾害防治规划等，针对具体灾种和灾害特性制定防灾策略和应急预案，以提前对灾害防治进行部署。政府、学校、媒体等也会开展相应的安全教育与宣传，提高居民的安全应急意识和防灾减灾救灾技能。

在城市安全治理的监测预警环节，在国务院应急办的指导下，中国城市在突发事件监测网络、突发事件监控系统、应急值守制度、突发事件信息报告传递制度等方面的建设取得了很大进展。各地城市根据应急管理和安全治理的要求，建立了专业化、现代化的监测网络，对各类孕灾环境和致灾因子进行动态监测。同时不断完善以政府相关部门、企事业单位、监测网点和新闻单位为主体的安全预警机制，通过信息收集和情势研判，及时形成警示信息，令社会公众及时知晓、理解风险信息，并快速采取有效的布控措施。例如，在此次新冠肺炎疫情的防控中，各地城市纷纷运用大数据、信息化等手

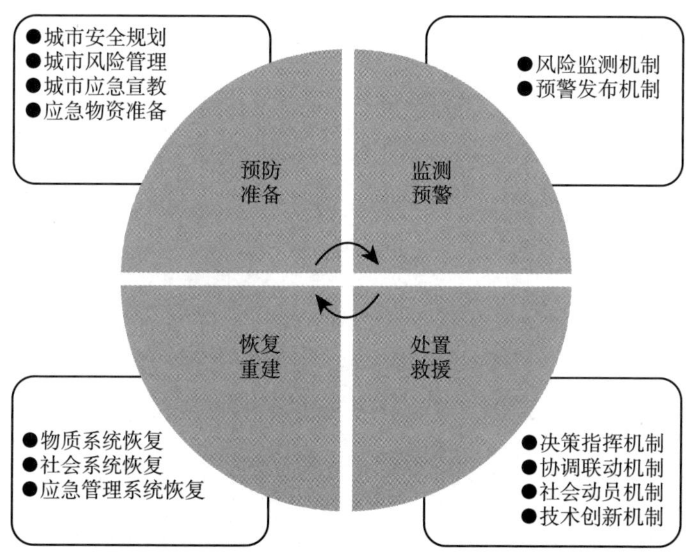

图 7　城市安全治理机制

资料来源：根据钟开斌著《风险治理与政府应急管理流程优化》，北京大学出版社，2011；容志、王晓楠主编《城市应急管理：流程、机制和方法》，复旦大学出版社，2019 等相关资料绘制。

段，创新使用健康码、疫情地图实时查询等方式，强化线上线下联动，加强疫情的研判、监测、预警，搭建了联防联控、群防群治的严密防线，为实现“外防输入　内防扩散”奠定了坚实基础。以杭州为例，为适应新冠肺炎疫情防控期间杭州市民和众多外地返杭人员返工、返岗、返学的需要，杭州创新实施了健康码三色动态管理制度，对不同人群和地区实行分级分类管控。扫码后显示为绿码者，可在市内安全区域自由通行；显示为黄码者，需要进行 7 天以内的集中隔离或居家隔离，健康状况正常后转为绿码；显示为红码者，需要 14 天的集中隔离或居家隔离，健康状况正常后再转为绿码；进出杭州市一律需要扫码通行。这项措施由于其便捷精准的管理效果，很快在全国推广，成为坚决打赢疫情防控阻击战的有效工具（见图 8）。

在城市安全治理的处置救援环节，各级城市以属地管理为基础，不断加强应急队伍建设，完善协调联动机制。在面对自然灾害、事故灾难、公共卫生事件和社会安全事件时，能够及时疏散受困群众，组织营救和救治，控制

图8　杭州健康码三色动态管理机制示意

资料来源：《一图看懂“杭州健康码”》，浙江新闻，https：//zj. zjol. com. cn/news. html？ id = 1386391。

危险源，维护生命线工程的正常运营。同时，对生产和公共活动管制、应急救援物资调度、生活物资供应、社会动员、稳定市场和社会治安秩序、预防衍生和次生灾害等方面实施全方位管理，已然形成了一套制度化的应急处置流程。以此次新冠肺炎疫情为例，面对前所未有的重大公共卫生灾害，我国各级城市在上级的统一指挥和领导下，以属地管理为原则，认真、快速地部署实施疫情防控，在组织协调、联防联控、社会动员、关口检测、病例的集中救治和追本溯源、闭环管理等方面采取了一系列果断有力的措施，有效地遏制了疫情的蔓延。

在城市安全治理的恢复重建环节，为重构被灾害事件破坏的社会生产生活秩序，受灾城市从编制恢复重建规划、物质系统修复、社会系统修复和应急管理系统修复四个层面出发，建立了积极稳妥、深入细致的灾后恢复和重建机制。以汶川地震的灾后重建为例，都江堰、汶川、北川等受灾市县在充分考虑地方的经济、社会、自然、地理和文化等特征的前提下，按照“急缓相宜”的原则合理制定灾后恢复重建方案、优先领域和建设时序，有序推进市县的恢复重建工作。在注重恢复重建物质系统和生产系统的同时，还特别注重对社会系统和社会结构的修复，努力使社会秩序尽快回到正常轨道。

（四）城市安全发展水平不断提升

城市安全治理的过程也是在学习中不断提升、在实践中不断发展的过程。针对以往在各类自然灾害和突发事件中不断暴露出来的发展偏差和漏洞，中国城市通过安全治理和“风险学习”，不断补漏、纠偏、创新和提升，在循环往复中推动城市系统的优化和完善，不断实现更高层次和更加安全的发展。

仅以城市应急预案的制定为例。各地城市在总结以往突发事件经验教训的基础上，结合各地实情对应急预案的编制和组织实施不断进行完善。截至目前，在《国家突发公共事件总体应急预案》《国务院办公厅关于印发突发事件应急预案管理办法的通知》等中央文件的指导下，各地城市构建了系统的预案体系。针对自然灾害事件的应急预案一般包括《自然灾害应急预案》《防汛应急预案》《抗旱应急预案》《地震应急预案》《突发性地质灾害应急预案》《气象灾害应急预案》《森林火灾应急预案》等；针对事故灾害的应急预案通常包括《特大交通事故应急预案》《特大火灾事故应急预案》《安全生产事故应急预案》《危险化学品生产事故应急预案》《工程建设安全事故应急预案》《大面积停电应急预案》《石油天然气管线突发事件应急预案》《特大爆炸事故应急预案》《突发环境事件应急预案》《重污染天气应急预案》等；针对公共卫生事件的专项应急预案一般包括《突发公共卫生事件应急预案》《食品安全事故应急预案》《重大动物疫情应急预案》等；针对社会性突发事件的应急预案一般包括《教育系统突发事件应急预案》《金融系统突发事件应急预案》《社会安全事件应急预案》《突发事件新闻发布应急预案》《防范和处置恐怖事件应急预案》等；“纵向到底、横向到边”的应急预案体系，为迅速、科学、有序地应对各类突发事件提供了保障，显著提高了城市应急治理和安全发展能力。

截至2019年，中国社会治安指数、卫生安全指数、生产安全指数、经济安全指数、心理安全指数分别达到95.2、89.1、94.7、92.5和92.4，分别比2015年提高了24、30.3、23.2、27.5和27.6个点；综合平安小康指数由2005年的66提高到2019年的92.7，提高了26.7个点；各项安全指数均呈现明显的上升趋势，平安小康发展水平不断提升。其中，社会治安和生产安全一直在各项安全指标中占据高位，显示我国经济生产和社会秩序安全水平总体良好。特别是2013年以后，社会治安水平超越生产安全水平，在各项安全指数中排名第一，表明近年来我国扫黑除恶等专项斗争已取得明显成效。在生产安全方面，随着各行业主管部门和各地方政府的严格监管、生产经营单位安全意识的提升，以及安全技术的突破，我国安全生产指数一直保持在较高水平。经济安全指数在2008年受国际金融危机的影响曾一度降至64.2，但在我国“转结构、调方式、强动能”等一系列正确决策下，近年来经济安全指数持续快速增长，经济韧性明显增强，与之相对应的是人民群众的心理安全感也在不断提升。但这其中卫生安全指数始终处于较低水平，说明公共卫生安全依然是我国城市安全和可持续发展的短板（见图9）。

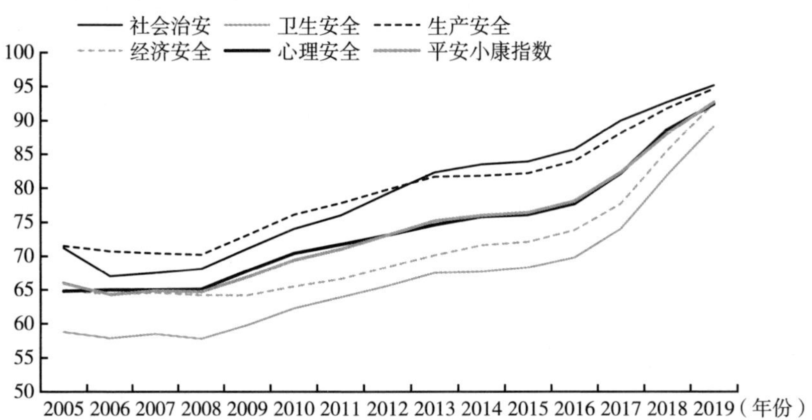

图9　2005～2019年中国各类安全指数发展走势

资料来源：《2019中国平安小康指数》，中国小康网，http：//www.chinaxiaokang.com/zhongguoxiaokangzhishu/2019zgxkzs/2019nianzhong guopinganxiaokangzhishu/2019/0730/765217_3.html。

四　中国城市安全治理存在的主要问题

尽管自2003年“非典”疫情之后，我国城市安全治理体系建设大大提速并取得显著成就，但仍然存在许多不完善的地方。特别是在城镇化、全球化、信息化快速推进的今天，面对日益复杂的内外部环境，传统的城市公共安全管理已经很难适应时代迅猛发展的要求，不能有效应对新的挑战，此次新冠肺炎疫情防控中即暴露出我国城市安全治理的一些短板和不足。

（一）公共安全规划明显滞后于城市发展要求

城市发展，规划先行。城市安全规划是实现城市发展的前提，是城市安全管理的基本依据。但是由于灾害事件是小概率事件，出于成本收益考虑，防灾减灾因素常常被城市管理者所忽视，以至于灾害发生时城市经常处于被动的地位。

首先，城市空间规划滞后于安全发展需求。虽然法律规定城市规划必须考虑防灾减灾，但由于缺乏先进的规划理论指导、具体的考核指标和有效的责任追究机制，很多城市在进行空间规划时往往优先考虑经济发展的需要，而对城市安全，如重要建筑的选址安全、人员密集建筑的应急防疫、城市应急物资的储备布局等问题考虑较少。

其次，城市生命线系统建设远远落后于城镇化推进速度和城市空间扩张步伐。与高楼大厦、大马路、大广场等“面子工程”相比，水、电、气、通信及排水、排污管网等保障城市功能正常运行的城市生命线系统建设经常得不到城市管理者的足够重视，即使建设，出于成本收益考虑，往往也更倾向于采取国家法定标准的下限，这使得城市生命线系统的防灾减灾功能无法得到充分发挥。如我国很多城市的地下排水管网建设长期滞后，很多地区存在排水系统标准过低、排水管道缺乏、管网衔接不畅等问题，以至于一遇暴雨，城市内涝灾害频发。

再次，对城市安全规划的灾害要素考虑不够全面。从各城市已开展的安全规划来看，各种灾害要素的涵盖和整合力度较低，大多仅限于抗震、消防、人防、抗旱、抗涝、地质灾害等传统灾种防治，对包括突发传染病在内的公共卫生以及其他非传统型灾害的防治考虑较少。

最后，城市安全应急预案同质化强、针对性弱。很多城市在安全应急预案编制过程中缺乏深入研究，对各类风险因素和致灾因子把握不足，普遍忽视风险评估和情景延伸，应急预案雷同度高、针对性弱、预见性和可操作性不足。再加之缺乏应急演练优化机制，导致实际操作中应急预案往往与复杂多变的突发事件脱节，漏洞百出。

（二）法律之间耦合度低、部分领域存在漏洞和空白

进入 21 世纪以来，我国城镇化快速发展，城市空间和人口规模迅速扩大，同时各类公共突发事件的诱发因素也明显增多。但我国大量涉及安全管理的法律法规都是十几年前甚至几十年前制定的，很多法律法规的条文已经无法适应新的发展形势，部分领域存在漏洞和空白，迫切需要补充完善。

首先，公共安全法律法规建设滞后，配套政策制度缺位较多。如 2007 年颁布实施的《突发事件应对法》，没有明确应急管理联动过程中政府间的权限从属和实施程序，也缺乏行动指南和纠错、问责规定，实际操作性不强。针对单一类型突发事件的单行法尚不够全面，缺乏有关领域的专门立法。很多法律条文较为原则抽象，缺乏具体的实施细则和配套制度。

其次，宪法规定的紧急状态缺乏下位法的衔接，在危机状态下如何实施国家权力进行应急处置和保障公民权利尚缺乏法律认定。

最后，应急法律之间缺乏有效整合。《突发事件应对法》和其他单行应急法律，以及各单行应急法律之间的条文间存在诸多分歧；不同的专项应急法律之间也无法做到有效兼容，耦合度欠缺，在应对复合型突发事件中可能会存在法律适用和应对处置相矛盾的情况，亟须对现有法律法规进行清理修订。

（三）被动防御和运动式治理仍然占据主导地位

目前在我国的城市安全治理中，很多部门及其工作人员还是秉承传统的

安全管理理念，即以被动防御为主。

首先，城市安全管理侧重于被动防御。大部分城市的安全管理以事发前的隐患排查和事发后的紧急救援为主，更加注重对突发事件的应急管理、应急响应和事后处理环节，而对超前预防、事前预备、学习反思等的全过程治理关注不足。

其次，“运动式”管理成为常态。一遇到风吹草动便全体动员，采用“人海战术”开展各类“突击行动”“专项行动”进行短时间集中整治。“运动”过程中往往采取高压严打态势，但“运动”过后很快便放松警惕、恢复常态。这种临时性、突击性、运动式的安全管理制度化和法治化水平低，长期有效性和可持续性差，不仅大大增加了一线人员的管理压力，使一线人员疲于应付，也不利于管理经验的学习积累。安全治理责任似乎成为上级政府的委派任务，自发的、持续性的安全责任体系和自我管理学习机制难以建立，无法从根本上提高城市安全治理管理水平。

（四）多主体、跨部门、跨区域协同治理能力不足

城市安全涉及城市的方方面面，关系城市中所有部门、企业、个人的发展与福祉。但当前我国多数城市的安全治理仍然停留在传统的、自上而下的“城市管理”模式，“多元共治”“元治理”“协同共治”“复合治理”等先进治理理念尚未得到有效实施。

首先，部门分割现象依然存在。尽管 2018 年我国通过机构改革，将 13 个部门涉及自然灾害和事故灾难的应急救援职责进行整合后成立了国家应急管理部，但公共卫生突发事件、社会安全类突发事件等专项安全管理职能仍然归属于各相关专业部门，当出现重大突发事件时，部门之间缺乏有效协调机制、信息沟通不畅、统筹协同能力不足等现象依然较为突出。

其次，多元主体参与不足。在很多情况下政府依然被视为城市安全治理的主要责任人，甚至是唯一主体，企业、社区、社会公众等主动参与和有效参与城市安全治理的意愿、渠道、能力均较为欠缺，如社会组织发育不足，缺乏公众参与机制，社区等基层组织应急安全治理能力较弱，社会公众的安

全知识和自救能力不足，面对突发性事件时“灾前慌乱、灾中无助、灾后依赖”的“等、靠、要”现象较为严重。

最后，安全治理缺乏区域统筹。由于经济一体化以及区域交通的快速发展，区域内以及区域之间的联系不断加强，给公共卫生等突发事件的阻断带来了很大挑战。但我国多数地区缺少区域协防机制，多数城市仍然单兵作战，专注于本地的灾害治理，忽视了人员流动和区域联系，从而降低了城市安全治理效果。

（五）城市安全治理的技术和手段有待进一步提升

智慧化时代新的技术工具层出不穷，但我国一些地区在城市安全治理过程中仍然主要沿用传统手段，对新技术新方法运用较少，城市安全治理管理效能不高。主要表现在三个方面。

首先，城市安全治理手段单一。城市安全治理普遍采用行政命令和行政手段，市场手段、经济手段、法律手段等在安全治理管理中运用较少。例如，为治理城市交通拥堵采用限行限购措施，为防止雾霾污染下令企业停工停产等，既缺乏法律依据，又影响社会公平和效率。

其次，城市安全治理对现代技术和方法应用不足。很多城市在安全治理过程中依然主要依靠人工和经验，如依靠人力定期检查排查社区、单位消防系统等可能危害城市公共安全的隐患因素，通过人工方式采集相关风险信息并依据个人经验做出风险预判等。这些安全治理方式不仅费时费力，科学性、准确度、覆盖面和治理效率也大打折扣。

最后，城市安全治理管理在运用智慧化手段时面临许多新问题、新挑战，如“数据孤岛”、数据安全、个人隐私保护等。

五　城市安全治理的国际经验借鉴

西方发达国家在城市安全治理中积累了很多有益经验，对进一步推动我国城市安全治理体系建设、提升城市安全治理能力具有重要的借鉴意义。

（一）高度重视安全治理的立法工作

西方发达国家高度重视城市安全治理的立法工作，建立了相对完备的法律体系。一是很多国家制定了《紧急状态法》，形成了适应紧急状态的法律制度，用以约束特殊时期的权力运用和制度安排。此次新冠肺炎疫情暴发后，全球有 140 多个国家引用《紧急状态法》宣布进入紧急状态。《紧急状态法》区别于平常状态时期的国家《宪法》，一方面给予政府充分调动资源的权力，另一方面也对公权力的合理运用进行规范和约束。二是建立了相对完善的安全管理法律体系。比如日本以《灾害对策基本法》为核心，衍生出针对各灾种的专门法和不同灾害应对阶段的阶段性法律；新西兰以《民防和应急管理法》为基础，与《生物安全法》《建筑法》《流行病防治法》《卫生法》《地方政府法》《治安法》《资源管理法》等专门法律一起为新西兰应急安全管理奠定了法律基础；韩国建立了针对自然灾害、人为灾害和战争灾害等不同灾害类型的应急法律体系；美国制定了包括《紧急状态法》《联邦灾害救助法》《国土安全法》等在内的 100 多部应急法律法规。完备的法律法规体系为规范安全治理管理行动、有效保护公民权益提供了法律保障。三是西方国家安全治理顺应“应激性”立法原则，即对大灾冲击做出及时反应，针对新型突发事件而引发的新情况新问题进行立法改革，以不断补充完善既有的安全应急法律法规。比如日本“拼图式”的法律修订机制，可对每次灾害暴露出的法律漏洞进行修补和完善，使其应急安全法律体系能够在一次次的灾害应对中不断得到完善、健全。

（二）着力强化包容适应的韧性城市建设

“韧性城市”是近年来城市研究关注的热点问题，也是国内外城市发展的重要方向。“韧性城市”理念注重对社会、经济和自然等多要素的结合，强调用更加包容的态度看待灾难风险，强调灾害应对中的多元合作与联动共治，主张在灾害的抵御阶段和恢复阶段，通过反思、学习、重组、调整、转型等方式，增强城市自身对灾害的随机反应能力、消化恢复能力和演进发展能力。

在联合国联合减灾委员会、美国洛克菲勒基金会和 EMI（Earthquake emergency initiative）等组织的推动下，很多城市制定了“韧性城市”战略或规划，以提高城市应对不确定性和突变性的能力。如英国伦敦针对气候变化、宗教冲突、交通拥堵、脱欧等带来的风险和挑战，编制出台了《伦敦城市韧性战略 2020》，力图建设一个能够承受、响应并更容易适应冲击和压力的韧性城市。新西兰惠灵顿针对地震频发、全球变暖导致海平面上升、移民社会融入困难、老龄化、失业率上升、高房价、贫富差距拉大等诸多问题的挑战，研究制定了《惠灵顿韧性战略》。纽约针对生活成本高昂、不平等加剧、无家可归者日益增多、基础设施老化、居住困难、污染严重、公共空间有限、气候变化等问题，编制出台了《纽约 2050 规划》，目标是打造一个强大而公正的韧性城市。日本富山市也针对自身面临的急性冲击和长期压力，提出了韧性城市建设愿景。

（三）构建多主体协同的安全治理机制

在西方国家，高层政府进行决策指挥、社会多元主体加强协同合作是安全治理的重点。一方面，近年来，针对形势多变的外部挑战和“碎片化”的部门分布式管理特点，西方国家在城市安全管理领域实施了“综合化”或“一体化”管理改革，主张治理的全社会参与，以消除“碎片化”治理带来的推卸责任、资源分散和应对力差的问题。“综合化”的应急治理，强调政府部门的协同，鼓励企业和其他公益社会组织积极融入安全管理框架中来，并呼吁公民之间互相照应，全社会都承担一定的响应职能。这种全部社会主体共同“参与”或“在场”的安全治理模式有效提高了城市在大范围、大规模灾害中的处置能力。另一方面，西方城市十分重视社区基层单元在安全治理中的基础作用；强调家庭和个人做好自救工作，提高个体危机意识、自救互救能力；要求社区做好基层互助工作，树立责任意识，通过成立自助组织、吸引志愿服务组织参与、社区宣教和演练等强化社区的灾害应对能力，从基础层面夯实城市应急治理实力。

（四）将安全知识宣教放在至关重要的地位

民众自身的临灾反应在很大程度上可以降低损失，保护个人生命安全。我国公民的安全意识和安全知识普遍比较薄弱，而很多安全治理较完善的国家十分重视安全知识宣教，国民从小就接受系统的防灾教育，具备较高的危机意识和自救能力。以日本为例，日本十分重视对国民的应急安全宣传教育，国民普遍具有较高的应急安全素养。首先，日本政府十分重视学校安全教育，以提升学生的防灾意识。日本政府规定，教育机构每学期都必须定期开展应急演练。中小学要通过开展自救演练、参观防灾教育和培训空间、体验模拟灾害场景等，提升青少年应对灾害的自救常识和心理素质，幼儿也要参与演习，学会掌握一定的逃生技能。其次，日本设有多种多样的灾害主题宣传日或纪念日，政府能够充分利用主题日组织开展应急宣教活动，以提高民众的危机意识和自救能力。再次，日本鼓励社区自行开展自我教育，通过成立安全管理自助组织、现场宣教、防灾演练等活动，提高基层社区的灾害处置能力。最后，日本政府还注重对各类宣教主体的协调和动员，为各类志愿服务组织搭建宣教平台，协助志愿者组织开展防灾知识传播和交流。对大部分日本人来说，他们对生活中的震动特别敏感，一有轻微震动便借助室内参照物进行判断，然后打开电视或其他信息设备，了解最近的地震预测情况，因为轻微的地震可能是更大的地震的前兆。正是这种日常化、普及化的应急安全教育、学习和演习，才使得日本国民在“3·11”东日本大地震等巨大灾害面前表现出良好的自我组织和自救互救能力。

（五）注重信息管理和科技应用

信息资源是安全治理的关键要素，因此西方国家在城市安全治理中非常重视及时、准确的信息沟通。多数西方国家都充分利用现代网络、通信等技术手段，在国家应急指挥中心建立了专门的信息系统和信息中心，用以收集信息、分析研判、联络共享，为应急指挥提供及时、准确和全面的决策依据；同时信息中心也承担向社会进行信息沟通的职能，使安全治理决策能够有效地被民众接受，并安抚民众情绪，避免产生舆论危机。与此同时，西方国家在安全治理过程中的科技运用也具前沿水平。仍以日本为例，日本形成了先进的地震预测技术，可以根据微震预测主震震级；在地理信息系统的基础上，建立了包括高分辨率监控探头和时事通信网络在内的“防灾情报系统”，民众可以通过移动端一键了解灾情，并搜寻最近的安全避难所；在安全知识宣教过程中，采用虚拟技术模拟还原现场，构建真实情景，利于民众了解灾害场景，提高警惕并做好心理锻炼；建立了包括电子邮件、手机短信、地震专用频道广播、雅虎地震情报等在内的“紧急速报”信息传达系统，实现了实时提供灾害信息。通过这些手段，日本提高了前沿科技在防灾减灾中的应用，尤其是实现了灾害应对的高度信息化。

六　城市安全治理的发展趋势与对策建议

习近平总书记强调“要准确把握国家安全形势变化新特点新趋势，坚持总体国家安全观，走出一条中国特色国家安全道路”。城市安全观是国家安全观在城市层面的具体体现，结合国家安全形势变化，本文认为未来中国城市安全治理将呈现以下发展趋势：一是在治理理念上，从侧重危机应对的被动式管理，转向强调韧性建设和可持续发展的主动治理；二是在治理主体上，从以政府为主导的单一主体，转向社会广泛参与的多元共治；三是在治理周期上，从偶发性的事中救援、事后处置，转向贯穿“事前—事中—事后”的常态化、全周期管理；四是在治理模式上，从针对单项要素、部门分治的碎片化管理，转向总体国家安全观指导下的综合化治理；五是在治理机制上，由主要依靠行政命令、政治动员的运动式治理，转向以法律和制度为依据的规范化治理；六是在治理手段上，由主要依靠人工和经验的传统式管理，转向科技赋能的智慧化管理。

“备豫不虞，为国常道。”立足中国国情，借鉴国际经验，顺应城市安全治理的发展趋势，以积极推进我国城市安全治理体系和治理能力现代化、进一步提升城市安全治理水平为目标，本文谨提出如下建议。

（一）秉承总体安全观，推动全视域常态化全周期治理

城市安全涉及城市的方方面面和各个发展环节，注重的是整体安全发展，必须贯彻落实习近平总书记提出的总体国家安全观，从“全视域、全灾种、全过程、全主体、全工具”五个方面认识城市安全治理的核心要义，推动城市安全加快转向全视域、常态化、全周期治理。

一是树立“大安全观”，探索城市安全的全视域治理。以国家总体安全观为指导，根据城市风险的系统性、复杂性、突发性、连锁性等特点，从影响城市安全的风险要素及其作用机理入手，系统性地化解风险，既重视城市发展过程中的外部安全，又重视内部安全；既重视传统安全，又重视非传统安全；既重视国土空间安全，又重视居民生活安全；既重视城市自身安全，又重视区域共同安全；既重视发展问题，又重视安全问题，构建集生产安全、生态安全、食品安全、交通安全、社会安全、信息安全、网络安全、资源安全、公共卫生、防灾减灾等于一体的全视域、综合性、系统化的城市安全治理体系，全面提升城市安全保障水平。

二是坚持“平战结合”，推动城市安全的常态化治理。强化底线思维，凡事从日常着手、从坏处准备，加强对于各类危机的监测、预警和评估，做好各类风险源的辨识，强化应急系统建设的科学性和可操作性，提高城市应急响应的快速反应能力，将安全意识和安全治理理念渗透到城市发展的全过程和每一环节，实现城市安全治理的常态化。

三是变被动为主动，实现城市安全的全周期治理。城市安全风险的影响因素，可以分为诱发因素、助推因素和质变因素，这些因素共同作用，在城市安全问题发生和发展过程中起到酝酿、诱发、催化、爆发、扩散等不同作用，最终造成城市公共安全灾难。因此，要预防和治理城市公共安全风险，不能从单一要素和单一环节入手，而要树立“全周期治理”理念，探索由事中救援、事后处置的被动回应向贯穿“事前—事中—事后”全周期的主

动治理转型，延长城市安全治理链条，提前识别发现风险因子，主动疏导治理风险隐患，做到及早发现，及早应对，有效控制，形成事前防范、事中控制、事后反思的全周期闭环治理。

（二）完善法律体系，筑牢城市安全治理的法制基础

健全的法律法规体系对于保障城市安全治理的规范有序进行至关重要。2020 年 2 月，习近平总书记在主持召开中央全面依法治国委员会第三次会议时特别强调，要“全面提高依法防控依法治理能力，为疫情防控提供有力法治保障”，“要完善疫情防控相关立法，加强配套制度建设，构建系统完备、科学规范、运行有效的疫情防控法律体系”。我国大量涉及安全管理的法律法规都是在不同历史时期背景下针对不同问题制定的，随着时代和形势变化，很多法律条文已经无法适应新的发展需求，迫切需要补充、完善和更新。为此，本文建议如下。

一是研究制定《紧急状态法》。结合本次疫情防控暴露出来的问题，加快研究制定出台《紧急状态法》，使之成为紧急状态下调整国家法制和人民群众生活状态的根本性法律。在重大突发事件发生后，适时启动“战时体制”，对常规政府体系进行必要重组，实现政府权力的集中化、治理目标的聚焦化、治理资源的计划化、社会生活的管控化，形成指挥有力、政令畅达、处置高效的物资调配机制、协同作战机制、宣传发动机制、监督反馈机制等，同时规范行政权力的运行，保证城市稳定有序运转。

二是对已有法律法规进行清理完善。对过时的法律法规进行清理修订；对不同法律法规条款内容不协调、不统一、相互冲突之处进行梳理完善和规范统一；理顺《突发事件应对法》和其他单行应急法律法规之间的关系，理顺不同法律、法规和规章之间的关系；针对能够引发城市安全风险的新情况新问题，及时研究制定新的法律法规或对已有法律法规进行查漏补缺，不断补充完善安全应急法律法规体系。

三是加强实施细则和配套制度建设。针对现有法律条文大多较为原则抽象、可操作性不强的问题，加快研究出台配套的实施细则和政策制度，明确

相关实施程序、行动指南和纠错问责机制等。如对政府安全治理的职责进一步明确，压实各级政府责任；进一步充实和扩大地方政府的应急处置权力，提高地方政府对突发事件的处置反应速度；建立应急物资储备保障制度，明确应急财政保障机制，完善应急治理监督机制，确保应急治理的有序开展等。

（三）强化韧性思维，做好城市安全治理的顶层设计

城市安全治理具有全局性和战略性意义，需要加强顶层设计与全面统筹。

一是“备豫不虞”，做好城市安全规划。按照“平战结合、刚弹相济”的思路和原则，将“巨灾”情景纳入城市规划和治理框架中；在国土空间规划、城市功能布局、基础设施建设、经济社会发展、重大项目安排、应急物资储备等方面，充分考虑城市安全和防灾减灾的需要；根据安全形势变化的新趋势新特点，不断提升城市安全规划对各类风险灾害的覆盖面和整合力度；加强水、电、气、路、通信及排水、排污管网等城市生命线系统建设，加强应急物资的科学储备和合理布局，确保在平时和紧急状态下城市功能均能维持正常运行；建立相应规划实施、考核和责任追究机制，确保城市安全规划能够得到有效落实。

二是“刚弹相济”，加强韧性城市建设。借鉴国内外城市建设的成功经验，将“韧性”理念融入城市规划建设，不断探索提高城市适应性和恢复力的策略和方法；注重城市作为复杂系统的多样性和系统性，科学把握各子系统的互动关系及其作用机理，从空间韧性、设施韧性、经济韧性、社会韧性、生态韧性、制度韧性等多维度综合入手，提高城市克服消纳灾害冲击和可持续发展能力；立足城市长远发展，在国土空间规划中建立韧性思维和冗余机制，注重城市空间的战略留白和复合利用，以应对未来发展中的不确定性。

三是“立规定矩”，完善城市安全标准体系。进一步研究制定城市安全的相关规范和标准，如各行各业的安全生产标准、建筑设计规范和安全标

准、网络运行规范和安全标准、道路交通规范和安全标准等，并根据实际情况进行动态修订和完善，通过技术标准、行业规范等提升城市的安全性。

（四）因时因地制宜，进一步完善城市应急预案体系

针对我国城市安全应急预案同质性强、针对性弱、预见性和可操作性不足等问题，结合当前城市面临的风险挑战，进一步完善城市应急预案体系。

一是坚持因地制宜，提升城市应急预案的针对性。根据不同地区以及不同部门的特点，编制有针对性的、重点突出的应急预案，杜绝照搬照抄，以更好地应对不同地域和部门的特殊应急治理需求。要在应急预案编制中引入情景构建，通过模拟风险场景和演练，及时识别风险发生演变过程以及其他难以预料的细节，充分涵盖所有应急任务，形成基于情景—任务—能力的应急预案编制模式，提高预案编制的综合性、针对性、科学性和指导性。

二是强化与时俱进，建立应急预案动态调整优化机制。在当前风险型社会，城市发展面临的不确定性因素日益增加，必须根据时代发展的安全形势变化，及时对应急预案进行调整优化。重视和加强风险评估环节，成立由跨部门业务人员和专家组成的风险评估工作小组，提前识别辖区内的风险隐患，制定辖区内的风险清单，开展应急资源普查，评估社会风险脆弱性及其应对能力，与时俱进及时调整完善城市应急预案。

三是注重实战演练，提升城市应急预案的实操效果。地方政府要加强对应急演练的重视和规划，定期组织开展实战演练；注重综合演练及其准备过程，提高演练科目的衔接性以及各部门协同作战能力；鼓励部门、社区、企业、居民广泛参与安全演练，提高全社会防灾应急能力；定时根据演练评估结果，反馈修订完善现有应急预案。

（五）鼓励社会参与，促进城市安全多元协同共治

城市安全风险具有很强的复杂性、系统性、连锁性和破坏性，城市安全治理涉及的区域广泛、主体多元、事务庞杂，单纯依靠政府或某一局部地区

很难有效担负起发现、预警、响应、应对、恢复等一系列城市安全治理责任，需要地区间、政府相关职能部门、企业、社会组织、民众的全面参与、通力配合、协同行动。

一是强化部门合作。通过立法、任务清单和工作台账等制度，明确政府各部门在城市安全治理中的主要职责，合理分解职能部门与属地责任，进一步理顺城市安全治理的工作机制。加强应急管理部门与气象、水利、环保、自然资源和规划、科技等相关部门的沟通合作，建立常态化联系沟通机制、分工协作机制、应急联动机制、应急物资管理分配机制等，做到指挥有力、分工明确、联动顺畅、信息共享、资源共用、安全共治。

二是推动多元共治。按照“党委领导、政府负责、社会协同、公众参与、法治保障”的要求，建立政府、社会、市场、公众等多元主体共建共治共享的现代城市治理结构。切实发挥党组织的领导作用，明晰政府在城市安全治理中的主导责任，加强政府对社会力量参与安全治理的指导与规范。完善社会组织、居民团体、社会公众等各类主体参与城市安全治理的体制机制，畅通参与渠道，搭建共治平台。转变政府在安全治理特别是应急管理中大包大揽的传统思路，通过授权、委托、外包等形式将部分职能交与社会第三方机构，如利用专业物流企业加快应急物资的分发配送等，通过引入市场机制、社会力量提高政府安全应急治理效率。

三是促进区域协同。城市安全风险既可能产生于城市内部，也可能来自外部环境，特别是随着信息、交通、经济一体化的发展，城市内外部以及不同区域之间的要素流动不断增强。面对重大传染性疾病、极端恐怖主义事件、重大环境污染等安全风险，城市安全治理不能局限于一地一域，而要建立跨地区乃至跨区域的安全协防机制，推动区域安全联防联治、协同行动。

四是加强国际合作。全球化背景下，影响城市安全的因素早已突破一国之界，此次新冠肺炎疫情全球大流行更彰显出人类命运共同体的深刻内涵。城市公共安全的维护需要加强国际合作，强化信息沟通，彼此学习先进经验、取长补短，共同努力筑牢城市安全防线。

（六）加快赋权扩能，强化基层安全治理能力建设

2020 年初，新冠肺炎疫情席卷全国，基层成为疫情防控的前线，为外防输入、内防扩散、打赢抗疫保卫战发挥了重要作用。基层是国家治理的最末端，也是安全防控的最前沿。当前，我国城市基层组织普遍存在工作任务重、资源配置不合理、安全治理能力不足等问题，为此必须加快推动赋权扩能、减负增效，强化基层应急安全治理能力建设。

一是推动安全治理重心下移。加强基层组织和管理队伍建设，完善群防群治和群防群控体系，推动城市安全治理重心向基层下移。依法厘清政府部门和基层社区的权责边界，精简社区工作台账，减轻基层组织不合理的负担；加强对基层安全治理的人力、物力、财力支持，增加社区人员配备和相关软硬件设施建设，解决基层应急资源不平衡、不充足的问题；发挥街道、社区等基层组织贴近当地生活、熟悉当地情况的优势，及时发现和防范风险，抓住突发事件应对的黄金时期，第一时间调动最佳主体，早干预、早处置，防止灾情的进一步扩散。

二是细化基层安全治理单元。根据区域面积、人口、主要治理问题等优化调整社区划分，实现社区的科学分类分片。推进社区网格建设，将面积过大的区科学划分为若干管理片区，并细化为基础管理网格和专业化网格。加强城市安全网格化管理，逐步由部门和区域分割的基层管理单元转向网络化、扁平化、集成化的现代基层治理单元，实现城市安全治理的精细化、精准化、短链条和灵活快速反应。

三是加强安全应急知识宣教。提高安全应急宣教的战略定位，建构综合全面的安全应急宣教规划和组织落实体系。利用学校、社区、企业、媒体、网络等多元渠道加强对基层社会特别是社区居民的安全宣传教育，普及安全法律法规以及防灾减灾、自救互救等各类安全知识。加强实战性防灾应急演练，强化社区居民的风险防范意识和安全应急技能，提升社区居民面对各种自然灾害和突发事件的协调配合与自救互救能力。

（七）坚持科技赋能，不断提升城市安全治理效能

在此次我国新冠肺炎疫情防控中，大数据、云计算、人工智能等新技术、新方法对于有效控制疫情发挥了重要作用。未来要在总结此次新冠肺炎疫情防控经验得失的基础上，继续推进科技赋能，不断提升城市安全治理的智慧化水平和治理效能，建设更具韧性、更可持续的安全城市。

一是进一步加强智慧城市建设。深入推进智慧城市、智慧社区建设，进一步加大新型基础设施建设力度，围绕各类城市安全治理应用场景加强核心技术研发及其应用，“软硬兼施”提高城市安全治理的数字化、信息化、智能化水平；打造“城市大脑”智能管理中枢，通过综合运用现代科技提升城市安全治理水平，推动从人工分析向智能分析、分类分片管理向全面综合管理、粗放治理向精细精准治理的转型，实现治理决策科学化、安全防控一体化和应急救援高效化。

二是打造智能化安全监测预警防控体系。打破“数据壁垒”“数据孤岛”，建立融合共享的公共安全大数据平台，促进大数据、云计算、人工智能、物联网、区块链等新技术新方法在公共安全领域的深度应用；围绕气象灾害、地质灾害、地震灾害、海洋灾害、水旱灾害等重大自然灾害，以及生产安全、食品安全、公共卫生安全、消防安全、交通安全、社会治安、群体性事件等重大公共突发事件，建立智能化安全风险监测预警平台；加强对实时数据的动态监测和历史数据的梳理分析，构建科学的监测评估指标体系，及时捕捉风险演变的敏感点，提高各类公共安全风险的监测预警水平；建立智慧化公共安全风险管控平台，针对公共卫生防疫、新型犯罪侦查、社会综合治理等城市治安的迫切需求，加强图谱识别分析技术、移动信息追踪技术、生物特征识别分析技术、各类探测传感技术、人工智能算法等在安防安控中的使用，不断提升安全风险防控能力。

三是强化数据技术应用标准与规范。建立大数据、人工智能等技术在城市公共安全领域的应用标准，保证硬件接口、数据格式、数据标准的兼容性；加强市场环境建设和监督，防止技术垄断、技术绑架和暗箱操作等，促

进行业健康发展；加强数据安全立法，完善数据采集、存储和使用规范，防止数据泄露或不当使用，确保数据安全、网络安全和个人隐私安全；兼顾异质性群体，加强人文关怀，针对部分老年群体、贫困群体数字化运用能力不足的问题，在城市安全治理中采取更加多元化、人性化的治理管理服务手段。

参考文献

Bloomberg, M. R. , A Stronger, More Resilient New York, PlaNYC Report, City of New York (2013).

Masten, A. S. , Ordinary Magic: Resilience Processes in Development, *American psychologist*, 56 (2001).

Rockefeller Foundation, City Resilience Index, https://www.arup.com/perspectives/publications.

丛晓男、朱承亮：《“3·11”地震后日本防灾减灾体系建设进展及对中国的启示》，《中国发展观察》2018 年第 14 期。

单菁菁：《我国城市化进程中的脆弱性分析》，《工程研究》2011 年第 3 期。

董泽宇、宋劲松：《我国应急预案体系建设与完善的思考》，《中国应急管理》2014 年第 11 期。

郝庆、邓玲、封志明：《国土空间规划中的承载力反思：概念、理论与实践》，《自然资源学报》2019 年第 10 期。

梁宏飞：《日本韧性社区营造经验及启示——以神户六甲道车站北地区灾后重建为例》，《规划师》2017 年第 8 期。

刘一弘：《应急管理制度：结构、运行和保障》，《中国行政管理》2020 年第 3 期。

戚建刚、姚桂红：《学校应急管理多元协作与应急决策机制的法制化研究》，《行政法论丛》2012 年第 00 期。

钱洪伟、胡向阳：《超大城市应急物资保障亟待加强》，《中国科学报》2020 年 4 月 17 日，第 4 版。

闪淳昌：《我国应急预案体系建设的实践与思考》，《中国应急管理》2012 年第 4 期。

石晓冬、李翔：《城市规划与危机应对管理——新型冠状病毒肺炎疫情背景下的城市安全思考》，《城市与减灾》2020 年第 2 期。

石义、吕维娟：《基于公共卫生安全的国土空间规划再认识——结合武汉新冠肺炎疫情防控实际》，《中国土地》2020 年第 3 期。

孙翊、吴静、刘昌新、朱永彬：《加快推进我国应急物资储备治理体系现代化建设》，《中国科学院院刊》2020 年第 6 期。

伍光和：《自然地理学》（第 3 版），高等教育出版社，2000。

夏军：《西方国家应急管理的经验与启示》，《厦门特区党校学报》2015 年第 3 期。

肖文涛、许强龙：《基层政府应急预案管理：困境与出路》，《理论探讨》2016 年第 1 期。

薛澜：《应急管理体系现代化亟待解决的问题》，《北京日报》2020 年 3 月 30 日，第 17 版。

尹洧、周小凡、李文洁：《突发环境事件应急预案的编写》，《安全》2016 年第2 期。

赵海星、王耀：《加强统一指挥　提高应急治理效能》，《中国应急管理》2020 年第 4 期。

曹海军：《不断提升应急物资保障能力——以上海市为例》，《党政论坛》2020 年第 5 期。

赵军锋：《重大突发公共事件的政府协调治理研究》，苏州大学博士学位论文，2014。

B.2
2019~2020年度中国城市健康发展评价

武占云　单菁菁　张双悦*

摘　要： 快速的城镇化、工业化和全球化进程正推动中国形成高密度、高强度、高流动的城市发展模式，城市发展过程中积累的健康风险逐渐凸显。本文在分析中国城市健康发展面临问题与挑战的基础上，基于健康经济、健康社会、健康文化、健康环境和健康管理五维评价模型，系统评估中国城市健康发展状况。评价结果显示：中国城市健康发展的“短板”问题有所缓解，但区域不平衡态势依然延续，“南强北弱”失衡格局进一步凸显；超大城市在经济质量和效益方面占据绝对优势，东部沿海地区继续引领高质量发展；基本公共服务的区域差距逐渐缩小，医疗卫生和公共文化服务均等化仍需提升；中等规模城市的健康管理水平最高，超大城市存在明显的健康管理“短板”。未来，应推动形成公共安全导向的健康空间格局，构建多元的健康共治机制和区域间协同治理机制，积极参与全球健康治理，全面促进城市健康和可持续发展。

关键词： 健康发展指数　健康城市　结构特征　空间特征　城市治理

---

* 武占云，中国社会科学院生态文明研究所副研究员，博士，研究方向：城市与区域经济、国土空间开发与治理等；单菁菁，中国社会科学院生态文明研究所国土空间与生态安全研究室主任、研究员、博士生导师，研究方向：城市与区域可持续发展、国土空间开发与治理、城市与区域经济、城市与区域管理等；张双悦，首都经济贸易大学城市经济与公共管理学院博士，研究方向：城市经济与区域发展。

2019年，中国常住人口城镇化率达到60.6%，随着城市规模的迅速扩大以及人口的高度集聚，快速城镇化所带来的公众健康安全受到前所未有的威胁与挑战，城市脆弱性和健康安全问题日益引起关注。尤其是新型冠状病毒肺炎疫情在全球范围的暴发与快速传播，暴露出现代城市发展过程中的亚健康问题。新冠肺炎疫情被世界卫生组织认定为“国际公共卫生紧急事件”，而城市地区是新冠肺炎疫情大流行的重灾区，城市地区报告的病例高达90%，我们需要进一步反思，城市健康发展的短板在哪里？如何积极应对城市健康与安全治理体系出现的新挑战？

随着公众健康认知的演化和突发公共卫生事件的增多，从早期的健康促进到当前城市防疫和安全运行能力的变化，健康城市内涵和理念不断拓展提升，已经突破了公共卫生的局限，拓展到经济、社会、文化等各个领域。新冠肺炎疫情的防疫和应对表明，健康城市不仅关乎医疗卫生资源的合理配置，更涉及城市空间的科学规划布局、全社会的健康共治，以及良好的经济韧性。因此，本报告在分析中国城市健康发展面临问题与挑战的基础上，基于健康经济、健康社会、健康文化、健康环境和健康管理五维评价模型，系统评估中国城市健康发展状况，继而提出促进城市健康发展和增进人民健康福祉的对策建议。

一　现状审视：中国城市健康发展面临的问题与挑战

（一）城市发展过程中积累的健康风险日益凸显

快速的城镇化、工业化和全球化进程，正在推动中国形成高密度、高强度、高流动的城市发展模式，城市发展过程中积累的风险逐渐凸显，众多城市尤其是特大城市开始步入高风险管理阶段。首先，快速城镇化促使城市高密度聚集，城市功能不断增强，运行系统日益复杂，但过高的开发强度、过度的功能分区加之人口老龄化加速，给城市公共安全和公共服务带来巨大压力；高度连通的城市化网络则加剧了疾病的传播与扩散，对城市健康发展形成了前所未有的挑战。2009～2020 年，WHO 已经宣布六次“国际公共卫生紧急事件”①。其次，快速的工业化进程隐含着各类风险，既包括资源型产业带来的污染、能源消耗以及资源环境和公共安全风险；亦包括产业结构转型中新业态、新技术、新模式带来的不可预知风险，传统风险与非传统风险的叠加聚合使得城市防控难度加大。最后，随着全球一体化进程的深入推进，国内外人流、物流的高频流动，跨区域和跨国界的健康和安全风险日渐凸显，在坚持对外开放和风险防范的条件下不断完善城市健康治理体系成为新时代城市治理能力现代化的重要诉求。

（二）城市规划对突发性社会公共事件应对不足

城市规划的一个重要起源就是高密度居住环境中如何防治传染病，通过对地区及人口密度的控制和监测，城市规划已成为改善健康状况和减轻传染疾病传播的有力工具。从 19 世纪中叶英国的公共卫生事件，到 21 世纪的埃博拉和新型冠状病毒肺炎，前瞻性、战略性的合理空间布局一直是公众健康的重要支撑。如今城市规划已上升为一项重要的空间政策工具，在营造健康的人居环境方面发挥着尤为重要的作用。然而，中国现行的城市规划编制体系在应对各类灾害方面仍存在严重不足。首先，早期城市规划高度关注公共健康，现代城市规划已逐渐涵盖城市经济、社会、环境等多个领域，疾病灾害随着医疗卫生条件的改善被一定程度地忽视了，现有的防灾减灾专项规划多聚焦于“地震、火灾、洪水、风灾、地质破坏”等自然灾害，规划对重大公共卫生事件、生产安全事故、大规模群体冲突等突发性社会类灾害应对不足。规划设计与空间建设需要在重大公共突发事件下实现有效的空间管控和物资供应，突发事件和极端条件下多层级空间运转预案将是每个城市亟须补齐的公共安全“短板”。其次，城市规划中的规划管控单元（居住区）与城市基层治理的基础单元（社区）存在错位，且详细规划依据人口指标与

① WHO 宣布的六次“国际公共卫生紧急事件”分别为：2009 年 H1N1 流感疫情、2014 年野生型脊髓灰质炎病毒疫情、2014 年西非埃博拉疫情、2016 年巴西寨卡病毒疫情、2018 年刚果（金）埃博拉疫情及 2019 年新型冠状病毒肺炎疫情。

服务半径配置公共设施，缺少对人口结构（包括年龄结构、性别结构和教育结构）的考虑，从而产生公共资源配置与基层需求不一致的矛盾，尤其是在公共卫生管理和疫情防治中，社区层面的基层治理既缺乏必要的公共服务设施支撑，也缺乏统筹管理和统一调配资源的协作机制。未来，应加强城市规划所涵盖的空间管理事务与城市财政政策、公共卫生政策、应急管理政策的衔接和对接，并建立常态化的协作机制。

（三）城市建设对公共健康和安全需求的重视不够

在我国以经济为中心的传统城市化发展时代，城市建设以物质环境改善为主要目标，公共健康和安全需求在一定程度上没有得到足够重视，公共服务供给不足和基础设施防灾减灾能力较弱等问题日益凸显。一方面，随着城市规模的快速扩张、城市人口结构的变化，包括公共教育、医疗卫生、公共住房乃至公共空间广泛存在总量供给短缺、区域分布不均衡等问题，方便快捷、优质高效的公共服务供给能力亟须提升。另一方面，城市基础设施建设标准不高、设施维护和管理滞后等问题普遍存在，城市事故灾难防御面临诸多挑战，尤其是防疫抗灾设施体系、应急救援设施体系对重大突发公共灾害事件的应对不足，城市安全运行保障体系仍不健全。未来，既要着力加强基础性、功能性、网络化的城市基础设施体系建设，增强城市应对突发事件的韧性，也需提升公共服务供给质量和能力，提高社会保障能力和服务水平。

（四）城市治理缺乏常态化的健康共治机制

国际经验表明，高速城镇化进程往往伴随着公共卫生危机、环境污染、交通拥堵以及各类风险积聚等社会问题。我国虽然已形成较为完善的应对自然灾害的城市防灾减灾体系，但是为应对因复杂社会问题衍生出的威胁公共安全的现代城市治理体系仍然缺失，尤其是新冠肺炎疫情的暴发与传播集中暴露出城市应急管理体系、公共卫生以及城市环境治理等方面的短板和弱项，“平战结合”的城市治理常态化长效机制亟待健全。习近平总书记强调，“城市治理搞得好，社会才能稳定、经济才能发展”[①]，鲜明指出了城市治理在城市发展中的关键性和战略性地位。然而，长期以来我国城市在发展过程中十分重视基础设施建设和经济发展，虽然不少城市已由“重建设轻管理”向“建管并重”转型，但对城市治理的战略性地位认识仍然不足。与此同时，现代城市隐含的各类风险无疑加大了治理难度，城市治理能力现代化的实现涉及政策、制度、价值、理念、方法等多个层面的变革，更需要多部门的同步治理、多层级的联动治理、多区域的协同治理以及多元主体的共同治理。当前，我国城市治理的诸多领域仍存在职能衔接部门的权责关系不清、各级政府间的常态化应急管理协同机制缺失、城市治理的公众参与与市场化机制欠缺、府际协同治理的水平较低等问题，城市常态管理和应急管理相结合的长效机制尚未建立。未来，重构部门关系、层级关系、区域关系、政府与市场关系，建立常态管理和应急管理相结合的治理体系，将是我国城市治理现代化的一项战略性、前瞻性、长期性的任务。

二　发展评价：2019年中国城市健康发展评价

2019 年，我国共有 333 个地级行政区，包括 293 个地级市、30 个自治州、7 个地区和 3 个盟。其中，港澳台地区以及部分地级市由于缺少城市健康发展评价的系统数据，暂未纳入本年度评价范围。因此，本文的评价对象共计 288 个地级及以上建制市。根据城市健康发展评价指标体系[②]，本文采用主观赋权和客观赋权相结合的方法，对上述 288 个城市的健康发展情况进行综合评价和分维度比较。

（一）总体评价

根据城市健康发展水平评价结果，2019 年，深圳、上海、北京、南京、

① 2020 年 3 月，习近平总书记在湖北考察新冠肺炎疫情防控工作时的讲话。

② 详见《中国城市发展报告（No. 7）》。

广州、长沙、珠海、杭州、佛山和厦门等10个城市依次位居城市健康发展指数综合排名前10位，其中来自京津冀、长三角、珠三角和中部地区的城市分别为1个、3个、5个和1个。但从健康发展水平的内部结构看，综合排名靠前的城市各项指标得分并不均衡，城市的健康发展均存在不同程度的"短板"（见图1）。

为了进一步识别城市健康发展的"短板"，本文通过以下计算方法评估城市各个子系统之间是否达到平衡协调，即以全国288个地级市为样本分别计算5项分指数的中位数，然后比较各个城市的该项指数与全国中位数的差距，城市健康等级划分依据与结果如图2所示。2019年全国共有37个城市处于相对健康发展状态，占全国城市总量的12.85%，分别为深圳、上海、杭州、南京、长沙、宁波、苏州、佛山、东营、广州、绍兴、青岛、舟山、无锡、厦门、大连、镇江、珠海、龙岩、丽水、昆明、常德、南通、南昌、泉州、福州、株洲、绵阳、怀化、湘潭、铜陵、张家界、贵阳、鹰潭、中山、丽江和南宁。与2018年相比，中国城市健康发展的"短板"问题有所缓解，达到健康城市标准的城市增加了2个，Ⅰ类亚健康城市占比明显提升，由15.63%上升至18.40%，Ⅱ类亚健康城市占比有所下降，Ⅲ类亚健康城市占比基本持平。Ⅱ类和Ⅲ类亚健康城市占全国城市比例仍高达68.75%，说明这些城市各个子系统之间尚未达到平衡和协调，健康发展存在不同程度的"短板"，如何扬优势、补短板、强弱项，实现各系统间的平衡协调是上述城市亟须解决的问题。

基于城市规模的评价结果显示①，中国超大城市组的健康发展指数为57.42，特大城市组为52.16，大城市组为48.55，中等城市组为45.70，小城市组为44.02，城市健康发展指数与城市规模大小基本存在同向变化关

① 根据《中国城市建设统计年鉴（2018）》的统计数据，截至2018年，中国地级以上城市中城区常住人口超过1000万的超大城市有6个，包括上海、北京、重庆、深圳、广州、天津；人口超过500万的特大城市有9个，包括武汉、成都、东莞、南京、杭州、郑州、西安、沈阳和青岛；超过100万的大城市有75个；人口超50万的城市占全部城市数量的比重接近70%。

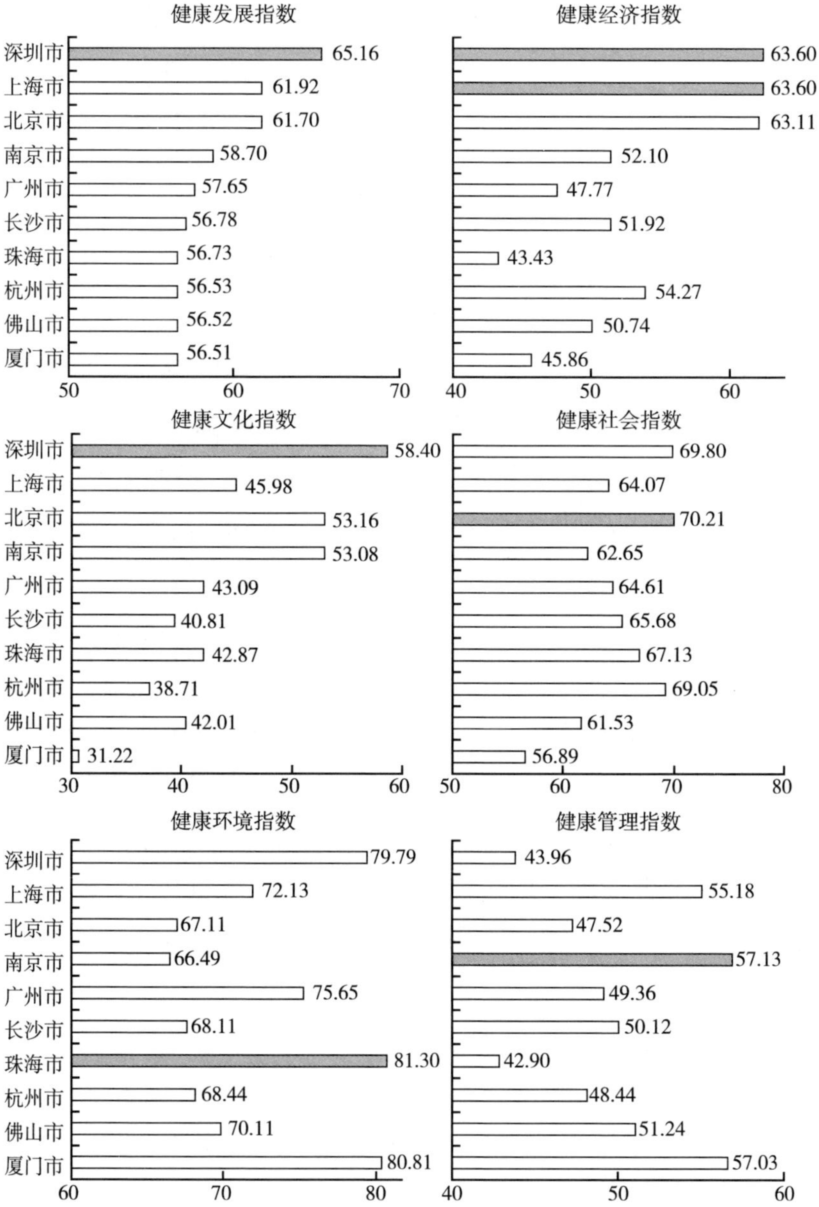

图 1　2019 年中国城市健康发展水平前 10 位城市

系。从城市健康发展的等级水平来看（见图 3），有一半的超大城市达到健康城市标准，中等城市和小城市则不足 10%；超过 50% 的中等城市和超过

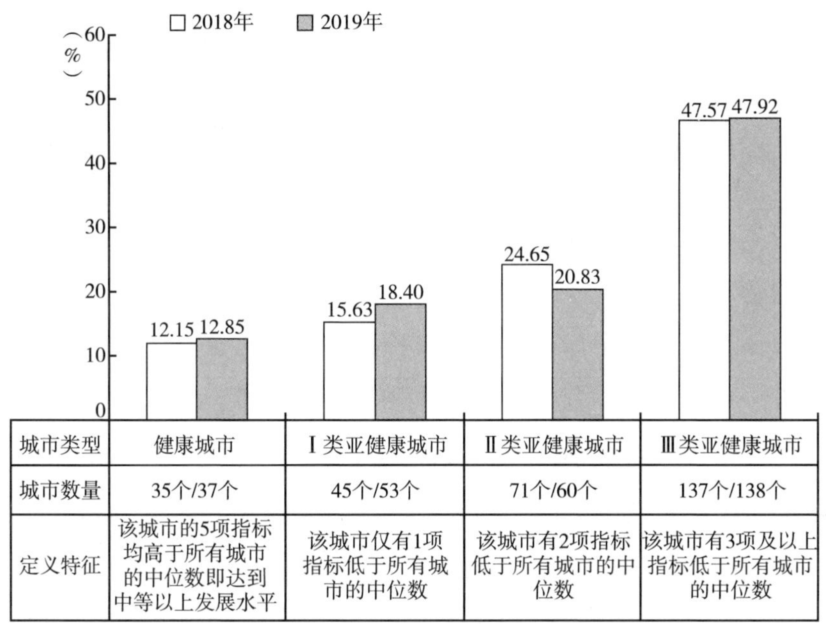

图2　2018年和2019年中国城市健康发展水平比较

60%的小城市均处于Ⅲ类亚健康状态。中小城市在资源配置、产业集聚和优质服务供给方面的能力较为欠缺，在居民健康保障、环境改善、社会事业和公共文化等方面的投入也相对有限，亟须补齐城市健康发展的“短板”。在未来的健康促进中，鼓励和引导各地中小城市立足自身的资源禀赋，因地制宜地发展特色经济，通过经济发展带动社会事业和人居环境建设，以此推动城际发展机会平等，全面促进健康公平。

分区域来看，东部地区达到健康城市标准的城市仍维持在25%左右；中部地区城市的健康发展状况改善最为明显，达到健康城市标准的城市占比达到11.25%，Ⅰ类亚健康城市占比上升了5个百分点，Ⅲ类亚健康城市则下降了2.5个百分点，与东部地区的健康发展水平逐渐缩小；西部地区有5.75%的城市达到相对健康水平，超过60%的城市处于Ⅲ类亚健康状态；而东北地区仅有1个城市达到相对健康水平，76.47%的城市处于Ⅲ类亚健康状态，城市健康发展状况堪忧（见表1）。

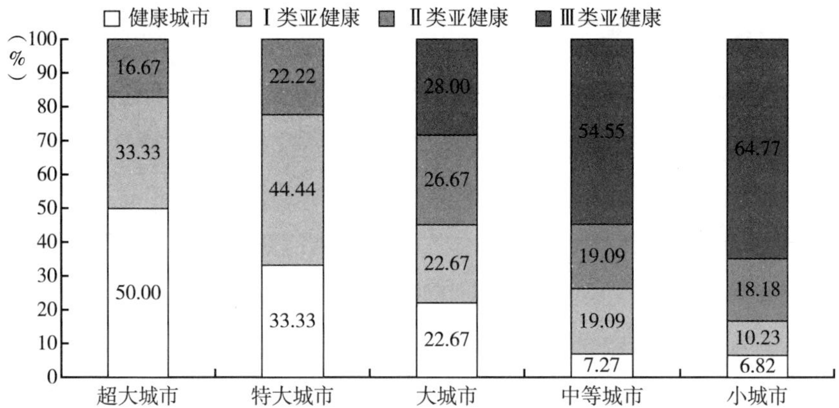

图 3　2019 年中国城市健康等级规规模对比图

表 1　2018 年和 2019 年中国城市健康发展水平的区域比较

单位：%

地区	健康城市占比		Ⅰ类亚健康城市占比		Ⅱ类亚健康城市占比		Ⅲ类亚健康城市占比	
	2018 年	2019 年	2018 年	2019 年	2018 年	2019 年	2018 年	2019 年
东部	25. 29	25. 29	26. 44	29. 89	16. 09	16. 09	32. 18	28. 74
中部	10. 00	11. 25	10. 00	15. 00	37. 50	33. 75	42. 50	40. 00
西部	4. 60	5. 75	14. 94	16. 09	26. 44	14. 94	54. 02	63. 22
东北	2. 94	2. 94	2. 94	2. 94	11. 76	17. 65	82. 35	76. 47

（二）结构特征

1. 健康经济：超大城市占据绝对优势，东部沿海引领高质量发展

低资源消耗、低环境负荷、高产出的经济运转方式是城市健康发展的基本前提。城市的健康发展需要具有较高的人均经济发展水平和就业水平，以及高效的投资效率和生产效率，即通过较低的土地、资源、人力和能源投入而获取较高的经济发展成果，以保障经济系统健康、高效运转。2019 年，中国健康经济指数排名前 10 位的城市为深圳、上海、北京、杭州、南京、长沙、宁波、苏州、佛山和东营，除了中部地区的长沙外，其他城市均位于

东部沿海地区。东部沿海地区凭借其良好的产业基础、高水平的对外开放和活跃的创新氛围，在中国经济高质量发展中仍发挥着引领和带动作用。

根据集聚经济学理论，大城市存在显著的集聚经济效应，经济产出效率高、人口吸纳能力强、土地集约利用水平高。本文的实证结果表明，城市健康经济指数与城市规模等级具有显著的同向变化关系（见图4），超大城市组、特大城市组、大城市组、中等城市组和小城市组的健康经济指数分别为53.29、43.73、35.31、30.45和28.44，超大城市组的健康经济指数接近小城市组的2倍。进一步来看，无论是人均可支配收入、地均生产总值还是投资效率，超大城市组均占据绝对优势（见图5），2019年超大城市组的城镇居民人均可支配收入高达145209元，为小城市组的4.7倍，固定资产投资效率为19.93%，为小城市的4.2倍，地均生产总值超过20亿元/平方公里，而小城市组的地均生产总值仅为6.84亿元/平方公里。

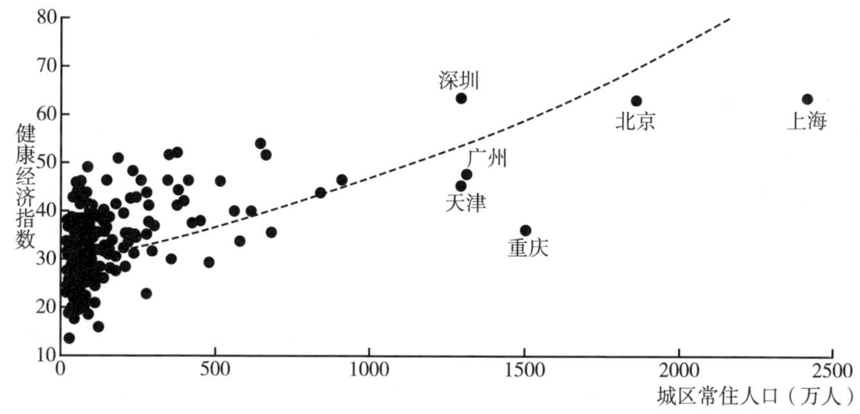

图4　城市规模与健康经济指数关系示意

蓬勃成长的创新活力是城市经济健康和高质量发展的显著特征和主要驱动力。如图6所示，无论是专利授权数还是人均研发支出，超大城市均显示出绝对优势，超大城市的人均研发支出接近小城市的20倍。根据《中国独角兽报告：2020》，中国独角兽企业分布最多的城市依次为北京、上海、杭州、深圳、南京、广州、重庆、武汉、东莞、合肥，这些城市均为超大城市

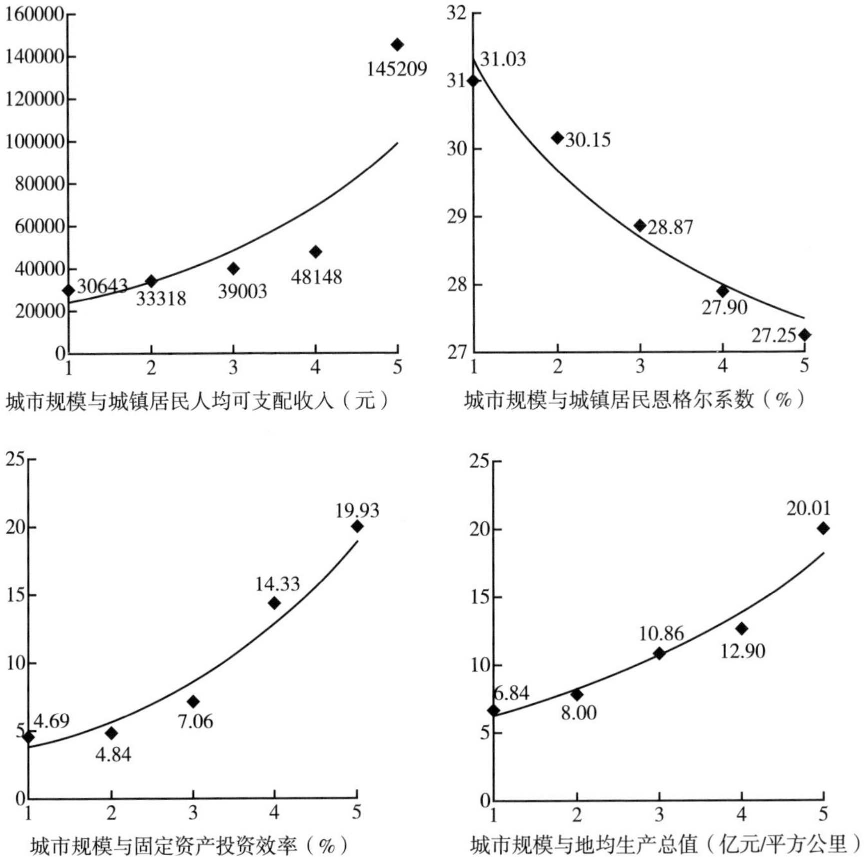

城市规模与城镇居民人均可支配收入（元）

城市规模与城镇居民恩格尔系数（%）

城市规模与固定资产投资效率（%）

城市规模与地均生产总值（亿元/平方公里）

图 5　城市规模等级与健康经济各项指标关系

注：（1）图中 1、2、3、4、5 分别对应小城市、中等城市、大城市、特大城市和超大城市 5 个规模等级；（2）恩格尔系数为家庭食品支出占消费总支出的比例；（3）固定资产投资效率为：（本年度 GDP – 上年度 GDP）/上年度固定资产投资总额；（4）地均生产总值为该市市辖区 GDP 与该市建成区面积的比值。

或特大城市。可见，规模较大城市无论是经济发展质量还是创新发展活力，均具有绝对优势。对于步入经济高质量发展攻坚期的中国城市而言，无论规模大小，均面临着国际贸易摩擦的外部冲击和国内经济下行的压力，既要积极培育新兴经济和新兴业态，也要重视用新技术、新理念改造提升传统产业，通过构建多元、高质的产业体系提升经济发展韧性。

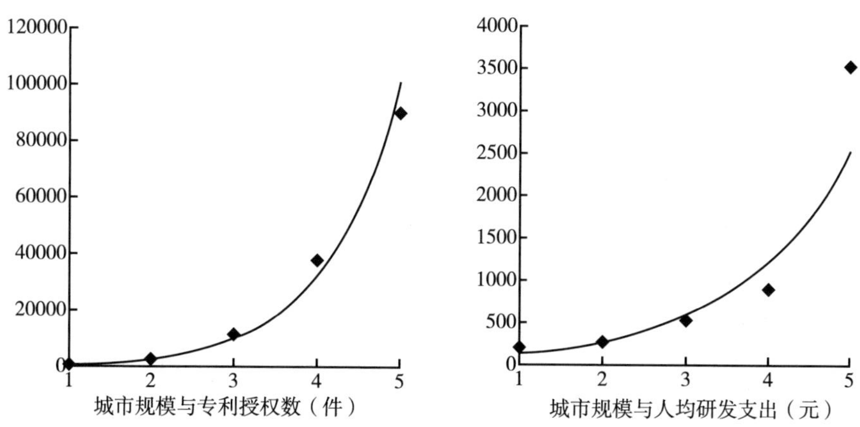

图6　城市规模等级与创新发展指标关系

注：图中1、2、3、4、5分别对应小城市、中等城市、大城市、特大城市和超大城市5个规模等级。

2. 健康社会：区域差距逐渐缩小，公共卫生服务均等化亟须提升

健康社会是城市健康发展的重要保障，城市的健康发展要以共享社会建设成果为重点，全面提升医疗卫生、文化教育、就业、养老等保障能力和服务水平，不断完善城乡居民社会保障体系，实现全体国民共享发展成果。随着中国经济进入高质量发展阶段，与之相伴随的一个重大变化则是城市竞争模式的变化，为人才集聚和创新发展提供优质公共服务成为各大城市的重要竞争领域，无论是大城市还是中小城市，逐渐从GDP导向的“经济增长型”向公共服务导向的“民生福祉型”转型。与此同时，国家通过深入实施东西部扶贫协作和对口支援，完善横向生态补偿和区际利益补偿机制，切实促进了基本公共服务均等化。如图7所示，2015～2019年健康经济、健康环境和健康管理指数的变异系数均呈现小幅波动态势；健康社会指数的变异系数降幅最为显著，由2015年的0.324缩小至2019年的0.166，表明“十三五”期间各城市在提高基本公共服务均等化和社会保障等民生建设方面取得了明显成效，区域间的差距逐渐缩小。

基本公共服务是由政府主导且与经济社会发展水平相适应的服务，由于不同区域、不同等级城市的经济发展不平衡和财政能力差异，我国基本公共

服务不均等化现象仍普遍存在。2019 年，东部地区、中部地区、西部地区和东北地区的健康社会指数分别为 55.97、50.61、46.53 和 45.67，西部和东北地区的公共服务水平仍低于东部和中部地区。2017 年国务院发布的《"十三五"推进基本公共服务均等化规划》提出到 2020 年"基本公共服务均等化总体实现"的目标；党的十九大报告则进一步提出到 2035 年"基本公共服务均等化基本实现"的目标，战略目标的调整也充分说明了中国实现基本公共服务均等化的难度之大。

从各指标的相对差距来看（见表 2），万人拥有医生数和万人拥有病床数的变异系数最大，即基本公共卫生服务均等化是当前中国社会建设的重要短板。东部地区的万人拥有病床数最低而东北地区最高，超大城市的万人拥有病床数仅为 78 张，仅高于小城市组，大规模人口集聚和公共卫生服务资源紧缺的矛盾在东部地区的超大城市表现尤为突出。新冠肺炎疫情的暴发与蔓延也充分反映了医疗服务体系不平衡与应急服务提供能力不充分问题。因此，既要加快推进基本公共卫生服务均等化，包括城乡之间、区域之间以及不同群体之间的均等化，也要提升医疗机构应急服务提供能力，以防范和应对各种潜在的、严重危害民众健康的公共卫生威胁。

表 2　2019 年中国城市健康社会指标情况

区域	城镇居民人均消费支出（元）	城镇居民人均住房使用面积（平方米）	城镇登记失业率（%）	万人拥有医生数（人）	万人拥有病床数（张）	城镇职工基本养老保险参保率（%）	城镇职工基本医疗保险参保率（%）
超大城市	37634	29.99	2.68	55	78	100	100
特大城市	31631	37.73	2.45	54	96	100	100
大城市	25018	38.73	2.80	45	84	99	98
中等城市	21386	39.13	2.99	38	81	97	97
小城市	20303	38.67	2.94	33	70	92	92
东部地区	25971	39.73	2.38	44	73	100	98
中部地区	20718	42.03	2.89	38	83	96	93
西部地区	21582	38.06	3.14	36	76	91	88
东北地区	21513	29.42	3.66	37	89	99	98

续表

区域	城镇居民人均消费支出(元)	城镇居民人均住房使用面积(平方米)	城镇登记失业率(%)	万人拥有医生数(人)	万人拥有病床数(张)	城镇职工基本养老保险参保率(%)	城镇职工基本医疗保险参保率(%)
标准差	5551	7.88	0.73	15	32	12.61	15.65
均值	22660	38.65	2.90	39	79	96.08	93.82
变异系数	0.24	0.20	0.25	0.38	0.40	0.13	0.17

注：(1) 万人拥有医生数：市辖区职业（助理）医生数与市辖区年末总人口的比值；(2) 万人拥有病床数：市辖区医院床位数与市辖区年末总人口的比值。

3. 健康文化：区域差距逐渐扩大，公共文化服务均等化任重道远

健康文化是城市健康发展的重要支撑，深厚的文化底蕴和良好的人文环境是健康城市的核心品质。城市的健康发展需要具备承载各类健康文化活动的公共文化设施，以及传播健康文化、理念的载体和渠道。然而，与城市健康发展的其他分项指数相比，健康文化指数的变异系数近年来一直处于高位，由2015年的0.37扩大至2019年的0.40（见图7），表明各城市在文化建设方面存在较大差距，公共文化服务均等化任重道远。公共文化服务的不均等不仅存在不同区域之间、不同规模等级城市之间，也存在不同行政级别城市之间，而且不均等化在后两者之间表现得更为突出（见图8~图10）。《文化部“十三五”时期文化发展改革规划》提出全面推进基本公共文化服务

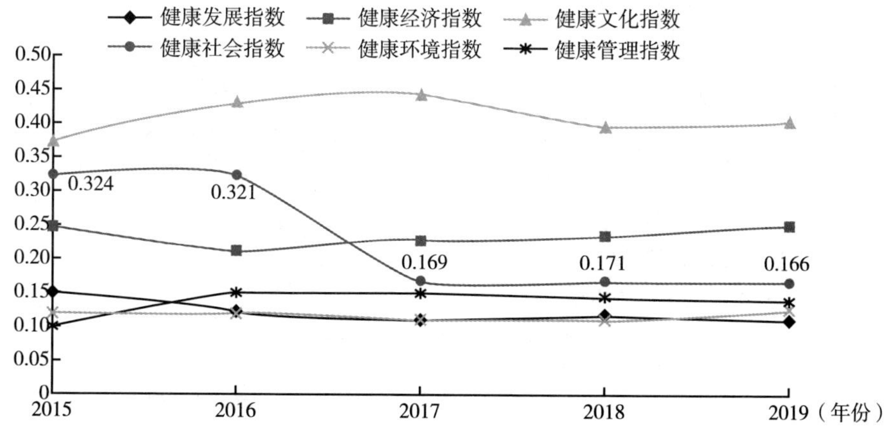

图7　2015~2019年中国城市健康发展指数变异系数

标准化和均等化，到“十三五”期末全国人均拥有公共图书馆藏书量达到1册，而2019年超大城市人均拥有公共图书馆藏书量已经超过4册，中等城市和小城市仍不足1册；直辖市超过3册，一般地级市尚未达到1册的标准。“十四五”时期，既要加快推进公共文化服务资源向行政级别低、规模小、偏远地区的城市布局，推动基本公共文化服务均衡协调发展；也要注重通过创新公共文化管理体制和运行机制，满足部分群体的优质公共文化服务需求。

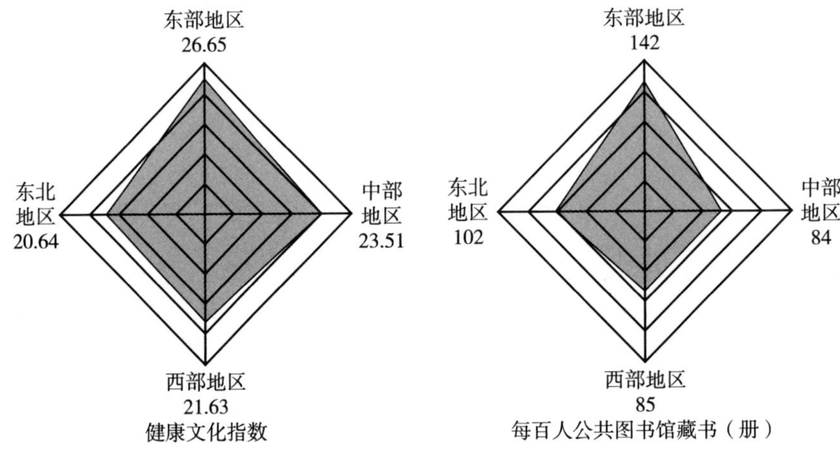

图8　2019年四大区域城市的公共文化服务水平差距

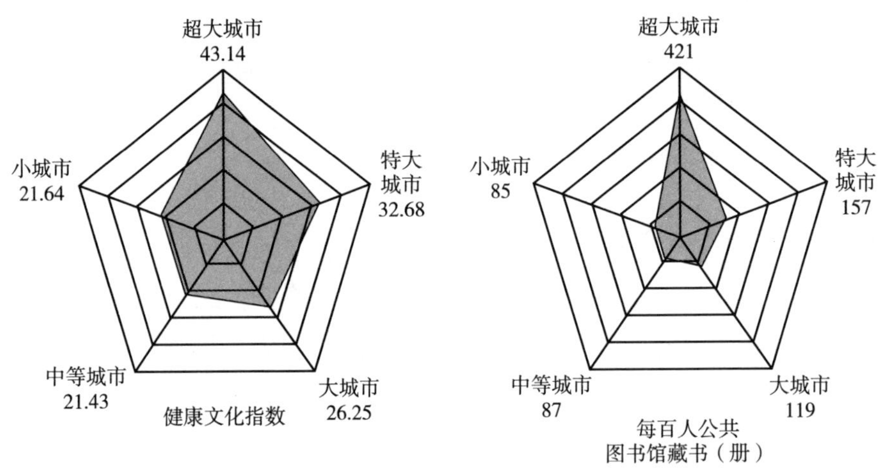

图9　2019年不同规模等级城市的公共文化服务水平差距

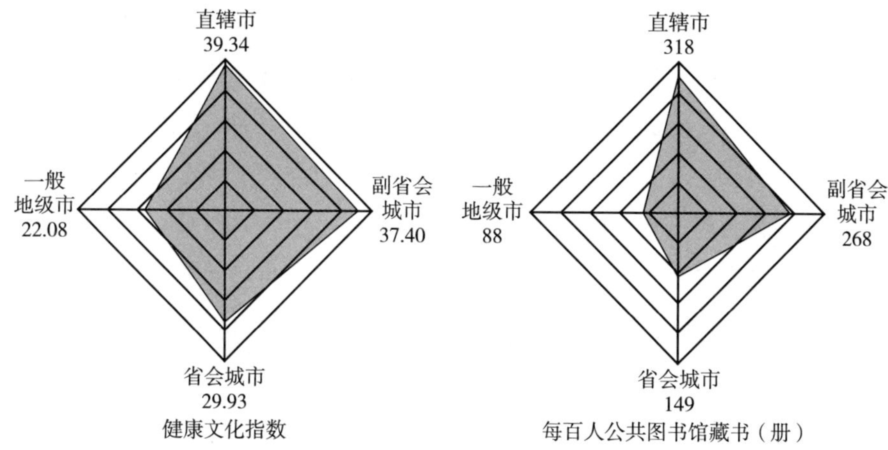

图10　2019年不同行政级别城市的公共文化服务水平差距

4. 健康环境：西部地区环境质量最优，东部地区资源利用率最高

良好的生态环境质量和高效的资源利用是城市健康发展的重要基础，也是实现健康城市的重要途径。提高水、土地等资源能源利用效率，加强生活污水、生活垃圾、工业固体废弃物等的集中处理和回收利用，减少各种污染物的排放并提高空气、水等环境质量，有助于获得更清洁健康的城市环境。本报告从环境质量、生态绿地和资源利用3个维度测度城市的健康环境水平。如表3所示，东部地区的健康环境指数最高（69.09），其次是西部地区（64.93）、中部地区（64.50）和东北地区（61.72）。东部地区较高的健康环境水平主要得益于较高的资源综合利用率①，东部地区的生活垃圾无害化处理率高达99.83%，工业固体废弃物综合利用率为87.74%，后者高于东北和西部地区约23个百分点；西部地区良好的健康环境水平则主要得益于优良的生态环境质量，西部地区空气质量达到和优于二级天数均值达到

① 一般而言，资源综合利用主要包括三个方面。一是对矿产资源开采过程中的共生、伴生矿进行综合开发和合理利用；二是对生产过程中产生的废渣、废水（废液）、废气、余热、余压等进行回收和合理利用；三是对社会生产和消费过程中产生的各种废弃物进行回收和再生利用。本文从后两个方面考察城市的资源综合利用效率，即采用工业固体废弃物综合利用率和生活垃圾无害化处理率两个指标。

312 天，远高于东部（278 天）和中部地区（259 天），但资源利用效率尤其是工业固体废弃物综合利用率亟须提升。中部地区的资源综合利用率仅低于东部地区，但空气质量达到和优于二级天数位居四大区域末位，空气质量优良率仅为70%。以资源型产业和重工业为主的东北地区，不仅工业生产过程的废弃物回收和再生利用率低于中东部地区，社会生产和消费过程的资源再生利用率也最低，东北地区亟须采用高效、环保的先进技术对生产和消费过程中的再生资源进行综合利用，以缓解资源枯竭困境和环境污染问题。

表 3 2019 年中国四大区域健康环境水平比较

四大区域		东部地区	中部地区	西部地区	东北地区
健康环境指数		69.09	64.50	64.93	61.72
环境质量	空气质量达到和优于二级天数(天)	278	259	312	307
	城镇化生活污水集中处理率(%)	93.39	93.87	94.14	90.97
生态绿地	人均公共绿地面积(平方米)	57.46	42.57	46.88	54.60
	建成区绿化覆盖率(%)	42.59	42.01	38.54	37.88
资源利用	生活垃圾无害化处理率(%)	99.83	98.90	97.42	92.82
	工业固体废弃物综合利用率(%)	87.74	77.84	64.39	64.53

5. 健康管理：中等规模城市最优，超大城市存在明显短板

良好的生活环境和公共安全是城市健康发展的重要条件。城市的健康发展，需要具有高效的城市管理及确保城市居民生命和财产安全的能力。从健康管理角度来看，中等规模城市健康管理指数最高（56.61），其次是大城市（56.00）和特大城市（55.47），而小城市（54.46）和超大城市（50.34）则最低，尤其是超大城市存在明显的健康管理短板（见图 11）。习近平总书记在疫情防控过程中强调，“城市是生命体、有机体，要敬畏城市、善待城市，树立‘全周期管理’意识，努力探索超大城市现代化治理新路子”①，这一重要论述为超大城市治理现代化提出了全新课题，也提供了方向指引。

① 2020 年 3 月 10 日，习近平总书记在湖北考察新冠肺炎疫情防控工作时的讲话。

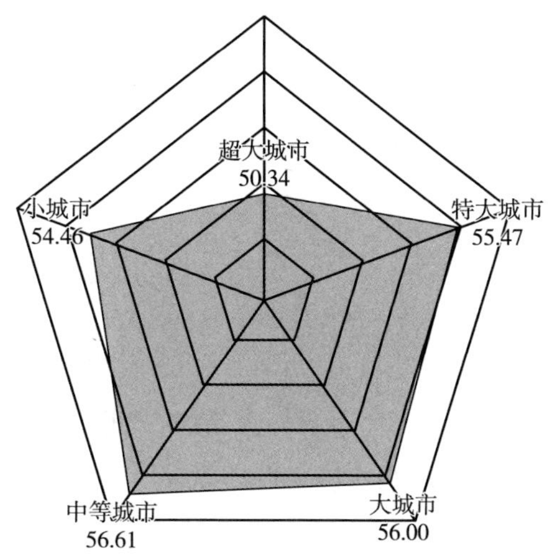

图11　2019年中国不同规模城市健康管理指数比较

从理论上来看，城市规模大小是城市集聚经济与集聚不经济的权衡结果，城市最优规模则是城市边际规模收益和边际拥挤成本相等时的最大规模值。相对而言，中等规模城市的人口适中，人口和经济活动集聚产生的负面效应相对较小，城市运行和管理的压力相对较小。超大城市和特大城市的人才、技术、资金、信息等多种要素高度聚集和高频率流动，给城市安全运行和管理带来了巨大挑战，既包括城市交通、高层建筑、大规模城市更新改造增加的基础设施安全运行风险，也包括本地人口和外来人口“新二元结构”之间的社会冲突风险，以及新技术、新业态、新产业快速发展带来的不可预知风险等。虽然有学者认为，超大城市和特大城市产生的集聚不经济和安全隐患等问题可以通过技术进步、管理优化等途径来解决，但随着中国城市普遍进入高风险管理阶段，如何准确评估和监测城市各个领域运行的潜在风险，围绕城市健康和安全进行资源配置，提升城市运行管理的安全性、科学性和精准性，仍是当前中国大城市面临的重要问题。

（三）空间特征

1. 区域发展不平衡态势依然延续

2019年，中国城市健康发展的不均衡态势依然存在，呈现东部地区依然占优、西部地区显著提升，而东北地区居于末位的区域差异格局，四大区域健康发展指数分别为 49.57、45.96、44.86、43.04（见表 4）。东北地区各项指数均落后于其他三大区域，既面临着严峻的结构转型和经济下行压力，也面临着改善民生水平以及污染防治和环境保护的严峻挑战。比较而言，西部地区在促进城市健康和可持续发展方面取得了显著成效，健康经济指数基本与中部地区持平，健康环境和健康管理指数则高于中部地区。西部大开发战略的深入实施以及内陆开放型经济和沿边开放经济带建设的战略部署，不仅有力促进了西部地区的经济转型发展，同时也增进了民生福祉和社会建设。2020 年 5 月中共中央、国务院印发了《关于新时代推进西部大开发形成新格局的指导意见》，可以预期“十四五”期间西部地区在经济高质量发展和民生福祉改善方面将取得重要进展。

表 4　2019 年中国四大区域城市健康发展水平比较

区域分布	健康发展指数	健康经济指数	健康文化指数	健康社会指数	健康环境指数	健康管理指数
东部地区	49.57	36.38	26.65	55.97	69.09	54.59
中部地区	45.96	30.75	23.51	50.61	64.50	56.64
东北地区	43.04	28.76	20.64	45.67	61.72	53.18
西部地区	44.86	30.00	21.63	46.53	64.93	57.15
西南地区	45.24	28.80	20.25	47.35	67.17	58.28
西北地区	44.41	31.42	23.26	45.56	62.31	55.83

2. “南强北弱”失衡格局进一步凸显

近年来，北方多个省区和城市经济增长不景气，南北差距逐渐扩大的态势越发明显，中国城市健康发展水平也随之呈现“南强北弱”[①] 的失衡格局。2019 年，城市健康发展指数综合排名前 10 位的城市中，仅北京 1 个城

① 南北划分一般以全国（不包括港澳台地区）地理中位线的北纬 35 度线为界（魏后凯等，2020；李二铃和覃成林，2002），以北为北方区域，包括北京、天津、河北、山西、内蒙古、辽宁、吉林、黑龙江、山东、河南、陕西、甘肃、青海、宁夏、新疆 15 个省份；以南为南方区域，包括除北方之外的其他 16 个省份。

市位于北方，排名前20位的城市中北方城市仅占3席，排名前50位的城市中北方城市占10席。全国37个达到健康城市标准的城市中仅有3个北方城市，分别为东营、青岛和大连。综合而言，无论是经济发展质量、公共服务水平，还是环境质量、资源利用和城市健康管理，南方城市均优于北方城市（见图12）。

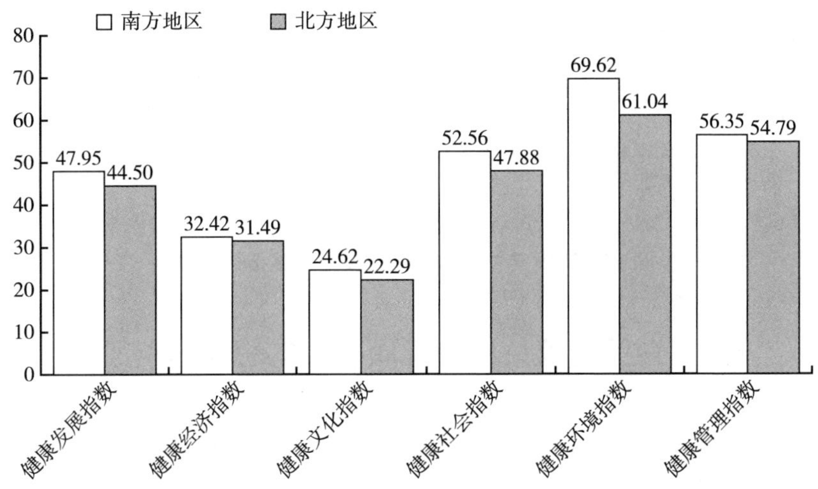

图12　2019年中国南方城市和北方城市健康发展水平比较

从省域排名来看，2019年全国有11个省区的健康发展综合排名出现了下降，其中8个来自北方省区，排名下降幅度最大的是青海、河北、河南、广西、山东（见图13）。“南强北弱”的不均衡态势不仅体现在东北和东南地区，西北和西南地区的差距也在逐渐扩大。2019年健康发展综合排名上升最快的前3位省区均来自西南地区，重庆、云南、贵州相比2018年分别上升了4位、6位和7位，一方面得益于这些省区持续向好的生态环境治理，另一方面得益于良好的经济增长态势。2019年，全国仅有3个省区的GDP增速超过了8.0%，分别为贵州（8.3%）、云南（8.1%）和西藏（8.1%），西南地区GDP占全国各地区总额的比重也由2010年的10.8%增加至2019年的13.5%，显著拉大了与西北地区的发展差距。

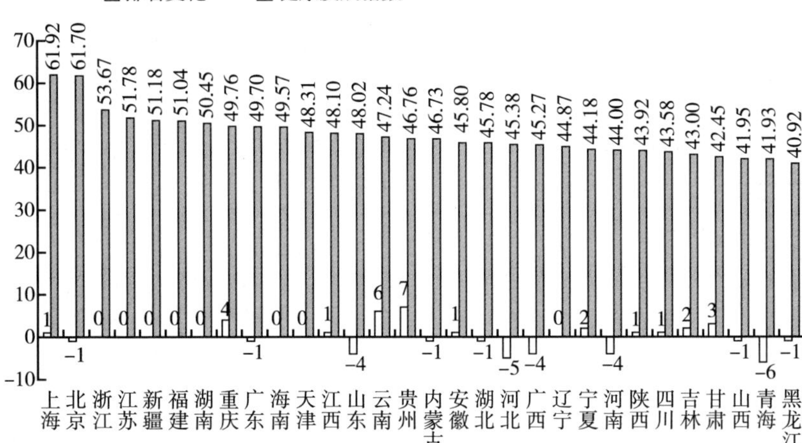

图 13　2019 年中国省域城市健康发展指数比较

三　对策建议：城市健康发展的思路与对策

健康城市是世界各国应对城镇化对人类健康挑战的重要途径，城市是健康促进的核心载体，实现快速的城镇化进程与居民健康福祉提升并行不悖。本文建议应从构建公共安全导向的健康空间格局、构建多元的健康共治机制、完善区域间协同治理机制和推动健康城市的全球合作等方面着手，着力改善影响城市健康发展的各种经济社会环境因素，全面促进健康公平。

1. 构建公共安全导向的健康空间格局，提升人居环境韧性

城市规划是各类开发建设活动和空间管理事务的基本依据，前瞻性地考虑公共安全防控需求，合理布局人类生产、生活和生态空间，构建安全、健康、韧性的空间格局是城市健康发展的重要基础，也是新时期城市规划与建设“以人为本”的必然要求。一是加快建立以公共安全为导向的城市空间防控体系，将健康融入不同空间尺度的城市规划与设计，重点关注与公共健康和防疫安全紧密相关的城市空间布局，土地利用规划、空间形态重塑、服务设施布局、交通网络建构、公共空间优化、康复环境设计等均需要统筹考

虑公众健康和公共安全因素，对城市应急空间、绿色生命通道、城市通风廊道等进行前瞻性和战略性布局，强化重大自然灾害、突发社会安全事件、生产安全事件的空间预警和防控布局，全面建构城市安全的空间防控体系。二是加强城市空间的战略留白和复合利用。为应对城市快速发展过程中的不确定性和风险性，需要为城市健康安全运行预留战略空间，既为未来经济社会发展预留高质量发展空间，又为包括公共健康在内的重大公共突发事件提供应急应对空间。因此，应以“平灾结合”“刚弹相济”的理念在城市不同区域，预留多种形式、不同规模和用途的战略留白空间资源，并明确对战略留白空间的规划引导和时序安排。

2. 构建多元的健康共治机制，提升治理能力现代化水平

城市健康发展不仅仅是一种发展状态，更是一种重要的治理能力，党的十九大明确了治理的重要性，提出建立共建共治共享的社会治理格局。而强大的社会凝聚力和广泛的公众参与正是中国新冠肺炎疫情得到有效防控的重要保障，也是中国特色社会主义制度优势的重要体现。城市发展面临的健康风险不是单一系统的风险，而是涉及医疗卫生系统、交通运输系统、公共服务系统以及应急保障系统，应该加快建立由“国家—市场—社会”构成的多主体多系统协同治理架构。尤其是对于自然灾害和突发公共卫生事件，需要中央部门、各级地方政府、非政府组织、企业以及居民采取共同的健康治理行动，这种多元主体参与的治理行动应贯穿于城市规划、建设、管理和运营的各个环节，通过“全生命周期”的健康治理提升全体居民的健康福祉，全面促进健康公平。

3. 完善区域间协同治理机制，全面促进健康公平

城市健康发展水平与城市的经济社会发展水平紧密相关，但中国特色的行政区划与城市行政等级设置加剧了城市健康发展的空间不均衡性。本文评价结果显示，城市健康发展水平的“东高西低”和“南强北弱”特征显著，并呈现进一步固化的态势。在产业分工、环境治理和公共服务供给方面完善区域协同机制，增强区域内公共政策的联动性、强化分类分区施策是破解区域发展不平衡不充分、全面促进健康公平的关键所在。东部地区城市的健康发展水平整体较高，但人口和产业过度集聚带来的环境负荷压力和城市安全

运行压力较大，应通过绿色技术改进降低能源消耗水平，积极推进新一代信息技术在医疗卫生、文化教育、城市运行和环境治理等领域的应用，加大健康城市试点和智慧城市试点的数据共享、政策协同和联动机制。西部城市的主要短板是优质医疗卫生资源不足，除了国家的财政支持，更重要的是积极引进医疗卫生领域的人才和技术，形成西部地区城市健康发展的良性循环机制。东北地区的经济下行压力和社会保障缺口最为突出，完善区域社会保障体系和政策设计固然重要，同时，还应将激发市场活力、转变经济结构、提升经济发展质量作为社会保障体系建设的重要基础。此外，还应积极完善区域间协同治理机制，一方面打破行政区划壁垒，推动教育、文化、医疗卫生等优质公共服务资源在都市圈、城市群等更广泛地域空间内进行优化配置，另一方面引导小城市立足资源禀赋条件提升经济发展活力和经济效益，促进民生持续改善，逐步缩小不同级别城市之间的公共服务差距，全面促进健康公平。

4. 推动健康城市的全球合作，融入全球治理体系

联合国认为新冠肺炎疫情不仅仅是一场医疗卫生领域的危机，也是经济危机、人道主义危机、安全危机和人权领域的危机，需要综合应对的措施和全球的协同行动。实际上，随着全球一体化的深入推进，全球治理体系已迈入相互合作的共生阶段，高度连通的全球城市网络使得跨区域、跨国界的健康和安全风险日渐凸显，尤其是重大公共事件的突发性、传播性和危害性会导致一个国家或地区无法独立应对，而必须整合世界各国的力量进行全球治理，共同应对全球公共卫生危机。中国应加强与相关国家尤其是“一带一路”沿线国家的健康共治合作，加快构建重大突发公共事件的联合治理机制，积极参与沿线国家重大疾病防控、医学卫生和健康产业等领域的合作，共同推进卫生健康共同体和人类命运共同体建设。

参考文献

Au, C. and Henderson, J. V., “Are Chinese Cities Too Small?”, *Review of Economic*

Studies, 2006, 73 (3), pp. 549 – 576.

Neiderud, C. J., "How Urbanization Affects the Epidemiology of Emerging Infectious Diseases", *Infect Ecol Epidemiol*, 2015 (5): 27.

United Nations, "Policy Brief: COVID – 19 in an Urban World", 2020. 7.

冯宇晴、柴铎:《后疫情时代：面向“韧性”和健康的城市规划与治理》,《中国房地产报》2020 年 4 月 13 日。

傅华等:《以健康共治实现全民健康管理》,《上海预防医学》2016 年第 10 期。

高小平:《构建常态与应急结合的城市治理体系》,《社会科学报》2020 年第 17 期。

黄育华、杨文明、赵建辉主编《公共安全蓝皮书：中国城市公共安全发展报告(2016～2017)》，社会科学文献出版社，2017。

林跃勤、郑雪平、米军:《重大公共卫生突发事件对“一带一路”的影响与应对》,《南京社会科学》2020 年第 7 期。

陆铭:《大国大城：当代中国的统一、发展与平衡》，上海人民出版社，2016。

王兰:《“健康中国”战略推进下的健康城市规划核心内容建构》，载王鸿春、盛继红主编《中国健康城市建设研究报告（2019)》，社会科学文献出版社，2019。

魏后凯、年猛、李功:《“十四五”时期中国区域发展战略与政策》,《中国工业经济》2020 年第 5 期。

奚建武:《高风险背景下超大城市健康治理的困境及其出路研究——以上海新冠肺炎疫情防控为例》,《上海城市管理》2020 年第 3 期。

杨俊宴、史北祥、史宜、李永辉:《高密度城市的多尺度空间防疫体系建构思考》,《城市规划》2020 年第 3 期。

杨立华、黄河:《健康治理：健康社会与健康中国建设的新范式》,《公共行政评论》2018 年第 6 期。

袁振龙:《城市治理面临的问题及破解对策》,《国家治理》2015 年第 15 期。

附录1 评价方法与评价模型

本文所述的城市健康发展评价指标体系包括健康经济、健康社会、健康环境、健康文化和健康管理等 5 个方面，涉及大量不同性质的指标和数据，为保证数据的可加性和可比性，本文先对所有数据进行无量纲化处理和逆指标的同趋化处理，然后通过德尔菲法初步确定各指标的权重，再利用因子分析法进行检验和校正，最后对健康城市指数进行综合评价。

首先，对数据进行如下标准化处理。

正指标的标准化：

$$Y_n = \frac{y_n - \min\limits_{1 \leqslant n \leqslant p}(y_n)}{\max\limits_{1 \leqslant n \leqslant p}(y_n) - \min\limits_{1 \leqslant n \leqslant p}(y_n)} \tag{1}$$

逆指标的标准化：

$$Y_n = \frac{\max\limits_{1 \leqslant n \leqslant p}(y_n) - y_n}{\max\limits_{1 \leqslant n \leqslant p}(y_n) - \min\limits_{1 \leqslant n \leqslant p}(y_n)} \tag{2}$$

公式中，Y_n 为 n 指标的标准化值；y_n 为某城市 n 指标的原始值；max（y_n）为各城市 n 指标的最大样本值；min（y_n）为各城市 n 指标的最小样本值。

其次，利用德尔菲法进行指标赋权。组织城市健康发展领域的专家进行指标赋权，逐级确定各项指标的权重，对健康城市指数进行预评价和预测算。

再次，建立因子分析模型进行检验校正：

$$\begin{cases} x_1 = \alpha_{11}F_1 + \alpha_{12}F_2 + \cdots + \alpha_{1m}F_m + \alpha_1\varepsilon_1 \\ x_2 = \alpha_{21}F_1 + \alpha_{22}F_2 + \cdots + \alpha_{2m}F_m + \alpha_2\varepsilon_2 \\ \cdots \\ x_n = \alpha_{n1}F_1 + \alpha_{n2}F_2 + \cdots + \alpha_{nm}F_m + \alpha_n\varepsilon_n \end{cases} \tag{3}$$

其中 x_1，x_2，…，x_n 为 n 个原变量，F_1，F_2，…，F_m 为 m 个因子变量。

通过矩阵转换，求解公因子。

$$X_i = HE_j + \varepsilon_i = \sum_{j=1}^{n} h_{ij}e_j + \varepsilon_i \quad (1 \leqslant i \leqslant p、1 \leqslant j \leqslant m) \tag{4}$$

其中：H 为因子载荷阵，E_j为公因子，h_{ij}为因子载荷，ε_i 为残差。

利用上述模型，使用 SPSS 软件进行因子分析，采用最大方差正交旋转法（Varima）求解公因子，计算各因子的变量得分和综合得分，并对其显著性水平进行测度。

最后，根据因子分析模型和德尔菲法的预测算结果，调整校正健康城市评价指标体系的指标因子及其权重分布，分别计算得出城市的健康经济指数、健康文化指数、健康社会指数、健康环境指数、健康管理指数，并在此基础上，综合计算和形成健康城市指数。

$$I_h = \sum_{j=m}^{i=n} \lambda_i \lambda_{ij} Z_{ij} \tag{5}$$

$$UHDI = \sum_{h=1}^{5} A_h I_h \tag{6}$$

其中：$I_{h(h=1、2、3、4、5)}$分别为健康经济指数、健康文化指数、健康社会指数、健康环境指数和健康管理指数，λ_i 为 i 项指标的权重，λ_{ij}为 i 项指标下的第 j 因子变量的权重，Z_{ij}为 i 项指标下的第 j 因子变量的标准化值，m 为各指标所包含的因子数量，n 为各指数所包含的指标数量，$UHDI$ 为健康城市指数，$I_{h(h=1、2、3、4、5)}$为各分项指数，$A_{h(h=1、2、3、4、5)}$为各分项指数的权重。

附表 1　2019 年中国城市健康发展评价

城市名称	城市健康发展指数	排名	健康经济	健康文化	健康社会	健康环境	健康管理
深圳市	65.16	1	63.60	58.40	69.80	79.79	43.96
上海市	61.92	2	63.60	45.98	64.07	72.13	55.18
北京市	61.70	3	63.11	53.16	70.21	67.11	47.52

续表

城市名称	城市健康发展指数	排名	健康经济	健康文化	健康社会	健康环境	健康管理
南京市	58.70	4	52.10	53.08	62.65	66.49	57.13
广州市	57.65	5	47.77	43.09	64.61	75.65	49.36
长沙市	56.78	6	51.92	40.81	65.68	68.11	50.12
珠海市	56.73	7	43.43	42.87	67.13	81.30	42.90
杭州市	56.53	8	54.27	38.71	69.05	68.44	48.44
佛山市	56.52	9	50.74	42.01	61.53	70.11	51.24
厦门市	56.51	10	45.86	31.22	56.89	80.81	57.03
无锡市	56.50	11	46.16	40.51	64.31	69.56	57.55
宁波市	56.50	12	51.90	50.34	65.24	70.75	34.92
温州市	55.80	13	42.74	37.19	63.04	76.39	52.21
东营市	55.63	14	48.92	33.92	55.73	71.80	61.45
泉州市	55.49	15	37.70	25.67	69.90	78.26	57.81
鄂尔多斯市	55.49	16	45.70	33.09	60.85	77.66	50.09
苏州市	55.24	17	51.38	40.36	67.01	67.64	40.21
昆明市	55.13	18	42.04	41.86	61.73	71.72	53.79
龙岩市	54.74	19	42.79	27.69	56.82	78.38	59.52
湘潭市	54.54	20	34.81	31.83	60.63	71.56	73.64
呼和浩特市	54.52	21	42.96	25.11	60.55	62.24	82.31
丽水市	54.00	22	42.46	21.51	64.74	78.21	51.05
绍兴市	53.98	23	46.30	26.70	63.01	73.19	49.97
大连市	53.82	24	43.97	33.81	54.53	74.50	54.86
怀化市	53.67	25	35.71	22.51	57.73	74.87	74.01
湖州市	53.62	26	41.23	42.41	58.42	71.54	49.21
福州市	53.51	27	37.03	28.81	61.71	76.83	55.92
丽江市	53.40	28	30.49	33.82	57.78	79.17	62.39
镇江市	53.40	29	43.54	32.22	61.66	65.33	60.08
三明市	53.27	30	34.19	41.21	55.62	78.75	51.52
南通市	53.09	31	38.54	34.57	59.18	70.69	58.42
舟山市	53.07	32	46.20	29.47	57.00	79.41	38.94
青岛市	52.99	33	46.30	25.90	57.29	73.52	51.31
威海市	52.94	34	36.47	21.57	57.77	77.76	63.94
铜陵市	52.82	35	33.40	40.90	54.04	73.89	60.36
台州市	52.78	36	40.88	25.53	63.02	77.84	44.42
常州市	52.51	37	48.02	35.01	61.07	64.11	46.72

续表

城市名称	城市健康发展指数	排名	健康经济	健康文化	健康社会	健康环境	健康管理
株洲市	52.41	38	36.84	28.23	59.48	71.01	62.14
东莞市	52.31	39	35.91	24.29	63.49	79.40	47.60
中山市	52.30	40	30.97	25.51	60.17	69.22	44.59
南宁市	52.29	41	30.21	39.88	53.37	74.83	62.46
长春市	52.05	42	38.45	32.42	53.34	71.53	60.13
黄山市	52.04	43	28.63	45.47	53.58	90.94	30.76
济南市	52.04	44	46.32	28.84	63.04	60.61	55.83
合肥市	52.02	45	37.93	39.94	62.02	68.99	45.94
武汉市	51.99	46	46.57	30.60	60.80	65.41	48.27
廊坊市	51.91	47	44.19	23.75	58.66	66.03	60.43
绵阳市	51.91	48	35.88	26.21	54.22	72.31	67.26
三亚市	51.90	49	42.27	29.18	55.89	73.61	49.18
南昌市	51.83	50	37.84	15.81	55.90	77.75	62.54
贵阳市	51.80	51	31.81	28.64	59.34	71.69	65.06
嘉兴市	51.61	52	42.17	30.81	59.48	69.21	48.29
常德市	51.59	53	38.63	24.06	54.36	74.18	59.34
金华市	51.43	54	40.79	24.19	64.44	73.04	43.08
乌鲁木齐市	51.21	55	41.26	28.22	59.47	71.19	46.46
新余市	51.20	56	35.33	20.20	49.36	79.51	63.94
扬州市	51.19	57	38.48	34.43	56.13	64.82	59.84
克拉玛依市	51.15	58	42.51	40.61	49.63	79.18	31.40
衢州市	51.01	59	38.67	32.00	56.93	75.69	41.55
漳州市	50.77	60	29.95	18.92	61.06	76.62	60.56
嘉峪关市	50.54	61	38.03	33.88	52.92	71.40	50.12
烟台市	50.48	62	35.70	19.23	58.38	69.25	64.58
太原市	50.39	63	41.11	37.36	44.55	51.44	84.91
盐城市	50.36	64	38.87	33.17	53.67	67.23	54.17
沈阳市	50.27	65	39.92	32.32	55.83	65.29	53.00
泰州市	50.03	66	39.51	29.05	59.26	63.05	54.53
惠州市	50.01	67	30.87	19.16	57.39	78.18	55.95
郴州市	49.94	68	30.90	16.81	57.83	69.65	71.42
桂林市	49.93	69	26.03	34.40	55.68	74.57	56.54
连云港市	49.82	70	31.22	37.59	55.23	69.30	53.37
马鞍山市	49.81	71	35.30	31.88	55.90	69.83	50.46

续表

城市名称	城市健康发展指数	排名	健康经济	健康文化	健康社会	健康环境	健康管理
重庆市	49.76	72	36.41	27.26	49.36	67.32	65.75
玉溪市	49.73	73	37.92	38.49	36.75	68.33	66.97
潍坊市	49.55	74	36.72	28.44	57.63	63.98	57.21
大庆市	49.42	75	40.40	32.31	47.96	60.16	65.62
景德镇市	49.42	76	28.03	25.35	47.57	82.49	56.49
娄底市	49.34	77	29.08	23.86	53.79	73.26	62.82
郑州市	49.22	78	40.32	25.75	59.49	55.84	62.79
曲靖市	49.14	79	30.26	27.98	51.32	73.89	57.58
西安市	49.12	80	34.05	38.01	52.96	55.01	70.45
吉安市	49.08	81	27.34	29.28	53.83	72.28	60.14
日照市	49.02	82	38.13	17.88	51.29	69.99	60.36
岳阳市	49.01	83	35.09	32.13	52.30	67.04	54.65
沧州市	48.97	84	41.15	25.82	52.57	60.48	61.19
徐州市	48.96	85	35.26	20.65	59.02	63.08	63.18
济宁市	48.86	86	30.55	24.34	54.96	69.82	60.81
淮安市	48.66	87	31.38	38.60	50.79	65.99	55.80
乌海市	48.56	88	36.22	30.64	50.49	65.32	56.52
衡阳市	48.46	89	33.30	28.83	57.36	65.00	53.92
柳州市	48.35	90	30.30	21.42	53.15	68.57	65.25
北海市	48.32	91	30.89	8.51	54.73	76.36	61.90
天津市	48.31	92	45.24	30.94	56.38	60.20	40.26
成都市	48.29	93	43.90	25.44	38.36	64.30	65.01
淄博市	48.26	94	41.02	22.51	55.91	60.47	55.56
九江市	48.24	95	35.70	21.37	52.34	67.63	58.23
萍乡市	48.20	96	28.66	44.13	38.31	73.54	55.77
玉林市	48.02	97	25.65	35.31	56.77	65.60	57.06
肇庆市	48.00	98	21.49	35.35	52.06	69.74	63.20
金昌市	48.00	99	33.90	33.68	50.85	62.36	58.08
银川市	47.92	100	32.88	42.95	54.97	61.15	46.52
哈尔滨市	47.89	101	29.54	38.77	51.49	62.21	58.94
宜昌市	47.89	102	34.89	20.27	57.66	61.86	60.85
邵阳市	47.84	103	26.92	43.95	52.47	65.18	51.55
鹰潭市	47.74	104	31.24	24.20	54.77	66.98	57.34
抚州市	47.72	105	32.55	13.08	47.09	77.13	59.48

续表

城市名称	城市健康发展指数	排名	健康经济	健康文化	健康社会	健康环境	健康管理
咸阳市	47.64	106	36.29	28.30	63.02	48.12	64.59
唐山市	47.62	107	39.49	21.51	50.95	59.69	62.72
铜仁市	47.62	108	32.65	28.57	56.28	61.17	57.48
永州市	47.51	109	32.02	16.01	53.14	69.69	60.37
张家界市	47.39	110	33.31	22.37	52.76	75.61	41.69
益阳市	47.34	111	31.71	15.94	53.00	73.10	54.32
韶关市	47.27	112	24.87	24.26	52.00	72.24	59.69
包头市	47.24	113	39.47	30.05	52.00	66.30	39.28
海口市	47.24	114	28.15	23.42	55.81	76.99	41.88
兰州市	47.21	115	34.50	20.25	58.47	61.50	56.51
随州市	47.15	116	27.63	21.94	45.25	69.57	70.04
钦州市	47.06	117	29.68	16.79	52.29	72.31	57.20
南平市	47.02	118	33.60	15.15	49.95	76.91	47.52
秦皇岛市	46.96	119	26.12	25.35	53.69	68.47	58.46
咸宁市	46.85	120	29.37	24.23	53.08	69.51	52.52
泰安市	46.83	121	34.09	23.39	49.34	64.31	59.05
德阳市	46.77	122	31.31	23.04	53.40	65.86	55.58
宁德市	46.76	123	30.67	15.64	54.12	68.34	58.89
临沧市	46.69	124	23.03	27.48	49.58	74.06	55.83
黄石市	46.62	125	30.90	26.86	48.09	63.33	62.79
滁州市	46.49	126	27.48	27.42	52.88	67.76	53.28
湛江市	46.48	127	29.15	22.48	50.84	72.93	49.46
辽阳市	46.43	128	37.58	24.61	48.64	62.16	53.81
赤峰市	46.39	129	29.31	20.05	47.67	67.92	63.59
宣城市	46.36	130	29.69	20.18	47.59	73.52	53.40
莱芜市	46.32	131	35.86	15.54	50.83	65.34	56.81
锦州市	46.24	132	38.68	26.21	46.42	63.43	50.01
本溪市	46.23	133	27.88	16.86	45.74	78.10	53.72
新乡市	46.22	134	32.18	23.08	53.97	56.33	65.57
茂名市	46.22	135	28.28	9.98	49.09	75.58	59.59
洛阳市	46.13	136	35.46	23.67	53.26	59.11	55.26
六盘水市	46.10	137	26.32	26.05	36.06	70.33	72.10
晋中市	46.03	138	30.82	28.25	49.79	60.62	59.83
泸州市	46.02	139	28.12	12.42	50.24	74.38	56.58

续表

城市名称	城市健康发展指数	排名	健康经济	健康文化	健康社会	健康环境	健康管理
西宁市	46.01	140	28.36	20.97	50.02	66.47	61.00
攀枝花市	46.00	141	38.59	20.41	34.96	68.93	60.43
黄冈市	45.98	142	22.55	32.28	52.75	59.53	67.10
宜春市	45.83	143	24.21	21.94	43.25	76.34	58.34
赣州市	45.75	144	27.38	21.25	43.00	74.97	55.86
安阳市	45.73	145	31.36	32.88	55.17	53.35	57.24
汉中市	45.71	146	31.61	17.04	48.59	64.46	62.77
荆门市	45.61	147	28.58	27.66	50.11	62.93	57.06
遵义市	45.61	148	26.04	24.27	48.84	63.80	64.92
池州市	45.59	149	28.16	22.89	49.57	71.26	49.27
许昌市	45.54	150	31.02	14.38	53.94	61.85	62.55
呼伦贝尔市	45.54	151	29.95	15.50	46.66	65.77	66.36
河源市	45.46	152	18.95	21.87	52.37	74.88	54.99
承德市	45.43	153	27.61	30.16	50.89	62.34	54.90
芜湖市	45.40	154	32.05	26.64	58.87	63.57	38.17
十堰市	45.31	155	26.44	20.93	42.01	69.97	64.46
贵港市	45.30	156	27.23	18.42	52.72	67.35	55.67
三门峡市	45.25	157	37.05	23.94	54.12	52.45	56.41
石家庄市	45.25	158	35.12	19.17	53.24	55.60	60.29
蚌埠市	45.19	159	29.18	19.20	49.11	66.26	57.50
鹤壁市	45.16	160	30.78	16.05	55.07	60.75	59.02
鄂州市	45.11	161	29.16	15.79	48.55	66.13	61.38
松原市	45.06	162	26.96	15.36	47.75	69.86	59.98
毕节市	45.00	163	32.19	22.98	43.96	62.89	59.93
滨州市	45.00	164	30.51	19.22	53.97	58.75	60.02
贺州市	44.99	165	30.51	12.35	51.93	67.89	54.33
盘锦市	44.89	166	27.62	25.12	49.02	70.86	44.64
临沂市	44.86	167	33.85	15.87	43.91	62.25	64.49
巴彦淖尔市	44.84	168	38.16	20.12	39.69	60.55	61.34
广元市	44.80	169	25.65	7.73	49.30	77.86	52.69
安庆市	44.76	170	25.87	20.83	54.06	69.36	46.81
内江市	44.75	171	27.19	12.06	47.97	69.44	61.25
宿迁市	44.74	172	24.88	35.36	51.70	60.63	51.42
朔州市	44.68	173	37.63	34.70	36.15	57.43	56.51

续表

城市名称	城市健康发展指数	排名	健康经济	健康文化	健康社会	健康环境	健康管理
眉山市	44.58	174	23.39	14.80	50.11	66.72	65.38
宝鸡市	44.56	175	30.82	25.94	49.73	62.28	49.64
石嘴山市	44.47	176	31.10	30.87	47.05	61.48	48.59
安顺市	44.47	177	23.97	29.41	48.94	63.01	56.82
菏泽市	44.46	178	32.34	19.43	47.92	59.89	59.33
宜宾市	44.38	179	35.41	12.38	44.66	67.83	51.89
白银市	44.38	180	25.70	19.55	44.33	64.98	66.07
晋城市	44.36	181	33.18	34.22	54.41	54.68	42.53
辽源市	44.32	182	22.91	23.37	46.96	69.08	56.19
长治市	44.28	183	30.65	25.68	52.94	57.95	51.30
荆州市	44.24	184	27.83	19.69	57.46	56.75	57.65
鞍山市	44.22	185	31.73	24.17	46.38	63.70	49.73
南阳市	44.18	186	30.96	15.10	55.59	57.22	58.34
阳江市	44.18	187	25.27	13.05	53.11	74.93	43.67
上饶市	44.12	188	35.13	16.60	48.99	57.64	57.62
枣庄市	44.09	189	30.43	16.56	48.69	60.27	61.29
漯河市	44.07	190	29.51	10.42	55.57	58.69	62.27
安康市	44.01	191	25.76	11.42	48.89	68.09	60.41
汕头市	44.00	192	22.83	14.52	49.61	75.87	48.16
雅安市	43.98	193	24.91	13.01	50.11	67.13	59.98
德州市	43.98	194	28.24	12.98	46.22	61.72	68.66
平顶山市	43.97	195	28.93	12.99	55.16	61.15	56.43
梅州市	43.96	196	21.72	15.09	52.52	79.71	38.91
梧州市	43.87	197	22.91	20.44	52.29	63.81	57.77
葫芦岛市	43.85	198	30.51	18.23	41.10	63.78	62.13
佳木斯市	43.79	199	28.28	18.46	44.63	65.32	57.96
固原市	43.75	200	33.83	27.99	44.13	58.86	50.39
营口市	43.71	201	38.29	21.30	50.16	49.80	56.38
阜阳市	43.70	202	25.31	18.42	50.22	65.98	53.79
襄阳市	43.68	203	32.59	15.76	53.11	55.73	57.45
普洱市	43.55	204	18.78	30.29	43.75	68.96	55.45
邯郸市	43.53	205	32.34	18.44	46.00	59.13	58.01
榆林市	43.52	206	34.08	11.53	47.71	53.82	68.54
保山市	43.51	207	28.53	23.18	32.12	74.83	51.80

续表

城市名称	城市健康发展指数	排名	健康经济	健康文化	健康社会	健康环境	健康管理
七台河市	43.47	208	27.87	11.87	42.91	72.67	53.17
焦作市	43.45	209	27.06	21.02	53.63	55.60	59.40
广安市	43.40	210	22.48	11.02	45.34	70.34	63.17
衡水市	43.39	211	29.83	18.92	48.83	59.16	56.94
遂宁市	43.32	212	26.54	9.00	46.12	71.43	55.01
淮南市	43.26	213	25.06	19.21	51.22	65.07	50.69
张掖市	43.07	214	25.48	21.20	42.30	68.70	52.56
抚顺市	43.04	215	38.30	12.31	45.81	55.17	57.78
乐山市	43.00	216	31.28	8.97	47.82	68.06	48.38
延安市	42.97	217	35.54	19.28	29.25	65.20	60.30
牡丹江市	42.96	218	24.16	32.64	49.01	54.49	57.30
吴忠市	42.86	219	31.22	21.53	45.50	63.97	44.91
保定市	42.86	220	34.01	19.11	49.15	54.75	53.12
白城市	42.85	221	25.21	18.65	44.70	69.71	49.23
商丘市	42.78	222	27.29	19.28	48.15	60.22	55.86
丹东市	42.70	223	22.90	21.11	44.71	62.14	62.20
云浮市	42.68	224	24.49	16.46	45.71	69.25	50.88
淮北市	42.67	225	26.04	19.10	48.04	65.78	48.27
乌兰察布市	42.55	226	24.98	25.42	32.94	68.19	59.04
酒泉市	42.50	227	27.71	19.88	44.16	60.80	57.06
忻州市	42.49	228	31.90	30.35	33.67	57.62	58.85
驻马店市	42.48	229	28.19	13.44	43.12	64.60	57.64
南充市	42.47	230	32.49	6.72	43.86	64.58	56.13
濮阳市	42.46	231	26.27	20.19	46.42	58.84	59.12
防城港市	42.42	232	36.45	9.60	54.35	59.22	41.29
开封市	42.41	233	28.57	16.77	51.22	55.37	57.75
河池市	42.23	234	23.45	19.55	48.59	62.80	53.42
吉林市	42.21	235	28.22	19.28	48.50	56.07	56.97
渭南市	42.17	236	26.03	9.07	51.90	58.30	62.31
潮州市	42.16	237	22.45	11.06	45.68	71.27	52.92
阜新市	42.07	238	30.31	14.83	43.79	64.40	49.42
天水市	42.07	239	25.46	10.46	46.92	65.21	56.36
张家口市	41.99	240	26.37	17.20	46.65	61.64	53.84
宿州市	41.94	241	29.22	12.68	48.62	60.83	52.01

续表

城市名称	城市健康发展指数	排名	健康经济	健康文化	健康社会	健康环境	健康管理
中卫市	41.89	242	31.55	21.65	44.13	59.24	47.48
临汾市	41.87	243	29.50	27.33	50.00	47.76	56.38
清远市	41.84	244	21.67	13.30	48.46	68.55	50.67
庆阳市	41.80	245	26.84	18.63	34.02	65.64	60.53
来宾市	41.50	246	26.43	5.33	48.37	64.28	55.66
资阳市	41.40	247	25.78	14.32	44.97	60.32	58.22
六安市	41.39	248	20.96	12.94	49.45	68.76	47.56
双鸭山市	41.38	249	21.29	25.11	43.01	64.03	51.22
揭阳市	41.28	250	21.11	8.86	47.58	62.76	63.10
莆田市	41.26	251	30.11	12.56	43.37	59.10	56.03
邢台市	41.24	252	18.35	21.72	53.51	57.93	54.72
黑河市	41.23	253	23.07	17.06	42.99	67.65	49.28
朝阳市	41.18	254	29.88	20.47	44.38	54.59	54.12
聊城市	41.05	255	28.40	22.74	48.14	54.78	48.11
通化市	40.68	256	21.55	15.06	48.01	64.49	48.75
崇左市	40.64	257	24.84	10.67	51.57	58.57	52.47
自贡市	40.63	258	21.01	10.73	46.94	64.25	55.47
平凉市	40.51	259	24.10	15.85	27.54	72.32	56.79
商洛市	39.79	260	24.57	23.78	32.28	60.92	55.95
江门市	39.72	261	26.08	16.68	53.48	73.26	11.23
铜川市	39.72	262	20.31	25.21	50.90	55.83	44.79
周口市	39.62	263	22.04	15.22	42.95	59.92	55.02
铁岭市	39.59	264	25.79	14.08	34.76	58.75	62.59
汕尾市	39.48	265	13.73	7.93	49.98	70.88	47.58
武威市	39.40	266	26.71	18.88	36.69	59.41	51.34
信阳市	39.38	267	28.45	6.81	41.73	56.61	58.34
亳州市	39.37	268	25.46	11.65	44.42	60.94	47.58
四平市	39.22	269	26.30	18.05	48.51	50.79	50.26
孝感市	38.90	270	25.07	18.78	32.91	61.69	52.11
百色市	38.90	271	24.84	15.24	35.55	58.82	57.26
齐齐哈尔市	38.35	272	24.19	21.86	43.73	48.86	53.73
鹤岗市	38.23	273	20.38	15.55	42.16	58.61	51.44
海东市	37.86	274	31.11	19.07	31.28	55.85	46.70
阳泉市	37.68	275	30.61	17.68	46.20	39.43	55.20

续表

城市名称	城市健康发展指数	排名	健康经济	健康文化	健康社会	健康环境	健康管理
白山市	37.61	276	22.13	9.65	41.86	57.16	53.10
定西市	37.23	277	23.08	16.17	26.50	62.46	54.14
大同市	37.14	278	15.92	20.19	45.11	54.77	49.44
绥化市	37.07	279	24.56	10.90	34.07	57.43	54.18
吕梁市	36.83	280	23.60	26.36	32.40	50.85	51.90
昭通市	36.74	281	27.04	19.27	30.65	48.91	58.19
运城市	35.68	282	25.07	22.68	29.01	49.80	51.74
通辽市	35.45	283	27.97	23.51	38.36	35.27	56.31
达州市	35.39	284	25.44	11.15	22.44	54.73	61.24
伊春市	33.91	285	19.81	17.72	39.55	43.25	50.50
鸡西市	33.34	286	19.26	2.39	40.28	48.29	53.56
巴中市	33.27	287	17.35	14.67	26.88	53.44	53.34
陇南市	32.69	288	27.69	15.19	27.26	38.81	55.55

附表 2　2019 年中国超大城市健康发展评价

城市名称	城市健康发展指数	排名	健康经济	健康文化	健康社会	健康环境	健康管理
深圳市	65.16	1	63.60	58.40	69.80	79.79	43.96
上海市	61.92	2	63.60	45.98	64.07	72.13	55.18
北京市	61.70	3	63.11	53.16	70.21	67.11	47.52
广州市	57.65	4	47.77	43.09	64.61	75.65	49.36
重庆市	49.76	5	36.41	27.26	49.36	67.32	65.75
天津市	48.31	6	45.24	30.94	56.38	60.20	40.26

附表 3　2019 年中国特大城市健康发展评价

城市名称	城市健康发展指数	排名	健康经济	健康文化	健康社会	健康环境	健康管理
南京市	58.70	1	52.10	53.08	62.65	66.49	57.13
杭州市	56.53	2	54.27	38.71	69.05	68.44	48.44
青岛市	52.99	3	46.30	25.90	57.29	73.52	51.31
东莞市	52.31	4	35.91	24.29	63.49	79.40	47.60

续表

城市名称	城市健康发展指数	排名	健康经济	健康文化	健康社会	健康环境	健康管理
武汉市	51.99	5	46.57	30.60	60.80	65.41	48.27
沈阳市	50.27	6	39.92	32.32	55.83	65.29	53.00
郑州市	49.22	7	40.32	25.75	59.49	55.84	62.79
西安市	49.12	8	34.05	38.01	52.96	55.01	70.45
成都市	48.29	9	43.90	25.44	38.36	64.30	65.01

附表4　2019年中国大城市健康发展评价

城市名称	城市健康发展指数	排名	健康经济	健康文化	健康社会	健康环境	健康管理
长沙市	56.78	1	51.92	40.81	65.68	68.11	50.12
珠海市	56.73	2	43.43	42.87	67.13	81.30	42.90
佛山市	56.52	3	50.74	42.01	61.53	70.11	51.24
厦门市	56.51	4	45.86	31.22	56.89	80.81	57.03
无锡市	56.50	5	46.16	40.51	64.31	69.56	57.55
宁波市	56.50	6	51.90	50.34	65.24	70.75	34.92
温州市	55.80	7	42.74	37.19	63.04	76.39	52.21
泉州市	55.49	8	37.70	25.67	69.90	78.26	57.81
苏州市	55.24	9	51.38	40.36	67.01	67.64	40.21
昆明市	55.13	10	42.04	41.86	61.73	71.72	53.79
呼和浩特市	54.52	11	42.96	25.11	60.55	62.24	82.31
绍兴市	53.98	12	46.30	26.70	63.01	73.19	49.97
大连市	53.82	13	43.97	33.81	54.53	74.50	54.86
福州市	53.51	14	37.03	28.81	61.71	76.83	55.92
南通市	53.09	15	38.54	34.57	59.18	70.69	58.42
台州市	52.78	16	40.88	25.53	63.02	77.84	44.42
常州市	52.51	17	48.02	35.01	61.07	64.11	46.72
南宁市	52.29	18	30.21	39.88	53.37	74.83	62.46
长春市	52.05	19	38.45	32.42	53.34	71.53	60.13
济南市	52.04	20	46.32	28.84	63.04	60.61	55.83
合肥市	52.02	21	37.93	39.94	62.02	68.99	45.94
绵阳市	51.91	22	35.88	26.21	54.22	72.31	67.26
南昌市	51.83	23	37.84	15.81	55.90	77.75	62.54

续表

城市名称	城市健康发展指数	排名	健康经济	健康文化	健康社会	健康环境	健康管理
贵阳市	51.80	24	31.81	28.64	59.34	71.69	65.06
乌鲁木齐市	51.21	25	41.26	28.22	59.47	71.19	46.46
扬州市	51.19	26	38.48	34.43	56.13	64.82	59.84
烟台市	50.48	27	35.70	19.23	58.38	69.25	64.58
太原市	50.39	28	41.11	37.36	44.55	51.44	84.91
盐城市	50.36	29	38.87	33.17	53.67	67.23	54.17
惠州市	50.01	30	30.87	19.16	57.39	78.18	55.95
连云港市	49.82	31	31.22	37.59	55.23	69.30	53.37
潍坊市	49.55	32	36.72	28.44	57.63	63.98	57.21
大庆市	49.42	33	40.40	32.31	47.96	60.16	65.62
徐州市	48.96	34	35.26	20.65	59.02	63.08	63.18
济宁市	48.86	35	30.55	24.34	54.96	69.82	60.81
淮安市	48.66	36	31.38	38.60	50.79	65.99	55.80
衡阳市	48.46	37	33.30	28.83	57.36	65.00	53.92
柳州市	48.35	38	30.30	21.42	53.15	68.57	65.25
淄博市	48.26	39	41.02	22.51	55.91	60.47	55.56
银川市	47.92	40	32.88	42.95	54.97	61.15	46.52
哈尔滨市	47.89	41	29.54	38.77	51.49	62.21	58.94
咸阳市	47.64	42	36.29	28.30	63.02	48.12	64.59
唐山市	47.62	43	39.49	21.51	50.95	59.69	62.72
包头市	47.24	44	39.47	30.05	52.00	66.30	39.28
海口市	47.24	45	28.15	23.42	55.81	76.99	41.88
兰州市	47.21	46	34.50	20.25	58.47	61.50	56.51
秦皇岛市	46.96	47	26.12	25.35	53.69	68.47	58.46
泰安市	46.83	48	34.09	23.39	49.34	64.31	59.05
洛阳市	46.13	49	35.46	23.67	53.26	59.11	55.26
泸州市	46.02	50	28.12	12.42	50.24	74.38	56.58
西宁市	46.01	51	28.36	20.97	50.02	66.47	61.00
赣州市	45.75	52	27.38	21.25	43.00	74.97	55.86
遵义市	45.61	53	26.04	24.27	48.84	63.80	64.92
芜湖市	45.40	54	32.05	26.64	58.87	63.57	38.17
石家庄市	45.25	55	35.12	19.17	53.24	55.60	60.29
临沂市	44.86	56	33.85	15.87	43.91	62.25	64.49
宜宾市	44.38	57	35.41	12.38	44.66	67.83	51.89

续表

城市名称	城市健康发展指数	排名	健康经济	健康文化	健康社会	健康环境	健康管理
鞍山市	44.22	58	31.73	24.17	46.38	63.70	49.73
南阳市	44.18	59	30.96	15.10	55.59	57.22	58.34
枣庄市	44.09	60	30.43	16.56	48.69	60.27	61.29
汕头市	44.00	61	22.83	14.52	49.61	75.87	48.16
德州市	43.98	62	28.24	12.98	46.22	61.72	68.66
襄阳市	43.68	63	32.59	15.76	53.11	55.73	57.45
邯郸市	43.53	64	32.34	18.44	46.00	59.13	58.01
淮南市	43.26	65	25.06	19.21	51.22	65.07	50.69
抚顺市	43.04	66	38.30	12.31	45.81	55.17	57.78
保定市	42.86	67	34.01	19.11	49.15	54.75	53.12
南充市	42.47	68	32.49	6.72	43.86	64.58	56.13
开封市	42.41	69	28.57	16.77	51.22	55.37	57.75
吉林市	42.21	70	28.22	19.28	48.50	56.07	56.97
张家口市	41.99	71	26.37	17.20	46.65	61.64	53.84
自贡市	40.63	72	21.01	10.73	46.94	64.25	55.47
江门市	39.72	73	26.08	16.68	53.48	73.26	11.23
齐齐哈尔市	38.35	74	24.19	21.86	43.73	48.86	53.73
大同市	37.14	75	15.92	20.19	45.11	54.77	49.44

附表5　2019年中国中等城市健康发展评价

城市名称	城市健康发展指数	排名	健康经济	健康文化	健康社会	健康环境	健康管理
东营市	55.63	1	48.92	33.92	55.73	71.80	61.45
鄂尔多斯市	55.49	2	45.70	33.09	60.85	77.66	50.09
湘潭市	54.54	3	34.81	31.83	60.63	71.56	73.64
怀化市	53.67	4	35.71	22.51	57.73	74.87	74.01
湖州市	53.62	5	41.23	42.41	58.42	71.54	49.21
镇江市	53.40	6	43.54	32.22	61.66	65.33	60.08
舟山市	53.07	7	46.20	29.47	57.00	79.41	38.94
威海市	52.94	8	36.47	21.57	57.77	77.76	63.94
铜陵市	52.82	9	33.40	40.90	54.04	73.89	60.36
中山市	52.30	10	30.97	25.51	60.17	69.22	44.59

续表

城市名称	城市健康发展指数	排名	健康经济	健康文化	健康社会	健康环境	健康管理
廊坊市	51.91	11	44.19	23.75	58.66	66.03	60.43
三亚市	51.90	12	42.27	29.18	55.89	73.61	49.18
嘉兴市	51.61	13	42.17	30.81	59.48	69.21	48.29
常德市	51.59	14	38.63	24.06	54.36	74.18	59.34
金华市	51.43	15	40.79	24.19	64.44	73.04	43.08
漳州市	50.77	16	29.95	18.92	61.06	76.62	60.56
泰州市	50.03	17	39.51	29.05	59.26	63.05	54.53
郴州市	49.94	18	30.90	16.81	57.83	69.65	71.42
桂林市	49.93	19	26.03	34.40	55.68	74.57	56.54
马鞍山市	49.81	20	35.30	31.88	55.90	69.83	50.46
景德镇市	49.42	21	28.03	25.35	47.57	82.49	56.49
娄底市	49.34	22	29.08	23.86	53.79	73.26	62.82
曲靖市	49.14	23	30.26	27.98	51.32	73.89	57.58
日照市	49.02	24	38.13	17.88	51.29	69.99	60.36
岳阳市	49.01	25	35.09	32.13	52.30	67.04	54.65
沧州市	48.97	26	41.15	25.82	52.57	60.48	61.19
乌海市	48.56	27	36.22	30.64	50.49	65.32	56.52
九江市	48.24	28	35.70	21.37	52.34	67.63	58.23
玉林市	48.02	29	25.65	35.31	56.77	65.60	57.06
肇庆市	48.00	30	21.49	35.35	52.06	69.74	63.20
宜昌市	47.89	31	34.89	20.27	57.66	61.86	60.85
邵阳市	47.84	32	26.92	43.95	52.47	65.18	51.55
抚州市	47.72	33	32.55	13.08	47.09	77.13	59.48
永州市	47.51	34	32.02	16.01	53.14	69.69	60.37
益阳市	47.34	35	31.71	15.94	53.00	73.10	54.32
韶关市	47.27	36	24.87	24.26	52.00	72.24	59.69
随州市	47.15	37	27.63	21.94	45.25	69.57	70.04
德阳市	46.77	38	31.31	23.04	53.40	65.86	55.58
黄石市	46.62	39	30.90	26.86	48.09	63.33	62.79
滁州市	46.49	40	27.48	27.42	52.88	67.76	53.28
湛江市	46.48	41	29.15	22.48	50.84	72.93	49.46
辽阳市	46.43	42	37.58	24.61	48.64	62.16	53.81
赤峰市	46.39	43	29.31	20.05	47.67	67.92	63.59
莱芜市	46.32	44	35.86	15.54	50.83	65.34	56.81

续表

城市名称	城市健康发展指数	排名	健康经济	健康文化	健康社会	健康环境	健康管理
锦州市	46.24	45	38.68	26.21	46.42	63.43	50.01
本溪市	46.23	46	27.88	16.86	45.74	78.10	53.72
新乡市	46.22	47	32.18	23.08	53.97	56.33	65.57
茂名市	46.22	48	28.28	9.98	49.09	75.58	59.59
晋中市	46.03	49	30.82	28.25	49.79	60.62	59.83
攀枝花市	46.00	50	38.59	20.41	34.96	68.93	60.43
宜春市	45.83	51	24.21	21.94	43.25	76.34	58.34
安阳市	45.73	52	31.36	32.88	55.17	53.35	57.24
汉中市	45.71	53	31.61	17.04	48.59	64.46	62.77
荆门市	45.61	54	28.58	27.66	50.11	62.93	57.06
许昌市	45.54	55	31.02	14.38	53.94	61.85	62.55
承德市	45.43	56	27.61	30.16	50.89	62.34	54.90
十堰市	45.31	57	26.44	20.93	42.01	69.97	64.46
蚌埠市	45.19	58	29.18	19.20	49.11	66.26	57.50
滨州市	45.00	59	30.51	19.22	53.97	58.75	60.02
盘锦市	44.89	60	27.62	25.12	49.02	70.86	44.64
广元市	44.80	61	25.65	7.73	49.30	77.86	52.69
安庆市	44.76	62	25.87	20.83	54.06	69.36	46.81
内江市	44.75	63	27.19	12.06	47.97	69.44	61.25
宿迁市	44.74	64	24.88	35.36	51.70	60.63	51.42
眉山市	44.58	65	23.39	14.80	50.11	66.72	65.38
宝鸡市	44.56	66	30.82	25.94	49.73	62.28	49.64
菏泽市	44.46	67	32.34	19.43	47.92	59.89	59.33
长治市	44.28	68	30.65	25.68	52.94	57.95	51.30
荆州市	44.24	69	27.83	19.69	57.46	56.75	57.65
阳江市	44.18	70	25.27	13.05	53.11	74.93	43.67
上饶市	44.12	71	35.13	16.60	48.99	57.64	57.62
漯河市	44.07	72	29.51	10.42	55.57	58.69	62.27
平顶山市	43.97	73	28.93	12.99	55.16	61.15	56.43
梧州市	43.87	74	22.91	20.44	52.29	63.81	57.77
葫芦岛市	43.85	75	30.51	18.23	41.10	63.78	62.13
佳木斯市	43.79	76	28.28	18.46	44.63	65.32	57.96
营口市	43.71	77	38.29	21.30	50.16	49.80	56.38
阜阳市	43.70	78	25.31	18.42	50.22	65.98	53.79

续表

城市名称	城市健康发展指数	排名	健康经济	健康文化	健康社会	健康环境	健康管理
榆林市	43.52	79	34.08	11.53	47.71	53.82	68.54
焦作市	43.45	80	27.06	21.02	53.63	55.60	59.40
衡水市	43.39	81	29.83	18.92	48.83	59.16	56.94
遂宁市	43.32	82	26.54	9.00	46.12	71.43	55.01
乐山市	43.00	83	31.28	8.97	47.82	68.06	48.38
牡丹江市	42.96	84	24.16	32.64	49.01	54.49	57.30
商丘市	42.78	85	27.29	19.28	48.15	60.22	55.86
丹东市	42.70	86	22.90	21.11	44.71	62.14	62.20
淮北市	42.67	87	26.04	19.10	48.04	65.78	48.27
驻马店市	42.48	88	28.19	13.44	43.12	64.60	57.64
濮阳市	42.46	89	26.27	20.19	46.42	58.84	59.12
渭南市	42.17	90	26.03	9.07	51.90	58.30	62.31
潮州市	42.16	91	22.45	11.06	45.68	71.27	52.92
阜新市	42.07	92	30.31	14.83	43.79	64.40	49.42
天水市	42.07	93	25.46	10.46	46.92	65.21	56.36
宿州市	41.94	94	29.22	12.68	48.62	60.83	52.01
临汾市	41.87	95	29.50	27.33	50.00	47.76	56.38
清远市	41.84	96	21.67	13.30	48.46	68.55	50.67
六安市	41.39	97	20.96	12.94	49.45	68.76	47.56
揭阳市	41.28	98	21.11	8.86	47.58	62.76	63.10
莆田市	41.26	99	30.11	12.56	43.37	59.10	56.03
邢台市	41.24	100	18.35	21.72	53.51	57.93	54.72
朝阳市	41.18	101	29.88	20.47	44.38	54.59	54.12
聊城市	41.05	102	28.40	22.74	48.14	54.78	48.11
信阳市	39.38	103	28.45	6.81	41.73	56.61	58.34
四平市	39.22	104	26.30	18.05	48.51	50.79	50.26
鹤岗市	38.23	105	20.38	15.55	42.16	58.61	51.44
阳泉市	37.68	106	30.61	17.68	46.20	39.43	55.20
运城市	35.68	107	25.07	22.68	29.01	49.80	51.74
达州市	35.39	108	25.44	11.15	22.44	54.73	61.24
伊春市	33.91	109	19.81	17.72	39.55	43.25	50.50
鸡西市	33.34	110	19.26	2.39	40.28	48.29	53.56

附表 6　2019 年中国小城市健康发展评价

城市名称	城市健康发展指数	排名	健康经济	健康文化	健康社会	健康环境	健康管理
龙岩市	54.74	1	42.79	27.69	56.82	78.38	59.52
丽水市	54.00	2	42.46	21.51	64.74	78.21	51.05
丽江市	53.40	3	30.49	33.82	57.78	79.17	62.39
三明市	53.27	4	34.19	41.21	55.62	78.75	51.52
株洲市	52.41	5	36.84	28.23	59.48	71.01	62.14
黄山市	52.04	6	28.63	45.47	53.58	90.94	30.76
新余市	51.20	7	35.33	20.20	49.36	79.51	63.94
克拉玛依市	51.15	8	42.51	40.61	49.63	79.18	31.40
衢州市	51.01	9	38.67	32.00	56.93	75.69	41.55
嘉峪关市	50.54	10	38.03	33.88	52.92	71.40	50.12
玉溪市	49.73	11	37.92	38.49	36.75	68.33	66.97
吉安市	49.08	12	27.34	29.28	53.83	72.28	60.14
北海市	48.32	13	30.89	8.51	54.73	76.36	61.90
萍乡市	48.20	14	28.66	44.13	38.31	73.54	55.77
金昌市	48.00	15	33.90	33.68	50.85	62.36	58.08
鹰潭市	47.74	16	31.24	24.20	54.77	66.98	57.34
铜仁市	47.62	17	32.65	28.57	56.28	61.17	57.48
张家界市	47.39	18	33.31	22.37	52.76	75.61	41.69
钦州市	47.06	19	29.68	16.79	52.29	72.31	57.20
南平市	47.02	20	33.60	15.15	49.95	76.91	47.52
咸宁市	46.85	21	29.37	24.23	53.08	69.51	52.52
宁德市	46.76	22	30.67	15.64	54.12	68.34	58.89
临沧市	46.69	23	23.03	27.48	49.58	74.06	55.83
宣城市	46.36	24	29.69	20.18	47.59	73.52	53.40
六盘水市	46.10	25	26.32	26.05	36.06	70.33	72.10
黄冈市	45.98	26	22.55	32.28	52.75	59.53	67.10
池州市	45.59	27	28.16	22.89	49.57	71.26	49.27
呼伦贝尔市	45.54	28	29.95	15.50	46.66	65.77	66.36
河源市	45.46	29	18.95	21.87	52.37	74.88	54.99
贵港市	45.30	30	27.23	18.42	52.72	67.35	55.67
三门峡市	45.25	31	37.05	23.94	54.12	52.45	56.41
鹤壁市	45.16	32	30.78	16.05	55.07	60.75	59.02
鄂州市	45.11	33	29.16	15.79	48.55	66.13	61.38

续表

城市名称	城市健康发展指数	排名	健康经济	健康文化	健康社会	健康环境	健康管理
松原市	45.06	34	26.96	15.36	47.75	69.86	59.98
毕节市	45.00	35	32.19	22.98	43.96	62.89	59.93
贺州市	44.99	36	30.51	12.35	51.93	67.89	54.33
巴彦淖尔市	44.84	37	38.16	20.12	39.69	60.55	61.34
朔州市	44.68	38	37.63	34.70	36.15	57.43	56.51
石嘴山市	44.47	39	31.10	30.87	47.05	61.48	48.59
安顺市	44.47	40	23.97	29.41	48.94	63.01	56.82
白银市	44.38	41	25.70	19.55	44.33	64.98	66.07
晋城市	44.36	42	33.18	34.22	54.41	54.68	42.53
辽源市	44.32	43	22.91	23.37	46.96	69.08	56.19
安康市	44.01	44	25.76	11.42	48.89	68.09	60.41
雅安市	43.98	45	24.91	13.01	50.11	67.13	59.98
梅州市	43.96	46	21.72	15.09	52.52	79.71	38.91
固原市	43.75	47	33.83	27.99	44.13	58.86	50.39
普洱市	43.55	48	18.78	30.29	43.75	68.96	55.45
保山市	43.51	49	28.53	23.18	32.12	74.83	51.80
七台河市	43.47	50	27.87	11.87	42.91	72.67	53.17
广安市	43.40	51	22.48	11.02	45.34	70.34	63.17
张掖市	43.07	52	25.48	21.20	42.30	68.70	52.56
延安市	42.97	53	35.54	19.28	29.25	65.20	60.30
吴忠市	42.86	54	31.22	21.53	45.50	63.97	44.91
白城市	42.85	55	25.21	18.65	44.70	69.71	49.23
云浮市	42.68	56	24.49	16.46	45.71	69.25	50.88
乌兰察布市	42.55	57	24.98	25.42	32.94	68.19	59.04
酒泉市	42.50	58	27.71	19.88	44.16	60.80	57.06
忻州市	42.49	59	31.90	30.35	33.67	57.62	58.85
防城港市	42.42	60	36.45	9.60	54.35	59.22	41.29
河池市	42.23	61	23.45	19.55	48.59	62.80	53.42
中卫市	41.89	62	31.55	21.65	44.13	59.24	47.48
庆阳市	41.80	63	26.84	18.63	34.02	65.64	60.53
来宾市	41.50	64	26.43	5.33	48.37	64.28	55.66
资阳市	41.40	65	25.78	14.32	44.97	60.32	58.22
双鸭山市	41.38	66	21.29	25.11	43.01	64.03	51.22
黑河市	41.23	67	23.07	17.06	42.99	67.65	49.28

续表

城市名称	城市健康发展指数	排名	健康经济	健康文化	健康社会	健康环境	健康管理
通化市	40.68	68	21.55	15.06	48.01	64.49	48.75
崇左市	40.64	69	24.84	10.67	51.57	58.57	52.47
平凉市	40.51	70	24.10	15.85	27.54	72.32	56.79
商洛市	39.79	71	24.57	23.78	32.28	60.92	55.95
铜川市	39.72	72	20.31	25.21	50.90	55.83	44.79
周口市	39.62	73	22.04	15.22	42.95	59.92	55.02
铁岭市	39.59	74	25.79	14.08	34.76	58.75	62.59
汕尾市	39.48	75	13.73	7.93	49.98	70.88	47.58
武威市	39.40	76	26.71	18.88	36.69	59.41	51.34
亳州市	39.37	77	25.46	11.65	44.42	60.94	47.58
孝感市	38.90	78	25.07	18.78	32.91	61.69	52.11
百色市	38.90	79	24.84	15.24	35.55	58.82	57.26
海东市	37.86	80	31.11	19.07	31.28	55.85	46.70
白山市	37.61	81	22.13	9.65	41.86	57.16	53.10
定西市	37.23	82	23.08	16.17	26.50	62.46	54.14
绥化市	37.07	83	24.56	10.90	34.07	57.43	54.18
吕梁市	36.83	84	23.60	26.36	32.40	50.85	51.90
昭通市	36.74	85	27.04	19.27	30.65	48.91	58.19
通辽市	35.45	86	27.97	23.51	38.36	35.27	56.31
巴中市	33.27	87	17.35	14.67	26.88	53.44	53.34
陇南市	32.69	88	27.69	15.19	27.26	38.81	55.55

城市治理篇

Urban Governance Chapters

B.3
我国城市社区的生态管理及公共卫生服务能力建设评价

曾　晨　邓祥征　杨　婧　赵彤欣*

摘　要： 本文以全国64个典型社区666份居民问卷和64份居委会管理人员的访谈问卷作为基础数据，就城市社区的生态管理及公共卫生服务展开评价与分析。本文构建了以城市社区的生态管理和公共卫生服务能力为评价目标层，以公共卫生与健康、生态意识与行为、建筑景观、管理服务水平满意度为准则层的评价指标体系。同时采用以空间距离为

* 曾晨，华中农业大学公共管理学院副教授，研究方向：土地资源管理和城乡用地规划；邓祥征，中国科学院地理科学与资源研究所研究员，研究方向：土地系统、环境质量与生态安全、气候变化及应对、城乡发展与规划、农业政策与决策；杨婧，华中农业大学公共管理学院硕士研究生，研究方向：城镇化与可持续发展；赵彤欣，英国曼彻斯特大学环境、教育与发展学院硕士研究生，研究方向：环境评估与管理。

权重系数的空间逼近理想解排序法（TOPSIS）得到调研社区和所在城市的评价结果。研究发现，我国传统社区和新型社区的公共卫生服务能力和生态管理方面差异较为显著，社区的物业维护和管理以及垃圾的分类回收利用方面存在短板，城市居民对社区的公共医疗卫生服务满意度相对较低。建议从引导和约束居民生活和消费行为的角度加强城市基层社区的生态管理，强化社区的公共卫生服务能力建设。

关键词： 居民满意度　生态管理　参与式调研　TOPSIS

一　前言

社区是构成城市人居环境的“细胞”，是控制突发性传染病传播的基本实践单位，是感知灾害或风险的敏感单元。将生态文明的理念融入社区治理以及居民行为模式中，是强化基层社区生态管理和提高其突发公共卫生事件应急管控能力的重要手段，是实现健康、包容、具有韧性特征的城市可持续发展的基本保证。

国内外学者通过大量的理论和实证研究，对城市社区的公共卫生服务应急能力、管理模式以及生态环境方面进行了深入探讨。在城市社区的公共卫生应急能力建设方面，社区层面的疾病预防与控制能力是发展韧性社区和健康城市的重要内容。国外对社区应对突发传染病的研究较早，Doege 等人通过对社区突发传染性白喉病的免疫能力跟踪调查，发现了社区流动人群在传染过程中的关键作用。Ewert 等人则以洛杉矶市中心的传染病麻疹病为例指出了社区病例上报过程中的误差。Halloran 等人提出了传染病防治潜力（Epidemic Prevention Potential，EPP）的概念，评估了社区通过接种疫苗和隔离检疫等措施提高社区 EPP 的效用，之后学者

们通过实证分析探索了传染病在社区传播的路径、机理、空间特征和防控措施。

近年来，我国手足口病、非典型肺炎、甲型 H1N1、禽流感等传染病种类及发病率持续上升，社区蔓延趋势日益明显，社区卫生服务和应急防控能力建设成为我国突发传染病预防控制体制建设和能力提升的重要组成部分。在城市社区的管理和治理模式方面，社区治理的主体结构、社区公共服务供给、社区治理的政策网络等研究均体现了以人为本，从行政型社区向合作型社区转变，强调政府、企业、社区组织和社区居民共同参与的理念。在快速城镇化的背景下，提高公众参与社区管理和治理的积极性需要培养“内在公共性”的社区文化精神，提高社区居民的文化主体意识和参与合作能力，通过优化社区空间结构缩小贫富差距，促进社会公平与融合。在应对突发传染病的过程中，整合社区资源，强化社区居民的防控意识和监督职能，鼓励利用社区民间力量解决疫情防控中的公共问题，是实现政府治理重心下移、提高基层社区管理能力现代化的重要体现。在气候变化和资源环境约束趋紧的背景下，社区居民通过改变生活方式降低对能源的消耗和对环境的破坏，并且自下而上地参与社区规划、更新、治理和政策决策，是提高社区生态管理效率的重要途径。另外，社区的生态景观是实现社区生态管理的重要内容，由建筑物、构筑物和各类基础设施构成的城市社区景观，保障了社区的宜居宜业和生态活力。健全的基础设施能够提高社区的综合服务功能，在减灾避险、缓解城市热岛效应、保护生物多样性等方面具有重要作用，城市灰色基础设施与自然格局和生态过程的适应关系也是当代城市与自然协同设计的崭新课题。

目前城市社区应对突发传染病的应急管理更多是从公共卫生防疫的角度展开实证研究，而社区生态管理研究较多地关注社区的组织模式、生态技术的运用以及生产阶段的效率提升，总体来说，融入参与式调研方法，从居民感知的角度对城市社区生态管理的评价和提升社区应对突发传染病的能力的研究较为缺乏。城市社区是人与生态环境的综合体，具有共生性、社群性和健康安全性，是实现城市生态文明建设的基本单元和重要载体。系统分析社区的公共卫生服务能力、提高社区应对突发传染病疫情等紧急公共卫生事件的防控能力，对基层社区公共卫生服务机制的建设具有更为深远的意义。同时居民是社区资源的直接使用者和能源消耗者，居民的行为和感知更能反映城市社区生态管理的效率。本研究通过对全国 64 个社区的 666 位居民的参与式调研分析，对城市社区的生态管理水平进行定量评估和排序，分类探究新旧社区间的异质性，比较城市社区公共卫生与健康的建设水平，综合考量社区生态管理能力，以提升社区生态管理效率和居民满意度。

二 研究区概况与资料来源

本研究对 10 个城市 64 个社区进行了实地调查，即北京和唐山的 11 个社区，上海和扬州的 12 个社区，广州和东莞的 12 个社区，武汉、合肥和长沙的 17 个社区，成都的 12 个社区。调查时间为 2019 年 7 月 21 日至 10 月 17 日，采用随机抽样的方法，总计发放问卷 700 份，共计获得有效问卷 666 份，问卷有效率为 95.1%。同时按照一个社区进行一次半结构访谈的原则，总计完成半结构访谈 64 份。社区样本的选取主要基于以下原则。首先，所选城市实施了有关生态规划与管理的相关内容。比如首都北京、建设“资源节约型，环境友好型”社会的领导区武汉和长沙、美丽中国的先锋地区成都等城市。其次，在城市中选取具有特色发展模式的社区。例如，唐山曹妃甸工业区是工业发展与生态保护相结合的新型城市社区，扬州的传统社区经历了城市重建或城市更新项目，上海社区是“垃圾分类”项目的试点区等，这些社区均在生态管理上有所发展与改进。最后，每个社区收回的有效问卷数量大致相同，确保各社区的生态管理特征均可掌握，并为下一步的深入分析与探究做好基础。此外，通过对社区居民的性别年龄以及家庭条件等因素的选择来确保问卷的质量，通过对社区居委会工作人员的半结构访谈进行管理层的调研，全方位地增强调研结果的科学性和严谨性。

三 评价指标体系与研究方法

（一）调研设计方法

本研究在中国10个不同城市中选择了64个社区作为案例研究区域，进行了一次实地调查。将社区按照有无物业及年代历史划分为新型社区和传统社区：新型社区为有物业且建设时间在2000年之后的城市社区，传统社区为无物业社区和有物业但建设年份在2000年之前的社区（见表1）。

本文社区样本标准基于以下三个原则。第一，选取全国10个不同城市的不同社区，并在每个城市中选择近似数量的社区，每个社区中选取数量近似的居民进行调查，确保样本的全面性与准确性。第二，选择数量近似的新型社区与传统社区，调研居民的性别、人均住房面积、月收入等基本情况类型数量相似，兼顾不同类型样本且确保样本的客观真实性。第三，选取各调研区域包含代表性新型社区与传统社区，确保样本的代表性。

表1　有效问卷个体样本总体特征

项目		样本数量	所占比例(%)
社区类型(个)	新型社区	38	59
	传统社区	26	41
家庭类型分布(人)	<3口人	126	19
	=3口人	253	38
	4~5口人	240	36
	>5口人	47	7
个人月收入情况(人)	≤5000元	166	25
	5001~10000元	240	36
	10001~20000元	180	27
	>20000元	80	12
人均住房面积(人)	$<24m^2$	253	38
	$24\sim48m^2$	366	55
	$>48m^2$	47	7

（二）评价指标体系的建立

本研究从社区公共卫生与健康、生态意识与行为、建筑景观和管理服务四个方面来进行城市社区生态管理和公共卫生服务能力建设的评价（见表2）。社区医疗物资、卫生站的数量与质量、社区的生态环境等与社区公共卫生和健康相关的基本条件可以反映社区的生态水平及公共卫生服务能力，公共卫生与健康作为社区生态管理和公共卫生服务能力建设的重要组成部分是具有理论和实践意义的。生态社区建设是实现生态文明的重要微观基础，居民对社区建设的生态意识与行为是提高城市社区生态管理和公共卫生服务建设的重要保证。良好的建筑景观设计与管理服务有利于城市社区的生态管理，保障居民的身体健康和安全，需要把建筑景观与管理服务放入城市社区评价指标体系中，建立高质量、生态化、卫生、安全、健康的城市社区。

表2　城市社区生态管理与公共卫生服务能力建设评价指标体系

<table>
<tr><th>目标层</th><th>准则层</th><th>指标层</th><th>说明</th></tr>
<tr><td rowspan="16">城市社区生态管理和公共卫生服务能力建设</td><td rowspan="4">公共卫生与健康</td><td>医疗卫生 X1</td><td>居民对社区医疗卫生服务的满意度</td></tr>
<tr><td>清洁卫生 X2</td><td>居民对社区清洁卫生的满意度</td></tr>
<tr><td>光环境 X3</td><td>居民对社区光线、空气质量状况的满意度，是否有光污染</td></tr>
<tr><td>声环境 X4</td><td>居民对社区声环境的满意度，是否有噪声污染</td></tr>
<tr><td rowspan="4">生态意识与行为</td><td>垃圾分类 X5</td><td>居民在社区生活中是否可以完全做到垃圾分类</td></tr>
<tr><td>节能减排 X6</td><td>居民日常生活中的能源使用是否做到节能减排</td></tr>
<tr><td>环保意识 X7</td><td>居民日常生活中是否可以完全做到不乱丢垃圾、不践踏草坪等</td></tr>
<tr><td>环保志愿 X8</td><td>居民参加社区环保志愿活动的意愿程度</td></tr>
<tr><td rowspan="4">建筑景观</td><td>景观绿化 X9</td><td>居民对社区景观绿化环境的满意度</td></tr>
<tr><td>景观布局 X10</td><td>居民对社区景观布局的满意度</td></tr>
<tr><td>商业设施 X11</td><td>居民对社区周边商业配套设施的满意度</td></tr>
<tr><td>交通设施 X12</td><td>居民对社区周边交通设施的满意度</td></tr>
<tr><td rowspan="4">管理服务</td><td>居委会管理 X13</td><td>居民对社区居委会服务管理的满意度</td></tr>
<tr><td>物业管理 X14</td><td>居民对社区物业服务管理的满意度</td></tr>
<tr><td>安全保障 X15</td><td>居民对社区安全保障措施的满意度</td></tr>
<tr><td>文体活动 X16</td><td>社区举办科、教、文、体类活动的频率</td></tr>
</table>

因此在问卷调查和文献分析的基础上，本文以公共卫生与健康、生态意识与行为、建筑景观和管理服务作为准则层。公共卫生与健康准则层中，医疗卫生与清洁卫生指标分别为居民对社区医疗卫生服务、清洁卫生的满意程度，按照满意程度由高到低分别为5、4、3、2、1，非常满意为5分；光环境X3表示居民对社区光线、空气质量状况的满意度，是否有光污染现象，若经常有光污染现象，则表示社区光环境状况不佳，赋分最低值1分，若有时存在，则赋分为2分，很少存在则赋分为3分，不存在光污染现象则表示社区光环境质量高，居民满意度高，赋分最高为4分；声环境中噪声污染也以污染的严重程度由高到低赋分分别为1~4分。生态意识与行为准则层中，垃圾分类指居民在社区生活中是否可以完全做到垃圾分类，从经常到没有赋分依次下降；节能减排指居民日常生活中的能源使用是否做到节能减排，天然气为最佳选择，污染轻且价格实惠，因此赋分为4分，电力次之，煤气再次之，煤对于环境污染最为严重，因此赋分最低；环保意识中若居民在日常生活中可以完全做到不乱丢垃圾等保护环境行为，则赋分为3分，最低为1分；在环保志愿指标中，按照居民愿意参加社区环保志愿活动的意愿程度高低分别赋分5~1分。建筑景观与管理服务准则层中，居委会管理、物业管理和安全保障都按照满意程度由不满意到非常满意分别赋分为1~5分；文体活动频繁程度由最为频繁即社区举办很多次文体活动到几乎不举办文体活动赋分分别为5~1分。最终，根据问卷赋分情况进行数据分析，为了消除指标量纲和数量级差异对计算结果的影响，选用极差标准化方法对原始数据进行标准化处理，将数据统一进行归一化至0~1区间。

同时本研究采用客观熵权法确定指标层权重。熵权法是在综合考虑各评价指标所提供信息量的基础上，客观地确定指标权重的数学方法，从信息论的角度来说，各指标的熵权代表了他们在评价问题中提供的有效信息量的多少，客观体现决策时某项指标在指标体系中的重要程度。我们对社区居民调查问卷采用熵权法对各项指标进行客观赋权。

（三）空间TOPSIS评价方法

本研究采用TOPSIS评价方法对各个社区的生态管理和公共卫生服务能

力进行综合评价（S-TOPSIS）。传统 TOPSIS 的核心思想是定义决策问题的最优解和最劣解的距离，最后计算各个方案与理想解的相对贴近度，以准则层的 4 个标准化值作为评价社区质量的依据，进行方案的优劣排序，若评价对象最靠近最优解同时又最远离最劣解，则为最好；否则不为最优。由于城市发展本身就是一个典型的时空过程，地理空间距离会影响彼此之间的空间互动，各城市在社区生态管理及公共卫生服务应急能力建设上亦会受到周围邻居的空间影响。因此，本研究采用融合地理空间距离的空间 TOPSIS 方法，在原有评价中增加基于空间距离的权重 W 来表征各城市受到周围城市的空间影响，得到新的社区评价结果。具体计算公式如下：

$$W^{+} = \frac{DIST_{\max}}{\sum_{i=1}^{12} DIST_{i}} \qquad W^{-} = \frac{DIST_{\min}}{\sum_{i=1}^{12} DIST_{i}} \tag{1}$$

$$D_j^{+} = \sqrt{\sum_{i=1}^{m} (Z+-Z_{ij})2 \times W+} \qquad D_j^{-} = \sqrt{\sum_{i=1}^{m} (Z+-Z_{ij})2 \times W-} \tag{2}$$

$$C = \frac{D_j^{-}}{D_j^{+} + D_j^{-}} \tag{3}$$

其中 W^{+} 是第 i 个城市到准则层最高值所在城市的距离与到各城市距离之和的比值权重，$DIST_{\max}$ 是第 i 个城市到准则层最高值所在城市的距离，W^{-} 是第 i 个城市到准则层最低值所在城市的距离与到各城市距离之和的比值权重，$DIST_{\min}$ 是第 i 个城市到准则层最低值所在城市的距离，D_j^{+} 是到正理想解的距离，D_j^{-} 是到负理想解的距离，C 是由 TOPSIS 确定的最终结果。通过对 C 值的排序可以获得所有问卷的排名，最终得到所调研社区的生态管理情况排名。

四 结果分析

（一）城市社区的资源配置和生态管理指标分析

表 3 表示了社区所在市/区人口和建成区面积的基本情况。从结构来看，东

莞表现出特殊性，其社区密度为0.0932个/平方千米，在研究区处于中等水平，而社区平均人口数为35410人/个，远远高于研究区其他城市，东莞是珠三角东岸中心城市，人口密度较高，人口流动性较大。扬州市所调研地区的社区密度次低，社区平均人口处于中等水平，主要是由于扬州拥有较多的传统老旧社区。长沙和合肥的城市社区密度和社区平均人口水平与扬州类似。上海市的浦东新区、闵行区、崇明区的建成区面积占比较高，均超过了20%，这3个区也是上海最近几年发展的新区，建设力度较大，但是所调研社区的平均人口相对较少。

表3　社区所在市/区人口和建成区面积的基本情况

调研社区所在地区	社区密度（个/km^2）	社区平均人口（人/个）	建成区面积占比（%）
武汉	0.1675	7722	9.48
广州	0.2075	9659	17.49
长沙	0.0606	11059	3.03
合肥	0.0690	10237	4.03
成都	0.1329	9915	7.52
东莞	0.0932	35410	39.63
上海1	0.7521	6075	22.49
唐山	0.0531	11045	1.85
北京1	0.1716	9086	9.05
扬州	0.0533	13072	4.14
上海2	1.19	5716	22.49
上海3	0.0552	8905	22.49

注：北京1为北京市昌平区，上海1为上海市浦东新区，上海2为上海市闵行区，上海3为上海市崇明区。

上海1（浦东新区）、上海2（闵行区）、上海3（崇明区）的建成区面积占比均为上海市的对应指标平均值；北京1（昌平区）的建成区面积占比为北京市的对应指标平均值。

资料来源：各城市统计局2017年、2018年、2019年《城市国民经济和社会发展统计公报》，2017年、2018年、2019年《城市统计年鉴》。

图1呈现了不同类型社区生态管理评价指标层各指标评价结果和指标权重情况以及准则层各指标的评价结果。从指标层评价结果来看，环保意识（0.7395）、光环境（0.7297）和环保志愿（0.7087）都有较高评价结果，而医疗卫生（0.4876）、垃圾分类（0.4489）等评价结果较低。具体来看，居民的环保意识和环保志愿均具有较高得分，反映出在生态文明建设过程中社区居民已日益认识到生态环境保护的重要性，并将其转化为实际行动，积

极参与到环保志愿活动中。而居民垃圾分类的评价结果偏低，说明城市社区在垃圾的分类回收利用方面存在短板，问题主要体现在智能回收设备等硬件设施普及率较低、居民垃圾分类意识薄弱两方面。最值得关注的是社区医疗卫生满意度，其结果反映出社区医疗资源配置普遍处于中下水平，但传统社区的表现优于新型社区，这是由于传统社区的居民认可的社区卫生服务一般来自社区医疗卫生服务站，是按照国家医改规划而设立的非营利性基层医疗卫生服务机构，新型社区中部分小区自主设立的医疗卫生服务中心在规模、规范性和专业性上与社区医疗卫生服务站存在一定差距。就指标层各指标的权重情况而言，在公共卫生与健康层中，各项指标权重从高到低依次为光环境 > 清洁卫生 > 医疗卫生 > 声环境；在生态意识与行为层，各指标权重排序为环保意识 > 环保志愿 > 节能减排 > 垃圾分类；在建筑景观层中交通设施的指标权重最大（0.27），而管理服务层中物业管理的指标权重最小（0.23）。从准则层评价结果来看，不论是生态意识与行为、建筑景观还是管理服务，均为新型社区高于传统社区，但在公共卫生与健康层中，传统社区（0.5946）的表现优于新型社区（0.5729）。该结果反映出我国不同城市社区类型在城市社区的生态管理和公共卫生服务能力方面差异明显，新型社区在规划布局、公共基础设施配套、居委会和物业管理方面的工作认可度较高，但在公共卫生健康方面的配套物资、设备和设施还存在一定的不足。

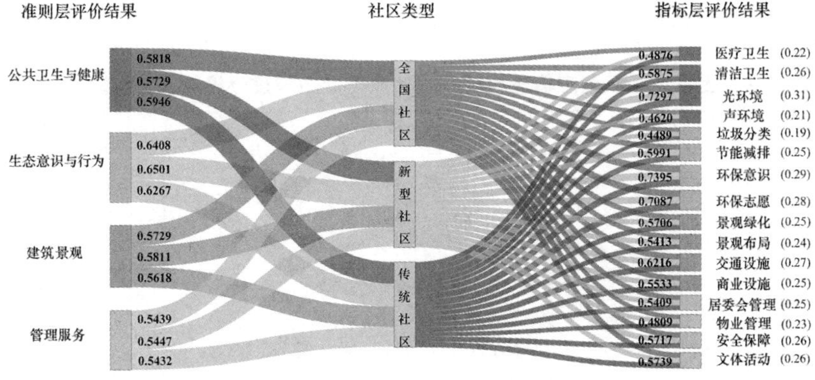

图 1　不同类型社区准则层和指标层评价结果

（二）综合评价结果

表 4 展示了根据 TOPSIS 法进行城市社区生态管理情况排名的结果，上海市崇明区、浦东新区和闵行区列前三位。上海依托经济、科技发展优势，充分挖掘自身资源禀赋，着力打造智慧型、低碳型的新型社区，而对传统社区推进“微更新”项目，使得上海市在公共卫生与健康、建筑景观和管理服务三个准则层的评价结果均获最高值，北京昌平区对居民积极倡导垃圾分类、节能减排等生态生活理念，在生态行为层的评价结果获得最高值；位于上海市的崇明区、浦东新区和位于长三角地区的扬州与合肥，以及北京市的昌平区和位于京津冀地区的唐山市的排名提升。结果显示城市新型社区的生态管理平均水平要强于传统社区，究其原因，城市新型社区相较于传统社区而言，居民年龄结构更加年轻化，受教育程度相对较高，社区硬件等基础配套设施也更加先进完备，这都有利于城市社区生态化管理。此外，不同城市的社会经济发展水平相异，不同社区建成年代有别，即使是新型社区或传统社区内部间也存在差异。就调研情况具体来看，近几年新建的新型社区由于社区管理机制并未成形，周边配套设施尚未完善，居民评价结果普遍偏低，而建成年代 10 年左右的新型社区，基础配套设施完备且适用，社区管理已形成相对成熟健全的模式，居民评价结果较高。

表 4　上海市社区生态管理和公共卫生服务能力建设评价结果与案例分析

TOPSIS 得分	城市	社区生态管理措施	社区公共卫生服务能力建设
1(0.9845)	上海市 3 (新旧社区比例 3:1)	生态产业:建设智慧产业园区,主要发展环保型工业,造纸厂等全部外迁。 生态文娱:以“自行车公园”为主题建设多功能生态文娱设施。 垃圾治理:社区积极开展垃圾分类相关工作,设置绿色账户扫描点。	社区宣传教育:在每个楼道便民公示栏张贴举报电话和就诊医院信息。 社区封闭管理:充分运用好“六包干、七到位”的封闭式管理机制。 社区环境整治:在重点区域喷洒消毒水。
	典型社区:崇明区东滩生态区、铁塔村 · 裕鸿佳苑第一社区		

续表

TOPSIS 得分	城市	社区生态管理措施	社区公共卫生服务能力建设
2(0.7811)	上海市 1 (新旧社区比例 1:0) 典型社区:浦东新区世博家园第四居委会	垃圾治理:印发《三林镇世博四居委垃圾分类居民告知书》,说明生活垃圾投放点位、开放时间、垃圾分类具体要求和惩处措施。 绿化整治:针对社区内动迁居民随意开垦公共绿化区域种植蔬菜的情况,社区组织相关工作人员每三个月进行定期清理整治。	社区宣传教育:将新冠肺炎科普工具包全面推送至社区,通过视频、海报、折页等多种形式进行社区宣传。 社区环境整治:落实居住区公共环境、公厕、垃圾收集设施、农贸市场等公共场所的全面消毒,重点区域重点设施增加消毒频次,并建立监督检查机制。
3(0.5897)	上海市 2(新旧社区比例 1:0) 典型社区:闵行区世博家园第五居委会	生态理念:强化人与自然、建筑与自然的和谐,商业文化和人文环境的和谐,倡导节能、环保和循环利用技术的应用。	社区智慧防疫:依托大数据实现"一人一档",研发"疫情监管应用系统",实现对每位观察对象的往返记录、体温情况等具体数据及时跟踪。

注:上海市 1 为上海市浦东新区;上海市 2 为上海市闵行区;上海市 3 为上海市崇明区。

"六包干":街区包干、村居包干、楼组包干、村组包干、楼宇包干、单位包干;"七到位":党员引领到位、群众发动到位、出入严管到位、重点排摸到位、隔离观察到位、关心关爱到位、居民防护到位。

五 对策建议

新型城镇化背景下城市社区的管理模式,以及居民生活方式和消费模式均会对生态环境和人类福利水平带来长远影响,更反映了基层的公共卫生水平。本研究在开展全国新型社区和传统社区调研的基础上,从管理服务、生态意识与行为、建筑景观、公共卫生与健康四个维度对社区的生态管理和疫情防控潜力进行评价,并从城市社区的生态管理和公共卫生服务能力建设方面提出政策建议。

首先,从引导和约束居民生活和消费行为的角度加强城市基层社区的生态管理。建议采用一定的奖惩机制鼓励居民养成生态、卫生的行为习惯,调动社区居民的参与积极性,主动维护社区的生态环境,宣传绿色低碳的消费模式，督促社区推进垃圾分类和绿化保洁。重点推进生活垃圾分类收运网络与再生资源回收网络“两网融合”，在社区尺度实现资源的循环利用，提高生态效率。

其次，强化社区的公共卫生服务能力建设，提升社区应对突发传染病的防疫能力。建议全覆盖地加强社区医疗服务基础配套设施的建设，同时由于我国的城市社区具有地域性、多元性特征，涉及商品房住宅小区、养老社区、企业居民社区、涉农社区、拆迁棚户区等多种类型，建议在制定相关规划的时候，兼顾社区特点，因地制宜地推进社区防疫能力建设的工作。依据《突发公共卫生事件应急条例》、《城市居住区规划设计标准》（GB 50180－2018）、《中华人民共和国国家标准：社区服务指南》（GB/T 20647－2006）等文件，着重从设施、物资、设备、人员安排等方面加快提升社区应对突发性传染病的防疫能力。

最后，在城镇化生态转型的背景下，因势利导地鼓励社区的全周期管理和改造。在生态文明建设的战略需求和互联网技术的快速发展背景下，生态型社区是改造的主流方向，智慧型社区是社区发展的技术支撑，建议城市社区在防疫工作中总结经验，有条件的社区逐步建立智慧“云”平台管理机制，从规划、设计、运行到维护阶段树立“全周期管理”意识，同时加强对基层社区医疗物资垃圾处理的监督，因势利导地鼓励社区向生态化、清洁化、智能化、便捷化的方向发展。

参考文献

Delitheou, V., Bakogiannis, E., & Kyriakidis, C., "Urban Planning: Integrating Smart Applications to Promote Community Engagement." *Heliyon* 5 (2019).

Doege, T. C., Levy, P. S., & Heath Jr, C. W., "A Diphtheria Epidemic Related to Community Immunization Levels and the Health Problems of Migrant Workers." *Public Health Reports* 2 (1963).

Ewert, D. P., Westman, S., Frederick, P. D., & Waterman, S. H., "Measles Reporting

Completeness During a Community – wide Epidemic in Inner – city Los Angeles." *Public Health Reports* 110 (1995).

Ferreira, A. J. D., Guilherme, R. I. M. M., & Ferreira, C. S. S., "Urban Agriculture, A Tool towards more Resilient Urban Communities?" *Current Opinion in Environmental Science & Health* 5 (2018).

Halloran, M. E., Longini, I. M., Cowart, D. M., & Nizam, A., "Community Interventions and the Epidemic Prevention Potential." *Vaccine* 20 (2002).

Konsti – Laakso, S., Rantala, T., "Managing Community Engagement: A Process Model for Urban Planning." *European Journal of Operational Research* 268 (2018).

Lang, W., Chen, T., & Li, X., "A New Style of Urbanization in China: Transformation of urban Rural Communities." *Habitat International* 55 (2016).

Lang, W., Chen, T., Chan, E. H., Yung, E. H., & Lee, T. C., "Understanding Livable Dense Urban form for Shaping the Landscape of Community Facilities in Hong Kong Using Fine – scale Measurements." *Cities* 84 (2019).

Othman, H., Zaini, Z. I. I., Karim, N., Rashid, N. A. A., Abas, M. B. H., Sahani, M., & Nor, N. A. M., "Applying Health Belief Model for the Assessment of Community Knowledge, Attitude and Prevention Practices Following a Dengue Epidemic in a Township in Selangor, Malaysia." *International Journal of Community Medicine and Public Health* 6 (2019).

杜挺、谢贤健、梁海艳、黄安、韩全芳：《基于熵权 TOPSIS 和 GIS 的重庆市县域经济综合评价及空间分析》，《经济地理》2014 年第 6 期。

廖茂林、苏杨、李菲菲：《韧性系统框架下的城市社区建设》，《中国行政管理》2018 年第 4 期。

彭宗峰：《社区治理视域中服务型政府建构——一个多维的透视》，《公共管理与政策评论》2015 年第 4 期。

孙丛艳：《我国疾病预防控制功能评价及机理建模研究》，第二军医大学硕士学位论文，2006。

吴素雄、郑卫荣、杨华：《社区社会组织的培育主体选择：基于公共服务供给二次分工中居委会的局限性视角》，《管理世界》2012 年第 6 期。

信桂新、杨朝现、杨庆媛、李承桧、魏朝富：《用熵权法和改进 TOPSIS 模型评价高标准基本农田建设后效应》，《农业工程学报》2017 年第 1 期。

张倩、邓祥征、周青、姚丽娜：《城市居民行为与生态社区建设研究》，《生态学报》2016 年第 10 期。

附表1

调研社区明细

新型社区				传统社区			
社区	城市	社区	城市	社区	城市	社区	城市
正辰社区	北京	仰桥社区	合肥	裕安·裕弘社区	上海	牛婆塘社区	长沙
天通苑西区	北京	半岛新村社区	合肥	皮市街社区	扬州	赤岗社区	长沙
奥北中心社区	北京	百步亭社区	武汉	宋都社区	扬州	梨子山社区	长沙
天通苑北区	北京	百工堰社区	成都	个园社区	扬州	白沙社区	长沙
天通东苑	北京	书南社区	成都	琼花观社区	扬州	官塘冲社区	长沙
天通苑	北京	驿都路社区	成都	卫星社区	合肥	滨河花园	成都
融科上城社区	唐山	崇德社区	成都	立新社区	合肥	幸福社区	成都
蓝海嘉苑(碧海)社区	唐山	接龙社区	成都	山湖社区	合肥	驸马社区	成都
蓝海嘉苑社区	唐山	魏家街社区	成都	蜀山社区	合肥	红砂社区	成都
学府雅居社区	唐山	五星社区	成都	街道口社区	武汉	翡翠绿洲	广州
昱海澜湾社区	唐山	喜树路社区	成都	江零社区	武汉	月荷居	东莞
世博家园第一居委会	上海	城市花园	广州	江欣苑社区	武汉	大朗	东莞
世博家园第五居委会	上海	保利东江首府	广州	江北社区	武汉	长塘花园	东莞
世博家园第四居委会	上海	凤凰城	广州				
世博家园第五居委会	上海	锦绣新天地	广州				
铁塔村·裕鸿佳苑第一社区	上海	兰馨园	东莞				
铁塔村·裕鸿佳苑第三社区	上海	新世纪明上居	东莞				
铁塔村·裕鸿佳苑第四社区	上海	万科中央公园	东莞				
东塘社区	长沙	保利红珊瑚	东莞				

注：新型社区总计38个，访谈393户居民；传统社区总计26个，访谈273户居民。

B.4
从应急到韧性：风险治理中的韧性城市建设探索

单菁菁　王　斐*

摘　要： “韧性城市”是近年来国内外学术研究和城市建设实践的热点问题。本文梳理了国内外不同学科对于城市韧性的界定、侧重点以及韧性城市理论的发展和演进，从城市规划、生态韧性、防灾抗灾、应急管理体系等重点方面总结了我国韧性城市建设的进展和成效，指出当前我国城市建设面临着国土空间规划、基础设施建设、城市治理管理能力、生态环境建设滞后于城市发展需求等突出问题，面对灾情城市的稳健性、冗余性、适应性、恢复力明显不足，普遍缺乏城市韧性。为此，本文结合国际经验，从加强韧性城市顶层设计、完善配套法律法规、强化基础设施和生态环境韧性、运用智慧手段加强防灾应急管理、提升基层民众防灾应急能力等方面提出强化我国韧性城市建设的对策建议。

关键词： 韧性城市　防灾减灾　应急管理　风险治理　韧性建设

韧性城市（Resilient City）是指面对各类自然灾害和公共突发事件的冲

---

* 单菁菁，中国社会科学院生态文明研究所国土空间与生态安全研究室室主任、研究员、博士生导师，研究方向：城市与区域可持续发展、城市与区域规划、国土空间开发与治理、城市与区域管理等；王斐，上海大学中国社会科学院－上海市人民政府上海研究院硕士，研究方向：城市经济、城市管理。

击时，拥有更强防御应对能力和恢复发展能力的城市①。改革开放后特别是进入 21 世纪以来，中国城镇化进程不断推进，人口大规模流动和聚集，城市空间快速扩张，城市功能日益拓展，城市系统更加复杂，城市发展受到来自内外部的各种不确定性冲击也日渐增多，城市安全和可持续发展面临着越来越严峻的挑战。尤其是始于 2019 年末的新冠肺炎疫情大流行，以及 2020 年 6 月以来全国爆发的大范围洪涝灾害，再次警示我们：加强城市风险治理，加快由被动应急转向主动防范的“韧性城市”建设已成为当务之急。

一 国内外研究进展

“韧性”一词来源于拉丁文“resilio”，意思是“恢复到初始状态”，最早被物理学家用来描述材料在遭受外力冲击产生形变后的复原能力。1973 年加拿大学者霍林（C. S. Holling）发表《生态系统的韧性与稳定性》一文，首次将韧性概念应用于生态学，认为“韧性”是生态系统恢复到稳定平衡状态的能力。20 世纪 90 年代以后，韧性概念的研究范畴逐渐从自然生态学领域扩展到社会生态学领域，进而成为城市研究的重要概念。总体而言，韧性概念经历了由工程韧性、生态韧性到演进韧性的发展过程（见表 1）。目前，城市韧性被国外学者认为是一系列特性和能力的集合，如多样性、冗余性、稳健性、适应性、恢复能力和学习转化能力等（见表 2）。为更准确地认识和评估城市韧性，国外学者和机构从不同维度进行了很多评价标准和评估体系研究，例如洛克菲勒基金会（RF）从居民健康与幸福、经济与社会、基础设施与生态环境、组织和管理有效性等维度构建的“城市韧性指数”（City Resilience Index）指标体系，世界经合组织（OECD）从经济、社会、环境、治理四个维度提出的韧性驱动指标体系（4 Areas that Drive Resilienee）以及联合国减灾战略署（UNORR）提出的“城市灾害韧性打分卡”（Disaster

① 2002 年，倡导地区可持续发展国际理事会（ICLEI）在联合国可持续发展全球峰会上提出“韧性”概念。

Resilience Scorecard for Cities）等，这些研究为科学推进韧性城市建设提供了有益参考。

表1　韧性理论的演进与比较

韧性观点	定义	内涵	特征
工程韧性	系统受到扰动后,恢复到平衡或者稳定状态的能力	韧性 = 稳定性 + 恢复力	恢复初始稳态
生态韧性	系统吸收扰动并恢复初始平衡或达到新平衡状态的能力	韧性 = 稳定性 + 适应性 + 恢复力	恢复初始稳态或达到新的稳态
演进韧性	复杂系统为回应压力和扰动而持续不断调整、适应和改变的能力	韧性 = 调整 + 适应 + 学习 + 改进	持续不断地适应、学习和改进

资料来源：作者依据文献整理。

表2　韧性城市的主要特征

主要特征	特征内涵
多样性(Diversity)	有很多不同的功能构成,能够提高城市系统抵御多种威胁的能力
稳健性(Robustness)	城市系统抵御和应付外界冲击的能力
冗余性(Redundancy)	对某些特定功能通过多重备份提高系统的可靠性
适应性(Adaptation)	城市系统依据环境的变换调节本身的状态、构造或性能,以便与环境相适宜
恢复力(Recovery)	城市系统受到冲击后仍然能恢复系统原有的构造或性能
学习转化能力(Ability to learn and translate)	从冲击中吸取教训,并学习、转化、创新的能力

资料来源：作者依据已有文献整理。

国内在韧性理论的研究方面起步相对较晚，研究内容主要集中在概念内涵、评价指标、国际经验借鉴和韧性城市规划等层面。2011 年，国内学者引入“韧性”一词，随后很多学者从城市发展、公共治理、灾害应对等角度切入，对韧性城市建设及其战略意义进行了研究分析。对于韧性城市的评估，国内学者普遍认为可以从基础设施建设水平、应对突发事件的组织管理能力、经济结构和社会保障水平等方面构建评价指标体系并进行科学计量。同时，一些学者还对国际上一些国家和城市的韧性城市建设经验进行了总结，认为其经验对于推动我国韧性城市建设具有借鉴意义。在韧性城市的规划建设方面，我国学者多聚焦于气候变化、洪涝、干旱等灾害问题，对城市的规划建设进行了深入研究。新冠肺炎疫情暴发后，一些学者提出，应从城市空间响应、应急体系建设，甚至住房建筑构造等方面有所作为，提高城市的应急应灾韧性。

二　中国韧性城市建设实践

2017 年中国地震局发布《国家地震科技创新工程》，在国家文件中正式提出“韧性城市”概念，强调对地震及其次生灾害的防范，加强“韧性城乡”建设。2018 年我国将公安部、民政部、中国地震局、国家防汛抗旱总指挥部、国家森林防火指挥部、国务院抗震救灾指挥部、国家减灾委员会等 13 个部门的应急救灾职能进行整合，成立国家应急管理部，并开始重视韧性城市建设。近年来，在“韧性”理念指导下，我国很多地区相继开展了韧性城市建设实践，并取得初步成效。从各地的具体探索与实践看，目前我国韧性城市建设主要集中在以下几个方面。

（一）将韧性理念融入城市规划

将韧性理念融入城市规划，使城市建设和发展更具灵活性和包容性，能从容应对城市发展中的变化与风险。

我国首个明确韧性建设目标、内容、风险以及计划的城市是安徽省合肥市。合肥近年来发展较快，但也面临着城市热岛、城市干岛、雾霾、市域内河流萎缩、城区绿地缺乏等问题。其在韧性城市建设上，更多地参照了日本的“国土强韧化规划”，从公共基础建设入手，对城市风险和脆弱性进行了评估，然后以常态规划为基础、非常态事件作为补充，进行了全面的韧性规划和调整。规划目标包括空间布局、重大设施冗余、行政管理和应急预案、教育宣传等方面，评估风险范围包括自然灾害、蓄意袭击、城市系统自身的漏洞。在此基础上，合肥针对 12 个类别的基础设施，提出了韧性提升和安全管理能力提高的相应策略。

北京、上海、深圳等城市也将“韧性城市”建设纳入城市规划。如深圳在进行城市规划、城市建设、项目组织管理时，都将提升城市韧性作为重要目标，以严格的指标管理控制开发强度，为城市未来发展的不确定性留有发挥空间，避免出现老旧载体难以改造的情况出现。在城市规划编制上，深圳市采用动态修编、社会各方利益共同体参与等方式以使规划更加契合经济社会的发展需求，并增加规划实施过程的灵活性和应变能力。

（二）加强生态韧性建设

近年来，我国各地城市广泛开展了生态环境保护工作，加大了环境污染治理力度。通过对不同地区的生态环境问题开展专项治理；加强专题性建设，如海绵城市建设、森林城市建设、低碳城市建设等；集中力量实施一批环境治理与生态保护修复工程，如“蓝天工程”“碧水工程”“净土工程”等，有效解决了人民群众反映强烈的突出环境问题，提升了城市生态韧性。

例如，目前我国有262个资源型城市，其中包括31个成长型城市、141个成熟型城市、67个衰退型城市、23个再生型城市①。这些城市依托的特色资源及其相关产业，曾为前期经济和城市的高速发展提供了有力支持。但随着资源的逐步消耗，许多城市已逐渐走入成熟期和衰退期，并面临资源开采带来的高能耗和高污染的环境问题，因此迫切需要规模式转型，以提升其可持续发展的韧性。

这些城市在提升自身韧性时，往往侧重于产业结构转型、污染治理和生态修复等方面。以黄石市为例，黄石市是一个具有丰富矿产资源的资源型城市，矿产资源的采掘加工等既造就了一个相对发达的工业城市，也造成工业区与生活区交错、环境严重污染、资源枯竭、后续发展乏力等问题。因此，为提高城市韧性、促进可持续发展，黄石市从调整产业结构入手，推动产业

① 《全国资源型城市可持续发展规划（2013～2020年）》（国发〔2013〕45号），http://www.gov.cn/zwgk/2013-12/03/content_2540070.htm。

多元化发展，如利用人文和自然资源大力发展旅游业，促进产业结构低碳化、绿色化、生态化和高效化等。在着力发展绿色经济的同时，黄石市还大力开展实施生态环境保护工程，从水资源的治理和保护入手，加强对湖泊水环境的合理开发利用和有效保护，发展循环经济，实现生态和经济的共赢。

除此之外，生态修复也是众多城市在提升韧性过程中的重要任务。以北京市首钢铁矿生态修复实践为例，北京市为推动矿区经济可持续发展，改善和优化矿区的生态环境，制定矿山修复规划。通过生态恢复功能分区，生态恢复技术设计，以及项目区植物群落建造的品种选择、养护管理等方式，人工促进自然恢复，营造了生态环境良好的矿区环境，使其在修复后产生了一定的社会和生态效益。

（三）提升自然灾害防范应对能力

我国目前韧性城市建设的核心在于提升城市的抗灾救灾能力，尤其是对于一些易发生较大洪涝、地震等灾害的城市，提升其抗震、抗台和防洪等能力。如四川绵阳市作为汶川地震的重灾区之一，在进行韧性城市规划时，更注重减轻地震灾害可能带来的危害，尤其是在水、电和医疗等部门，加强对其抗震抗灾的韧性建设。与此同时为实现灾后经济体系恢复，将环境建设重点移向景点建设，进而通过旅游业的发展吸纳失业人员，达到经济和生态的协调发展，降低城市内在发展压力，提高城市的稳定抗压韧性。

气候灾害近年来已经严重威胁到城市的稳定发展，我国韧性城市建设已开始重视提升城市应对气候变化的能力，如抗击台风、洪涝等气候灾害。就诸多城市面临的内涝灾害问题而言，目前国内针对城市雨洪防涝进行的相关探索主要集中在海绵社区的建设领域。以重庆华侨城为例，重庆通过对区域北部的森林、水系、湿地等自然生态系统保护培育，构架大海绵格局，实现了雨水的生态涵养；在住宅区、商业区、道路、公园绿地等开发用地内均匀分布多种设施如植草沟、生物滞留、透水铺装、树木池、雨水收集等，在汇集雨水的源头控制排水，极大缓解了中下游设施的压力，降低了对下游设施的依赖性。海绵设施的多层次多角度的共同作用，对雨水达成分级分段逐步减流的效果，基础设施建设与生态集成为完善城市雨洪管理系统、提升城市韧性，发挥了积极作用。

（四）完善应急管理体系建设

回顾我国应急管理七十余年来的实践可知，我国应急管理总体上遵循了三大理念，即危机应对、风险管理和韧性治理。危机应对的重心在于处置，目的是阻断灾害发展、实施有序救治、减少人员伤亡和财产损失、维护正常秩序等；风险管理的任务则是风险的预测和控制，通过加强源头治理，消灭或减少风险发生的各种可能性；韧性治理主要强调系统通过主动维持和提升调适能力，来有效对抗外部对系统整体的冲击，并在事后迅速再生治理功能。随着城市发展进程的推进，城市面临的不确定性和未知风险也在增加，在此背景下，韧性治理理念越来越受到重视。

韧性治理理念要求应急管理体系在复杂多元的风险情境中实现动态的结构调整与功能优化，其中尤其强调应急治理制度框架和政府应急治理能力。2018 年 3 月，我国成立应急管理部，将国家安全生产监督管理总局的职责、国务院办公厅的应急管理职责、公安部的消防管理职责、民政部的救灾职责、国土资源部的地质灾害防治、水利部的水旱灾害防治、农业部的草原防火、国家林业局的森林防火相关职责、中国地震局的震灾应急救援职责以及国家防汛抗旱总指挥部、国家减灾委员会、国务院抗震救灾指挥部、国家森林防火指挥部的职责整合，优化应急力量和资源，推动形成统一指挥、专常兼备、反应灵敏、上下联动、平战结合的中国特色应急管理体制，提高了我国城市防灾减灾救灾能力。

三　当前面临的主要问题

（一）城市空间规划滞后于城市发展需求

虽然我国法律规定城市规划必须考虑防灾减灾，但由于缺乏硬性的考核指标和追究机制，多数城市在规划时更加注重工业、商业、房地产业等经济发展的需要，而较少考虑灾害因素和城市安全的要求，空间发展具有一定的盲目性。在一贯的城市发展规划中，城市为了得到更好的经济发展，往往会选择在空间规划时将资源倾向于经济产业发展，压榨公共活动空间，甚至包括公共基础设施所需要的空间。这种规划十分常见，在一般情况下其弊端也不明显。但是类似新冠肺炎疫情这样的突发事件一旦发生，缺乏对空间的预留就会使得像雷神山医院这样的应急医疗和隔离场所在选址上遇到困难。即使克服困难，勉强选址进行建设，也会因为没有合理规划而造成一定的负外部性。

此外，像武汉华南海鲜市场、北京新发地市场等老旧功能载体的选址问题也暴露了出来。原先在做空间规划时，并未预料到城市发展如此迅猛，使得这些老旧功能载体往往都处于城市较为中心的地段。北京新发地市场位于与南四环主干路不到 100 米的绝佳地理位置。随着北京的发展，四环路逐渐成为北京的主干区道路。由于人口密集，四环路原本就人流大，容易交通堵塞，加上新发地的坐落，疫情暴发前这里极容易发生交通堵塞，疫情发生后，则容易出现人流密集、货物繁杂的情况，不易进行防控。这样的选址，不仅易造成空间资源的浪费，更会成为城市应对突发事件的障碍。

（二）基础设施建设滞后于城市发展需求

城市基础设施建设，特别是水、电、气、交通、通信、排污等保障城市功能正常运行的城市生命线系统建设，远远落后于城市化推进速度和城市空间扩张步伐。例如近年来频发的内涝问题，就与地下管网、排水设施的建设并没有跟上城市化的速度有关，洪涝监测预警平台的缺失也限制了城市应对此类灾害的能力。

此外，随着人口规模上升，应急配套设施冗余不足问题也逐渐暴露出来。尽管国家对韧性城市建设越来越重视，许多城市纷纷加强城市应灾能力的建设，但我国各类承灾基础设施仍然没有达到短期应急和长期运行的目标。我国城市的医疗资源冗余不足，即使是在相对充足的大城市，医院床位也接近使用饱和，一旦发生公共卫生事件，如此次的疫情，就会出现医疗体系超负荷的现象。疫情暴发初期，因为床位和人力不够，湖北省的多数患者不得不自行在家隔离，难以得到及时救治。这种情况随着火神山、雷神山医院建成以及各地医疗小组抵达湖北后，才得以缓解。

（三）城市治理管理能力滞后于城市发展需求

城市治理管理能力，尤其应急能力难以适应日益庞大的人口规模。此次新冠肺炎疫情暴发后，尽管我国快速出台应急措施和方案，有效部署了整个疫情的防控，遏制了其发展，但是仍然存在一定的不足，最典型的便是作为全球韧性100城市的湖北黄石市和特大城市武汉。黄石市作为此次疫情暴发较为严重的地区，在应对疫情方面，其韧性建设并没有发挥出太大的作用。而武汉市作为疫情暴发最严重的城市，医疗物资不足以应对疫情产生的巨大需求，红十字会不合理的资源分配方案以及低效的分配速度，基层管理问题层出不穷，这些都说明我国城市治理管理水平有待提升。

此外，相比较于一些发达国家和地区，我国居民的安全意识相对薄弱。在疫情初期，众多城市纷纷推出一级响应预警，但有些居民并不在意，也不了解情况的严重性，仍然选择走亲访友。有些居民尽管意识到疫情的严重，提高了自身的防护，但不会分析城市公共安全卫生事件的可能影响，心理上和现实生活上都没有做好应对准备。这说明我国的应急知识宣传教育能力滞后，难以适应城市安全发展需求。

（四）生态环境建设滞后于城市发展需求

当前我国大多数城市一直面临着资源环境问题：一是大气污染，很多城市雾霾频发，我国南方许多城市出现了酸雨的污染现象；二是水污染问题严重，因滞后的生态环境建设和缺乏有效的城市排污规划，大片江海湖泊污染，进一步导致水资源匮乏；三是城市垃圾污染，城市迅速发展，消费水平飞速提高，同时也带来了大量的生活垃圾，城市生态环境受生活垃圾污染严重；四是水土流失和生物多样性问题，近年来，为满足城市发展需要，大量

的树木被砍伐，加上土地和水资源污染严重，植被大量减少，动物栖息地遭受破坏，物种灭绝问题日益严峻。

四　国际经验借鉴

（一）在规划层面加强韧性城市设计

21 世纪初期，一些发达国家和地区的城市开始积极思考城市韧性的提升，纷纷出台有关韧性城市建设的规划。在这些早期文件中，并没有直接体现韧性等词，而是将韧性理念纳入气候应对文件中，如美国芝加哥 2008 年颁布的《芝加哥气候防护计划》、荷兰鹿特丹 2008 年颁布的《鹿特丹气候防护计划》等等。鹿特丹在这项计划中，提出绿色增量、屋顶安装太阳能电板和“依水而生”等具体措施，以提升城市生态环境的抗压和可恢复能力。

而后，一些历灾城市意识到城市的脆弱性，开始颁布针对韧性城市建设的相关规划文件。如遭受飓风桑迪袭击的纽约市，在 2013 年颁布《一个更强大、更具韧性的纽约》（A Stronger，More Resilient New York），推出景观整合方式，将防洪设施以及风暴潮防护等防灾基础设施的建设作为关键策略，提出硬化工程和绿色生态结合，改造电力、道路、供排水等基础设施的十年韧性城市建设行动计划，鼓励社会多元参与，并提供对应的建设资金支持。

（二）加强法律和制度保障

在推出对应规划后，城市往往需要出台配套的法律制度和政策以保障规划的实施和推进。以日本为例，日本作为一个极易遭受包括地震、台风、海啸、火山爆发等多种自然灾害侵袭的国度，在应对自然灾害方面有一定的经验。比如，1959 年造成 5098 人死亡或失踪的伊势湾特大台风的教训直接促成了 1961 年《灾害对策基本法》的出台。1995 年，在造成 6434 人死亡的阪神大地震之后，针对救灾协调调度不力的缺陷，日本中央防灾机构修改了《内阁法》和《灾害对策基本法》，推进建筑的耐震化改造，探讨高密度城市街区应对地震灾害的对策，建立自救、政府援助和社会救助等三位一体的救助体系。2011 年，“3・11”日本东北地区大地震和海啸之后，日本政府、社会和学界开始将国土强韧化等韧性理念上升为国家战略并加以落实，并于 2013 年 12 月颁布了《国土强韧化基本法》（以下简称《基本法》）。日本依据《基本法》构建了各负其责的“中央－都道府县－市町村”三级制应急防灾机制，凸显全政府和政府主导的特点，目的在于整合部门间和中央地方之间的应急防灾力量，促进不同层级和不同部门的协调与衔接。《基本法》的出台为日本国土强韧化规划的编制和实施提供了具有强大约束效力的法律框架，确保了规划的地位和严肃性，有效保障了相关规划的落实。

（三）加强自然灾害及气候变化应对

在频繁遭遇极端天气的国家，韧性城市建设十分注重自然灾害及气候变化应对，如美国伯克利和巴西里约热内卢。这两座城市入选了全球韧性 100 城市，在其韧性计划战略中，都重点针对自然灾害问题设立了行动目标和行动计划（见表 3、表 4）。

表 3　伯克利韧性城市建设情况

面临的主要灾害问题		行动目标	行动计划
自然灾害	地震、火灾、干旱和洪水等气候变化引起的问题	提高社区居民的应灾能力	1. 创建社区避难场所和社区培训服务；2. 针对火灾防治，加强部门联动；3. 为社区组织提供灾害规划支持
		发展清洁能源、减少温室气体排放	1. 开发清洁能源微电网；2. 成立非营利性组织，结合居民和企业的购买力，投资清洁能源项目；3. 推出“太阳能行动计划”；4. 鼓励电气化车辆推广
		保护生态系统	1. 建设绿色基础设施；2. 发展供水多样化；3. 创新未来景观；4. 将气候变化纳入开发的规划和标准中

资料来源：伯克利市议会：《伯克利韧性战略》，http：//www.ci.berkeley.ca.us/Resilience/，2016。

表4　里约热内卢韧性城市建设情况

<table>
<tr><th colspan="2">面临的主要灾害问题</th><th>行动目标</th><th>行动计划</th></tr>
<tr><td rowspan="3">自然灾害</td><td rowspan="3">强降雨、强风、高温、海平面上升、风暴潮、流行病、干旱</td><td>减轻气候问题带来的负面影响</td><td>1. 成立专门委员会；2. 制定与气候变化和适应有关的项目；3. 监测、分析及预测气候趋势和影响；4. 绘制综合风险图</td></tr>
<tr><td>及时对极端天气和其他突发冲击做出应对</td><td>1. 制定灾害后恢复计划；2. 发展和利用奥运遗产；3. 进行应急事件响应模拟；4. 扩大韧性社区项目</td></tr>
<tr><td>布局生态、安全且灵活的城市空间</td><td>1. 安装 LED 街灯；2. 密植提高绿化；3. 提高交通流动性；4. 鼓励文化输出；5. 通过立法对森林生物群落进行保护</td></tr>
</table>

资料来源：《里约 Vision Rio 500 长期计划》、《里约 2017 ~ 2020 韧性战略短期计划》。

两个城市的韧性建设计划和实践过程，为我国城市灾害韧性建设提供了经验借鉴。完整、规范、科学和合理的韧性标准和评价指标体系是城市韧性提升的目标，全面、专业的评估是城市韧性建设的前提。

（四）提高社区居民的防灾应对能力

对于一些多震多灾的国家和城市，其在韧性城市建设中大多重视提高公众对自然灾害的安全意识，提高居民的防灾应对能力和应急适应力。日本作为自然灾害频发的国家，重视落实居民应急知识的普及，以行政主体为主导，新闻媒体、社会组织、企业和学校共同参与，整合社会力量，更好地连接政府与民众，引导民众理性面对自然灾害等应急性事件，消除恐惧心理；同时组织各项防灾训练和突发事件演练，以全民灾害预防的形式促使民众掌握灾害应急知识和实战能力。从日本的实践经验看，其居民防灾应对能力培养等措施成效显著，日本居民的危机意识和应急能力在世界处于领先地位。

五　加强韧性城市建设的政策建议

（一）加强韧性城市顶层设计

目前我国在建设韧性城市过程中，国家层面关于韧性的顶层设计还不算完备，无法全面推进韧性城市的建设。不过，城市可创新实践，在制定韧性城市建设政策时，发挥行政主体作用，全面重视生态环境、社会福祉、基础设施以及经济风险等管理内容。此外，国土空间规划，应更具有前瞻性，并将应急管理纳入考虑中，适当建立冗余机制和韧性思维。城市的发展要立足长远以应对发展中的不确定性，比如在空间规划中预留战略空置区，设计可应急转换的公共设施用地。这些用地日常作为公共场所使用，面对突发事件时，则可转换为应急场所储备库。同时，根据城市风险和韧性评估结果，因城制宜，布局应急产业集聚区，发展信息安全、应急通信等产业，设立应急管理和服务中心，以便于提供洪涝救援、消防救援等各类应急救援服务。

（二）完善法律和制度保障

政府应在制度层面，尝试推出相关的法律规范、配套政策与标准指导，做到有政策、有标准、有考核，促进和保障城市的韧性提升。日本 2013 年颁布《基本法》，并于这个框架下在全国有效地推动了强韧化规划的经验。我国也可考虑将城市韧性建设纳入立法范围，并出台配套的管理制度，规范韧性城市建设过程中的管理原则、管理方法、管理机构设置等内容；明确建设实践中所涉及的具体环节，根据不同主体、不同环节制定出台相应的细化标准和管理方案等制度规范；在不同主体落实标准的同时要对其进行巡查，并及时给予评估，再根据评估结果进行合理有效的整改和惩戒。以制度、规范、标准为依据，可强化指导性、权威性和保障性，从而保证相关规划和建设实施的有效性。

（三）强化城市生命线系统建设

城市水、电、气、路、通信、排水、排污管网等基础设施是保障城市功能正常运转的基本前提，是城市的生命线。随着我国城镇化的推进，各类灾害事件频发，城市基础设施面对的未知风险逐步加大。在理论方面，我们应加强城市基础设施建设的理论研究，结合国情特色，设计出能够提高城市韧性的基础设施建设指标等。在实践方面，研究基础设施网络的拓扑结构和服务流动特征，科学评估潜在关联基础设施的相关度和对整体韧性水平的影响程度，强化城市基础设施生命线系统建设，设定合理的基础设施建设标准和维护机制。

（四）进一步加大生态环境保护力度

良好的生态环境是城市可持续发展的基础。生态韧性的提升可以切实减少部分自然灾害的发生，提高城市对自然灾害的承载力，降低灾害损失。城市在强化环境生态韧性建设时，应对现有的生态资源进行保护，例如采用强制性保护策略，维护城市自然保护区、河流和湿地等重要的生态资源的排洪蓄水功能。在生态修复和治理方面，可以借鉴纽约市策略，将生态修复治理和景观打造相结合，如将林木产业、造林绿化等相结合提高城市森林覆盖率，对城市高层建筑物实施“垂直绿化”和“绿色屋顶”等措施，有效推进生态城市建设。另外，城市还可以结合自身特色，因地制宜，推动产业转型升级，如发展旅游业或低碳经济产业，以循环经济发展策略增强城市生态韧性。

（五）运用智慧手段强化城市风险治理

在此次疫情中，基于大数据的人员流动监测及预警对疫情防控发挥了关键性作用，同时以往的智慧城市建设也渐渐有了成效。建立和推进以大数据为驱动的智慧城市建设，是时代发展背景下韧性城市建设的必然道路之一。

提高城市韧性，可借助大数据手段完善各类监测预警体系和信息发布平台，包括完善灾害监测网络，围绕各致灾因子进行综合全面动态监测；打破数据孤岛，实现安全数据共享；建立和完善分析机制，提升灾害评估能力；完善公共安全风险追踪和管控能力；加强预警发布系统建设，提高风险预警管理能力，加强对网络监督系统的建设，把控突发事件发生后，网络舆论可能引起的社会问题。

随着5G技术的发展，相信在不久的将来更多智能化设备将会落地并得到推广。城市韧性建设应该把握时代浪潮，加强智慧医院、智慧社区、配套式建筑、BIM技术等建设和发展，尤其是智慧医院和智慧社区的建设。智慧医院基于人工智能和大数据，可以大大减少医院病人排队挂号拥挤的问题，提高导诊效率和个人健康管理，提高管理效率实现资源配置的优化。而智慧社区的建设则旨在形成居民的五分钟生活圈，利用智能系统为居民提供免接触生活方式，提高社区安全性。

（六）加强安全知识宣传教育

在韧性城市建设过程中，应注重加强群众教育，培养基层应对突发事件的能力。借助新闻媒体、社会组织、企业和学校等多方平台，普及应急防灾知识，消除群众恐慌心理，鼓励和引导群众以理性和冷静态度面对灾害等突发事件；结合城市灾害特性，利用专项推广案例、现场指导等培训方式，有效提升群众应急防灾能力和风险意识，强化公众自救能力。同时，要注重基层社区在韧性城市建设中的作用，以宣传、教育和培训等手段，强化居民对韧性理念的认知，鼓励居民响应政策规划，积极参与建设过程，将其在城市规划、建设、管理和应急等诸多环节的诉求纳入其中，通过社会每一个单元的共同参与来有效推进城市的韧性建设进程。

参考文献

Bloomberg, M. R., A Stronger, *More Resilient New York. PlaNYC Report*, City of New York (2013).

Cabinet Office U., *Strategic National Framework on Community Resilience*. Cabinet Office/HM Government London (2011).

Holling C. S., "Resilience and Stability of Ecological Systems." *Annual Review of Ecology and Systematics* (1973).

Masten A. S., "Ordinary Magic: Resilience Processes in Development," *American Psychologist*, 3 (2001).

Norris F. H., Stevens S. P., Pfefferbaum B., et al., "Community Resilience as a Metaphor, Theory, Set of Capacities, and Strategy for Disaster Readiness." *American Journal of Community Psychology*, 1－2 (2008).

Pfefferbaum B. J., Reissman D. B., Pfefferbaum R. L., et al. "Building Resilience to Mass Trauma Events." *Handbook of Injury and Violence Prevention* (Springer 2007).

Wilson G., *Community Resilience and Environmental Transitions* (Routledge, 2012).

邴启亮：《建设韧性城市，应对重大突发公共卫生事件》，《城乡建设》2020 年第 6 期。

蔡云楠、温钊鹏：《提升城市韧性的气候适应性规划技术探索》，《规划师》2017 年第 8 期。

陈利、朱喜钢、孙洁：《韧性城市的基本理念、作用机制及规划远景》，《现代城市研究》2017 年第 9 期。

姜宇逍：《雨洪防涝视角下韧性社区评价体系及优化策略研究》，天津大学硕士学位论文，2018。

金成城：《"韧性城市"为何受关注》，《决策》2020 年第 4 期。

李亚、翟国方：《我国城市灾害韧性评估及其提升策略研究》，《规划师》2017 年第 8 期。

邵亦文、徐江：《城市规划中实现韧性构建：日本强韧化规划对中国的启示》，《城市与减灾》2017 年第 4 期。

唐皇凤、王锐：《韧性城市建设：我国城市公共安全治理现代化的优选之路》，《内蒙古社会科学》（汉文版）2019 年第 1 期。

王江波、陈敏、苟爱萍：《巴西里约热内卢城市韧性战略研究与启示》，《智能建筑与智慧城市》2020 年第 6 期。

王江波、沈天宇、苟爱萍：《美国芝加哥韧性城市战略与启示》，《住宅与房地产》2020 年第 4 期。

王江波、王俊、苟爱萍：《美国诺福克的韧性城市战略与行动计划》，《城市建筑》2020 年第 7 期。

王江波、张凌云、苟爱萍：《美国伯克利韧性城市行动计划与启示》，《城市建筑》2020 年第 4 期。

王昕皓：《以生态智慧引导构建韧性城市》，《国际城市规划》2017 年第 4 期。

徐江、邵亦文：《韧性城市：应对城市危机的新思路》，《国际城市规划》2015 年第 2 期。

俞孔坚、许涛、李迪华等：《城市水系统弹性研究进展》，《城市规划学刊》2015 年第 1 期。

张勇涛：《暴雨突袭揭示城市"韧性"不足》，《今日中国论坛》2011 年第 7 期。

郑瑾：《建设韧性城市 提升抗险能力》，《中国勘察设计》2020 年第 3 期。

郑艳、王文军、潘家华：《低碳韧性城市：理念、途径与政策选择》，《城市发展研究》2013 年第 3 期。

B.5
雨水资源化视角下的城市内涝治理研究

单菁菁*

摘　要： 近年来，受全球气候变化的影响，极端降雨天气增多，城市内涝正在成为一种新型自然灾害，严重威胁城市发展和人民生命财产安全。但与此同时，中国又是水资源严重匮乏国家，城市用水缺口极大。既解决好城市内涝问题，又利用好雨水资源，成为当务之急。为此，必须改变传统的以“快速排水、末端治理”为主要手段的城市内涝治理模式，以“自然渗透、源头防控”为理念，从修复水生态、调节水循环的角度，通过自然途径和人工措施并用，地下建设和地上建设并举，绿色工程、灰色工程和蓝色工程结合，建立从源头控制、管网排送到雨洪消纳、雨水利用的全过程管理。

关键词： 内涝治理　雨水资源化　排水管网　海绵城市

近年来，受全球气候变化的影响，暴雨、特大暴雨等极端降雨天气增多，城市内涝正在成为一种新型自然灾害，严重影响城市正常的生产生活秩序，甚至威胁人们的生命财产安全。但与此同时，中国的水资源又非常匮

---

* 单菁菁，中国社会科学院生态文明研究所国土空间与生态安全研究室室主任、研究员、博士生导师，研究方向：城市与区域可持续发展、国土空间开发与治理、城市与区域经济、城市与区域管理等。

乏，人均淡水资源仅为世界人均水平的1/4，城市每年用水缺口达到60亿立方米，每年因缺水造成的经济损失高达2000亿元①。如何既能解决好城市内涝问题，又能利用好雨水资源，成为当前城市建设发展面临的重要问题。

一　当前我国城市内涝形势严重

受全球气候变化的影响，近年来我国城市暴雨内涝灾害频发，防治形势不容乐观。根据住建部2010年对全国32个省351个城市的调查，2008年全国有213个城市发生过不同程度的内涝灾害，占调查城市的六成以上；其中，一年发生3次以上内涝灾害的城市有137个，占调查城市的近40%。根据水利部《中国水旱灾害公报》的统计，2006～2018年全国平均每年有151个县级以上的城市进水受淹或发生内涝；其中，暴雨洪涝最严重的2010年，进水受淹或发生内涝的城市有258个，2013年进水受淹或发生内涝的城市有243个；暴雨洪涝灾害损失最轻的2017年和2018年，进水受淹或发生内涝的城市也分别有104个和83个；每年城市内涝受灾人口达数百万人。

但与此同时，按照国际标准，我国有16个省（区、市）属于重度缺水地区，人均水资源<1000立方米；有6个省（区）属于极度缺水地区，人均水资源<500立方米；全国地级以上城市有1/2以上属于缺水城市，其中严重缺水的城市有108个。一方面城市内涝灾害频发，另一方面水资源短缺又成为影响可持续发展的突出因素，加强城市内涝治理与雨水资源化利用的协同推进，是我国城市治理面临的重要议题。

二　城市内涝产生的主要成因

从目前情况来看，造成我国城市内涝的原因主要有以下几点。

---

① 按照国际公认的标准，人均水资源低于3000立方米为轻度缺水；人均水资源低于2000立方米为中度缺水；人均水资源低于1000立方米为重度缺水；人均水资源低于500立方米为极度缺水。《中国水资源现状分析》，http：//www.chinabgao.com/k/shuiziyuan/28827.html。

一是超标准极端降雨天气增多。全球气候变暖加快了区域水循环速度，城市暴雨增多。同时，热岛效应增强了空气对流，在城市上空形成厚重的热气流，让城市区域更易形成大暴雨或特大暴雨等极端降雨天气。特别是夏季，汽车尾气和空调等的热量集中排放，使城市热岛效应和雨岛效应更为突出。

二是地表硬化导致雨水径流量增加。城市地表被大面积硬化，使得雨水下渗量大幅减少，极易形成地表径流和路面积水。再加之硬化后地面的摩阻力减小，水流速度增加，下雨后地表径流快速汇聚，导致洪流量加大且洪峰时间提前，极易形成内涝灾害。

三是蓝绿空间减少使得城市蓄水能力降低。在城镇化过程中，大量农田、森林变为柏油马路和钢筋水泥建筑，很多低洼的湿地、沟渠和湖泊被填埋，能够消纳存储雨洪的蓝绿空间迅速减少，城市对雨水的调蓄能力明显降低，加剧了雨洪和内涝的形成。

四是排水防涝基础设施建设长期滞后。首先，新中国成立之初，国家鼓励“先生产、后生活”，在城市基础设施方面投资较少，历史欠账较多；其次，由于“重地上、轻地下”的政绩观，城市地下排水设施建设长期滞后，很多地区存在排水管道缺乏、衔接不良或断头管等现象；最后，我国正处在快速城镇化过程中，城市建成区规模和人口规模迅速扩大，但排水管网建设缺乏长远规划，排水系统标准过低，滞后于城市发展的需求。

五是雨洪应急管理能力相对不足。城市暴雨洪水具有突发性、预见期短等特点，而一些城市又缺乏相应的应急管理能力，暴雨洪水发生时往往应急措施不到位或不及时，导致城市内涝。突出表现在两个方面：一是城市内部的排水设施和河道管理涉及水务、水利、市政、城管等多个部门，当暴雨来临时，部门协调不利或行动滞后，将导致城市积水得不到及时排除、形成内涝；二是由于城市地下排水管网建设年代不同、标准各异、结构复杂，一些城市政府对于排水管网的情况不明、底数不清，导致内涝发生时不能迅速找到症结、解决问题。

三　雨水资源化视角下防治城市内涝的对策建议

传统的城市内涝治理，主要依靠管网、泵站等“灰色”工程，以“快速排水、末端治理”为主要手段，不仅破坏了自然的排洪蓄水方式，使大量雨水白白流走不能及时补充地下水，同时还会因为过度依赖管网而造成排水能力不足，最终形成内涝。因此，城市内涝治理不能单纯依靠排水管网建设，而要从修复水生态、调节水循环的角度，以“自然渗透、源头防控”为理念，通过自然途径和人工措施并用，地下建设和地上建设并举，绿色工程、灰色工程和蓝色工程结合，建立从源头控制、管网排送到雨洪消纳、雨水利用的全过程管理。

（一）立足城市长远发展，做好排水基础设施规划

城市排水基础设施包含大量的地下管网工程，资金投入高，服役时间长，一旦建设后期修改难度极大，必须坚持立足长远、规划先行、适度超前，根据城市长远发展的战略需求，科学编制排水基础设施规划。

一要立足长远发展适度超前编制排水基础设施规划。城市总体规划是城市建设管理的法定依据。但城市总体规划的期限一般为 20 年，而基础设施的服役时间一般为 50 年以上。如伦敦的排水系统建于 19 世纪中期，距今已有 150 多年的历史；柏林的第一条下水道建于 1873 年，至今仍在服役；巴黎的地下排水系统也有 100 多年的历史。因此，以中期的城市总体规划指导长期的排水基础设施规划，势必会因为城市发展而产生排水设施能力不足的问题。建议统筹协调城市发展战略、总体规划和排水基础设施规划的关系，立足城市长远发展的战略要求，推进排水设施专项规划的编制，对城市发展、排水分区、排水条件、排水设计、管网标准、管网坡度、排水工程布局以及气候变化应对策略等关键问题进行深度研究，提出长远性、战略性、系统性的排水设施规划，具体指导城市（特别是城市新区）的排水基础设施建设。

二要根据实际情况适时修订城市暴雨强度公式。城市暴雨强度公式是进行排水设施规划的重要依据，我国城市暴雨强度公式大部分建立于20世纪80年代以前，有些甚至是60年代以前。虽然近年来在住建、气象等部门的推动下，相继有100多座城市完成了对暴雨强度公式的修订，但绝大部分城市仍在沿用原有的暴雨强度公式。而近20~30年来，由于城镇化的快速推进、全球气候变暖以及城市雨岛效应的日益凸显等，城市暴雨强度公式的适用环境已发生重大变化，建议相关城市加强对降水资料的收集，及时修订暴雨强度公式，为城市排水基础设施的规划设计提供更科学的参考依据。

（二）协同推进双排水系统建设，加快排水管网的升级改造

发达国家的城市一般有两套排水系统——小排水系统和大排水系统。小排水系统主要针对常规降雨，是输送常规雨水的排水管道；大排水系统主要针对超常降雨，是输送暴雨径流、防洪抗涝的排水通道。我国城市应在充分借鉴国际经验的基础上，因地制宜推进双排水系统建设，加快完善城市排水管网体系（即“灰色工程”），并与周围地区的河湖水位实现联合运行。

一是加快小排水系统的升级改造。美国、日本等国家城镇排水管网设计的暴雨重现期一般为5~10年（即能够抵御5~10年一遇的暴雨），美国排水干管的设计标准为100年（即能够抵御百年一遇的暴雨）。与发达国家相比，我国城市排水设施的标准普遍偏低。按照住建部的要求，城市一般地区排水设计的暴雨重现期为1~3年，重要地区为3~5年。但在实际建设中，大部分城市为节约成本都采用了标准下限，即暴雨重现期仅为1年。再加上中国正处在快速城镇化时期，很多城市建成区快速扩大，但地下管网建设没有跟上，导致排水系统更加不堪重负，给城市安全带来风险。但排水管网是一个庞大复杂的系统工程，要想全面修改几乎不可能，资金投入也过高。为此，本文建议：首先，对现有排水设施进行定期检查维护，及时发现问题、解决问题，保证管网正常运行。在每年汛期来临前，对雨水口、排水管道等进行疏通清淤，对排水泵站等进行检修保养，及时连通断头管线，疏浚下游

河道，提升过水能力，最大限度发挥现有管网系统的排水功能。其次，对主要涝点、关键节点和重要地区的排水泵站及输送管道进行改造升级，提高排水标准。最后，新建管网要适度超前，全面提高标准，做好与现有管网之间的衔接连通，确保在有效排除本区域积水的同时，还能分担现有管网的部分排水压力。

二是逐步建立和完善大排水系统。对于一些超大城市、特大城市的中心城区，以及降雨量高度集中、易发生暴雨天气的城市建成区，仅靠小排水系统很难彻底解决城市内涝问题，需逐步建立应对极端暴雨天气、满足超标雨水径流排放的大排水系统。首先，建设由主干水道和“毛细”水道共同构成的开敞式泄洪通道，使“毛细”水道与主干水道相连，主干水道与周边的天然河湖相通，泄洪通道平时可作为城市河流景观或水景小品，暴雨时用作雨洪行泄通道。另外，再设计预留出一些道路作为紧急情况下的排水通道。其次，因地制宜建设深层排水隧道。当前国际上常用的深层隧道主要有三种：合流调蓄型隧道、洪涝排放型隧道和污水输送型隧道。其中，合流调蓄型是运用最广的一种深隧系统，它在城市遭受暴雨时，可将雨水暂存在隧道中规避峰值，同时沉淀净化，待洪峰过后再纳入合流总管进行处理和排放，从而达到调蓄治污、防洪排涝的目的。最后，可在易涝地区或城市绿地等公共场所建设一些地下蓄水池（或低于地面亦可），暴雨时利用管道或坡度等将雨水引入池中暂存，待雨后再抽出排放至自然水体补充水源，或用于绿化灌溉、道路降尘、景观用水、冲厕、消防等。这样既可以减轻暴雨时城市排水系统的排水压力、防止内涝的发生，又可促进雨水的资源化和再利用。

（三）加强海绵城市建设，强化雨水滞蓄消纳能力

所谓“海绵城市”，是指城市在适应气候变化、应对自然灾害时像海绵一样具有良好的“弹性”，下雨时让雨水自然渗透、净化和积存，需要时再将其释放和利用，以实现内涝防治、水生态修复、雨水资源化等综合目标。当前住建部正在推进海绵城市建设试点并已取得一定成效，应及时总结经验加以推广。

一是发挥绿色工程对雨水的渗蓄作用。加强屋顶绿化、道路绿化、下凹式绿地、植草沟、生物滞留池、雨水公园等多层次绿化和绿色调蓄设施建设，推广沙石地面和透水材料的应用，尽可能减少地面硬化面积，让更多雨水自然渗透和净化，及时涵养补充地下水，从源头上减少雨水径流，减轻排水管网的压力。同时，通过绿色工程建设，促进雨水、土壤水、地表水和地下水之间的转化，维护水循环系统的平衡，缓解城市热岛效应。

二是提升蓝色工程对雨水的消纳能力。首先，在城市发展过程中，注重加强对河湖、坑塘、湿地等天然水体的保护，确保城市雨洪有顺畅的排泄通道和充足的消纳空间。其次，结合城市景观建设和防洪需要，加强人工水体的合理规划、建设和布局，同时兴建一些回灌系统，就地滞洪蓄水。通过系统的蓝色工程建设，大幅提高天然水体和人工水体的滞洪、蓄洪功能，尽可能减少或减缓洪峰，防止城市内涝的发生，并为城市发展存蓄更多的水资源。

（四）加强排水系统智能化管理，完善暴雨防灾应急体系

从国内外实践经验看，治理城市内涝不能仅靠工程措施，加强科学管理同样重要。

一要摸清现状，尽快建立排水系统智能化管理平台。由于城市排水管网建设年代不同、标准各异且大多位于地下，很多城市对于排水管网情况不甚了解，造成新旧管网不衔接、日常维护不到位（如管网破损得不到及时维修、管道淤积得不到及时清理）等一系列问题，成为影响排水管网高效运行的重要桎梏。建议在城市层面（尤其是易涝城市）尽快启动排水管网普查，在摸清现状的基础上，建立详细的排水管网数据库和智能化管理平台，运用现代技术和设备对城市排水管网运行、地面产流、地表汇流、河网排水、城区积水等情况进行实时监测和动态模拟，为城市防洪排涝的科学管理和合理调度提供决策依据。

二要突出重点，进一步完善城市内涝应急防灾体系。收集城市气象水文的历史数据，模拟不同降雨可能造成的内涝灾害、主要分布、影响范围等。

对主要内涝灾害地区进行重点分析，研究提出解决方案，通过提高排水设施标准、疏通排水管网、设置隔离设施、建立行洪通道、制定应急预案等，尽可能将内涝灾害风险降到最低。同时，加强对强降雨天气的预警预报，提前做好防灾应急准备。

三要打破条块，建立跨部门跨属地的雨洪管理联动机制。城市雨洪管理涉及众多部门和不同片区，当暴雨来临时，临时协调不同部门或片区，管理调度往往跟不上实际情况变化。因此，必须打破部门和属地分割，建立城市雨洪管理联动机制。首先，在市级层面建立由市领导和各相关部门主要负责人组成的城市应急管理领导小组，将雨洪管理作为城市应急管理的重要内容。其次，建立由水务部门牵头，城建、市政、水利等部门协同配合的城市雨洪管理联动机制。最后，从促进流域水循环、维护水生态安全的角度，将雨洪管理与水系整治结合起来，建立流域各片区协同行动机制。

参考文献

Urban Water Resources Research Council of the ASCE, *Design and Construction of Urban Storm Water Management System*, New York: ASCE , 1992.

US EPA, *Municipal Wastewater Treatment Technology*: *Recent Developments*, New Jersey: Noyes Data Corporation, 1993.

北京市水利规划设计研究院：《北京奥林匹克公园水系及雨洪利用系统研究、设计与示范》，中国水利水电出版社，2008。

丁留谦、王虹等：《美国城市雨污蓄滞深隧的历史沿革及其借鉴意义》，《中国给水排水》2016 年第 10 期。

黄国如：《城市暴雨内涝防控与海绵城市建设辨析》，《中国防汛抗旱》2018 年第 2 期。

刘超等：《国内外截污雨水口专利技术发展及其展望》，《中国给排水》2014 年第 4 期。

制度建设篇

System Construction Chapters

B.6
中国城市应急管理体制建设研究

庄国波　时 新*

摘　要： 城市应急管理关乎经济发展、社会秩序及市民生活质量。我国城市应急管理体制建设经历了“初步发展”、“重大转折”和“综合优化”三个阶段，已取得一定成果。但此次对新冠肺炎疫情的应对折射出中国，特别是中国的城市在应急管理体制方面仍存在不足，必须转变全社会的城市安全观，重构突发事件应对法律体系框架，优化多元主体协同参与渠道，调动基层组织应急积极性，以推动中国城市应急管理体制建设。

关键词： 城市应急管理　体制建设　多元参与

* 庄国波，南京邮电大学社会与人口学院教授，博士，研究方向：公共安全管理；时新，南京邮电大学编辑，硕士，研究方向：公共安全管理。

近年来，我国各类突发事件频发，给人民群众的生命和财产造成很大损失，城市应急管理工作的重要性日益凸显。城市应急管理不仅直接关乎社会稳定、人民健康，还间接影响社会发展的方方面面。时代变迁、社会发展以及新安全态势对城市安全与应急管理工作提出了新的要求。必须在充分了解我国城市应急管理体制发展历程的基础之上，总结此次对新冠肺炎疫情应对过程中城市应急的有效经验，为我国城市应急管理体制的进一步完善提出新的建议，促进城市安全水平的提升，满足人民在安全方面日益增长的需求，并服务城市其他领域的高质量发展。

一　我国城市应急管理体制发展历程

我国城市应急管理体制大致经历了“初步发展”、“重大转折”和“综合优化”三个阶段，应急管理工作理念发生了重大转变，即从以往的被动执行转变为主动应对，从单项的针对性管理转变为综合性的防控，从注重事故发生后的救灾转变为提倡事故发生前的减灾，以更好地顺应城市安全大环境的变化趋势。

（一）初步发展阶段：1949～2002年

新中国成立之初，在“一元化”领导体制下，我国建立了诸多专业的救援队伍和灾害应对机构，它们分散在不同管辖范围之内。这一时期的应急管理模式趋于分散管理、单项应对，各救援队伍和组织机构一般都是独立负责单一性或专业性事故灾害的预防和抢险。在这一时期我国政府对洪水、地震等自然灾害的预防与应对尤为重视，但组织机构职权划分十分模糊，多采取“人治”的方式，强调应对经验，经常在遇到突发事件时，出现党政双重领导的问题，严重妨碍应急统一指挥。

虽然这一时期颁布的相关法律法规较多，但大多针对某一特定领域，如《中华人民共和国海上交通安全法》《中华人民共和国传染病防治法》《中华人民共和国水污染防治法》《中华人民共和国防沙治沙法》等。法律的针对性也较强，如《中华人民共和国水污染防治法》中就对工业水污染、城镇水污染、农业和农村水污染、船舶水污染、饮用水水源保护等方面做出了详细的解释。这些单项法律彼此独立，相互之间的关联度不高。

（二）重大转折阶段：2003～2017年

这一时期，我国城市应急管理的发展经历了重大转折。为总结2003年总结抗击“非典”的经验和教训，十六届三中全会决定中明确提出：“建立健全各种预警和应急机制，提高政府应对突发事件和风险的能力，完善安全生产监管体系”。“一案三制”的制定和修订被提上了议事日程，这是我国应急体系改革的里程碑。在经历了2003年的“非典”事件后，我国充分利用政府行政管理机构资源，将相关议事协调组织和联席会议进行了整合，应急管理体制的综合协调性有了质的提高。

《中华人民共和国突发事件应对法》（以下简称《突发事件应对法》）这一综合性的应急管理法律因此应运而生。该法提出应急管理的突发对象应包含四类，即自然灾害、事故灾难、社会安全事件和公共卫生事件，体现了原先以自然灾害突发事件为主的应急管理向多类突发事件拓展，同时明确了各级政府与社会团体、企事业单位、公民个人等非政府力量在应急管理中的责任和义务，提出国家要建立“统一领导、综合协调、分类管理、分级负责、属地管理为主”的应急管理体制。《突发事件应对法》的颁布实施，对于预防和减少各类突发事件，减轻和消除其带来的社会危害具有至关重要的作用，同时也标志着我国城市应急管理模式开始向综合应对转变。

2008年，对中国应急管理领域来说又是一个特殊的年份。在总结了汶川地震和南方雪灾的抢险救灾经验后，国家高度重视应急管理领域的体制建设，提出了更多有针对性的方针政策以弥合以往应急管理过程中暴露出的管理性问题。安全问题被纳入国家社会经济建设的重要议程，地方安全规划和部署深入推进。

（三）综合优化阶段：2018年至今

2018 年，我国应急管理事业发生了根本性变化。以前条块分组、各自为政的应急组织体系在面临大的灾难时，很难迅速整合成一支协调的队伍，需要一段较长的磨合时间。于是党中央决定将分散在诸多部门的各项应急职责进行整合，形成一个综合性的应急管理部，作为国务院组成部门。打造一个“统一指挥、专常兼备、反应灵敏、上下联动、平战结合”的中国特色应急管理体制。

此次应急管理机构改革整合了消防、各类救灾武警和安全生产等应急救援队伍，有利于解决以往单项应对、分散管理的问题，提高了突发事件应对的综合管理能力。应急管理部组建以来，各级政府逐步落实机构改革、人事关系转隶和综合消防应急救援队伍组建，实现了应急管理体制的脱胎换骨。同时，针对频发的各类突发事件，尤其是自然灾害和安全生产事件，新成立的应急管理部门坚持边组建、边应急的原则，快速进入应急状态，统筹应急响应与日常管理，切实维护了人民群众生命财产安全和社会稳定，推动了国家应急治理体系的现代化。

二　从新冠肺炎疫情看中国城市应急管理的体制优势

2020 年新冠肺炎疫情席卷全球，引发了严重的社会危机。新冠肺炎病毒强大的传染性，使得其在人群中裂变式扩散，越来越多的人的生命安全与身体健康受到威胁。截至 2020 年 7 月 31 日 24 时，世界新冠肺炎病毒感染者已超过 1700 多万，死亡人数超过 67 万，而我国人口 14 亿，占世界人口 1/5，新冠肺炎病毒感染者控制在 8.8 万人，死亡人数 4668 人，可以说在抗击新冠肺炎疫情过程中取得了巨大的成功①。中国抗击新冠肺炎疫情的实践

① 资料来源：国内数据来自国家卫健委、各省区市卫健委、各省区市政府、港澳台官方渠道公开数据；世界数据来自权威机构的公开报道、世卫组织、各国官方通报。

表明，党的十九届三中全会以来，中国特色应急管理体制在城市巨灾应对中发挥了积极作用，彰显了体制优势。

疫情发生后，习近平同志高度重视，在春节当天便组建了“中央疫情应对工作领导小组”；国务院启动联防联控机制；全国驰援武汉和湖北，16 个省份启动对口支援模式；应急管理部配合卫健委工作，最大限度地予以支持；各党政军群机关和企事业单位紧急行动、广大医务人员无私奉献，形成了全面动员、全面部署、全面加强疫情防控工作的局面，这种应对机制成功阻止了疫情传播，避免了更多人被感染。世界卫生组织专家布鲁斯·艾尔沃德在日内瓦发布会上对各国记者表示：中国在 6 周时间内，就把新冠肺炎病毒诊疗方案更新到第 6 版，在大规模的科学驱动灵活机制下，中国成为全球应对新冠肺炎疫情最有效的国家，建议世界各国向中国学习。

（一）统一高效的指挥决策体系

新冠肺炎疫情暴发后，根据“属地管理”原则及上级决策部署，各市（县、区）组建了“新冠肺炎疫情防控指挥部”，抽调相关部门工作人员集中办公。为确保各职能领域有效开展防疫工作，指挥部多成立了“政策法制”“监督检查”“医疗救治”“舆论宣传”“信息报送”“治安维稳”“物资保障”“综合协调”等专项小组，按照“分类管理”的原则组织开展防疫，形成“联防联控”大联合，有效保证衔接联动、政策落实、信息畅通，全面确立疫情防控高效运行的组织体系。

（二）多元主体的有效协同参与

多元协同涉及政府、企业和社会等多元主体的共同参与和力量凝聚。在此次疫情暴发后，各市（县、区）在党的集中统一领导下，以政府及相关部门为主导，积极推行了有用、有效、有力的防疫措施，发挥了党员干部的带头作用。与此同时，党政部门还通过动员广大群众，加强对社会力量的业务指导、综合协调、监督管理等，引导社会应急力量有序参与疫情防控，实现了网络化的群防群控防疫模式，对打赢这场疫情阻击战发挥了重要作用。比如，在疫情初期，针对武汉红十字会在承接各地巨大体量的捐赠、分配紧急医疗物资等方面的“心力交瘁”，委托专业物流公司九州通进行接管，对捐赠物资的入库、仓储分类和信息录入等实现专业高效的管理，极大提高了应急处置效率。

（三）牢固的基层堡垒

为有效应对疫情，各级党委和政府的令行禁止、层层行动，最后落实在基层单位。基层党组织充分发挥战斗堡垒的作用，第一时间闻令行动、向险而行，严守社区这道防线；很多党员干部下沉到社区，以充实社区的抗疫力量，与社区干部和社会志愿者一道开展宣传、摸底、登记、排查，有效织就了社区防控安全网。在网格化管理的模式下，公安、城管、安监等部门均在基层划分网格，分派网格员，网格员制度通过精细化管理激活了抗疫的基层细胞。尤其是，此次疫情防控过程中，涌现出了大批志愿者，在入户排查、防控知识宣传、卡口值守执勤、为隔离人员购买生活物资等诸多方面做出了无私贡献。

三　新时代城市应急管理体制现状

新中国成立 70 多年来，我国经济社会发展取得了令世界瞩目的伟大成就，城市应急管理取得了长足发展。特别是党的十八大以来，以习近平同志为核心的党中央，从实现“两个一百年”奋斗目标和中华民族伟大复兴的战略高度，全面推进应急管理事业迈入新的历史发展阶段。

（一）应急法制建设为完善的组织管理体制提供制度保障

目前，我国已累计颁布实施《突发事件应对法》等 70 多部法律法规，制定了 550 余万件应急预案。2003 年抗击“非典”和 2008 年应对汶川大地震是我国应急管理法律体系建设史上的两大时间节点，在此之后我国应急管理工作进一步走上法制化轨道。党的十八大以来，我国应急管理领域的法律法规不断充实、完善，形成了以《宪法》为依据，《突发事件应对法》为核心，相关单项法律法规为配套（如《防洪法》《消防法》《安全生产法》《传染病防治法》等）的整体应急管理法律框架体系。

至此，我国应急管理法制体系经历了从无到有、从分散到综合，逐步构建起一个以全国性的法律法规为基础，涵盖地方性的立法、行政规章的完整法律法规和政策体系。比如，西安市 2019 年就连续印发了《应急预案管理制度（试行）》《突发事件应急响应制度（试行）》《现场救援协调工作制度（试行）》《应急联动工作制度（试行）》等多项应急管理规范性文件，对西安市应急管理的预案、响应、救援协调和应急联动等各方面做出规定。这一系列法律法规的颁布实施都表明，我国各城市在应急管理领域已具备一定的法律法规基础，并日臻完善，这些都为及时应对突发事件，有效开展应急管理工作提供了重要的制度基础与保障。

（二）应急机构设置实现平战结合

2018 年 3 月，党中央、国务院对国家机构进行改革，推进国家治理体系和治理能力现代化，其中包括对应急管理机构的改革，组建了新的应急管理部门。2018 年 4 月 16 日国家应急管理部正式挂牌成立。成立两年多来，应急管理部边组建、边应急、边防范，与自然资源部、水利部、国家林业和草原局配合进行自然灾害防救，与国家粮食和物资储备局配合完成中央救灾物资储备相关工作。并下设了应急指挥中心、风险监测和综合减灾司、救援协调和预案管理局、火灾防治管理司、防汛抗旱司、地震和地质灾害救援司等专业机构，各司其职、配合协调完成各类突发事件的防备和应对工作。

另外，31 个省市应急管理厅、局全面组建，国家应急管理部组织编制国家应急总体预案和规划，承担特别重大灾害指挥工作，指导各地区、各部

门开展突发事件应对工作，公安消防部队、武警森林部队转制后，与安全生产等应急救援队伍一并作为综合性常备应急骨干力量，由应急管理部管理，实行专门管理和政策保障，这标志着新时代中国特色应急管理组织体制初步形成，且充分展现出我国应急管理的特色和优势。以南京市应急管理局为例，其机构设置就包括了办公室、应急指挥中心、救援协调和预案管理处、火灾防治管理处、防汛防旱和地质灾害救援处、危险化学品安全监督管理处、安全生产基础处、执法监督处、综合监管处、救灾和物资保障处、规划财务处、科技和信息化处、政策法规处（行政审批服务处）、宣传教育处、人事处、市安委办综合协调处、市安委办巡查考核处及机关党委，各处在平时各司其职，在发生突发事件的时候进行联合处置、统筹协调，实现城市应急管理平战结合。

（三）现代技术提升城市应急组织管理效率

突发事件具有不确定性、复杂性、破坏性，能在短时间内造成巨大损失，仅靠人进行管理是远远不够的。习近平总书记在中央政治局第十九次集体学习会议中提出，要强化应急管理技术支撑，加快创新应用，加大整合力度，依靠科技提高应急管理的科学化、专业化、智能化、精细化水平。在这样的背景下，各部门、各地方积极探索推进城市应急管理往信息化方向发展，优化整合各类科技资源，大大提高了应急管理工作的现代化水平。目前城市应急管理相关部门，已经能够掌握和运用实时监测监控、卫星遥感、地理信息系统等先进的信息化技术，能够快速准确地提供突发事件的类别、地理分布及发展态势等资料信息，帮助有效控制突发事件的影响范围及持续时间，为应急决策和救援提供信息支持。

各类新技术被充分运用到应急管理的应急保障和应急处理阶段，在接报处置、应急响应、应急评估和演练等各方面发挥重要作用。

比如，在这次抗击新冠肺炎疫情的过程中，人工智能、大数据、区块链、5G 等智能高科技成果齐上阵，有力支撑了防控工作。红外线温度检测工具可在拥挤的人潮中检测成千上万的人；新的 5G 电信网络帮助医院及时评估 CT 扫描，发现病例；配备了扩音器的无人机提醒居民保持距离戴上口罩、喷洒消毒剂；每天都有数百万学生通过流媒体直播程序上课，实现停课不停学。诸多实践表明，现代技术手段在应急管理领域的应用起到减少损失、提高效率和节约成本的作用。

（四）城市应急管理程序不断规范

当前城市应急响应基本程序包括接警、警情判断相应级别、报警、应急启动、救援行动、扩大应急、事态控制、应急恢复和应急结束等几个过程。一般城市应急管理系统内部都设计有一个报警网络，能够对专业值勤人员、社会公众、重点目标现场进行实时监控并有机组合，使应急报警的准确性和时效性得到有效提高，漏报和误报率降至最低。该报警网络的运用可以确保指挥中心能够在事故发生后的第一时间接到报警信息，并将信息立即传送到各区域指挥中心。在确认报警信息后，在规定范围内按规定程序发出相应的预警信息。在发出报警信号之前，应急管理部门先对事故的发展态势及风险级别做出初步判断，依据事件危险性划分级别，相关部门再根据事故不同级别采取相应措施（具体程序见图 1）。

一套规范的应急响应程序，能够更好更快地识别事件状态，指导开展应急救援行动。2020 年 7 月，在面对特大洪水时，武汉各区防汛防台抗旱指挥部、市防汛防台抗旱指挥部各成员单位按照武汉城市防洪应急预案职责分工和响应要求，科学研判会商，严格落实防汛排涝责任，细化防汛排涝应对措施，加强防洪设施巡查值守、渍水点抢排、交通疏导、抢险救援等相关工作，有效保证了武汉市防洪排涝安全。

四　未来应急管理体制的着力点

新冠肺炎疫情的暴发是新中国成立以来我国面临应对突发公共事件最严峻的考验，我国经受住了这次考验，给全世界应对新冠肺炎疫情树立了榜

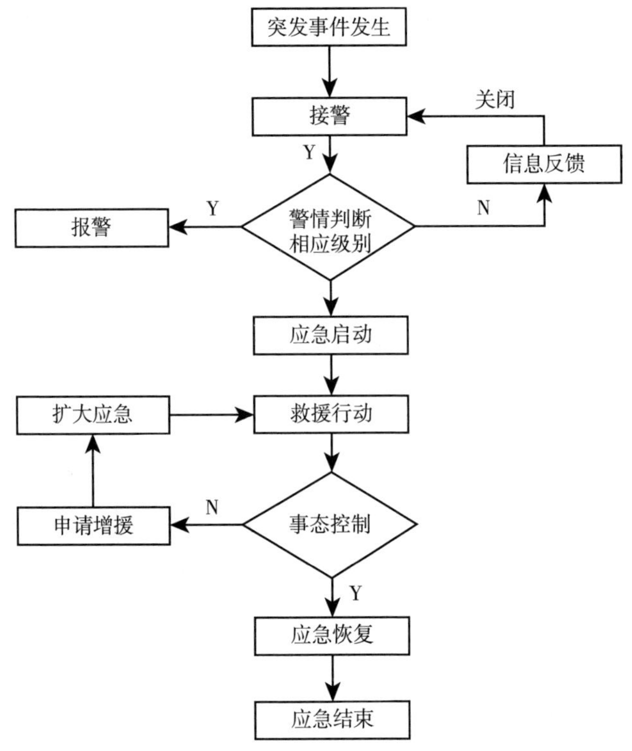

图1　城市应急响应程序

资料来源：《标准化应急响应程序》，中国煤矿安全生产网。

样，也为我国今后应对大灾、巨灾积累了经验。应对这次疫情的过程也折射出中国城市应急管理的不足之处，今后需进一步深化应急管理体制改革，科学开展应急救援工作。

（一）转变全社会的城市安全观

安全是保障民生的重要载体。城市发展中的各种安全问题都深刻地影响着人民的安全感，不利于人民生活质量和美好生活水平的提高。因此，习近平总书记提出了总体国家安全观的重要战略思想，而城市安全观是国家安全观在城市的具体化。

城市安全观注重的是城市整体的安全发展，绝不是某个方面、某个片区、某个群体的安全，城市安全发展要在“大安全观”指导下，建立涵盖防灾减灾、安全生产、公共卫生、生态安全、信息安全、食品安全、交通安全、社会安全等的城市公共安全体系。要针对城市风险的系统性、复杂性、突发性、连锁性等特点，建立起以安全生产为基础的综合性、全方位、系统化的城市安全发展体系，全面提高城市安全保障水平。深化公共交通和消防安全管控，压实安全责任，最大限度地预防和减少公共安全事故隐患；加强打黑除恶、校园安保、禁毒、危爆物品管理、寄递物流管理等重点工作；主动排查防控金融风险，有效预防金融诈骗、非法集资等案件，维护良好的金融秩序；提高互联网安全管控水平，加强无线上网管理、“网安警务室”等基础建设，加大电信网络诈骗专项整治力度。城市安全发展，就要做到全面、整体、协调推进，实现有备无患。

转变城市安全观还必须坚持全社会共同参与。城市安全是所有市民的安全，推进城市安全发展需要全社会共同参与，解决好安全管理各自为政、条块分割等碎片化问题。要抓好城市安全教育，使以人为本、安全至上的发展理念家喻户晓、深入人心。发动企业、社区、社会组织以及市民等社会力量参与，强化安全生产红线意识，培养良好的安全习惯，凝聚起全社会共同关心、支持、参与安全生产、安全发展的共识。

（二）重构突发事件应对法律体系框架

成功的企业，靠的不是管理者个人的魅力，靠的是企业的制度管理，只有制度完善才能更好地约束人的行为，规范人的行为，企业才能管理规范。这个道理运用于城市应急管理中也是可行的，完善应急管理的法律体系对规范应急管理组织运行至关重要。应急管理体制的核心是应急管理机构的设置、各应急管理机构职权的分配以及各机构间的相互协调，这些将直接影响应急管理的效率和效能。随着时代的发展，突发事件的发生呈现不同规律，现行的法律法规是在不同历史时期根据当时的发展特征单独制定的，相互之间的关联度并不高，系统性、整体性、科学性尚且不足，有很多条款内容不协调、不统一，甚至相互矛盾，不但不能有效发挥作用，有时候反而会使应急管理步入两难的境地。

例如,《传染病防治法》第38条规定:“国家建立传染病疫情信息公布制度。国务院卫生行政部门定期公布全国传染病疫情信息。省、自治区、直辖市政府卫生行政部门定期公布本行政区域的传染病疫情信息。传染病暴发、流行时,国务院卫生行政部门负责向社会公布传染病疫情信息,并可以授权省、自治区、直辖市政府卫生行政部门向社会公布本行政区域的传染病疫情信息。”根据该条规定,传染病疫情信息公布的主体为国务院卫生行政部门和省级卫生行政部门,并不包含各级人民政府及其市级以下卫生行政部门。但是,《突发事件应对法》第10条规定:“有关人民政府及其部门做出的应对突发事件的决定、命令,应当及时公布。”第43条规定:“可以预警的自然灾害、事故灾难或者公共卫生事件即将发生或者发生的可能性增大时,县级以上地方各级人民政府(包括县级)可以发布相应级别的警报,决定并宣布有关地区进入预警期。”可见,两部法律对公布传染病疫情的组织机构定义是矛盾的。

习近平总书记在2020年2月5日召开的中央全面依法治国委员会第三次会议上强调,“要完善疫情防控相关立法,加强配套制度建设,完善处罚程序,强化公共安全保障,构建系统完备、科学规范、运行有效的疫情防控法律体系”。因此,应加快推进应急管理相关法律、法规和规章的制定和修订,尽早完善应急管理法律体系,为突发事件组织管理提供健全的法律保障。

(三)优化多元主体协同参与

各级人民政府承担城市应急管理的主要责任,但是单靠政府一方之力很难应对较严重的突发事件。所以,在充分实现政府职能的同时,也要发挥社会的多元力量,构建以政府为引导、城市多元主体积极参与的应急管理主体体系,明晰党委、政府、社会力量的参与权利和责任,实现各主体平等参与、积极互动、协同高效。优化多元主体协同参与首先要有制度保障,从范围、程序、激励机制以及权利和义务等方面对其他主体做出详细规定。其次要加强多部门协调沟通。目前社会各主体在我国应急管理中扮演着十分重要的角色，但大多数参与主体来自不同的社会领域和工作部门，他们日常从事社会的其他工作，只有在应急需要时才参与其中，分担一些工作，这样就存在专业性不够、人员管理调配困难的问题。因此，在完善相关法律法规的同时，更需要政府和应急管理部门与社会其他组织机构加强沟通，处理好应急管理中统与分的关系。最后要营造良好的社会氛围，让市民意识到安全必须从每个人做起，鼓励社会其他主体加入应急志愿服务队伍，并为其提供畅通的渠道和一定的物质支持。

（四）调动基层应急积极性

未来城市应急管理工作应当将管理重心下移，尽可能调动基层组织的积极性，利用基层组织构建的“网格化管理制度”，推进应急管理进基层、入社区，努力构建共建、共治、共享的大应急治理体系。基层应急的优势在于可以立足区域特点，熟悉当地发展水平和实际能力，才能因地制宜优化应急管理部门内设机构，在突发事件发生的时候能够在第一时间掌握数据，开展处置措施，抓住突发事件应对的黄金时期，降低损失。比如，宁波市就着力构建基层应急管理体系，针对当地台风雷暴等多发频发、海岸线长丘陵多、安全生产监管任务重等实际，将城市应急重点向防汛抗旱、火灾防治、危化品监管等领域倾斜。2019 年，宁波市各类安全生产事故发生率、死亡率同比分别下降 52.9%、40.8%，自然灾害因灾死亡事故实现“零”接报。

多年来，我国基层应急队伍不断发展，在维护城市安全过程中贡献了积极力量。但是，各地基层应急队伍建设中还存在组织管理不规范、任务不明确、进展不平衡等问题。解决这些问题，一方面要完善基层应急队伍建设相关政策，鼓励与奖励并举；另一方面要加大基层应急队伍经费保障力度，所谓巧妇难为无米之炊，有的基层组织虽然有一腔热情投入应急管理工作，无奈经费不够不得不放弃，所以除了政府补助外，也要拓展多种资金筹集渠道，为基层组织开展应急工作提供必要的物资基础。

（五）加快城市应急管理技术平台建设

此次我国抗击新冠肺炎疫情之所以取得成功，其中一方面要归功于新技术的广泛使用。在新冠肺炎疫情防控过程中，随处可见云计算、大数据、人工智能等新技术。大数据被充分运用到疫情预测、病毒溯源、复工复产当中，为当地政府决策提供参考依据；人脸识别设备、消毒机器人、配送机器人有效帮助降低了“人工防控”的难度，显著降低了人与人接触传播病毒的风险；互联网融通平台连接重点防控物资，实现物资的精准管控和溯源。这些先进科技使此次应急管理变得实时、准确、可控、可调，是疫情防控的“大功臣”。

新技术给应急管理带来的优势显而易见，所以后期更需要加快城市应急管理技术平台建设。依靠政府科技发展计划或规范技术服务外包制度，搭建智能化应急平台技术框架、综合系统应用云计算关键技术、数据库管理与共享关键技术，构建一个集数据收集、数据分析、决策管理等功能于一体的城市应急技术支撑系统，这样在遇到突发事件的时候，无论是决策者、执行者还是普通公民都能在第一时间掌握事件发展的数据信息，不仅有利于提高决策的科学性，还能有效降低人们的恐慌感。

（六）完善城市应急管理监督考核体系

要坚持把责任、法规、政策、标准统筹起来，实施应急管理综合监管，将多主体纳入监督考核的主体体系之中。当前，虽然各地已经着手开展了关于应急管理工作的评估工作，以督促相关主体提高工作效率。但是，对突发事件发生之前的防备往往是被考核评估所忽视的，其实应急防备才是应急管理的关键，将不安全事件遏制在萌芽状态才能最大限度地降低损失，增强市民的安全感，所以必须加强对事件发生前各评估主体工作能力和工作成效的评估。应急管理的考核内容应向相关部门是否有健全的法律法规和应急预案，是否能定时定点进行预案演练，安全综合监督是否到位，是否常常进行风险隐患排查消除工作，是否积极宣传突发事件应急知识，应急储备物资是否充足，是否及时检查和更新等方面倾斜。在时间上，将应急考核的触点从事件前的预防能力开始，到事件中的处置能力，一直延伸到事件后的修复能力；在空间上，将考核范围从看得见的显性能力延伸到看不见的隐性能力，才能真正督促相关部门做到“平战结合”。

参考文献

《构建宁波特色基层应急管理体系 助力提升市域治理现代化水平》，2020 年 8 月 11 日，http：//www. scopsr. gov. cn/shgg/jcgl/202001/t20200122_ 373374. html。

《国新办举行新时代应急管理事业改革发展情况发布会》，《湖南安全与防灾》2019 年第 10 期。

孟涛：《中国应急法律的发展和未来》，《中国领导科学》2020 年第 3 期。

世卫组织专家组代表：《中国应对机制成功阻止了疫情传播》，2020 年 7 月 24 日，http：//wwwchinanews. com/gj/2020/02 –26/9104836. shtml。

《中华人民共和国传染病防治法》，2013。

《中华人民共和国突发事件应对法》，2007。

B.7

现代城市治理的主要问题与政策建议

郝 庆 单菁菁 苗婷婷*

摘 要： 推进城市治理现代化是提升城市综合竞争力和可持续发展能力的关键举措，也是实现社会治理现代化的重要切入点和突破口。本文针对现代城市组成要素、运行机制以及人民群众生产生活方式的复杂化、多样化、个性化趋势，提出推进现代城市治理的政策建议：（1）更新治理理念，由注重城市物理空间的规划建设管理转向注重以人为本，提升人的全面发展；（2）完善城市治理结构，发挥多元主体协同联动作用；（3）注重综合运用行政手段、经济手段、法律手段等多种手段，提升城市治理效能；（4）注重细化基层治理单元，实现资源向社区下沉，提升基层治理水平；（5）树立“全周期治理”意识，形成事前防范、事中控制、事后反思的全周期闭环治理；（6）顺应城市群、都市圈等现代城市区域的治理需求，拓展城市治理的物理边界，推动区域共治；（7）加强城市治理领域的法律法规和制度建设，注重对市民的宣传教育，形成良好治理氛围；（8）关注塑造良好人居环境、提升城市危机应对能力等重点领域，实现现代城市的高水平治理。

* 郝庆，中国社会科学院生态文明研究所博士后、副研究员，研究方向：国土空间规划、国土空间治理、城市与区域管理；单菁菁，中国社会科学院生态文明研究所室主任，研究员，博士生导师，研究方向：城市与区域可持续发展、国土空间开发与治理、城市与区域经济、城市与区域管理等；苗婷婷，中国社会科学院生态文明研究所博士后，奥克兰大学博士，研究方向：城市治理、农民工市民化、城乡公共政策等。

关键词： 城市治理　精准治理　基层治理　生态文明

城市是人类生存和发展的重要空间载体，是经济、科技、文化、制度等各领域创新和发展的主要场所。随着经济社会的发展，城市越来越成为人口、产业、资本、创新等要素的集聚之地，推进城市治理现代化的重要性和紧迫性也愈加凸显。2020 年 3 月，习近平总书记在浙江省考察时强调要把城市治理现代化作为社会治理现代化的切入点和突破口，并指出“推进国家治理体系和治理能力现代化，必须抓好城市治理体系和治理能力现代化”。

一流城市要有一流治理，城市治理的现代化已经成为事关城市可持续发展的核心问题，也是国家治理体系和治理能力现代化的重要体现。必须以习近平新时代中国特色社会主义思想为指导，围绕生态文明新时代城市治理的现实需求，不断优化城市治理体系、提升城市治理现代化水平，让城市带给人们更多获得感、幸福感、安全感，让城市成为人民群众宜居宜业的美好家园。

一　中国城市治理面临的主要问题

（一）城市治理结构不够完善，协调联动能力不足

当前，多数地方的城市治理仍然停留在传统的“城市管理”模式，尚未形成多元主体协调联动的现代城市治理结构，影响形成城市治理合力，“多元协同共治”“元治理”“复合治理”等创新型治理理念有待付诸实施。在实践中政府仍被视为城市治理的唯一主体，强调政府“一元”管控，且停留在“管理为上”的官本位思想，资源和权力向上集中，社会建设远远滞后于经济建设、政治建设和文化建设，没有形成服务型政府；社会公众和社区组织对现代城市治理认识也不到位，依然定位于“被管理者”的身份，

对城市治理的主动参与不足，尚未形成自主治理、自主服务的意识，依然存在依靠政府解决问题的惯性思维；非政府组织和其他组织无法或被限制参与城市治理过程，在城市治理中发挥的作用有限。

（二）城市基层治理建设薄弱，难以实现精准发力

治国安邦，重在基层。基层治理能力最真实地反映社会治理水平，直接关系人民群众的获得感、幸福感和安全感。长期以来，城市基层治理各主体间的职责界限不清、权责不一致等问题比较突出。街道政府常常将行政任务下派，社区任务繁多、压力过大，行政化倾向明显，抑制了其自治功能。基层干部队伍整体素质不能完全适应基层治理现代化的要求。以社区干部为主体的基层治理队伍，对一些新问题、新矛盾的认识不足，手段方式滞后，少数干部政治观念淡薄，联系群众不紧密。上层和基层治理的资源配比长期失衡，精英流失、行政资源不足、财政资源有限、公共卫生资源配给失衡等问题难以解决，使基层治理缺乏资源要素保障，导致基层凝聚力和向心力不足，进而影响基层治理的精准化和精细化水平。同时，还存在城市治理层级多、基层治理建设薄弱、基层工作任务重、治理效能低、传导不畅等问题，还不能完全适应城市居民就业、生活日益多样化发展趋势，难以满足市民个性化、精细化的治理需求。

（三）城市治理手段较为单一，制约城市治理效能

一些城市在治理过程中还是沿袭传统手段，多采用行政命令的方式解决问题，经济手段、法律手段等在城市治理中运用较少。例如，在治理城市交通拥堵时，一些城市机械地采用限购限行措施，既缺乏法律依据，又影响社会公平。在具体的城市治理中，现代信息技术等新手段应用还有待提升。例如，在此次新冠肺炎疫情防控中，不少地方还停留在人工填表的方式进行信息汇总。同时，在城市治理过程中分散性、临时性的治理措施居多，长期性、系统性的长效机制不足，治理的效果难以保持。例如，对于流动摊贩的治理，多采取一些临时性的措施，缺乏长期的规划和制度设计。城市治理手

段的单一、城市治理长效机制的缺失等导致城市治理过程中费人费时费力，影响城市治理效果，制约城市治理效能的有效发挥。

（四）城市社会人文关怀不足，影响社会和谐稳定

城市在发展过程中不断分化，形成了多元群体。我国的一个突出现象就是城市中出现了大量非户籍人口。国家统计局的数据显示，2019 年全国城镇常住人口 8.48 亿人，城市化率为 60.60%，比上年末提高 1.02 个百分点。但是户籍人口城镇化率仅为 44.38%，比上年末提高 1.01 个百分点①，户籍人口的城镇化率远低于常住人口的城镇化率。全国人户分离人口达 2.80 亿人，其中流动人口 2.36 亿人，户籍人口和外来人口的“二元化”现象仍然突出。无户籍的“非完全迁移”人口是城市就业人口的重要组成部分，且大多数从事城市正常运行所不可或缺的基本工作。但是以农民工为主体的大多数非户籍就业人口在教育、医疗、住房等方面不能享受与户籍人口同等的权益。同时，多数城市对外来务工人员、低收入群体等社会群体的人文关怀不够，社区服务等未能将非户籍人口纳入其中。这些问题的存在弱化了城市发展能力，带来潜在的社会矛盾，影响社会和谐稳定。需要创造更加包容、平等的社会环境，保障每一个常住人口的基本权利。

（五）城市人居环境品质不佳，影响生活舒适程度

近些年来，按照推进生态文明建设的要求，多地实施了大气污染防治、城市黑臭水体治理等城乡人居环境整治工作，提升了城市的人居环境适宜性。但是交通拥堵、噪声污染等影响城市人居环境宜居性的问题依然突出，制约着城市居民追求高品质生活。例如，噪声扰民问题已经成为城市环境的重要短板。生态环境部发布的《2020 年中国环境噪声污染防治报告》显示，2019 年全国“12369 环保举报联网管理平台”涉及噪声的举报占比为 38.1%。其中，广西、陕西、重庆、辽宁、宁夏等地的噪声举报在本地全部

---

① 国家统计局：《2019 年国民经济和社会发展统计公报》。

举报中的占比均超过50%。噪声扰民等一系列问题成为影响人民群众生活宜居性的重要制约因素。

（六）城市应急管理短板突出，影响城市公共安全

全球气候变化，地球进入地质活动高发期等引起的自然灾害，以及重大传染性疾病等对城市的威胁加大，加之城市运行系统的日益复杂化，城市遭受各种不确定风险的危险性日益增加。提升城市风险应对能力是保障城市生存和发展的一个基本前提。但当前我国在城市应急管理方面仍存在一些问题，主要表现为：城市应急治理法律法规尚不健全；公共安全理念重灾害事件发生后的事后处置、轻前期预防；应急管理部门的决策指挥和协调能力不足，碎片化、分散化、无序化问题突出；基层社区面临准备少、权力小、责任重、能力弱、资源少等多项问题，难以有效满足应急治理工作要求；城市安全规划和应急预案的编制不科学，应急宣教的深度和广度不够，应急资源的储备和供给调度不完善，导致城市缺乏准备而措手不及，应急处置被动；突发应急场景下智慧城市子系统功能不充分，影响了应急处置效率。总体上，现阶段我国城市应急管理仍存在较多的短板和突出问题，导致城市防范和应对危机的能力不足，影响城市公共安全。

二　城市治理问题的主要根源

（一）科学规律认识不够，体制机制创新不足

多数城市在城市治理过程中往往采取经验性治理、表象性治理，没有深入地分析城市治理中的关键问题及其背后成因。基于惯性思维实施的城市治理存在“病因病理”分析不清、治理对象错位、治理措施没有“对症下药”等问题，从而导致城市治理科学性不足、影响治理效果。例如，通常认为特大城市的交通拥堵、房价上涨等是由于人口增多的问题。但是很大程度上是教育、医疗等优质资源集中在特大城市，特别是特大城市的中心城区所导致

的。在根治“大城市病”的时候需要找准病理病因，才能在城市规划建设与管理的全过程中进行综合考虑，做到标本兼治。

同时，各地在城市治理中普遍缺乏因地制宜实施治理创新的能力。我国是典型的单一制国家，职责同构高度一致，从而导致各地在城市治理的过程中，下级往往参照上级的治理办法。即便没有参照上级的处理办法，在面对问题时，总是模仿周边地方的治理办法。这种治理模式虽然可以为城市治理提供一定的解决思路和方法。但是由于每个城市都有其特殊性，单纯的借鉴和模仿，缺乏城市治理创新，往往难以解决城市治理中的关键问题和突出矛盾，需要因地制宜创新城市治理的体制机制。

（二）法律法规不够健全，公民法制观念不强

当前，我国城市的社会形态呈现复杂化、社会治理主体多元化，需要不断建立和完善相应的法律法规体系。但是多数地方在实施城市治理，特别是基层治理过程中无法可依，以上级文件、会议要求或领导指示作为基层治理的依据普遍存在。在日常生活中，部分城市管理者和人民群众的法制观念不强。例如，城管暴力执法事件屡见不鲜，而城管人员受到追打和伤害的事情也时有发生。一方面说明城市基层管理者法制观念淡薄，没有做到依法行政；另一方面也说明城市公民权利在受到侵害时，不能通过合法的途径进行维权，给社会带来一定的不稳定因素。

（三）基层建设不受重视，人财物等保障欠缺

城市基层社会治理是一个涉及多部门、多领域的系统工程，需要多部门合作，并在基层加以落实。目前，城市治理中仍存在治理主体职责不明，上级政府、街道和社区居委会的关系不够清晰等问题，出现多头参与、多头管理的现象，需要进一步明确分工、提高组织协调程度。在具体的实施过程中，社区居委会承担了综合治理、计划生育、民政低保、公共卫生等工作以及各类统计普查、宣传普法、规划建设、医保社保等行政事务，工作任务繁重。但基层组织往往缺乏相应的管理职权，人员配备和经费配备也不足，基

层管理人员疲于应付相关业务工作，对实施好甚至创新城市基层社会治理的动力不足，一些社情民意收集、群众呼声回应、实际问题解决等基础性工作也难以得到有效开展，影响和制约基层治理能力。

（四）社会组织发育不足，缺乏公众参与机制

社会组织是国家治理的重要组织，可以承担多项公共服务，并对公共权力进行监督。我国的社会组织存在数量少、规模小、活动经费有限、专业性不强等问题，独立性、自治性和民间性较弱，难以深度参与现代城市治理工作。同时，在城市治理中公众参与的意识和机制不完善。一方面，公众的公民意识和参与意识薄弱。“官本位”思想、“草民”意识等传统思想抑制了公众参与的积极性。大多数人仅仅意识到自己是城市管理的客体，没有意识到自己是城市治理主体的重要组成部分，缺乏主人翁精神和参与意识。并且多数市民具有“搭便车”的思维，不愿意主动为城市治理付出。另一方面，城市政府的宣传力度和公开透明度不够，提供公众参与的机会不足，公众参与的机制不完善。公众参与的权利和地位没有完善的法律保障，致使公众参与多是流于形式、公众参与管理的范围狭窄、参与的实际作用有限。

（五）城市治理理念滞后，未能实现以人为本

当前的城市治理偏重于城市经济建设等方面，对人的全面发展重视不够，缺乏人文关怀。城市建设“贪大求洋”，没有充分考虑市民的需求感受，城市街道、公园、广场等基础设施建设追求景观效果，缺乏实用性。例如，热衷于大面积地种树种草，却无供游人歇脚、避雨的长椅或亭台；热衷于营造景观，但缺乏人与自然接触和互动的区域。在城市建设中对于传统文化和历史文脉保护不够，地域文化的多样性和特色遭到破坏，简单地复制模仿形成了“千城一面”、缺乏温度的城市。

（六）信息共享机制不畅，智慧城市建设滞后

现代城市治理的信息共享机制仍不通畅。各地都在推动相关管理信息系

统的建设，但是存在各部门统计口径和工作标准不统一、信息平台不关联等问题。例如，常住人口、流动人口、瞬时人口、生育人口等人口数据分布在卫计、人社、民政、统计、教育、旅游、交通等多个部门，没有建立统一的人口统计信息系统，各部门人口信息共享力度不够，人口信息的利用效率不高，难以为人口综合管理等提供基础性、基准性和权威性数据。同时，一些城市的信息化和智能化建设滞后。例如，在人口管理上没有建立覆盖户籍人口、常住人口以及流动人口、旅游人口等全部人口的人口动态监控信息系统，还无法准确适时掌握人口的动态信息，对人口动态监测预警与应急处理的支撑能力不足，影响城市人口的动态治理水平。一些地方开展了智慧城市建设，但构建的智慧城市多数只停留在技术层面，没有根据所在城市的实际情况深度挖掘城市的组织、结构、格局等治理问题，无法真正解决城市治理的关键难题。

三　国外城市治理的经验与教训

（一）经验借鉴

1. 注重多元协调治理

主要发达国家和地区的城市治理重视形成政府、市场、社会组织和公众等多方参与的城市治理结构。既强调政府在宏观层次的分配调控功能，又注重市场力量和公众力量的底层推动作用，并不断完善各个主体参与城市治理的方式。例如，德国的国土空间规划体系具有自上而下分工明确、层级联系紧密但职能清晰的特点，城市的规划建设需要遵循上一层级的原则，也注重充分发挥公众参与机制，并且充分发挥区域协会等相关社会组织的作用，保障其监督政府行为、公益诉讼等权利，形成了由政府、社会、市场等多元主体共同参与城市的规划建设与治理。

2. 重视法律制度建设

各国围绕城市治理制定了一系列的法律规范。即便是英美等属于海洋法

系、以判例法为主要特征的国家，也在城市治理领域制定了一套完善的法律体系，并严格执法监督。例如，工业革命之后，为应对城市人口快速增加而带来的城市安全、公共卫生、低收入群体住房等问题，英国先后制定了《环境法》《公共卫生法》等，并在世界上较早制定了《城乡规划法》。美国的各个城市依据国家及州、郡的法律制定了本地的具体法规，对城市治理利益相关者的权利和义务进行明确的规范，并重视将地方议会审议通过的城市规划等也作为地方性法规，由城市行政机构和司法机构共同保障实施。

3. 重视实施机制建设

各国在制定法律法规的基础上，还十分重视政策实施机制的建设，推动相关政策措施的落实，从而避免实施机制不完善，导致一些政策在实施过程中效果不理想，甚至偏离预期政策目标等问题。例如，新加坡建立了一套完备的、可操作性强的考评体系，对各级政府部门及相关单位实施管理绩效考核，明确和细化了考评项目与评分标准。包括对政府雇员的调查、社会中介机构的民意测评、法定机构意见征询制度等。并且对涉及社会民众的市政公用行业进行严格的监管。例如，对公交车、出租车等的服务质量进行全面监控。

4. 简化政府组织结构

各国地方政府组织不尽相同，但总体上都比较精简。并且为了提高管理效率，大多采用扁平化的组织结构形式，政府首长少、政府部门副职少、管理链条短、内设科室少。例如，美国城市政府注重精干高效、协调运作，综合设置提供公共服务职能的管理机构。美国的大中城市一般都没有设立区政府，只设立直接为居民提供近距离服务的“居民服务中心”。这些服务中心与城市政府的行政部门联系较少，主要通过与警方的合作以及同司法部门联系，依法进行社区治理。

5. 注重信息化建设

信息技术对城市生产生活方式产生了深刻影响，也为实现公众参与等现代城市治理提供了有利条件。主要发达国家注重发挥现代信息技术在城市规划建设与治理中的作用，通过建设智慧城市等手段，提高城市治理效率。特别是在进行智慧城市规划建设中注重与公众的互动，将公众的普遍需求纳入智慧城市建设中去，切实发挥智慧城市在城市治理中的作用。

（二）主要教训

1. 过度自由主义带来治理困境

西方社会倡导自由主义治理方式，特别是20世纪90年代以来开始盛行的新自由主义强调增强个人权利，主张去政府化的治理方式。这种社会治理方式在优化资源配置和提升人民生活水平等方面发挥了一定的作用。但是英美等国家无限制地推行自由主义治理，主张去政府化的民粹主义削弱了国家的治理能力。选举政治下政客对民众意愿的过度迎合又进一步加剧了民粹主义，由此带来一系列问题。例如，美国底特律的衰落除了受全球化引起的产业分工的影响外，很大程度上还受到城市各种政治运动的影响。从20世纪50年代起，底特律组织开展的多次工人运动，在提升工人权益的同时，也影响了资本投入再生产的意愿；1970年代开始的反种族歧视运动，过度追求形式上的种族平等而影响了城市治理的理性决策，造成大批白人的外迁。20世纪70年白人占底特律全市人口总量的55.5%，到2008年时只有11.1%①。人口的大量流失既是底特律衰落的标志，也是城市衰落的一个重要原因。此次全球性疫情进一步凸显了过度自由主义在应对危机中的弊端。在重大危机状态下，政府对城市居民行为的约束力较弱，甚至一味迁就，过度自由主义反而成为自由主义的灾难。

2. 利益集团博弈影响治理效率

基于“公民社会”的公众参与和民主治理是现代城市治理的基础。但在很多时候，西方国家城市的“公民社会”实际上是由不同的利益集团组成。在利益集团社会中，各利益群体通过选举等形式产生其高层代

---

① 〔美〕爱德华·格莱泽：《城市的胜利》，刘润泉译，上海社会科学院出版社，2012。

表，这些高层代表直接参与城市治理。在这种情况下，各利益集团参加城市治理是以利益为导向，高层代表在城市治理决策中主要是维护本集团的利益，难以从全局进行考虑。各利益集团的利益博弈甚至相互掣肘容易造成城市治理中决策周期长、治理效率低等问题，最终影响城市治理效果。

3. 政府干预缺失影响社会公平

英美等自由主义市场经济国家信奉个人主义和（社会）达尔文主义自由竞争的文化传统，强调自由市场的重要性，主张政府减少对经济活动的干预。但是由于资本具有逐利本性，掌握资本的群体力量强大，不仅在资本运行和利益分配中占据主导地位，在政策制定等方面也具有较强的话语权，往往造成社会群体间的收入差距加大，影响社会公平，从而带来一系列的社会问题和城市治理问题。例如，当前美国反种族歧视运动深层次的原因是美国的财富向富人集中，而中低收入者生活困难，经济矛盾导致其内部阶级矛盾激化。

四　提升城市治理能力的政策建议

当前及未来一段时期，我国仍处在深刻变革的时代。城市化水平总体上已经迈过速度拐点，开始从“加速”向“减速”转变。全国人均 GDP 已超过 1 万美元，迈入中等收入国家。全国人口总量将在 2030 年前后达到峰值，人口结构将发生显著变化。未来，大都市地区人口仍将继续保持增长，一些中小城市将难以避免地出现城市收缩，人口的区域分化将是可以预见的格局。老龄化、高收入化、家庭结构小型化等特征将日益突出，互联网、人工智能等新技术将对人们的生产、生活方式产生颠覆性影响。社会主要矛盾已经转化为人民日益增长的美好生活需要和不平衡不充分的发展之间的矛盾，未来人们对于高品质、体验性、流动性、休闲性的城市生活存在强烈需求。经济社会环境的深刻变化也会对城市发展和城市治理产生深刻影响。现代城市治理需要适应城市的发展趋势与需求变化，在关注住房、交通、环境卫生等传统问题的同时，积极贯彻落实生态文明理念，坚持以人民为中心，全方位、系统性提升城市的地方品质，改善城市人居环境，满足高质量发展、高品质生活的需求，形成更加安全和谐、绿色健康、富有竞争力的可持续发展城市。

（一）更新治理理念，注重以人为本

转变“重生产轻生活”“重物质轻人文”的传统城市管理理念，注重人的全面发展，树立以人为本的治理理念。人是城市治理的对象，也是城市治理的主体，必须坚持以人民为中心，注重满足人民群众对美好生活的需要，既包括对物质文化生活的更高要求，也包括在民主、法治、公平、正义、安全、环境等方面的需要。尊重人口结构的多元化复杂特征，特别是关注作为城市常住人口重要组成部分的非户籍人口治理工作，构筑城市居民“命运共同体”，共享城市化红利和经济发展成果，实现人民城市人民建、人民城市为人民。

（二）完善治理结构，彰显主体作用

按照“党委领导、政府负责、社会协同、公众参与、法治保障”的要求，建立政府、社会、市场等多元主体共建共治共享的现代城市治理结构。切实发挥党组织对城市基层组织的领导地位，突出党建的引领作用，推动基层党建与城市治理紧密结合，不断提升党组织对城市治理的领导力和号召力；明晰政府权责，发挥政府的主导作用，加强政府对社会力量、群众自治组织等参与城乡基层治理的指导与规范；加强对城市居民的公民意识教育，积极推动社区自治机制建设，推动法治、德治与自治有机融合；正视社会力量、社会组织的重要作用，充分保障公众的知情权、参与权和监督权，推动社会协调治理，畅通多元主体参与社会治理体制机制建设。充分发挥新闻媒体等的监督和沟通作用，使政府、市场主体、社会组织和公众能够通过新闻媒体获取广泛的支持，推动权益的维护，切实参与到城市治理之中。

（三）丰富治理手段，建设智慧城市

推动以大数据、物联网等为主的智慧城市建设，提升以标准化、信息化为主要手段的现代城市综合治理能力，实现从传统的依靠部门管理、依靠基层人力的治理方式，转向系统化、平台化、信息化的现代治理手段。深入推进智慧社区、智安小区建设，通过综合运用现代科技提升城市治理的智能化水平；加强城市治理领域的信息化建设，注重各类数据之间的融合、共享与应用，通过发挥大数据的作用提升城市治理的信息化水平；分类推进城市基层治理服务的专业化建设，形成规范的长效机制，通过提升服务的精细化、精准化提升城市治理的专业化水平。特别是注重超大城市的智慧化建设，打造“城市大脑”，助推城市治理决策科学化、防控一体化、服务便捷化，“让信息多跑路，让群众少跑腿”，破解超大城市治理难题，使城市更聪明、治理更高效。

（四）细化治理单元，促进精细治理

全面落实“加强社区治理体系建设，推动社会治理重心向基层下移”的要求，科学划分社区治理的基层单元，解决好资源向社区下沉问题，推动基层社区的减负增效、扩权增能，逐步实现由部门和区域分割的基层管理单元走向网络化、扁平化、集成化的现代基层治理单元。根据区域面积、人口、主要治理问题等优化调整社区划分，实现社区的科学分类分片。推进社区网格建设，将面积过大的社区科学划分为若干管理片区，并细化为基础管理网格和专业化网格，推动城市治理的人力、物力和财力下沉到社区网络。增加社区人员配备和相关软硬件设施建设，增加对基层治理单元的财力支持，强力推动城市基层社会治理提档升级。总结推广浙江“枫桥经验”、北京“街乡吹哨、部门报到”等典型经验，不断优化社区的功能定位，增强社区治理的主动性、创造性和主体性作用，适应人民群众多样化、个性化的需求，提升城市治理的精细化和精准化水平。

（五）延长治理链条，实现闭环治理

树立“全周期治理”意识，延长城市治理链条，形成事前防范、事中控制、事后反思的全周期闭环治理。城市治理既要关注显性问题，更要识别治理隐患，主动疏导治理痛点、消除治理隐患，做到及早发现、及早应对、有效控制。注重对重大城市治理问题进行事后反思与调整，及时反馈到城市治理环节之中，实现闭环治理。

（六）拓展治理边界，推动区域共治

在经济全球化的影响下，以经济活动为主的城市活动逐渐在更大的区域范围聚集，形成了城市群、都市圈、全球城市区域等新的地理空间实体与经济社会组织形态。我国也正在积极推进长三角区域合作机制、京津冀协同发展、粤港澳大湾区建设、成渝都市圈建设等。城市治理需要在区域层次审视跨城市的治理方式，从更宏观的尺度研究区域内城市的战略定位、城市分工、空间布局等，分析经济社会发展差异、明确主要矛盾，统筹协调城市区域的发展问题与分配矛盾，完善跨区域的基础设施和协同机制，整体提升区域的综合竞争能力和治理能力。

（七）优化治理氛围，协调法治德治

加强城市治理领域的法律法规和制度建设，特别是完善公众参与城市治理的机制保障、法律保障和制度保障，形成常规化、系统化的长效机制。注重对法律法规执行实施的制度建设，依法提升城市治理水平。注重对全体市民的宣传教育，使其理解和明确城市治理的权利和义务，能够自觉地参与到城市治理之中。特别是注重以专项治理为契机，凝聚共识，形成新经验、新标准、新规范，并上升为城市治理制度，确保治理成效能够长久保持。

（八）明确治理重点，补齐治理短板

按照高质量发展、高品质生活、高效能治理的要求，识别城市治理

的关键环节和突出问题，着重发力，补齐城市治理短板。一方面，需要坚持“底线思维”，建设韧性城市，提高城市的风险应对能力和恢复力，筑牢城市的安全底线。包括完善城市应急管理体制改革，构建高度统一、权威综合的应急管理领导机构；由传统被动回应转为主动应急治理，建立应急预案动态调整管理制度，实施常态化综合演练；落实安全生产责任制，强化重大危险源的监控，做好安全隐患排查；确保生命线系统的安全，完善避难场所管理、防灾物资储备；加强和完善应急知识科普宣教体系，提高民众的应急反应能力和自救互救能力；推动大数据等现代信息技术在应急管理中的运用，以智慧化推动应对危机的精细化、精准化和及时化程度；充分发挥新闻舆论引导作用，通过各种媒体做好政策解读、信息发布等，及时回应群众关切的问题，稳定人心、增强应对危机的信心。

另一方面，需要践行“以人为本”的城市治理理念。注重加强城市文化建设，提升地方品质，塑造高品质的魅力空间，增强城市的凝聚力和吸引力；注重完善民生领域的各类基础设施，改善和提升人居环境，建设营造宜居宜业的美好家园，不断满足人民群众对美好生活的向往。

参考文献

陈成：《新加坡城市建设与社区治理的做法及其借鉴》，《理论与当代》2020 年第 3 期。

董克明：《城市基层社会治理的主要问题及对策》，《重庆行政》2019 年第 4 期。

孙福金：《美国城市治理的特点及对深圳的启示》，《特区实践与理论》2008 年第 6 期。

陶林：《再论新加坡城市治理的特色与中国借鉴》，《青岛科技大学学报》（社会科学版）2019 年第 4 期。

杨光斌：《国家治理论超越西方治理论》，《理论导报》2020 年第 1 期。

张军：《社会组织的内涵、功能及其在国家治理中的作用》，《实事求是》2017 年第 6 期。

张诗雨：《发达国家的城市治理范式——国外城市治理经验研究之三》，《中国发展观察》2015 年第 4 期。

张一飞：《过度自由主义让西方陷入治理困境》，《北京日报》2020 年 5 月 15 日。

周伟林：《现代性危机与城市治理》，《城市发展研究》2020 年第 3 期。

庄少勤、赵星烁、李晨源：《国土空间规划的维度和温度》，《城市规划》2020 年第 1 期。

B.8
韧性社区：风险治理中社区建设方向与探索

王佃利　徐静冉*

摘　要： 2020年新冠肺炎疫情肆虐极大冲击了我国公共卫生应急管理体系，但也为检验社区建设成果提供了一次难得契机。我国基层社区作为国家治理能力和治理体系现代化的末端，在此次疫情治理中起着外防输入、内防扩散的堡垒作用，社区防护也由最初的安全应急转向韧性社区建设，由单纯追求恢复原样的结果导向转为强调融合发展的全周期过程导向。韧性社区通过自我保护收缩、内部消化融合、积蓄力量回弹的全周期韧性建设，充分发挥适应力、学习力和创新力，以期实现社区新的平衡和可持续发展局面。现阶段我国韧性社区在建设方面仍存在制度运转失灵、组织参与薄弱和资源技术依赖等弊端，还需提升制度韧性、组织韧性、资源韧性和技术韧性来实现社区治理的协同高效，打造平战结合的常态化韧性防控机制，进而促进治理体系现代化和国家治理能力的发展。

关键词： 韧性社区　全周期　组织制度　社会网络　多元治理

* 王佃利，山东大学政治学与公共管理学院教授、博士生导师，研究方向：城市治理、公共政策；徐静冉，山东大学政治学与公共管理学院研究生，研究方向：城市治理、社区发展。

工业化、城市化和信息化的迅猛发展正在重新塑造着人与自然、人与社会的关系。现代社会中，不仅工业污染与自然灾害交织频发，而且城市与人类社会的高聚集和强流动性强化了次生灾害的蔓延范围，社会正逐渐步入一个危害性强、影响范围广、治理难度大的“风险社会”。在联防联控的应急机制中，社区作为第一时间感知公共安全危机的前沿阵地，不仅要依靠行政力量自上而下的应急管控，也需要建构内生自治、多元协作、全周期的常态化治理模式，这正是韧性治理的理念追求和目标设定。社区韧性治理是对应急治理的补充和完善，覆盖了前期应急抵御、中期吸收适应、后期发展回弹的现代化治理手段，变追求恢复原样的结果导向为注重吸收和创新的过程导向，追求拥抱变化、与风险共存而非抵消风险。本文通过对学界韧性概念和其在社区中的应用进行梳理，把握在防灾应急思路拓展中韧性社区建设的理念和内容，结合新冠肺炎疫情防控实践去认知韧性社区的发展现状，归纳存在的问题并有针对性地给出韧性锻造的对策，以期打通社区可持续发展的“最后一公里”，实现国家治理能力和治理体系现代化。

一　韧性建设：社区治理理念的进阶

韧性建设一词既秉承其物理工程原义的硬性抗逆和恢复功能，又在不断的人文社科转向中融合吸收共存、效果提升的演进功能。韧性建设脱胎于工具和技术应用，在之后的风险应对中逐渐成为一种治理手段与社区治理的重要抓手和成长方式，并与我国治理能力和治理体系相适应，逐步发展出彰显我国特色的以人为本、全民参与共治的韧性社区建设理念。

社区韧性是当前各国城市减灾的重要理念。1999 年世界减灾大会提出把社区视为减灾的基本单元，即城市一旦遭遇灾害，就必须以社区为行动单位展开系统的应对措施。2002 年，倡导地区可持续发展国际理事会在联合国可持续发展全球峰会上首次将“韧性”概念引入城市公共治理领域。21 世纪以来，联合国分别通过《2005～2015 年兵库行动框架》《2015～

2030年仙台减轻灾害风险框架》，在国际上提出建立和提升“社区的灾害韧性”。社区作为城市的基本组成单元，在灾害与威胁发生时冲在前面，直接决定着城市总体的防灾减灾水平。Bruneau，M. 将社区韧性定义为社区减少冲击可能性，在冲击发生时（性能突然降低）吸收冲击、在冲击后迅速恢复（重建正常性能）的能力。Chandra，A. 则认为韧性社区是在考虑脆弱性的基础上，预防、抵御和减轻危害压力，恢复到社区原自给自足状态，并至少恢复到相同水平，以及利用先前经验加强社区下次危害的承受能力。

在我国，社区更是被赋予了治理能力和治理体系现代化的末端治理地位，强调制度、组织、社会等多元主体和资源的韧性锻造。2020年初，新冠肺炎疫情暴发，作为与救死扶伤医护战场平行而立的防控减灾社区战场得到学界更多的讨论和关注。唐庆鹏在对国外韧性社区理念框架及机制分析的基础上，提出了韧性理念下社区减灾具有灾害风险共处和灾害治理权下移的特点；陈阳在对加拿大疫情期间采取的防疫措施进行介绍的基础上，从长期发展规划、灾后重建模式以及居民减灾教育三个方面，提出了推动和完善我国韧性社区发展的建议；张景秋基于韧性视角对社区公共空间进行再规划，提出与15分钟生活圈结合，同时基于居民需求提高社区公共空间配置与大数据应用的建议。

尽管目前国内外学术界尚未对韧性社区做出一个统一的界定，但经过梳理我们可以发现学者们已形成一定的共识：（1）韧性社区建设是过程性的，贯穿灾前准备、灾中适应、灾后恢复的各个阶段。（2）韧性社区不仅需要物理、物质资源的支撑，也需要利用制度、组织等因素的自适应、自治能力来进行内生的恢复和发展。

二 韧性社区建设的内涵与基础

我国韧性社区建设是现代化治理体系中的重要一环，既秉承着纵向权责和政策资源的传导，又丰富实践了横向多元参与的共治共享理念。随着我国基层治理和多元治理能力的不断提升，韧性社区也不断形成制度、组织、资源、技术之间互补协作的建设局面，并更加注重长效常态化的社区治理能力提升，涵盖全周期的发展阶段，将我国组织制度的优势合理转化为治理效能。

（一）韧性社区的建设内涵

基于社区防震减灾和社区建设的目的，我国韧性社区应该注重两个方面的内容。首先是韧性社区中多元治理主体的联动作用。在制度层面上，基层政府与社区间的支持协作、赋权赋责为社区的韧性培育提供了良好的制度优势和实践环境；在组织层面上，社区两委、居民、社会组织与企业的互联互通和精准配合则是抵御和吸收风险的多元主体；在资源层面上，社区基础设施的应急转换力和专业工作人员的下沉，为韧性社区的建设奠定了丰厚的物质和人力基础；在技术层面上，智慧城市和数据云平台的广泛应用则为韧性社区提供了最直接的科技支撑。

其次是韧性锻造的动态全过程。风险冲击带来的不仅是社区前期遭受损失的挑战，同时亦是风险后期社区进行消化吸收后的自我提升和创新机遇，既是危机预防和应对过程，又是危机恢复和危机学习过程。传统的韧性思维和应急管理多强调对风险的排斥和恢复原样的追求，而作为现代化社区治理手段的韧性建设更应对社区的融合力、学习力予以关注，并从动态发展周期的视角全面讨论社区自我保护收缩、内部消化融合、积蓄力量回弹的前中后三个阶段，实现社区常态化的韧性治理模式。

从社区治理的全周期过程来看，所谓韧性社区，就是在灾害冲击前期的自我保护收缩阶段，社区通过抗逆力的抵御来最大程度降低风险的直接冲击，并迅速进行制度的上下应急调动和资源的各级联动；在灾害冲击中期的内部消化融合阶段，通过适应力实现组织的网格化精准对接，并畅通多元主体进行共同防治；在灾害冲击后期的积蓄力量回弹阶段，社区发挥学习力和自治力反哺经验总结和应急方案的培育，打造可持续的与风险共存的常态化韧性机制。

（二）我国韧性社区的建设基础

从制度上看，我国在“非典”公共卫生危机暴发后，应急管理体系在“一案三制”的基本框架下取得重大进展，强调高度统一的政府责任制和属地化的责任下沉，党的十八大则进一步提出“要推动社会治理中心向基层下移，把更多的资源、服务、管理放到社区”。在新冠肺炎疫情防控中，举国动员体制下的政策倾斜和资源调配体现了“强国家”的领导和统筹能力，党政机关工作人员纷纷下沉至社区开展工作，落实基层党建的思想引领和宏观指导，既体现了我国顶层设计上的制度优势，又通过基层党组织的全面覆盖维系社区的自治方向和空间，为我国韧性社区建设提供了坚实有序的制度支撑。

从组织上看，我国社区已初步形成了社区两委、社会组织、驻区单位和居民的协同治理局面，并织构起覆盖每家每户需求的社会网络，并将多元主体的治理优势凝聚成自下而上的内生自治模式。随着政府改革不断推进，政府不断向基层放权、向社会放权，社会组织和企业承接了更多独立的社会功能和发展空间，有助于打造“强社会”的灵活参与局面，为韧性社区建设补充了多样化的风险吸收主体和参与力量。

从资源上看，近年来众多应急管理项目在社区落地，如原国家安监系统推动的“安全社区”、民政系统主办的“综合减灾示范社区”等，很大程度上促进了基层社区应急设施的按时排查和功能更新。特别是新冠肺炎疫情全面暴发后，习近平总书记再次强调指出：“把防控力量向社区下沉，加强社区各项防控措施的落实，使所有社区成为疫情防控的坚强堡垒。”随后党政干部、医护工作人员、社区专业工作者不断下沉社区，缓解了社区建设缺钱、缺人、缺专业的硬性困境，为韧性社区的锻造提供了坚实的资源储备和物质基础。

从技术上看，互联网、大数据、人工智能、云计算等信息技术层出不穷，在城市基层社区中有着强大的应用场景，“智慧城市”“城市大脑”等科技化治理手段也不断应用于社区，为社区突发事件冲击下的韧性锻造提供了风险研判和数据总结，并形成资源库储备应急信息，覆盖了前中后期的预测、监督和分析，并进一步为韧性社区治理增添了高效科技助力。线上零售、医疗、教育等渗透进家庭、社区，满足了危机情景下社区的资源需求。

三　韧性社区的建设目标

作为应对风险的治理手段，韧性社区的初期目标便是抵御风险、消解灾害、保障社区和居民的安全生活。中期随着韧性社区对灾害的不断吸收融合加之自身治理能力的提升，则需进一步追求平战结合、拥抱变化的常态化治理的长效目标。最重要的终期目标则是将自身实践经验反哺至国家治理体系，补齐短板并形成良好的互动，深化国家治理能力和治理体系的改革。

（一）抵御风险：韧性社区建设的直接目标

随着工业化和城市化的迅猛发展，各类自然灾害、人为意外事故频发，加之城市人口密集和人员流动性增大导致风险的受众面和影响范围不断扩张。不论是传统风险如极端天气、地震洪灾对城市和社区造成的短期剧烈冲击，还是现代城市风险如新冠肺炎疫情等公共卫生安全事件给社区居民带来的长期心理影响，都意味着风险社会到来的急迫性和危害性。社区是居民生活的共同体单位，也是接受和抵御公共危机的一线战场，最大限度地降低风险的直接冲击和损害，争取缓冲与应对时间，并迅速维持社区稳定和保障居民人身财产安全是韧性社区建设的直接目标。

（二）平战结合：韧性社区建设的长效目标

应急管理作为社区抵御外界冲击的战时防线，具备高效的组织协调和整合能力，可为社区规避大部分可预见的直接性损失，但其作为一种应急和战时的选择策略尚缺乏灵活性和融入能力。危机发展具有不同的阶段性，在危机短暂平息后，社区仍需对潜在风险进行排查，并据此完善和补充既定应急方案，修补纰漏并安抚居民情绪，力求恢复包括物质设施和社区氛围在内的整体协调，实现全方位的社区维护。韧性社区作为承接应急管理之后的提升改善模式，将社区建设中的突发应急与常态预防相结合，既承认战时应急协同的高效规制，又秉持常态治理的吸收与灵活发展潜力，以实现平战结合的全过程治理为长效目标。

（三）反哺建设：韧性社区建设的根本目标

2020 年全国应急管理工作会议强调，应当“建强基层应急管理组织机构”，体现了基层社区的联动和参与在全局把控和顶层设计中的重要意义。新冠肺炎疫情防控中习近平总书记指出了社区建设的重要性：“社区是疫情联防联控的第一线，也是外防输入、内防扩散最有效的防线，把社区这道防线守住，就能有效切断疫情蔓延的渠道。”“要改革完善疾病预防控制体系，将预防关口前移，加强农村、社区等基层防控能力建设。”社区作为国家治理体制的末端，承担的已不仅仅是执行功能，社区依靠自身强大的自组织和自治能力对外界刺激做出的创新性实践和经验扩散，可自下而上地对宏观治理体制进行反馈，进行横向的经验学习和纵向的成果传导，为整体决策提供实践资源和有效性评估，进而构建反哺体制，促进国家治理能力和治理体系现代化的根本目标。

四　我国韧性社区建设的实践和重点举措——以新冠肺炎疫情应对为例

韧性社区在实践中主要分为风险冲击初期的自我收缩和保护，此时以应急抵御和维护社区居民安全为主，随后进入中期的内部消化阶段充分调动社区资源和制度政策优势，实现多元参与的融合共治，将风险化解、吸收并融入社区的韧性改造。最后社区通过一系列措施积蓄组织力量和资源进行回弹，消解风险冲击遗留的弊端，将自身能力提升和经验总结进行升华并反哺建设，增强社区韧性能力来应对下次的风险冲击，形成良性循环的周期性韧性锻造过程（见图 1）。

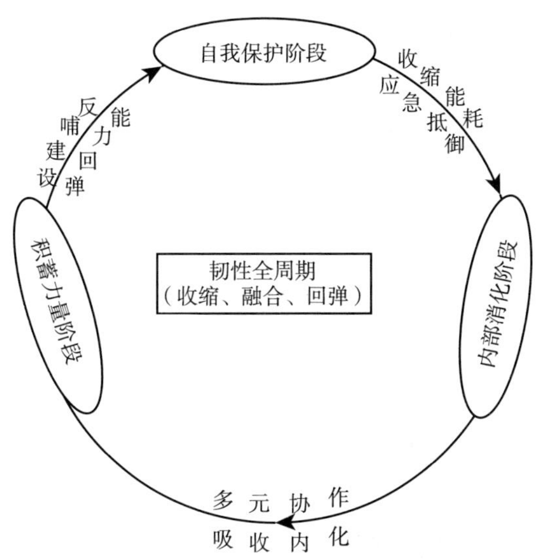

图 1　全周期韧性社区建设的阶段循环

资料来源：笔者自制。

（一）应急保护的收缩阶段

韧性社区在突遭风险冲击时，本能反应便是迅速收缩，以最低的能动维持社区正常运转，全力抵御风险的进入和扩散，最大限度地争取应对时间并将直接灾害和损失降到最低。以此次新冠肺炎疫情为例，从制度上看，各社区秉承中央指导文件的紧急要求，迅速压缩原本的行政任务，并通过基层政府支持调配专业工作人员和医护人员不断下沉至社区，社区的主要工作和任务变为疫情防控和协助居家隔离。疫情防控初期，各社区居委会与基层政府间保持资源支持与互通的关系，接受领导干部和公务员下沉至社区指导工作，将原有的行政任务空间如登记、会议等进行压缩，使得居委会人员、社区工作人员都能全身心投入社区人员排查、防控思想传播和物资协调等方面。

从组织上看，疫情的强大传染性使得社会组织和居委会开展的联络居民感情的各项参与活动暂停，但线下活动迅速转变为线上活动。为了适应疫情防控的新形势和新要求，居委会和社会组织借助社会网络传播政策要求和防控方法等，通过线上平台、微信群等继续加强和维系邻里互助的凝聚力，初步形成了“万众抗疫，众志成城”的社区互动氛围。

从资源上看，面对疫情防控的各种需求，社区迅速调动建设时的留白和冗余，开辟防灾空间，将原有广场舞场地、跳蚤市场等人群集聚活动的空地转换为人群疏导场所，开展人员排查登记、体温记录上报等活动，包括对社区卫生服务站等社区医疗资源的重点划拨，承担起“初步排查在社区，疑似病例出社区”的分级诊疗模式赋予社区的新任务。

从技术上看，网络所提供的便利极大地提高了社区的危机适应能力。此时的大数据和云平台主要处于收集居民信息、追溯居民行径的阶段，通过可视化的透明操作储存收集到的数据，为之后的统计分析和风险评估积累资源。疫情初期社区居民对病毒的传播性和危害性认识不足，官方媒体和社区公众号不断推送实时信息，增强了居民的防控意识和大局观念，同时疫情恐慌下难免引起言论的谣传和恶意编排，此时的网络监控手段便发挥了很大作用，及时遏制、处罚不当言论的发布者，精确到居民个人，营造了健康有序、言论正当自由的社区防疫氛围。

（二）内部减灾的融合阶段

随着风险的持续加剧和不断侵入，社区通过适应性和吸收能力将风险因素化解融合，熨平可能出现的冲突波动，精准对接居民需求，实现社区秩序的基本稳定和社区生活的平稳运转。在制度方面，直观的体现便是社区除承担派发的防疫任务和责任外，还获得了一定的基层授权如自由防控权和临时决策权，在面对社区突发事件如强闯强出、拒绝隔离等行为时，社区可依据实际情况进行硬性规制，将潜在矛盾冲突进行化解，体现我国政府干预和基层治理的制度优势。

在组织方面，社区居委会和工作人员通过以自身为“针”，织密“居民网络”来精细全面地划分不同群体的合理诉求，用网格化的精准覆盖实现了居委会与居民之间的实时互动、人人参与、群策群力、共同抗疫的良性协作模式。另外社区内的社会组织、企业等在适应防疫节奏后不断将自身优势融入社区应急行为中，如社会组织开展的多方筹款、招募志愿者等活动来为社区进行财力、人力方面的补充，企业运用自身的资源联系和动员能力，帮助满足居民基本生活需求和正常人际交往关系的恢复，如超市、医疗器械公司与社区间形成的互助合作关系，开展线上预订物资、线下配送等活动降低疫情传播风险。

在资源方面，目前社区普遍打造的“十五分钟生活圈”便在此次封闭式疫情防控中起到自给自足的良性循环模范作用。“十五分钟生活圈”要求以家为中心的十五分钟步行可达范围内有完善的教育、医疗、文体、养老等公共设施。病毒肆虐时期为了降低医院的病患集聚和交叉感染的风险，社区公共卫生服务站承接了大量人员检测、基础排查和其他疾病的救治功能，将潜在风险识别端口前移，实现了分级诊疗的有序资源调配。另外社区居民响应“闭门不出”的号召虽造成了社区公共空间如绿地、小广场、活动室的空置，但社区仍通过资源转换将其重新应用于人员登记处、保卫人员哨点、订购物资发放处等，实现韧性社区的高转换率和多重适应性。

在技术方面，大数据精准识别技术的可追溯性、全面性很好地对冲了新冠肺炎病毒的长期潜伏性和传染性，社区通过健康码溯源可准确识别人员流动信息，登记居民的健康状况，在疑似病例出现后最大限度地给出居家隔离范围，公示活动路线，为居民提供了可视化的行动选择，信息流通的透明顺畅化解了居民因隔离产生的负面情绪，各种线上开展的卫生安全居家防疫小课堂也增强了居民的重视程度和抵抗能力。

（三）危机学习的回弹阶段

这一阶段是指危机之后的恢复时期。在新冠肺炎疫情得到控制的后疫情时期，社区的防控经验总结和交流互通、居民复工复产与社会网络的坚固塑造被提上日程，为实现新的平衡和回弹积蓄力量。从制度上看，防控阶段基层政府对社区的赋权赋责取得一定成效，社区领导和工作人员的向上述职也督促了政府尽快将基层经验进行理论化的提升，进而促进社区应急预案的及时更新报备，为之后可能再次遭遇的风险冲击积攒预备资源并压缩调配时间。同时各社区也形成了既具备自身风格又不乏通用共性的经验总结和应急方案，并通过网络学习、宣传交流和线下社区间的横向学习研讨进一步落实，奠定常态方案归档，奠定不断成长的基础。

从组织上看，社会组织和企业很好地利用了此次疫情将人们团结起来的契机，大力开展救助救急、志愿协作活动，既促进了社区资本的积累和邻里互助网络的巩固与维护，又为自身吸引了更强的社区关注度和品牌效应，有利于为疫情之后的活动开展积攒人气和支持，也可倒逼出更多类型的社会组织参与社区治理，增强驻社区企业的社会责任感等。

从资源上看，前期中期社区基础设施和公共空间的临时征用也逐渐取消，居民利用社区资源进行休闲娱乐的功能也不断恢复。经此一疫，社区原本基础设施的日常维护和检修都已提上了日程，公共空间的功能更新和应急转换能力都得到很大的增强。同时一些年久失修、物业管理不力的老旧社区也获得了相应重视和资源倾斜，有利于实现韧性社区建设的公平正义和整体化效能提升。

从技术上看，大数据网络技术手段通过此次疫情防控的大规模推行，积累了难得的技术应用经验和多样化的居民体验反馈，进一步反哺了韧性城市和智慧城市建设。同时疫情后期对大数据网络技术的统一审查和积累数据的统计分析，直观地为社区之后的风险治理提供了技术基础和预备方案。

五　韧性社区建设面临的挑战

新冠肺炎疫情防控所带来的影响，不仅仅是对于应急管理的反思，更是对于社区建设未来发展方向的思考。社区所承载的功能，从过去的公共服务、社会凝聚到减灾防灾、韧性发展，都给社区未来发展方向提出了新的要求。在当下的疫情防控常态的背景之下，我们首先就按照韧性社区建设的要求，进行反思和检查，以便更好地明晓韧性社区建设的挑战所在。

（一）制度上：保守繁杂对韧性的压制

首先，社区作为国家治理能力和治理体系现代化的行政末梢，本身就承担着各项政府和派出机构摊派的行政任务，加之条块治理模式下政府部门的交叉问责、指导、监督等行为迫使社区更多地关注工作程序，各项填报、汇总、开证明等行为挤占了较多时间精力。疫情冲击下社区作为公共安全应急治理体系下的前端枢纽的角色更加凸显，临时性、紧迫性的维稳工作提上日程，造成维稳防控任务与日常治理工作的资源争夺，社区工作人员不得不采取人海战术进行平衡处理，任务繁巨且未能有效提高效率。如此既不能使“防疫一体”的政策目标得到最大限度的贯彻落实，也不能真正将“全国一盘棋”的统筹规制下沉至社区。同时政府问责和考核指标单一等压力传导使得社区不得不分派大量精力用于“留痕”，极易诱发形式主义、面子主义等顽疾。

其次，社区在承接上级政府和街道办事处分派的行政责任的同时，也同样获得了相应治理权力和执行权力的下放，但面对烦琐事务时权责不对等问题依旧存在，加之处于风险频发的敏感时期，社区干部和领导存在怕追责问责的保守心理，宁愿放弃“做多错多”的实践创新空间而机械式地执行既定政策，“不求有功但求无过”的治理心态极大压制了韧性社区的创造力和恢复力。

（二）组织上：社会网络韧性有待扩张

社区在面临突发事件时，政府、市场、社会能否迅速形成抵御合力至关重要，虽我国政府不断向市场和社会放权，社会组织与其社会成员也获得了独立的主体地位，但在风险冲击和危害未卜的紧急状态下，社会组织等仍过度依赖国家力量的资源支持和宏观调控，很大程度上丧失了自我行动能力并压缩了活动空间，等待政府的行动指示也使得活动的时效性大大削弱。同时我国对社会组织准入采取双重管理，使得许多社会组织因缺乏明确的法律条文支撑而难以获得政治背书，导致其参与社区治理的方式和渠道受限，活动公信力和居民认可度不高，在进行社区应急补位时也面临着掣肘困境。

现代社区虽脱离了传统单位制的管束而获得较大的自由空间，但人际关系也随着单位政治约束的撤出而出现淡化，如何再造新的社区凝聚力一直是社区建设的难题。部分社区由于居住群体更偏年轻化，群体异质化程度较高，通过日常兴趣活动、生活互助而建立和维系的居民关系网络存在一定脆弱性，尤其是涉及共同付出和利益让步时，居民力量的整合和社会资本仍有很大欠缺，传统的熟人社会基础逐渐消解。在实践中的社区治理常常出现一种局面：社区工作人员通过网格化深入居民群体，线上交流和意见反馈热热闹闹，但线下配合和互助活动的参与却冷冷清清。韧性社区的良性治理模式不仅仅是社区居委会、社会组织、驻区单位等集体组织式的参与，每一位居民的积极融入和共同发力才是社区可持续和长效发展的关键。

（三）资源上：应急设施能力转换薄弱

韧性社区建设是对于社区所面临的风险而言的。从韧性社区的硬件设施来看，基层社区虽在建设过程中保留了一定的应急公共空间和基础设施的冗余，但其在面临风险冲击时的应急转换力仍不足，或是存在大片空地、日常活动休息室的闲置，实行单纯的封锁、一刀切地禁止人群集聚，或是社区医疗服务设施年久失修，储备日常药物不足，床位紧缺，难以满足疫情期间社区居民的自我排查和日常医疗需求。在这次疫情防控中，还暴露出社区工作人员的数量和专业性也有待提升，“上面千根线，下面一根针”的社区人力困境在疫情防控中体现得更加明显。社区工作量大、人员不足导致防控任务落实缓慢，易出现检测纰漏和申报延误等。同时社区工作人员多由社区两委成员担任，专业性和社会性欠缺，采用人海战术而不注重专业防护手段的提升，易引起居民的不配合进而降低防控效能。

（四）技术上：工具化的应用柔韧不足

互联网时代，新的技术工具层出不穷。大数据技术凭借先进的信息处理和实时追踪功能在疫情防控中取得了巨大成效，但其作为治理工具却容易形成一种技术依赖。人们过多地关注科学计算得出的理性结果而忽视自身能动性、自主性的发挥，过度依靠数据统计结果制定决策，缺乏对数据背后现状的深入研究。科学技术同样是存在漏洞和风险的，应运而生的健康码、通行码等应用时间不长，其在设计和运行时是否存在后台崩溃和信息遗失的情况尚未可知。现代信息技术的面向主体较为年轻，老年群体、弱势人群等在申领和上报信息时都存在很大困难，应该高度关注因疫致贫、因疫返贫等问题，同时依托现代手段实施救助的覆盖面较窄，技术工具应用的效能体现仍较为单一。技治功能的发挥仍离不开人治的韧性补充，单纯地将技术工具奉为圭臬容易误入冷漠的机械治理，缺乏人性关怀。

六　疫情常态化背景下的韧性社区建设的思考

韧性社区是新时代社区建设的重要挑战与要求，其在实践中暴露出的各项弊端仍需以整体性思维进行考量（见图 2），同时要充分发挥我国举国体制下的强动员力和强统筹力，最大程度抵御风险和维护社区居民安全，又要彰显我国社会主义制度人民当家做主的优越性，将人民利益放在首位，号召共同参与和人性关怀，实现治理成果惠及每一位居民。另外现代化的网络技术手段的加持则为韧性社区建设提供了重要支撑，疫情常态化的发展趋势也为技术创新提供了“催化剂”和“练兵场”。

（一）制度韧性建设：权责的协调统一

社区组织制度和运作框架是否健康是体现韧性社区能力强弱的重要标准。政府部门除常规化地对社区工作进行指导监督，还应在赋权的同时给予社区干部一定的容错空间，激发社区干部和工作者的积极性、创造性，避免出现寒蝉效应，流失创新与实践机会。公共危机的出现是风险也是挑战，更是检验近年来社区建设成果的重要机遇，基层社区通过自身实践获得的经验应通过横向扩散学习和纵向成果传导加以理论化、机制化和制度化，并进一步反哺国家治理能力现代化的发展。另外，社区党组织和居委会要强化自身

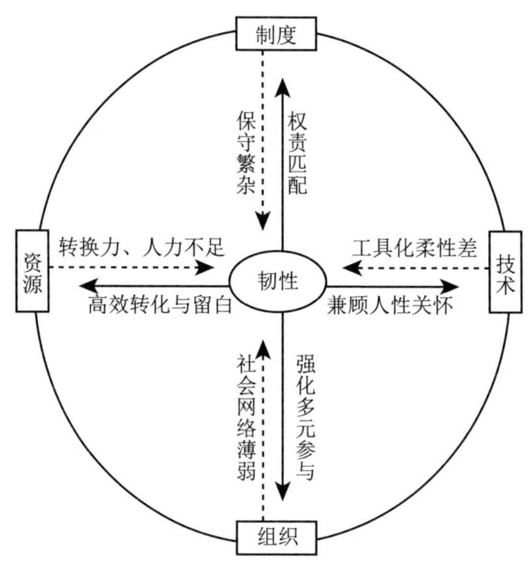

图 2　韧性社区建设中的问题与对策

资料来源：笔者自制。

治理主导和思想领导的地位，多方联结社会组织、企业等主体参与，形成物质资源、人力资源的有效调配和集中应用。社区内的多元治理格局已初步形成，但现代化的韧性锻造更需将各治理主体的优势进行结构化定型，实现常态化的平战结合模式来促进社区的长效生长。

（二）组织韧性建设：多元化参与并举

首先，政府部门应发挥统筹功能，构建多部门、跨层级、跨区域的社区协调机制，为各主体参与韧性社区建设提供健康稳定的制度和组织基础。其次，社区居民的参与不足直接体现了社区现存社会资本的薄弱，以信任、互惠为基础的社会网络难以联结庞大居民群体各异的利益诉求。但通过此次新冠肺炎疫情的迅猛传播和前期造成的巨大人力、物力损伤可知，人类命运已紧密结合为一个共同体，社区更不仅仅是过去因居住而聚集成的简单共同体，亟须通过党建引领社区共建共享公共价值方面的追求，确保指示精神和政策价值意蕴的贯彻不走样。最后，社会组织和驻区单位提供的多种志愿互动和募捐行为等都是对官方活动的有力补充，社会资本的构建既需要宏观精神的引领，又离不开多样丰富的实践活动的孕育。虽以血缘地缘或政治关系为纽带的熟人社会时代逐渐过去，但追求“出入相友，守望相助”的后熟人社会更会为城市和社区营造良好的韧性氛围。

（三）资源韧性建设：高效转化与留白

社区基础设施和工作人员是打造社区韧性的资源基础和人力保障。首先，社区在进行建设初期便要将应急需求考虑到位，进行科学规划预留冗余和可调配的空间物资，并制定应急使用时的转换对策，确保社区既能应对疫情前期独立隔离的自给自足，又能实现管控放松后的社区间相互联结和资源互通。其次，要加强对社区工作人员的专业化培育，通过社会组织和志愿队伍的人力补充增强社区工作人员的多样化和专业覆盖面，并利用此次疫情契机打造与驻区单位、社会组织的长效资源共享和人员协调机制，增强社区的硬件资源韧性和专业人才韧性。

（四）技术韧性建设：兼顾异质性群体

韧性社区治理既要充分挖掘大数据网络技术的高效应用，又不能抛弃传统深入群众考察调研的工作方法。技术手段更多地起到验证和辅佐作用，而与居民群体的意见交互才能为决策和执行提供行之有效的参考。在大数据技术使用方面，韧性社区既要做好前端网络搭建，减少应用时的时间成本、交易成本，又要警惕信息漏洞和信息伪造，防止因这种基于数据的自动化决策方式形成决策偏差。在人性关怀方面，社区必须充分认识到居民群体在经济、社会层面的异质性来采取多样化方法精准对接。对年轻群体来说可大力推行线上申报、反馈等技术行为，而对老年群体、贫困人士等社区应派专门工作人员记录和跟踪反馈，确保其能享受到疫情防控提供的资源优待和疫情后的精准帮扶，实现社区发展成果由社区居民共享。

参考文献

Bruneau, M. , Chang S. E. , Eguchi, R. T. A. "framework to quantitatively assess and enhance the seismic resilience of communities" . *Earthquake Spectra*, 19 (2012).

Chandra, A. , Acosta, J. , Howard, S. , Uscherpines, L. , ect. *Building Community Resilience to Disasters: A Way Forward to Enhance National Health Security* (California: Rand Corporation, 2011).

Holling, C. S. "Resilience and Stability of Ecological Systems", *Annual Review of Ecology and Systematics* 4 (1973).

Walker, B. , Holling, C. S. , Carpenter, S. R. , et al. , "Resilience, Adaptability and Transformability in Social-Ecological Systems", *Ecologyand Society* 2 (2004).

曹海军、梁赛:《社区公共卫生应急管理的"精控"之道——现实困境、逻辑理路和治理策略》,《理论探讨》2020 年第 3 期。

陈阳:《加拿大 2030 年应急管理战略及对我国韧性社区建设的启示》,《中国煤炭》2020 年第 2 期。

〔德〕乌尔里希·贝克:《风险社会》,何博闻译,译林出版社,2004。

《力量下沉,让社区成为坚强堡垒》,《湖北日报》,2020 年 2 月 12 日。

唐庆鹏:《风险共处与治理下移——国外弹性社区研究及其对我国的启示》,《国外社会科学》2015 年第 2 期。

习近平:《毫不放松抓紧抓实抓细各项防控工作 坚决打赢湖北保卫战武汉保卫战》,《人民日报》2020 年 3 月 11 日,第 1 版。

习近平:《决胜全面建成小康社会 夺取新时代中国特色社会主义伟大胜利——在中国共产党第十九次全国代表大会上的报告(2017 年 10 月 18 日)》,《人民日报》2017 年 10 月 28 日,第 1 版。

习近平:《全面提高依法防控依法治理能力 健全国家公共卫生应急管理体系》,新华网,http://www.xinhuanet.com/politics/2020-02/29/c_1125643629.htm。

习近平:《以更坚定的信心更顽强的意志更果断的措施 坚决打赢疫情防控的人民战争总体战阻击战》,《人民日报》2020 年 2 月 11 日。

颜德如:《构建韧性的社区应急治理体制》,《行政论坛》2020 年第 3 期。

张景秋:《城市韧性视角下社区公共空间规划与管理探究》,《北京规划建设》2020 年第 2 期。

技术创新篇

Technological Innovation Chapters

B.9 大数据驱动的城市公共安全治理研究

刘宽斌　张卓群*

摘　要： 城市公共安全治理是我国全面建成小康社会、迈向城市治理现代化的重要议题。大数据作为新一代信息技术的典型代表，为城市公共安全“事前”“事中”“事后”的全流程和全环节治理带来新思路。同时，当前将大数据大规模应用于城市公共安全治理实践面临以下几个方面的挑战：(1) 需要突破“数据孤岛”问题；(2) 解决数据存储和结构化问题；(3) 为数据安全问题做好准备；(4) 需要进一步增强数据挖掘能力。最后提出促进大数据技术应用于城市公共安全治理的政策建议：建立统一公共安全大数据系统、增强非结构化数据处理能力、

* 刘宽斌，西南大学经济管理学院讲师，经济学博士，研究方向为大数据应用、数量经济学；张卓群，中国社会科学院生态文明研究所助理研究员，经济学博士，研究方向为数量经济与大数据科学、城市与环境经济学。

强化数据安全管理、发展大数据挖掘能力、鼓励参与主体多元化发展、促进多部门协同治理。

关键词： 大数据 城市公共安全 全流程

城市文明具有高度的集聚性和流动性，因此城市也成为公共安全事件的高风险区，一旦发生公共安全事故，不仅会造成巨大的人员伤亡、财产损失或者严重的环境破坏，甚至影响城市的安全和稳定。据国家统计局统计，2019 年中国城镇化率已突破 60%，户籍城镇化率达到 44.38%。随着我国城镇化建设的发展，城市中各种公共安全问题不断凸显。2003 年“非典”事件在全球范围共造成 919 人死亡，其中，中国 349 例[①]；暴发于 2020 年初的“新冠肺炎疫情”则由于其超强的传播性和隐蔽性，截至 2020 年 7 月 1 日，在全球已经有 1036 万人感染，造成 50 万人死亡，其中，中国感染 8.35

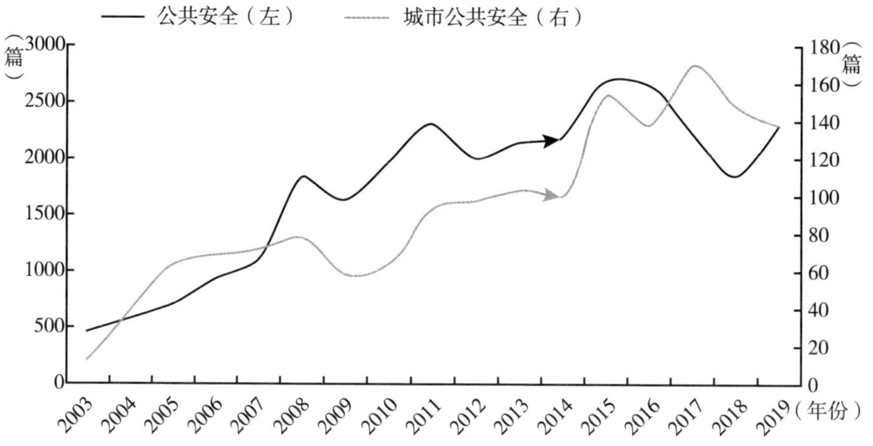

图 1 2003～2019 年中国知网关键词文献量

资料来源：中国知网（CNKI）。

① 世界卫生组织、中华人民共和国国家卫生健康委员会。

万人，死亡0.46万人[①]。城市公共安全事件不仅造成重大经济损失，也对城市居民心理造成难以磨灭的负面影响。因此，城市公共安全治理问题需要获得整个社会的重视和关注。

一　我国城市公共安全治理现状及问题

中国是一个人口众多，城市人口十分密集的国家，城市公共安全问题十分重要。保障城市的公共安全是城市经济发展和社会稳定的重要前提。国家在公共安全管理方面投入巨大，旨在降低城市公共安全风险，保障城市安全、促进和谐发展。

（一）我国城市公共安全治理现状

改革开放以来，我国城市公共安全治理体系逐步建立并完善，在国家公共安全治理相关机构建设、城市公共安全治理基础设施建设、城市公共安全治理专业人才建设、公共安全治理法律制度体系建设等方面取得了显著成绩。

1. 国家公共安全治理相关机构建设

我国公共安全管理机构的基本构架是中央负责制，由国务院主管，下属机构由国务院应急管理办公室、国家防汛抗旱总指挥部、国家森林防火指挥部、国家抗震救灾指挥部、国务院安全生产委员会、国家减灾委员会、国务院应急管理专家组和军队武警等有关部门组成。城市公共安全治理具体执行机构按照灾害类别可以分为自然灾害类、公共卫生类、事故灾害类和社会安全类。自然灾害类具体负责部门包括民政部、水利部、中国地震局、自然资源部及国家林业和草原局等；公共卫生类包括国家卫生健康委员会、农业农村部、国家食品药品监督管理总局等；事故灾害类包括应急管理部、交通部、住房和城乡建设部、国家电力监管委员会、国家国防科技工业局、生态环境部、工业和信息化部等；社会安全类包括外交

① 约翰斯·霍普金斯大学、中华人民共和国国家卫生健康委员会。

部、公安部、国家发展和改革委员会、中国民用航空局、国家广播电视总局等。我国公共安全治理机构较为完善，能够完整涵盖各类可能的城市公共安全治理风险。

2. 城市公共安全治理基础设施建设

党的十八大以来，国家在基础设施建设上投入巨大，在信息化建设方面取得了巨大的成就，为城市公共安全治理提供了坚实的基础。国家大力发展“天网监控系统”，通过全方位的监控来预防与打击犯罪行为，在降低犯罪案件数量的同时，提高了公安机关的破案率；国家通过发展通信和网络技术，不断提升网络监管水平，保障网络安全，打击网络犯罪行为；国家投入巨额资金研发并发射遥感监测卫星，以保障及时发现自然灾害，为自然灾害预警与救援提供信息支持。

3. 城市公共安全治理专业人才建设

城市公共安全治理需要一大批专业化的人才队伍，人才是公共安全治理的重要部分。2003 年“非典”事件后，国家开始重视公共安全管理人才培养，并于 2005 年开始在部分高校开设“公共安全管理”专业，2007 年中国劳动关系学院开始招收该专业的本科生，由此开启了国家培养专业公共安全管理人才队伍的序幕。随后中国人民大学、上海公安学院、山西警察学院、中国地质大学、河南警察学院、辽宁政法职业学院等众多院校开始相关专业的招生工作。经过多年努力，我国已经培养了一大批公共安全治理部门急需的专业化人才。

4. 公共安全治理法律制度体系建设

城市公共安全治理需要法律和制度的保障。近年来，国家发布了一系列法律、法规来保障我国公共安全治理体系的顺利运行。2003 年国家发布了《突发公共卫生事件应急条例》，从宏观层面对出现公共安全事件时的处理方式做出了规划。在此之后，我国开始针对自然灾害、事故灾害、公共卫生事件和社会安全事件等各方面的公共安全进行立法，具体包括 2007 年颁布《中华人民共和国突发事件应对法》、2007 年制定《生产安全事故报告和调查处理条例》、2008 年修订《中华人民共和国防震减灾法》、2011 年修订

《中华人民共和国道路交通安全法》、2015 年颁布《中华人民共和国国家安全法》、2019 年制定《中华人民共和国食品安全法实施条例》、2019 年修订《中华人民共和国消防法》等。国家已经形成相对完善的公共安全治理法律体系来保障城市公共安全治理体系正常运转。

（二）我国现阶段城市公共安全治理存在的问题

我国已经在城市公共安全治理体系建设上取得了较大的成就，但由于管理体制及治理思维习惯等原因，当前城市公共安全治理依然存在一系列问题，以下主要从预警能力、部门协同、参与主体三个方面展开阐述。

1. 安全预警能力薄弱

传统的城市公共安全预警很大程度上依赖于经验主义，相关管理部门通过观察到的现象判断是否存在安全隐患，然后再做处理。这样的工作模式存在以下几个方面的问题。第一，效率较低。城市公共安全事件的风险因子众多，在有限的人力、物力条件下，能被提前发现的问题极为有限，特别是那些隐蔽性较强的风险更是难以被管理部门察觉。第二，成本较高。传统的风险预警模式下，发现可能危害城市公共安全的因素主要依靠人工排查，例如小区定时检查楼道消防系统是否正常。这样的模式下，需要大量的人力和物力支撑，风险排查成本高。第三，覆盖面较小。风险排查需要的人力、物力成本过高，因此难以全面、实时地监控各类不同的风险因子，只能在一定范围和时间段内抽查相关对象，因此传统风险预警模式覆盖面有限。第四，风险判断主观性强。管理部门通过人工的方式采集相关风险信息是风险预警的第一步，在相关信息和数据基础上做出风险性高低判断，然后决定如何处理才是关键。然而，影响城市公共安全的因素错综复杂、相互关联，在大多数情况下难以识别，依靠管理人员的主观判断准确性较低。

2. 应急协同能力不足

当前，城市公共安全相关管理部门众多，并且不同职能部门分割式管理，除此之外还进一步按照区域对人员进行分配，这种分条块式的制度安排具有职责清晰、部门纵向关系明确的优势，但也存在自身的弊端。这种分条块式的制度安排，导致部门之间信息沟通不畅，应对具体城市安全事件时，相互之间的协同不足，在信息、人员、物资等方面无法实现联合配给，导致公共资源浪费严重，效率低下。

3. 治理参与主体单一

我国当前公共安全治理结构下，政府是城市公共安全治理的主体。政府在财力和物力上与个人和企业相比具有绝对优势，但城市公共安全治理过程中，更为重要的是采集公共安全事件信息，只有拥有足够相关的信息才能实现对公共安全事件的预警和更有效应对。在城市公共社会生活中，民众人数众多，深入社会生活的各个方面，能够接触到的城市公共安全信息总和要远远大于政府部门的监管信息。但在当前的城市公共安全治理体系下，民众的信息采集能力并没有被激发起来，城市公共安全治理参与主体过于单一。

二　大数据参与城市公共安全治理新思路

近年来，大数据技术兴起，大数据概念也逐渐开始在城市公共安全治理领域被提及。大数据驱动的公共安全治理对比于传统公共安全治理有以下几个方面的特点。治理理念上，由经验主导转变为数据驱动；治理主体上，由单一主体转向多元主体；治理流程上，由事后抢救、被动应对转换为贯穿“事前—事中—事后”的预防预警处置与主动应对；治理情景上，由简单情景的单部门应对转向复杂情境下的多主体协同；治理逻辑上，从简单因果分析转向复杂相关性分析；治理规模上，从局部分析、小样本静态数据转换为全样本、全方面动态数据；治理速度上，由数据孤立、预防预警处置滞后变为实时快速、提前预防预警处置。从这七个维度来看，大数据应用于城市公共安全治理是解决当前城市公共安全治理问题的关键，并为重塑城市公共安全治理提供了全新的视野。

"事前"预警	"事中"管控	"事后"评估
·提升监管效率 ·降低监测成本 ·扩大监测范围 ·辅助科学决策	·提高响应速度 ·促进多部门协同 ·提升事件管控能力	·积累数据 ·总结经验 ·提升模型精度 ·提高部门管理水平

图 2 "大数据"参与城市公共安全治理

资料来源：作者编制。

（一）大数据参与城市公共安全治理"事前"预警

城市公共安全事件危害性较大，为了最大程度降低损失，处理公共安全问题最优的策略是事前预警。在城市公共安全事件还在孕育过程中时，提前发现危险因素，及时处理，将可能的公共安全风险消灭在萌芽之中，防患于未然。大数据参与公共安全治理"事前"预警有以下几个方面的优势。

1. 大数据提升城市公共安全监管效率

城市公共安全领域的大数据信息主要来源于政府部署的传感器、监视器以及专门的信息采集平台等。这类信息采集方式相较于传统的人工模式，能够做到实时并且不间断地获取城市各个方面的数据信息供相关部门查看，并作为预警潜在城市安全风险的依据。通过该种信息获取的方式能够极大增强城市公共安全监控的效率。

2. 大数据降低风险监测成本

传统排查式的监测方式主要依靠人力，而通过信息设备以及信息技术的监测手段能够在提升监测效率的同时，降低监测成本。虽然大数据监测系统单次投入成本较大，但可以持续、不间断监测不同类型的风险因素，实际上大大降低了城市公共安全因素监测成本。不同管理部门的人员能够将更多的精力投入处理发现的安全隐患。

3. 大数据实现风险监控全覆盖

在当前大数据时代背景下，互联网、物联网等高新技术快速发展，例如空间地理信息技术、遥感技术系统（Remote Sensing，RS）、移动监控系统

（Mobile Transmission Video System，MTVS）以及天网监控系统等，能够提供实时全方位的风险监控。相较于传统的排查方式，能够提供更广范围的监控，发现许多难以发现的城市公共安全隐患。

4. 大数据辅助科学决策

通过各类数据采集系统获得超大体量数据集之后，运用大数据挖掘技术，在分类信息基础上，采用人工智能算法对不同类别数据信息进行分析，得到不同地区发生不同类别公共安全事件的风险概率，并应用于科学决策。这种模式的优势在于能够挖掘出潜在、不容易被发现的风险因素，让数据自己发现问题，超越人工的主观判断。例如在对纽约大型沙井盖爆炸风险进行预测时，虽然无法知道确切的爆炸原因，但通过对数据的采集及分析，找到那些高概率发生爆炸的井盖并进行提前修理就可以避免引发城市公共安全事件。

（二）大数据参与城市公共安全治理“事中”管控

城市公共安全风险具有较强的复杂性、动态性以及系统性等特征，相关管理部门难以将所有领域的风险都一一识别或提前预测到，部分风险将演变为城市公共安全突发事件，甚至会恶化为城市公共安全危机①。这种情况一旦发生，就必须采取有效措施来应对。基于互联网平台传输的大数据信息具有很强的时效性②，在城市公共安全事件处理中发挥积极作用。大数据主要可以在以下几个方面辅助处理城市公共安全事件，降低事件带来的危害和影响。

1. 大数据提高城市公共安全治理响应速度

城市公共安全事件具有一定的突发性，并不能完全寄希望于预警。一旦事件发生，发现并处理的时机将直接决定事件的影响力和破坏性。例如2020年初开始并在全球暴发的新冠肺炎疫情，若能够在更早的时间发现其传染性，并及时切断传染路径则会更早和更有效地控制疫情蔓延。构建城市公共安全治理大数据系统，将不同类型安全事件相关信息汇聚在同一平台，

① 赵发珍、王超、曲宗希：《大数据驱动的城市公共安全治理模式研究：一个整合性分析框架》，《情报杂志》2020年第5期。

② 张涛、刘宽斌：《“大数据”在宏观经济预测分析中的应用》，《财经智库》2018年第3期。

并对数据进行分析和处理，有助于及早发现潜在的问题，协调相关部门加以核实。另外，对于孤立的突发事件，例如2018年重庆公交坠江事件，也可以借助大数据平台及时协调各方力量，确保第一时间发现问题，及早处理，将大幅度降低突发性的公共安全事件对城市公共安全的威胁。

2. 大数据促进城市公共安全治理多部门协调

由于城市公共安全事件的复杂性，受事件影响群体众多，需要综合处理或协调各方面群体的关切。传统的危机处理模式以部门为单元，不同的部门分块处理，各个部门各自掌握部分数据信息，难以形成具体城市公共安全事件的完整信息，难以实现各部门之间的协同处理。大数据信息具有全样本属性，以事件为中心，形成公共安全事件的全信息数据集，通过分析该数据集能够获取该事件的全貌，进而可以为提出解决或处理该事件的方案提供信息支持。在事件大数据信息集的支持下，可以促进多部门协同处理，降低城市公共安全事件给社会带来的负面影响。

3. 大数据提升城市公共安全事件监控能力

城市公共安全事件的危害不仅仅体现在影响事件直接相关者，而且由于城市居住空间的聚集性，也会间接引起周边人群的恐慌。此外，由于信息披露不到位，没有准确或及时回应社会大众对事件本身相关问题的关切，也会社会谣言四起，易造成严重的负面影响，形成城市公共安全事件的二次伤害。城市公共安全事件的影响范围广泛，构建以事件为中心的大数据集并及时对外披露相关信息能够降低或者避免公共安全事件的溢出伤害。该大数据集需要事件相关部门协同构建，除了相关管理部门掌握的真实信息外，还需要及时获取网络网民的舆情数据，通过大数据分析技术获取大众对事件关切的问题，相关管理部门根据掌握的信息做出及时回应。此外，也需要及时掌握网络舆情中出现的谣言，并及时切断谣言的传播途径，避免引起社会大众不必要的恐慌。

（三）大数据参与城市公共安全治理“事后”评估

传统城市公共安全事件处理模式是在发现问题后，不同部门配合查明事情缘由，惩罚责任人，对社会公告处理结果。这样的处理方式缺乏对问题的反思以及经验的积累，其主要原因是受限于传统的数据记录和分析能力。当前，大数据时代下数据采集能力有了极大的提升，除了传统结构化数据信息，网络文本、语音、视频等信息均可以被记录存入数据库，进而被分析和处理。另外，数据处理能力也有了极大的提升，语音识别、文本分析、人脸识别、图像识别等技术的发展为利用大数据信息提供了坚实的基础。大数据能够在公共安全治理的“事后”环节发挥积极作用。

1. 大数据辅助对城市公共安全事件进行评估

在传统公共安全事件的处理模式下数据采集有限，可以用于分析和评估事件处理效果的信息缺乏，因此难以对事件完整流程进行回顾和评估。城市公共安全大数据能够协助对公共安全事件进行全流程分析和评估。首先，由于可以采集到事件多维度的数据信息，这有利于形成合理的“事后”综合分析处理方案，从中总结经验和教训，为优化以后的事件处理方案提供信息支持。其次，大数据有利于相关部门之间的横向评估。城市公共安全大数据系统下，可以对事件进行分类，将不同地区同类型的案件涉及的相关部门之间进行横向比较，研究分析它们之间的表现差异，并在此基础上深入分析背后的原因，进而为部门管理优化提供充足的信息支持。最后，有利于对管理机构进行时间维度纵向评估。在大数据系统的支持下，设计合理的指标来反映城市公共安全管理部门的表现，有利于相关机构从历史的维度来判断处理公共安全事件，从各部门自身的角度来查找问题，实现管理部门效率的提升。在大数据信息支撑下对城市公共安全治理相关部门进行评估的目的是方便发现问题，优化工作流程，提升管理效率，降低城市公共安全风险。

2. 大数据支持城市公共安全治理“事前”预警、“事中”管控

中国传统城市公共安全治理模式具有“重应对，轻预防”的特点①。这种治理方式固然有“重权力，轻技术”的思维影响，但缺乏统一的公共安全事件数据库也是另外一个重要原因。在当前的大数据背景下，可以在公共

---

① 孙粤文：《大数据：现代城市公共安全治理的新策略》，《城市发展研究》2017 年第 2 期。

安全事件发生后，采集该事件全方位的信息集，为城市公共安全事件的“事前”预警、“事中”管控提供支持。一方面，为了实现对未来城市公共安全风险进行预警，需要大量的真实公共安全事件数据，并在该数据集的支持下训练预警模型，寻找在复杂数据背景下不同信息之间的关联规律。因此，通过城市公共安全事件“事后”的数据汇总以及模型训练能够为未来公共安全“事前”预警做好准备。另一方面，通过对“事后”汇总的城市公共安全事件大数据的分析与总结能够发现“事中”处理流程的不足，为下一次处理相似城市公共安全事件提供经验，并可以基于系统平台向不同地区相关管理部门分享经验，促进整体部门管理水平提升。

三　大数据参与城市公共安全治理面临的挑战

将大数据应用于城市公共安全治理，将极大提升城市应对公共安全事件的能力，降低发生城市公共安全事件的风险。当前对大数据应用于城市公共安全治理的研究主要停留于理论层面，城市公共安全治理实践中大规模应用还面临以下几个方面的困难与挑战。

（一）“数据孤岛”问题

城市公共安全治理涉及的政府部门众多，主要包括公安、卫生、水利、环保、安监、社会综治、交通、城管、住建、旅游、人防、气象、国土、民政、林业、农业、食药监、质监、电力、通信、金融等部门①。为构建能够分析和预警的城市公共安全大数据，需要从各个相关部门采集信息并按照统一标准集中存储及分析，但传统数据采集及存储是分条块、分部门进行的，不同部门依照各自的标准和模式采集自己领域的信息，缺乏与其他部门沟通，形成了“数据孤岛”问题。该问题的存在导致难以全面

① 黄全义、夏金超、杨秀中、宋玉刚：《城市公共安全大数据》，《地理空间信息》2017 年第 7 期。

评估和预警城市公共安全事件，也是构建城市公共安全治理大数据面临的最大困难。

（二）数据存储与结构化问题

传统数据库以结构化数据为主，而大数据的数据形式多样，除了常规的结构化数据外还包括视频、语音、文本、图片等非常规的数据结构形式，并且每年新增数据信息中这类非结构化的数据信息占绝大多数份额，因此带来两个方面的问题。一方面，需要海量的存储空间。每年产生的与城市公共安全相关的非结构化数据将远远超越硬盘等传统存储工具和设备所能容纳的上限，将达到 PB、EB，甚至 ZB 级的数据量，如何有效合理存储这样的数据信息将是面临的一大问题。另一方面，非结构化数据结构化问题。非结构化数据并不能被传统的数据分析工具所有效处理和分析，因此如何将非结构化的数据高效转换为结构化数据，为下一步的分析和挖掘做好准备将是另一大难题。

（三）数据安全问题

构建城市公共安全治理大数据需要采集的数据范围极广，既有交通视频信息、地理位置信息、网络数据信息，也有城市地图信息等。这样的数据集不可避免地涉及较为敏感的私人信息以及其他涉及国家重大利益的信息，如果该数据库发生泄露，或被非法使用、滥用则会对城市居民隐私和国家安全造成威胁。因此，保证数据安全，确保该大数据被合法使用则是建立城市公共安全大数据的又一前提条件。

（四）数据挖掘算法瓶颈问题

构建城市公共安全大数据的最终目的是实现“事前”及时预警、“事中”有效管控、“事后”全面评估，所有这些目标能够实现的前提条件是具备有效分析和挖掘超大数据集的能力。分析和挖掘城市公共安全大数据有三方面的困难。首先，超大数据体量。由于城市公共安全事件的复杂性以及危险源的多样性决定了与之相关的数据体量巨大，传统计算机和算法模型只能在有限的时间分析有限体量的结构化数据，当数据体量达到TB级，甚至PB级时，对当前的技术能力形成挑战。其次，大数据数据结构的多样性。当前主流的数据挖掘技术主要针对结构化数据，对文本数据挖掘刚刚兴起，而对图片、视频数据等其他结构或半结构化数据的挖掘能力还在探索中，这也是应用大数据于城市安全治理的难点。最后，多来源数据规律发现。传统规律发现主要基于一定的理论，形成对研究对象的判断，提出假设并利用特定相关数据进行分析发现或验证规律。城市公共安全治理资料来源多样，如何在无先验信息的基础上，于一堆杂乱无章并且来源多样的数据集中发现城市公共安全隐患，也将是大数据在城市公共治理领域应用时面临的难点。

四 推进大数据参与城市公共安全治理的政策建议

基于以上分析可知，在大数据时代，城市公共安全治理将发生巨大改变，会从传统“重应急，轻预警”① 的模式中走出来，变“被动”为“主动”，通过分析和挖掘城市公共安全相关的超大数据集有望增强对城市公共安全事件的“事前”预警能力。同时，大数据也将在城市公共安全事件的“事中”管控和“事后”评估中发挥积极作用。城市公共安全治理相关部门也需要转变思维方式，从重视“因果关系”转向重视“相关关系”，从数据中获取优化公共安全治理方案的信息。在大数据应用于城市公共安全治理的美好愿景下，也面临着一系列困难和挑战，需要在国家主导下，多部门协调，形成合力，攻坚克难，最终实现大数据在实践中的应用，促进城市更加健康和谐地发展。

① 康伟、杜蕾、曹太鑫：《组织关系视角下的城市公共安全应急协同治理网络——基于“8·12天津港事件”的全网数据分析》，《公共管理学报》2018年第2期。

（一）建立统一公共安全大数据系统

我国城市公共安全治理系统分割式的部门结构导致“数据孤岛”问题严重，这样的数据构架难以满足城市公共安全治理的需要。国家需要在保留当前分部门管理的基础上，建立统一的公共安全大数据系统，不同部门均将获取的数据信息按照统一的数据标准上传该系统，不同的管理部门可以根据自己的职能需要设定特定访问权限。同时，不同的职能部门根据需要分别成立独立的数据处理部门，提供专业信息支持，承担“事前”预警、“事中”管控和“事后”评估的工作。此外，政府可以根据需要成立专门的信息连通中心，负责协调不同部门的信息交换，并促成针对具体城市公共安全事件相关部门联合行动，提高应对效率。

（二）增强非结构化数据处理能力

建立城市公共安全大数据的最终目的是利用和分析数据以辅助城市公共安全治理。当前主流的数据分析和处理技术主要是针对结构化数据，处理和分析非结构化数据的技术能力相对有限，还处于起步阶段，人工智能算法是其中一个发展方向。为配合大数据发展的需要，国家需要加大智能算法和处理超大数据集技术的研发力度，同时培养一批专业处理非结构化数据的算法工程师，以满足城市公共安全大数据系统应用的需求。

（三）强化数据安全管理

数据安全是数据被合理、合法运用于城市公共安全治理的核心。为此，政府部门需要朝着两个方面努力，一方面，注重为数据安全立法，从制度层面确保数据的安全。建立保障数据安全的法律法规，不仅是为了惩罚泄露数据的行为，也是为了增强公民数据安全意识。另一方面，加强数据库安全技术开发，从技术层面降低数据库发生泄露的风险，确保有效抵御外部攻击，这构成保障数据安全的重要手段。

（四）注重人才培养及知识产权保护

为促进大数据在城市公共安全治理中的应用，增强城市公共安全事件预警能力，需要在专业人才培养和知识产权保护方面进一步开展工作。一方面，大数据分析与应用要求较强的数理和计算机知识基础，可以在高等院校有针对性地设立新专业，培养专业的大数据挖掘和分析人才。另一方面，开发原创性的大数据服务和产品投入巨大，通过加强知识产权保护保证预期收益，企业和个人才有动力开展相关的研究和开发。

（五）鼓励参与主体多元化发展

城市公共安全治理异常复杂，涉及的信息面异常广泛，单靠政府管理部门主导的机构进行监控和管理难以获取足够的信息来实现有效的“事前”预警、“事中”管控和“事后”评估。因此，国家应该积极建立方便、快捷的公共安全信息反馈平台，方便民众将各种认为威胁到城市公共安全的信息及时反馈到平台，同时平台背后的智能算法及时评估信息价值，并做出合理的判断。手机是当前日常使用的信息汇聚中心，通过国家层面开发公共安全信息采集 App，广大市民可以根据发现的情况通过该 App 及时反馈相关情况，大幅增强政府获取城市公共安全信息的能力。另外，当前部分城市居民公共安全意识较为淡薄，需要发动媒体机构，积极宣传城市公共安全相关信息，提升市民公共安全意识，最终构建“政府—媒体—民众”三位一体的城市公共安全治理体系。

参考文献

曹策俊、李从东、王玉、李文博、张帆顺：《大数据时代城市公共安全风险治理模式研究》，《城市发展研究》2017 年第 11 期。

陈道银：《风险社会的公共安全治理》，《学术论坛》2007 年第 4 期。

单勇：《城市公共安全的开放式治理——从公共安全地图公开出发》，《中国行政管理》2018 年第 5 期。

董幼鸿:《城市公共安全治理对策——以住宅小区电梯安全治理为例》,《行政管理改革》2015 年第 1 期。

黄育华、杨文明、赵建辉:《中国城市公共安全发展报告(2018~2019)》,社会科学文献出版社,2019。

李增、夏一雪:《智慧城市预控式公共安全治理模式研究》,《消防科学与技术》2016 年第 5 期。

刘承水:《城市公共安全评价分析与研究》,《中央财经大学学报》2010 年第 2 期。

孙鹏、沈祎岗:《基于智慧理念的城市公共安全评估体系建设》,《中兴通信技术》2014 年第 4 期。

王雪丽:《城市公共安全体系存在的问题及其解决方略》,《城市问题》2012 年第 7 期。

王雪丽:《城市公共安全政府内部治理结构问题探究——伙伴关系的视角》,《理论导刊》,2012 年第 9 期。

〔美〕维克托·迈尔·舍恩伯格、〔美〕肯尼思·库克耶:《大数据时代:生活、工作、思维的大变革》,盛杨燕等译,浙江人民出版社,2013。

习近平:《牢固树立切实落实安全发展理念 确保广大人民群众生命财产安全》,《人民日报》2015 年 5 月 31 日。

周晓丽:《论城市突发公共安全事件的复合治理》,《中共四川省委党校学报》2006 年第 1 期。

B.10 人工智能在城市公共安全领域的应用及发展研究

周济　牛站奎*

摘　要： 随着人工智能技术的成熟以及应用场景的不断丰富，人工智能技术为解决城市公共安全问题提供新思路、新手段。在城市公共安全方面，有效地融合人工智能技术，不仅有利于提高城市管理效率、降低管理成本，而且有利于改善城市公共安全的现状，创造一个更加安全、稳定、和谐的公共生活空间。人工智能在维护城市公共安全方面取得成绩的同时也存在一些安全隐患和弊端，需要政府从全局战略统筹考虑，加强立法与技术创新，积极参与国际交流合作，消除安全隐患，实现治理体系与治理能力的现代化，进一步提升市民的幸福感、获得感。

关键词： 人工智能　公共安全　治理能力

公共安全事关国家安危，社会稳定。所谓公共安全，是指社会和公民个人从事和进行正常生活、工作、学习、娱乐和交往所需要的稳定外部环境和秩序。城市公共安全作为公共安全的重要组成部分，是一个涉及司法、行政、公安、民政、人社等多方面的系统工程，需要多部门的

---

* 周济，盘古智库执行秘书长、咨询服务部主任，主要研究方向为数字经济、公共政策；牛站奎，盘古智库研究员，主要研究方向为数字经济、公共政策。

协同配合。随着我国城市化进程加快，城市人口增加、功能多元化、规模不断扩大，发展方式、产业结构和区域布局发生了深刻变化，城市运行系统日益复杂，安全风险不断增大。[①] 面对日益复杂的社会环境，传统的城市公共安全管理已经难以适应时代发展的要求，不能有效应对新的挑战，解决新的问题。

针对城市公共安全方面出现的一些新特性，大多数情况下，有限的资源、传统的治理手段以及部门协调不畅都会阻碍安全措施的实施和有效覆盖。因此需要更加高效的系统和手段来实现公共安全资源的有效分配和调度，以便发挥更大的效能。人工智能为解决这一现实问题提供了很好的解决思路与方案，城市各部门依托大数据与人工智能技术能够实现数据互通有无，流程无缝衔接，极大地提高了城市公共安全保障能力。

一　人工智能定义与发展状况

人工智能，英文名称 Artificial Intelligence（简称：AI）。人工智能的诞生可以追溯到20世纪50年代。1950年，英国科学家图灵提出了人工智能的概念[②]，1956年，首届人工智能研讨会在美国新罕布什尔州达特茅斯举行，人工智能开始成为一个技术术语流行起来。科学家把人工智能分为三个不同的时代。第一是弱人工智能（Artificial Narrow Intelligence）时代，此时计算机只能在某些特定的工作领域超越人类智能；第二是强人工智能（Artificial General Intelligence）时代，此时计算机和人类智能一样能够通过学习或推理来广泛解决问题；第三是超人工智能（Artificial Super

① 中共中央办公厅、国务院办公厅：《关于推进城市安全发展的意见》，http：//www. gov. cn/zhengce/2018 -01/07/content_ 5254181. htm，最后检索时间：2020年7月10日。

② 1950年，图灵发表论文《计算机器与智能》（*Computing Machinery and Intelligence*）提出“图灵测试”的概念，即如果人类测试者在向测试对象询问各种问题后，依然不能分辨测试对象是人还是机器，那么就可以认为机器是具有智能的。

Intelligence）时代，此时计算机实现了对人类智能的全面超越，拥有“完美的记忆力和无限的分析能力”。[①]根据谷歌工程总监、未来学家雷·库茨韦尔（Ray Kurzweil）的估计，到2029年人工智能就可以实现与人类智商并驾齐驱，2045年，则能够达到超越人类智能的“奇点”(Singularity)。[②] 根据人工智能技术的发展水平，目前我们正处于弱人工智能时代。

进入21世纪的第二个十年后，人工智能依赖于大数据、计算机计算能力（以下简称算力）、深度学习算法等核心要素的突破性发展，开始蓬勃发展。

首先，全球为人工智能的应用积累了海量数据。互联网数据中心（Internet Data Center，IDC）报告显示，到2025年全球数据总量将达到175ZB。[③] 数据的种类包罗万象，包括文本、声音、图像、生物特征、地理位置、天气信息等各种类型的数据。未来，这一数据规模还将不断增大。

其次，人工智能赖以实现的算力得到前所未有的提高。传统的CPU设计针对的是逻辑运算与流程控制，对于处理海量数据，算力难以满足实际需要。因此，出现了专门用于处理千亿级、万亿级海量数据的AI智能芯片，如专门用于并行计算与数据处理的GPU、FPGA和ASIC拥有良好的运行能效比，更适合深度学习。这些芯片极大地提高了计算机的算力。

---

① The Cylance Data Science Team，*Introduction to Artificial Intelligence for Security Professionals*（Irvine：The Cylance Press，2017），p. Ⅺ – Ⅻ.

② 1990年，美国未来学家雷·库茨韦尔在《奇点临近》《人工智能的未来》两本书中，用“奇点”作为隐喻，描述人工智能的能力超越人类的某个时空阶段。当人工智能跨越“奇点”后，一切我们习以为常的传统、认识、理念、常识将不复存在，技术的加速发展会导致“失控效应”，人工智能将超越人类智能的潜力和控制，迅速改变人类文明。

③ ZB：计算机存储单位。1KB（Kilobyte 千字节）=1024B；1MB（Megabyte 兆字节）=1024KB；1GB（Gigabyte 吉字节）=1024MB；1TB（Terabyte 万亿字节）=1024GB；1PB（Petabyte 千万亿字节）=1024TB；1EB（Exabyte 百亿亿字节）=1024PB；1ZB（Zettabyte 十万亿亿字节）=1024 EB。

最后，人工智能的核心算法不断取得突破。深度学习与神经网络等算法的成熟，使人工智能的感知（Perception）、预测（Prediction）、决策（Prescription）等功能开始发挥实用价值。具体来说，这些功能的实现主要依赖于计算机视觉、语音分析、自然语言处理等技术。计算机视觉技术已经成功应用到自动驾驶、机器人、无人机和智能医疗领域，通过人脸识别、活体检测、人证对比为城市公共安全提供新的服务能力；智能语音处理技术广泛应用在智能语音交互、语音控制与生物特征信息验证等领域。例如，公安安防系统中利用智能语音识别技术监控城市舆论与违法信息的散播。自然语言处理技术主要应用在机器翻译、文本分析、舆情监测等。

人工智能关键技术的不断突破和应用场景的深度发掘，直接催生了智慧城市概念的诞生。智慧城市建设已蔚然成风，以至于人工智能技术在城市公共安全方面的应用趋于多样化。人工智能技术在城市公共安全的应用主要集中在自动识别、语义分析、智能分析等方面，随着神经网络算法、机器学习等基础算法的不断优化，人工智能技术在城市公共安全方面的应用将更加深入全面。

在世界范围内，利用人工智能技术维护城市公共安全已成为共识。在西方发达国家，通过数字化、智能化维护城市公共安全的实践相对较早，处于领先地位。例如，纽约建立的智能警务系统通过人工智能分析情报，直接应用于防止犯罪的决策；伦敦通过人工智能技术引导民众参与公共管理，缓解政府与市民之间的信息不对称问题；新加坡利用人工智能机器人指引居民正确反馈城市问题，让市民直接参与到城市公共安全治理行列中来。

中国业已开始通过人工智能技术构建城市公共安全力量。2017 年，国务院发布了《新一代人工智能发展规划》，标志着人工智能技术的发展已经上升到国家战略层面。《新一代人工智能发展规划》中指出，利用人工智能提升公共安全保障能力。其重点主要是围绕社会综合治理、新型犯罪侦查、反恐、智能安防设备升级、食品安全与自然灾害等方面“构建公共安全智能化监测预警与控制体系”。[①] 2018 年国务院发布《关于推进城市安全发展的意见》，再次强调要加快实现城市安全管理的系统化、智能化。

二　人工智能在城市公共安全领域的发展特点

人工智能在城市公共安全领域的应用，必将带来城市公共安全治理的新变革。虽然现在还处在弱人工智能时代，但在某些特定领域人工智能已经超过人类大脑，随着大数据技术的不断发展完善，利用人工智能在长期追踪、智能分析、趋势预判和城市精准化管理方面的优势，可以全面提升风险态势感知、预测预警、动态管控等方面的能力。[②] 在可见的一段时间内，人工智能在城市公共安全方面还有巨大的应用空间，借助人工智能技术提高城市治理能力已成为未来趋势。

（一）高成本低效率转向高效率低成本

在城市公共安全治理方面，应用人工智能不仅可以提高治理效率，也可以降低治理成本。首先，人工智能在图像识别、语音分析、信息检索与智能分析等方面要比人工效率高。例如，公安用于追踪嫌疑人的面部识别系统，控制交通流量的智慧交通系统，高铁、机场的智能一体化“人、证、票”

---

① 2017 年国务院《新一代人工智能发展规划》中对人工智能与公共安全的完整说明为：促进人工智能在公共安全领域的深度应用，推动构建公共安全智能化监测预警与控制体系。围绕社会综合治理、新型犯罪侦查、反恐等迫切需求，研发集成多种探测传感技术、视频图像信息分析识别技术、生物特征识别技术的智能安防与警用产品，建立智能化监测平台。加强对重点公共区域安防设备的智能化改造升级，支持有条件的社区或城市开展基于人工智能的公共安防区域示范。强化人工智能对食品安全的保障，围绕食品分类、预警等级、食品安全隐患及评估等，建立智能化食品安全预警系统。加强人工智能对自然灾害的有效监测，围绕地震灾害、地质灾害、气象灾害、水旱灾害和海洋灾害等重大自然灾害，构建智能化监测预警与综合应对平台。

② 徐晔、张明、黄玲玲：《大数据与公共安全治理》，《大数据》2017 年第 3 期，第 25 ~ 32 页。

核验系统都大大提高了工作效率。其次，人工智能设备的制造和维护具有低成本趋势。由于“摩尔定律”① 的存在，在城市公共安全治理方面引入人工智能技术的成本将逐日下降，这是不争的事实。另外，人工智能运行部分依赖的公共基础设施建设是公共事业，如5G网络建设，属于一次性投入，难以用成本衡量。未来，跨部门、跨区域的大规模人工智能平台融合建设也将进一步降低成本。

（二）人工分析转向智能分析

人工智能将逐步替代部分人类的工作。在城市公共安全工作中，对情报和数据的分析主要依赖人工处理，这样不仅需要大量的专业化人才投入，而且工作效率也不高。人工智能的运用从根本上解决了这一问题。例如，公安安防系统利用智能机器人可以全天候不间断进行巡逻并能及时识别风险，遇到突发情况也可以实时传送视频信息，提醒警务人员前来处理。除常规活动以外，智慧公安系统还利用机器学习技术协助警务人员进行审讯、预测潜在的犯罪活动，利用生物识别系统搜索追踪嫌疑人员；利用深度学习功能，从海量数据中分析潜在的威胁公共安全的因素。

（三）事后治理转向事前预测

人工智能可以改变维护城市公共安全的工作模式。传统的城市公共安全工作事后应对的现象明显，对一些重大的城市公共安全事件无法做到提前预测。像恐怖袭击和自然灾害等严重威胁城市公共安全的事件，如果能做到事前预测，及早预防应对，则意义重大。人工智能技术的引入可以极大地扭转这种不利局面，运用人工智能技术可以使维护城市公共安全的工作从事后治理转向事前预测。例如在智能化的监控中心，通过数据的实时对比分析，可

① 摩尔定律是指：集成电路芯片上所集成的电路的数目，每隔18个月就翻一番；微处理器的性能每隔18个月提高一倍，而价格下降一半；用一美元所能买到的计算机性能，每隔18个月翻两番。这一定律揭示了信息技术进步的速度。

以有效预测危险事件发生的可能性，及时提醒监控人员做好应对准备，为应对突发事件争取更多的时间。

（四）粗放式治理向精细化、精准化治理转变

城市治理的精细化与精准化是现代城市治理的客观要求，有效的城市治理必将带来稳定的城市公共空间安全。随着城市问题的不断增多，传统的城市治理模式已经无法适应时代要求，需要从治理模式与治理理念上做出改变。城市治理的标准化、专业化、智能化是客观趋势，例如，利用人工智能技术打造的智能警务系统可以实现更加精准化打击犯罪。人工智能技术的成熟极大地推动了城市治理从粗放式治理向精细化、精准化治理转变。

（五）局部安全应用向全面安全应用转变

人工智能在城市公共安全领域的局部应用必将转向全面应用。鉴于人工智能应用于城市公共安全的技术、成本和安全等原因，人工智能在城市公共安全方面的应用仍处在积累阶段。局部应用可以在一定程度上保证应用的安全性，但是会形成信息孤岛，既无法真正做到数据共享，也无法真正发挥数据的价值。随着人工智能边缘计算能力的提高，人工智能将扩展其应用范围，从小规模功能单一的平台向综合性平台发展，最终实现跨平台全覆盖的数据共享与交互。

三　人工智能在城市公共安全领域的应用场景

根据城市公共安全的客观情况，人工智能在城市公共安全方面产生了丰富的应用场景。人工智能技术在城市公共安全风险识别、风险分析、风险评估、风险处置等环节发挥着日益重要的作用。随着5G网络的全面覆盖，利用人工智能可以更加快速地对潜在风险进行有效识别并提醒人们去及时处理，把风险扼杀在摇篮里（见表1）。

表1 人工智能在城市公共安全中的应用场景

功能	社会综合治理	新型犯罪侦查	反恐	智能安防	食品安全	自然灾害预防
计算机视觉	视频监控	面部识别/取证比对	面部识别	面部识别	模式比对	异常识别
语意/音处理	舆情跟踪	情报分析	情报分析	舆情监督	—	—
自然语言处理	资料分析	文本分析	情报分析	文本分析	模式比对	—
决策	自动警报	自动警报	自动警报	自动警报	自动警报	自动警报

（一）人工智能在社会综合治理中的应用

实现有效的社会综合治理是一个系统工程，需要系统地协调多个部门。人工智能在城市综合治理中的广泛应用为市民创造了安定祥和的公共生活空间。目前，在消防、安检、交通等领域都能见到人工智能的身影，这些多是单一应用场景，人工智能的多场景应用仍在探索之中。利用人工智能技术可以实现资源聚集，联通多部门实现数据共享，最终实现多层级、多任务、跨平台的多场景应用人工智能服务平台。

（二）人工智能在新型犯罪侦查中的应用

传统刑侦手段已经不能满足应对新型犯罪的需要，需要借助人工智能技术。与传统犯罪活动相比，新型犯罪活动具有高隐蔽性、高技术性等特性，给案件侦破带来了新的挑战。利用人工智能的图像识别功能、语音识别功能与深度学习功能，可以实现对犯罪线索的持续跟踪与分析。在打击互联网犯罪、金融诈骗和反洗钱等犯罪活动中，人工智能具有明显的优势。

（三）人工智能在反恐领域的应用

恐怖袭击已经成为严重威胁城市公共安全的一大隐患，如何应对恐怖活动对城市公共安全造成的威胁成为一项重要课题。目前在城市反恐中，反恐投入大、消耗多，但效果有限。[①]随着反恐形势的日益严峻，如何运用科技高效反恐成为各国反恐的核心需求。2007年美国国防部就将人工智能技术作为反恐活动的核心技术之一。近年来，我国也着手把人工智能应用于反恐活动来提高公共安全保障能力。把现代信息技术与反恐维稳工作有机融合，推进大数据、人工智能等新技术的深度应用，不断提高信息化、智能化水平，已经成为有关地区维稳工作的指导原则。[②]目前，人工智能技术在反恐行动中的应用主要体现在控制恐怖组织信息传播、解读反恐情报、预防恐怖事件等方面。例如，反恐机构通过利用人工智能的图像识别技术跟踪、删除被标记为恐怖组织的信息，有效地遏制了恐怖组织信息传播。

（四）人工智能在智能安防设备升级改造中的应用

构建基于人工智能的智能安防体系已成为维护城市公共安全的趋势。构建智能城市安防需要大量的智能安防设备。传统的安防设备技术主要体现在光学器件的分辨率和视频数据的存储上，缺少自动分析数据的功能，多用于事后取证，无法做到事前预测。同时，对人力资源的依赖性比较大，公安警力的调度不能保证最优化。基于人工智能的安防设备可以对采集的海量数据进行深度学习，通过行为模式的比对可以使被动防御转向主动预警，通过提取检测对象的属性，实现对目标的智能化跟踪及排查。另外，公安的智能中心可以接入视频监控系统，通过图像识别等技术可以实时分析图像的运动状态，出现异常可以及时通知值班人员，做到及时出警、及时预防。随着我国平安城市、天网工程、雪亮工程建设的不断推进，人工智能在安防领域必将有更大的用武之地。

（五）人工智能在食品安全中的应用

保障食品安全意义重大。食品安全的保障涉及诸多环节，从食材的生

① “The War in Afghanistan: By The Numbers,” NBC News, August 22, 2017, https://www.nbcnews.com/politics/politics-news/war-afghanistan-numbers-n794626，最后检索时间：2020年7月10日。

② 《孟建柱：全力开创社会稳定和长治久安新局面》，http://news.jcrb.com/jxsw/201708/t20170829_1791856.html，最后检索时间：2020年7月9日。

产、包装、运输到最终成为商品都有可能被污染。人工智能参与食品的生产加工可以在一定程度上减少食品被污染的可能性。例如智能化食品包装车间可以做到全自动挑拣与包装，最大程度降低人为污染的可能性。再如，广州打造的“食用农产品溯源平台”实现食品安全智能监管，可以对食品的流向进行全过程跟踪。全链条标准化、精细化、科学化跟踪管理，将人工巡查转变为在线巡查、智能视频审查，将专项整治转变为全程监管。

（六）人工智能在自然灾害预防中的应用

自然灾害巨大的威慑力与破坏力对人类的影响最为深远。几千年来，人类面对自然灾害束手无策。随着经济社会的发展，人类物质财富极大丰富，自然灾害带来的损失也是巨大的，甚至是无法估计的。所以，人们迫切需要提高在预防自然灾害和减少自然灾害方面的能力。最大限度地减少自然灾害带来的损失取决于两个方面，一是人们对已经发生的灾害进行监测的能力，二是人们对未发生的自然灾害精准预测的能力。随着人工智能在预防自然灾害领域中的普遍应用，人类有了预防自然灾害、躲避自然灾害的能力。人工智能在自然灾害预测与监测方面应用最成熟的案例要数气象预测。对台风、特大暴雨等气象灾害的预测与监测，已经可以做到提前一周的时间，为人们做好防护争取宝贵时间。对于地震的监测要更加困难一些，但也取得一定突破。例如，中国科学技术大学和国家地震局耗时六年研发“智能地动”监测系统，该系统能够快速监测到地震波信号，并在1～2秒内报出所有地震震源参数，实现对地震信息的及时通知和预警。相比于传统的人工监测预警来说，其速率提升了3～5分钟，[①] 提高了人们应该对地震的能力。

四　人工智能在城市公共安全领域的前景展望

通过以上分析发现，应用人工智能来维护城市公共安全已成为一种新的

---

① 《中国科大团队首创人工智能全自动地震监测系统》，https：//news. ustc. edu. cn/2020/0225/c15884a413709/pagem. htm，最后检索时间：2020 年 7 月 9 日。

趋势，人工智能在提高城市公共安全保障能力方面优势明显。随着人工智能发展依赖的数据规模的不断扩大、算力的不断提高以及算法的优化与突破，应用人工智能技术的成本将大幅降低，届时将带动相关产业迅速发展。毫无疑问，人工智能在城市公共安全应用方面的前景十分广阔。

然而，应用人工智能技术保障城市公共安全也存在安全隐患。因为，在保障城市公共安全方面引入人工智能的同时，连同人工智能自身的风险隐患也一同引入了。人工智能在城市公共安全方面应用的广泛性与普遍性成为人工智能安全风险的主要来源。这既有人为造成的风险也有技术缺陷造成的风险。这些风险具有一些新变化、新特点，给社会伦理、城市治理与公众认知都造成一定的冲击与挑战。

（一）人工智能在城市公共安全领域的发展前景

有利于构建全国统一的公共安全保障体系。目前，在保障城市公共安全方面还没有形成统一的格局，人工智能的应用有利于构建全国统一的公共安全保障体系。在传统维护城市公共安全过程中，不同城市根据自身实际情况采取的维护公共安全的策略和模式也不尽相同，这就为跨区域合作以及中央统一协调指挥造成一定的困难。随着利用人工智能提升公共安全保障能力上升至国家战略，人工智能技术应用成本的降低以及新型数字基础设施的完善，未来形成全国统一智能化公共安全保障体系的前景十分明朗。

有利于融合多方力量共同维护城市公共安全。从属性的角度来看，城市公共安全归根到底属于公共产品，公共产品严重依赖政府的提供。事实上，政府并没有足够的能力提供全方位的公共安全保障，只能把少量的资源集中在重要领域，如城市反恐、食品安全、自然灾害等领域。城市公共安全的维护需要深入群众，广泛联系群众，但是受制于人力成本和技术手段等条件，群众掌握的讯息不能有效转化成维护城市公共安全的情报。人工智能应用到城市公共安全可以在一定程度上缓解这种局面。比如，通过网格化的管理模式与星罗棋布的智能监控装置、智能巡逻机器人与网络监督机器人，可以有效引导市民以及其他组织参与城市公共安全建设，报告城市安全隐患，及时发现及时解决。所以，人工智能在调动公众力量参与城市公共安全的维护与建设方面有极大施展空间。

有利于全面拉动并催生新的产业链发展。利用人工智能提升公共安全保障能力已上升为国家战略，出于政策导向原因，必将拉动相关产业链发展。维护社会稳定，保障城市公共安全，全面构建安全保障体系需要从软件和硬件两个方面着手。软件层面需要采集海量数据并优化算法，硬件层面需要完善的支持人工智能运转的基础设施和安防设备。中国天网工程与雪亮工程的建设，直接带动并催生了光学仪器、运动传感器等产业的发展，例如海康威视这一龙头企业的崛起。为有效保护人工智能依赖的大数据安全，催生一些专门致力于优化算法和加强数据保护的市场力量，如奇虎 360 在城市公共安全方面的业务。此外，还带动与人工智能相关的 5G、物联网等相关产业快速发展。

（二）人工智能在城市公共安全领域的冲击与挑战

人工智能的应用扩大了城市公共安全的风险范围。传统的城市公共安全风险类型与识别标准已基本成型，但是人工智能的应用冲击了传统风险的划分和识别。例如在城市综合治理中，由于智能硬件设备和网络的漏洞，智慧交通与智慧警务系统遭受攻击的可能性增大了。人工智能技术使攻击成本降低，攻击范围扩大，利用网络漏洞进行的违法犯罪活动日渐增多，犯罪分子通过技术手段获取公众信息并贩卖以牟取利益。这和传统的影响城市公共安全的风险明显不同。例如，2019 年某国内连锁酒店发生用户个人信息数据泄露，成为近 5 年国内最大最严重的个人信息泄露事件。针对人工智能漏洞的攻击将成为威胁公共安全的典型特征。

人工智能在城市公共安全方面的应用对商业伦理产生新挑战。这种挑战主要来源于两个方面。第一，如果要人工智能在维护城市公共安全的过程中实现预期效果，就要利用各种渠道采集海量的个人信息，这也包括个人的隐私信息。如何采集、利用和保护这些信息以及如何实现政府与民众之间的平衡是社会必须面对的挑战。第二，政府如何规范市场力量正确地使用采集到的个人信息，避免个人信息滥用。数据就是财富，当市场主体面对如此海量的数据时，是否能坚持伦理道德底线，保证公众的合法权益。

人工智能在城市公共安全方面的应用为政府治理带来新挑战。这种挑战主要体现在两个方面。一方面，人工智能发展之快远超人们预期，行业标准还未得到统一。目前，从事人工智能产业相关的公司采用的标准和接口不统一，龙头企业争夺标准制定权的竞争还未结束，也没有全国统一的行业协会管理人工智能技术标准。标准各异的人工智能产品应用到城市公共安全建设中，给政府后期的管理带来挑战。另一方面，在一个城市内部，不同行政部门应用人工智能维护城市公共安全采用的模式不同，部门之间无法实现数据共享，数据孤岛、条块分割等问题给政府治理带来挑战。另外，大范围应用人工智能，一旦出现系统漏洞很容易爆发系统性风险。

毫无疑问，人工智能是一把双刃剑。由于人工智能技术在落地和场景应用过程中，有一定的不确定性，带来冲击网络安全、社会就业、法律伦理等问题，并对国家政治、经济和社会安全带来诸多风险和挑战。目前，在人工智能安全问题的政策制定上还处于探索阶段，如何在安全可控的基础上利用人工智能已成为产业界、政府必做的功课。①

五　人工智能在城市公共安全应用方面的建议

面对日益复杂的国际环境，出于国家安全考虑，利用人工智能技术加强城市公共安全，需要全球视野，从国家战略层面进行系统布局，加强完善相关法律法规、加快技术创新、推动多元建设主体的协同、积极参与国际交流促进人才培养。全面推进人工智能在城市公共安全方面的应用，为市民创造一个和谐稳定的公共生活空间。从长远来看，大力发展人工智能在城市公共安全方面的综合应用，有利于实现多部门一体化的社会协同治理。然而，从

① 张传浩、胡传平：《智慧警务视域下的人工智能安全问题研究》，《铁道警察学院学报》2019 年第 6 期，第 103 ~ 108 页。

现实来看，还存在体制机制的设计、法律完善、信息安全、技术创新等一系列问题。这些都需要顶层设计，加强系统思维。

（一）加强顶层制度设计，全面统筹发展

人工智能在城市公共安全领域的应用具有全局性与战略性意义，需要加强顶层设计、全面统筹。人工智能在城市公共安全方面建设主体的多样性以及区域发展不平衡等因素，导致人工智能在城市公共安全方面的应用呈现发展不均衡、不充分等问题。因此，中央可以率先制定国家级发展规划，明确国家标准和发展底线，鼓励有条件的地区设立综合试验区，允许它们先行先试。例如，北京、上海、广州、深圳这样的大城市，技术、人才与资金较为充足，在保障城市公共安全方面可以优先引入人工智能技术。不仅如此，国家还要加强人工智能在城市公共安全方面的统筹规划，不断促进各个部委的垂直融合，逐步减少条块分割和数据孤岛，盘活全国一盘棋。

（二）完善法律法规，明确主体责任

人工智能的发展和应用，不仅给社会伦理造成一定的冲击，而且也增加了法律管控的盲区。目前，在借助人工智能技术加强城市公共安全保障的过程中，政府对参与主体的责任边界、政府与市场的关系、数据保存与开发利用等都没有做出统一明确的说明。存在立法规范不统一，法律效力有限等问题。① 立法部门要充分探讨人工智能在立法中主体地位的确立；明确数据所有权和使用权，防止相关企业不正当利用数据，谋取私利；明确监管部门和监管权力，加强系统安全监管；明确人工智能系统行为的责任主体，确保可以做到追责和惩处。在利用人工智能技术保障城市公共安全的过程中，这些问题都要在法律上做出明确说明。

---

① 欧元军:《公共安全视频监控立法问题研究》,《科技与法律》2018 年第 2 期，第 44 ~ 49 页。

（三）明确技术规范，统一市场标准

国家推动人工智能在城市公共安全领域的建设过程中，要为企业提供一个公平公正的商业竞争环境。人工智能技术平台的建设要制定国家统一标准、规范，保证数据格式、硬件接口的兼容性，建立人工智能行业协会，管理行业发展，防止强势企业对弱势企业进行技术绑架，防止技术垄断。建立国家级城市公共安全人工智能实验室，检验用于城市公共安全建设的人工智能技术和设备安全性是否符合国家标准。另外，对于参与城市公共安全保障建设的市场主体需要要求其不能采用黑箱技术模式，政府要做到全过程的可监测、可控制。总之，要协调统一政府、科研院所与市场主体的责任关系，明确行业技术标准，实现技术的有效衔接。

（四）保持传统手段与新兴手段互补发展

在维护城市公共安全方面利用人工智能技术固然有许多好处，但是也不能丢弃传统手段的使用。人工智能是一个新兴事物，优点和缺点都很明显。重视人工智能让人们从繁重的工作中解脱出来的优点，同时也要看到其存在算法漏洞、系统漏洞的潜在隐患。在人们还没有彻底掌握人工智能的特性，不能确保人工智能百分之百安全的情况下，在关键领域与关键环节还要重视传统手段的利用，保持传统的基本安全管理系统建设底线，保证核心环节的安全性。

（五）创新盈利模式，实现可持续发展

利用人工智能技术维护城市公共安全，需要配套基础设施、专业人才的投入，成本较大，政府可以探索新的盈利模式减轻财政压力。提供公共安全是政府基本职责，利用人工智能依然要坚持政府主导、政府使用、政府监管，企业提供技术和服务的传统模式。在政府与市场合作的过程中，政府和市场主体可以探索新的合作模式进行联合创新，政府可以合法合规地使用数据，适当增加收入，分摊公共安全体系建设的投资和运营成本，保障人工智能在城市公共安全方面的可持续发展。

（六）加强基础理论研究，掌握核心技术

未来在人工智能的发展方面，还要加强基础理论研究，尽早掌握核心技术保障国家技术安全。从人工智能的应用层来看，目前我国处在领先地位，但是从基础理论层来看，我国还处在追赶阶段。人工智能不仅是技术竞争力的体现，同时也事关国家公共安全。未来，我国要加强人工智能人才培养，加强基础技术创新，实现自主知识产权，尤其是要在智能芯片与智能算法上取得突破，保证国家信息安全。

（七）加强国际交流，共同应对风险

城市公共安全的维护需要全球共同努力。当今世界，影响城市公共安全的因素已经突破国界，在全球范围内产生一定的影响。例如，严重影响城市公共安全的恐怖主义活动，全球蔓延的流行疾病与自然灾害，都不是靠某个国家一己之力能够克服的，需要全球多个国家共同努力。为此，要积极吸收全球维护城市公共安全的先进经验，为维护城市公共安全携手共进。

总之，若使人工智能技术在城市公共安全应用方面充分发挥其潜能，需要“软硬兼施”，即注重“制度”建设的同时也要注重“基础设施”的完善。在这轮“新基建”的浪潮中，要抓住机遇完善人工智能基础设施，补齐短板，为城市公共安全建立铜墙铁壁。

参考文献

〔美〕杰瑞·卡普兰：《人工智能时代》，李盼译，浙江人民出版社，2016。

傅瑜、陈定定：《人工智能在反恐活动中的应用、影响及风险》，《国际展望》2018年第4期。

欧元军：《公共安全视频监控立法问题研究》，《科技与法律》2018年第2期。

潘锋、唐建国、李莹、陈霞、胡慧敏：《北京市人工智能对城市精细化管理的支撑研究》，《中国信息化》2020年第4期。

秦挺鑫、徐凤娇、王皖、屈莹、张超：《城市公共安全风险识别标准研究》，《标准科学》2020 年第 6 期。

胥克良：《浅谈人工智能的应用及发展》，《中国金融电脑》2020 年第 5 期。

张传浩、胡传平：《智慧警务视域下的人工智能安全问题研究》，《铁道警察学院学报》2019 年第 6 期。

中国信息通信研究院：《人工智能安全白皮书（2018）》。

B.11
公共安全危机背景下应急物流的需求与供给研究

王　菡*

摘　要： 应急物流是我国应急物资保障体系的重要组成部分，是应对公共安全危机的重要环节和保障。新冠肺炎疫情进一步凸显了应急物流在公共安全危机中的重要作用，也暴露出了很多亟待解决的问题。本文首先深入分析了应急物流的需求、供给及其匹配的特点和难点，然后梳理总结了我国城乡应急物流存在的问题，以及国外较为成熟的应急物流管理体制，最后结合我国国情，研究提出了促进我国城乡应急物流健康发展的优化建议。

关键词： 新冠肺炎疫情　应急物流　供需匹配

突如其来的新冠肺炎疫情席卷全球，截至2020年7月14日，已经蔓延至217个国家（地区），全球累计确诊病例已超过1300万例，死亡人数超过57万例，最高每日新增确诊病例超过20万例。在全球新冠肺炎疫情高速蔓延之际，中国快速控制住了国内疫情，抗疫实力震撼全球。自新冠肺炎疫情暴发以来，中国各级政府迅速响应，积极应对，采取了一系列行之有效的措施，为世界公共卫生安全做出了突出贡献。

---

* 王菡，中国社会科学院生态文明研究所博士后，研究方向：经济学、城市与区域经济、网络经济、金融政策与金融市场等。

社会各界在对突发新冠肺炎疫情的应急响应给予关注的同时，对涉及公共安全危机下的应急管理也给予了极大的关注。习近平总书记在中央全面深化改革委员会第十二次会议上强调，要健全统一的应急物资保障体系，把应急物资保障作为国家应急管理体系建设的重要内容。作为应急物资保障体系的重要组成部分，应急物流在应对突发性公共卫生安全中发挥着重要作用。研究和探讨公共安全危机下应急物流的供需特点和难点，及其有效对策，不仅具有理论意义，更具有实用价值。

一　应急物流的内涵及其特点

（一）应急物流

应急物流是指以提供突发性自然灾害、突发性公共卫生事件、社会安全事件等突发性公共事件所需的物资、人员、资金等应急物资为目的，以追求时间效益最大化和灾害损失最小化为目标的一种特殊物流活动。应急物流用于特殊时期，服务于特殊人群、特殊区域。应急物流的要素构成与普通物流相同，具有空间效用、时间效用和形质效用，然而由于突发公共卫生事件的特殊性，应急物流与普通物流存在很大不同。此外，普通物流既强调物流的时间效率，又强调物流的经济效益，而通常情况下，应急物流的时间效率直接决定了其物流效益的实现。表 1 列出了应急物流与普通物流的区别。

表 1　应急物流与普通物流的特征对比

要素	普通物流	应急物流
流体	物品种类繁多，物品来源单一	救灾物资，种类需求相对特定，物资多主体性
载体	固定的设施与场所	固定、临时的设施与场所共用
流向	由供应商到最终客户，易事先安排	从救援主体到目标主体，目标主体事先难以预测
流速	完成物流的时间一般比较稳定，时间一般因价格、地域而异	尽最大能力缩短完成物流的时间
流量	物流数量短期内稳定，长期变化趋势平稳	只存在于事件突发期间，短期内特定品种需求激增
流程	物流合理化原则作业	受具体环境、人为因素干扰，常使路程发生一定变化

（二）应急物流的供需

应急物流不同于一般产品和物流，存在供需不明确、供需匹配难的问题。本文分析探讨了应急物流的供需特点和难点，包括需求预测难、物资储备有限、供给主体多样性、经济效益弱、供需匹配难等，具体如下。

1. 应急物流的需求预测难

应急物流需求的可预测性是应急物流活动能否顺利展开，高效实施的重要因素。应急物流与普通物流存在本质区别，应急事件具有突发性、不确定性，其发生时间、持续时间、影响范围，以及所需物资的种类、数量、地域分布等各种不可预期因素，致使应急物流存在很大的不确定性，对应急物流的需求难以预测。此外，时间上应急物流滞后于应急事件的发生，为了最小化因应急事件所造成的损失，对应急物流的时效性要求非常高。这种特点使得应急物流作业分秒必争，短时高效，全力保障应急物资及时、完整地运输至灾区。在应急事件发生时，对特定物资的需求激增，随后对特定物资的需求量在时间上和空间上表现出阶段性变化趋势，进一步加大了对应急物流的需求预测。因此，应急事件发生后，对信息的快速收集直接决定了应急决策的科学性。

2. 应急物资储备有限

在应急事件发生后，为保证应急物流的快速响应，除了应急物资的包装、运输、装卸、配送以及信息处理等功能性活动之外，关键是要保障应急物资的储备供应充足。然而，由于受到应急事件的突发性、时间约束的紧迫性，以及实物储备短缺、储备方式单一、承储机构技术手段落后等因素限制，在对特定物资的需求激增时，应急物资储备一般表现为供不应求。来源于政府、企业、基层社区组织、志愿者、国际组织等各群体的人力、物力与财力的援助为应对应急事件起到至关重要的作用。

3. 应急物流的供给主体多样性

在突发事件发生之后，对特定应急物资的需求猛增，而当地应急物资储备有限、家庭应急物资储备有限，导致对应急物流的需求量增长，政府、军队、商业物流等多方力量的参与，为及时有效的完成物资的调配发挥了重要的作用。而且，不同的突发事件具有不同的本质属性，进而要求应急物流做出不同的应对，比如此次突发的新冠肺炎疫情具有传染性，导致对应急物流的自动化、智能化水平要求很高，京东、顺丰等现代物流企业提供的无人配送车、无人机等配送模式发挥了其独特优势。

4. 应急物流的经济效益弱

经济效益是物流运营中一个必须考虑的目标，应急物流作为一种特殊的物流，具有经济效益弱、社会公益性高的特点，普通物流的经济效益原则不再是物流活动的核心目标。战时应急物流和抗险救灾应急物流属于纯消费型的应急物流，时效性强、物资消耗巨大。因此，在制定应急预案时，需在最小化灾害损失目标前提下，最大化其经济性目标，综合分析突发事件的影响程度、范围以及经济性因素，权衡应急物资筹措和采购、物资储备、应急物资的运输和配送等，统筹整合和调配，将成本控制在最低范围内，提高物资的利用效益。此外，应制定相应激励政策，鼓励具有追求经济效益高目标的企业、民间组织积极参与，以分担政府以及国有企业的供给负担。

5. 应急物流的供需匹配难

应急物流的特殊性决定了其供给和需求的匹配问题很难解决，一方面，应急物流的需求难以明确和量化，应急事件所需物资种类事先不确定且往往表现为供不应求，韧性不足；另一方面，应急物流的信息化水平不足。应急物流的高时效是应急响应的关键，将应急物资及时有效的送达物资需求者手中才算发挥其效用和价值。面对信息不对称、应急物流联动机制不畅等问题，需要尽可能地解决应急物流信息的精准可视化呈现、应急物资与应急物流的高效对接等问题，然而，目前应急物流的智能化、自动化水平远远不够。

二　公共安全危机下我国城乡应急物流存在的问题

成熟的应急物流可以在一定程度上有效解决应急物流的供需不明确、供

需难匹配、难对接等问题，然而，目前我国城乡应急物流的发展尚不成熟、不完善、不健全，集中表现为以下几个方面。

（一）应急物流信息化能力有待提升

物流信息化是现代物流发展的重要技术支撑，通过加强物流信息化建设，打通物流信息链，对现代应急物流的发展至关重要。我国应急物流供需匹配的信息化水平较低，主要表现为，一方面，应急物流的供需信息不明确，在应急事件发生之时，应急管理部门不能及时有效的整体掌握应急物资的需求和供给，以及应急物流的运力、存储收发能力等信息，难以对接应急物流的需求和供给，导致对应急物资的调配效率低下。另一方面，社会化和市场化的企业物流公司参与不足，应急物流的运输专业化水平不高，新冠肺炎疫情期间，面对激增的物资需求，生鲜冷链物流、农村物流、废弃物流、医药物流等分支物流需求被放大，导致现有的小众物流资源无法满足短期被放大化的需求。通过多方共建统一调度应急物流信息平台，及时有效的整合信息流、资金流、物资流、人流等数据，实现应急物流的供需无缝对接和智能匹配，实现政府、企业、民间组织的相互联系和协作，确保应急物流的高效运作。

（二）应急物资储备体系有待完善

在应急物流作业过程中，应急物资是整个应急事件能否顺利解决的关键因素，尽管我国在应急物资储备方面取得了长足进展，但应急物资储备体系的不完善已成为制约应急物资储备工作乃至影响突发事件应急处置的重要因素。主要表现为，一方面，应急物资储备的相关行政管理部门之间联动不足，行政管理部门对社会力量的协调困难，以及对应急物资的统筹调配不畅，这不仅是源于缺乏实战经验，更是源于信息不对称、职责不明确、法制保障不足等方面的原因。另一方面，我国应急物资储备模式单一，主要是以政府为主导的实物储备，与企业、民间组织等相关的合同储备和生产能力储备所占比重很小，导致政府和国有企业的负担过大。吸引大量的市场化主体参与到国家储备的建设中，不仅有利于减轻政府和国有企业的负担，还有助于增强储备的韧性和弹性，增强应急物资储备的供给能力。

（三）应急物流保障机制有待完善

法律法规的保障以及政府、企业、基层社区组织等参与者的权责明确，在面临突发性公共卫生事件时起着举足轻重的作用。然而，我国现行与应急物流相关的法律保障体系尚且不足。主要表现为，一方面，我国应急物流保障体系大都比较笼统，缺乏针对性，包括应急物资的品种细则，应急物流的物资储备、装备、配送、分发等以及政府、军队、企业、民间组织等各参与主体的权利、义务和责任等。另一方面，相关法律制度内容陈旧，大量部门规章是在十几年前甚至二十几年前制定的，而近年来国家安全危机、经济社会生活发生了明显的变化。随着应急物流体系、应急物资储备体系的信息化水平和专业化的提升，与此相关的法律法规需要逐渐得到更新、补充和完善，以保障应急物流的运作、应急物资的供应等各个环节的高效运作、各行政管理部门之间的统筹联动以及明确各参与主体的权利、职责和社会使命。

三　公共安全危机下国外应急物流

美、日、德等国家经过多年发展，大多形成了制度相对健全，机制较为成熟的应急物流管理体制，可为我国在应急物流方面的工作提供借鉴和参考。

（一）美国常设救灾物流专门机构

美国将应急管理纳入国家整体安全战略，由隶属于国土安全部的联邦应急管理署（FEMA）负责。FEMA 实行集约化和专业化管理，以州为主，上下联动，管理高效、权责分明。FEMA 有权支配“总统灾害救助基金”，用于资助大部分的联邦救援行动。FEMA 建立财政管理信息技术平台，在提高灾情数据分析水平的同时，简化救灾拨款流程，加强拨款监督管理。FEMA

注重加大灾前预防支持力度，比如通过与社会各界合作，开展多种形式的灾害预防教育；与金融部门合作，增强人们的储蓄意识等。

（二）日本实行分阶段管理，重视第三方物流公司

日本政府形成了以行政首脑指挥，综合机构协调联络，中央会议制定对策，地方政府具体实施为特征的应急管理模式，各级政府防灾管理部门职责任务明确，工作程序明确。对应急物流施行从政府、军队负责到第三方物流公司分阶段管理模式，特别是在应急事件持续后期，几乎全权委托第三方物流公司。相对于相关政府部门，商业物流公司具有专业的运输体系，规模化优势，以及信息化水平程度高等优势，在提升保障效率的同时，降低物流成本。

（三）德国实行分权化和多元化管理，注重民间组织

德国灾害预防和救治工作实行分权化和多元化管理，注重政府部门、民间组织以及志愿组织等共同参与和协作。德国是建立民防专业队伍较早的国家，除了消防、医疗救护之外，还具有一批接受过一定专业技术训练的民防队伍专门从事民防工作。此外，德国注重使用技术援助网络等民间专业机构，收集相关应急事件的信息资料，并将救灾物资迅速调拨配送到指定救助地点。

四　公共安全危机下我国城乡应急物流的优化建议

基于在新冠肺炎疫情中，我国应急物流所呈现的优势和暴露出的问题，以应急物流的供需信息明确、供需匹配高效为目标，从探索构建应急物流数字化信息平台，以实现应急物流信息的精准可视化；加快建立健全统一的国家应急物流管理体系，以实现应急物流需求与供给的智能匹配；加快完善应急物资储备体系，以实现应急物资的弹性供给；加快推动应急物流新业态新模式创新发展，以实现应急物流的数字化转型等四个方面，有针对性地提出公共安全危机背景下我国应急物流的优化建议。

（一）探索构建应急物流数字化信息平台

为了更好地开展应急工作，依托主管部门，结合各部委的职能划分，鼓励支持企业、民间组织等的参与，基于5G、互联网、物联网、云计算、人工智能、区块链、北斗卫星导航等新兴前沿技术，归纳、整合、共享并实时更新人力、物力、财力、信息、交通运输、应急预案等各方面应急资源，以共建共享的模式建设覆盖全域的应急物流数字化信息平台，实现应急物流信息的精准可视化呈现。打破重复建设、信息孤岛、数据毁失等问题，加强应急物资信息的互联互通，助力政府及时对突发形势做出研判和各参与方的协同协作；集中管理，统一调拨和配送，提升分发专业化水平，优化应急物资组织方式，提高物资配置效率，实现各方资源的高效率利用和应急物资供需的高匹配。

同时，需要制定相应的保障机制和激励机制，以确保应急物流运营管理的规范有序，有效防范市场化风险。比如，可以通过制定相应的法律法规，加强应急物流的监督管理，确保应急物流及时有效的匹配和应急物资的及时供应；制定健全且可行的激励机制，促进信息共享，同时激励供需双方规范操作行为。

（二）加快建立健全统一的国家应急物流管理体系

依托5G、互联网、物联网、大数据、云计算、区块链、北斗卫星导航等新一代信息技术，统筹调配和整合物资信息、物流运输信息、供需信息、通行环境、后勤保障等，打破体制和制度壁垒，构建基于政府、军队、企业、基层社区组织等多主体深度融合的国家应急物流管理体系，特别是加强支持中国邮政、顺丰集团、菜鸟网络、京东集团等现代物流企业的参与，将现代物流企业纳入国家应急物流管理体系中来，充分利用现代物流资源，实现与现代物流企业IT系统的无缝对接，精准调度全网运力，实现车辆信息与货物运输信息的智能匹配、智能拼单，提高应急物流匹配效率和运输效率。夯实应急物流供应链发展，优化仓储设施、运载设施、配送中心、分拨中心、网络通信等，强化应急物流新型基础设施建设和运输绿色通道建设。

借鉴美、日、德等发达国家在应急物流方面的有益经验，建立健全应急物流法律体系，确保有法可依、有规可循，确保应急物流的长期健康发展；建立顺应我国国情的应急物流联动长效响应机制，确保应急管理部门与现代物流企业的有效联动，以及应急物资储备和应急物流的高效匹配；建立多元化补偿机制，明确和细化参与者的权责义务；加大供应链、物流人才培养力度，为国家提供一批专业的高素质人才。

（三）加强政企合作，建立完善应急物资储备体系

建立国家储备和民间储备相结合的结构化应急物资储备体系，充分整合利用各种社会闲置仓储、地方生产力、企业生产力等多方资源，由原有的政府仓库式储备转变为政府仓库式储备和企业市场化储备相结合的储备体系。从法规标准体系方面发力，完善长效管理机制。首先，政府仓库式储备要依照相关部门评估，切实根据地方人口数量、所在区位和自然条件等要素确保库存，以备应急之需。其次，制定税收减免等优惠政策，注重弹性式发展和引入企业市场化储备，比如发展动态化地生产性储备，在满足日常正常流通的同时，确保应急事件发生后，能在短时间内生产和筹集足够的救援物资。最后，管理机制方面，须依据现有法律法规制定实施细则，明确突发事件的执行主体、协调机制以及应急物资储备的品种、规格、规模、结构等具体规定；须制定完善应急物资储备标准，加快推进应急物资储备的产品标准与国际接轨；须建立全面监控产品质量的监管体系和考核检查制度。

（四）鼓励技术创新和机制创新，加快推动应急物流新业态新模式创新发展

以无接触配送、无人机自动分拣等为代表的智慧物流设备在应对新冠肺炎疫情中优势凸显。相关政府部门应继续大力推动人工智能、物联网、云计算、区块链、北斗导航信息系统等新一代信息技术与物流配送深度融合，推广无人配送、无人机分拣等技术的广泛应用和普及，特别是在城市末端配送

中的应用，提升末端配送的服务品质，充分发挥智慧物流在提高应急物流保障能力等方面的重要作用，推动应急物流配送的数字化转型。同时，鼓励支持试点企业在冷链物流、农村物流、废弃物流、城市配送等重点物流领域推广无车承运物流模式，探索无车承运模式与多式联运、共同配送等先进运输组织方式的融合应用的发展路径，充分发挥试点企业的引领和示范带头作用，引导试点企业与供应链上下游企业开展多种形式的联盟合作，增强辐射带动能力，有效带动物流产业结构转型升级，促进物流降本增效，推动物流向操作无人化、运营智能化、决策智慧化方向发展。

参考文献

陈慧:《我国应急物流体系存在的主要问题与优化建议》,《中国流通经济》2014 年第 8 期。

高东椰、刘新华:《浅论应急物流》,《中国物流与采购》2003 年第 23 期。

国家邮政局:《国外应急物流发展现状》,《中国邮政报》2020 年 3 月 12 日。

蒋宁、张军:《应急物流系列讲座之九　国外应急物流发展现状与特点》,《物流技术与应用》2009 年第 3 期。

欧忠文、王会云、姜大立、卢宝亮、甘文旭、梁靖:《应急物流》,《重庆大学学报》(自然科学版) 2004 年第 3 期。

《习近平主持召开中央全面深化改革委员会第十二次会议强调:完善重大疫情防控体制机制　健全国家公共卫生应急管理体系》,《中国建设信息化》2020 年第 5 期。

袁强、张静晓、陈迎:《建立我国应急物流体系的构想与对策——基于新冠肺炎疫情防控的经验教训》,《开放导报》2020 年第 3 期。

周若兰、郑琰:《突发公共卫生事件应急物流管理现状及问题研究》,《物流科技》2020 年第 4 期。

社会治理篇

Social Governance Chapters

B.12 城市公共安全多元合作治理研究

李红玉*

摘　要： 城市公共安全的管理、协调和保障，需要从制度层面、机制和政策层面、社会舆论层面、技术支撑保障层面等进行系统设计。城市公共安全涉及领域和主体众多，在保障城市公共安全、应对公共安全风险和事件的整体设计中，如何实现有效的多元合作至关重要，目前城市公共安全的多元合作还是我国在城市公共安全治理中的一个短板领域，亟须进行机制设计和创新推进。

关键词： 城市　公共安全　多元合作

* 李红玉，中国社会科学院生态文明研究所副研究员，城市政策与文化研究中心主任，研究方向：城市政策与城市经济。

城市公共安全是城市运行中公众及其各类活动的秩序和安全。各城市政府应对本城市的公共安全，进行行政管理、协调和保障。城市公共安全包含城市的多种安全，对城市本身而言，有城市的自然生态安全、空间安全、经济安全、社会稳定安全等，对生活于城市中的各类人群而言，有治安安全、卫生与食品安全、个人信息安全、客货运交通安全、消防与生产安全等。公共安全出现风险或受到破坏，产生了较大影响和后果，就会形成公共安全事件，如洪涝、地震等自然灾害事件、疫情等公共卫生事件、重大生产事故灾难事件、威胁社会安全事件等。在现代社会中，根据公共安全事件发生的机理和过程，城市公共安全又可分为传统和非传统安全，上述的公共安全领域基本属于传统公共安全，而非传统公共安全，即在生物领域、生态环境领域以及人的社会心理领域的安全问题等也日益受到关注。

一 我国城市公共安全现状特征

近年，由于气候变化、城市化进程加快，以及我国社会转型的改革创新不断深化，我国的城市公共安全问题日益突出并面临诸多挑战。

（一）我国城市公共安全概况

近年我国城市公共安全状况处于总体向好但复杂多变的状态。据《小康》杂志发表的平安小康指数[①]显示，自 2005 年至 2020 年，我国平安小康指数总体呈现上升趋势，城市公共安全状况向好，不同阶段或年度，社会关注的公共安全焦点问题不同（见表 1）。2018 年 1 月中共中央办公厅、国务院办公厅印发《关于推进城市安全发展的意见》（以下简称《意见》），《意见》要求在进行城市公共安全治理中，要改变传统低效的治理模式和治理对象碎片化现象，要强化综合治理、防患未然，提高监管的技术化水平，构

① “中国平安小康指数”：由《小康》杂志组织调研编制，分别从社会治安、卫生安全、生产安全、经济安全、心理安全等 5 个方面进行衡量，自 2005 年起逐年发布。

建高效的保障机制。我国各城市积极响应《意见》，对城市公共安全治理做出了各有特色的探索，取得了显著成效。根据中国小康网《2018 中国平安小康指数》调查，我国的特大城市和大城市在城市公共安全治理中的成效尤为突出（见表 1）。

根据中国小康网（http：//www. chinaxiaokang. com/）"2018 中国平安小康指数"调查，受访者从中国所有的直辖市及省会城市中选出自己心目中最安全的城市，结果选择北京的人最多，其次是选择上海的人，杭州列第三位，排在第四至十位的依次是：天津、广州、济南、贵阳、南京、成都、合肥。

表 1　中国平安小康指数表

	社会治安	卫生安全	心理安全	生产安全	经济安全	平安小康指数	受调查公众关注的焦点
权重(%)	24	24	20	16	16	100	
2005 年	71. 2	58. 8	64. 8	71. 5	65. 0	66. 0	食品安全
2006 年	67. 0	57. 9	65	70. 7	64. 3	64. 3	食品安全、环境安全
2007 年	67. 5	58. 5	65	70. 4	64. 6	64. 9	食品药品安全
2008 年	68. 1	57. 8	65. 1	70. 2	64. 2	64. 7	食品药品安全、自然灾害问题
2009 年	71. 1	59. 8	67. 8	73. 1	64. 2	66. 9	腐败问题、食品药品安全
2010 年	74. 0	62. 3	70. 4	76. 1	65. 5	69. 4	食品安全、社会治安
2011 年	76. 0	63. 9	71. 7	77. 8	66. 6	71. 0	食品安全、社会治安
2012 年	79. 2	65. 6	73. 1	79. 8	69. 4	73. 1	食品安全、腐败问题
2013 年	82. 3	67. 5	74. 6	81. 7	70. 1	75. 2	食品安全、腐败问题
2014 年	83. 5	67. 7	75. 8	81. 8	71. 6	76. 0	食品安全、卫生安全
2015 年	83. 9	68. 3	76. 1	82. 2	72. 1	76. 4	
2016 年	85. 7	69. 8	77. 7	84	73. 8	78. 1	食品安全,医疗安全
2017 年	90. 0	74	82. 2	88. 1	77. 7	82. 3	食品安全,社会治安
2018 年	92. 7	81. 9	88. 6	91. 0	85. 5	88. 0	食品安全、自然灾害问题
2019 年	95. 2	89. 1	92. 4	94. 7	92. 5	92. 9	食品安全、信息安全

资料来源：《中国平安小康指数 2005 ~2019 年》，中国小康网，http：//www. chinaxiaokang. com/zhongguoxiaokangzhishu/。

从表 1 可以看出，我国城市安全在近 10 多年间整体上显著改善，但部分指标仍然具有较大的不稳定性，通过同一调查工作还可以看出，食品药品安全、医疗安全、社会治安、信息安全等是社会公众长期关注的焦点，这些领域对城市运行影响大，涉及面广，亟须开展多元协作治理。另外，2020年初暴发的新冠肺炎疫情，也表现出城市安全的脆弱性和多元协同治理的重要性，根据国家疾控中心数据显示，截至2020年7月底，我国累积确诊人数超过87000人，死亡4665人，造成经济损失以万亿计，在应对新冠肺炎疫情中，我国采取了社会总动员，政府、街道、社区多元合作的治理模式，取得显著成效，是城市公共安全多元合作治理的重大探索。总体而言，近年我国城市安全风险处于走高通道，并且面临诸多不确定性和新挑战。

（二）我国城市公共安全的内在规律分析

我国城市公共安全风险主要表现为多要素集成和向特大城市富集的特点。

其一，城市公共安全风险诱发因素、质变因素和助推因素，分别在城市公共安全问题出现的前期和发生过程中起作用，这些要素共同作用，造成城市公共安全灾难，因此，要预防和治理城市公共安全风险，不能从单一要素入手，而应从影响要素的相互作用机理入手，系统化地化解风险。很多城市公共安全风险在爆发之前就已经有征兆，并且很多都是人为可控的因素，在三大因素中，“质变因素”是城市公共安全的潜在隐患，是造成城市公共安全事件的根本和直接因素，但是，通常只有在诱发因素出现，诱发了质变因素产生作用后，才会出现公共安全事件甚至灾难，因此，应该对“诱发因素”给予充分重视，通过防控诱发因素，为治理质变赢得时间，这是我国城市公共安全长期以来忽略的方面。另外，对于助推因素也应给予更多关注和预警，如社会舆论、环境脆弱性等因素，常常造成城市公共安全事件扩大化和时间上的延长，放大了公共安全危害，造成新的公共安全不确定性，因此应制订相应的防控政策和制度，将助推因素控制在最小影响。上述三种因素互相作用，会不断酝酿和集聚公共安全风险，并使得公共安全风险向外扩散和严重化，最终导致爆发，形成重大公共安全事故。城市公共安全的管理与治理的根本目的就是需要最大限度将诱发性和助推性因素的影响控制在最低程度，而这两方面的因素涉及全社会多个部门、多个领域、多种人群和组织，因此，无法将城市公共安全的管理和治理限定在任何一个部门或机构，只能采取全社会多元合作的模式协同行动。

其二，特大城市是公共安全高风险区，治理任务艰巨。特大城市的人口、社会、经济、生态环境各种要素高度集聚，城市公共安全的影响因素繁多，相互关系交织复杂，不确定性强，任何一个要素出现问题，都会产生连带效应和放大效应，因此，特大城市的公共安全脆弱性和敏感性远远强于中小城市。同时，特大城市公共安全治理的难度和复杂性也很强，由于人口众多、幅员面积大，政府部门机构庞大，在公共安全预警、隐患排查、灾害应对、社会安抚、后续处理等方面，任务与反应能力常常不匹配，反应滞后，应对不力，造成风险快速集聚和蔓延等，成为大城市病在城市公共安全治理领域的典型表现。另外，近年随着城市间人口流动性不断增强，特别是人口不断向特大城市集聚，短期停留和旅游人口增长显著，对我国特大城市的公共安全治理能力提出了新的挑战，按照传统的户籍人口或者常住人口配置公共安全治理能力的模式已经不能适应新的形势，一些特大城市多次在重大公共活动中发生严重安全事件，亟须强化特大城市的公共安全治理能力，创新治理模式。

其三，改革与社会转型为城市公共安全管理带来新挑战。目前我国正处于构建新型社会主义市场经济体制的改革转型期、经济发展的调整期、城市化的快速发展期。30 多年来，我国城市经历了市场化、工业化、快速城市化和农村向城市移民的发展阶段，经济社会发展取得了辉煌成就，但发展也带来很多新的问题，城市经济结构和社会结构都在发生变化，人的价值观也趋向多元化，快速城镇化进程也造成了城市公共安全保障能力不足问题，在农村转移人口之外，不同能级之间城市人口的流动量也在加大，这些现象，一方面可能产生出新的公共安全隐患，另一方面，也对公共安全保障提出了新的要求。另外，城市内各政府部门职能转换造成部分职能缺位或缺口，个别领域产生了社会调控能力弱化现象，从而影响了城市公共安全的整体调控和整治的效果。

其四，非传统公共安全领域公共安全问题日益凸显。随着我国城市公共服务信息化水平的不断提高和覆盖面的不断扩大，信息安全成为全社会关注的焦点。“2015 中国平安小康指数”调查结果显示，27.5% 的人选择了政务管理运营平台为最关注的安全问题，政务管理运营平台的公共信息层面较高，主要涉及公安部门、法院系统以及政府各部门，机密信息泄露对当地乃至国家产生较大影响，同时，公众个人信息安全也日益成为全社会关注的焦点。另外，如社会心理安全、校园安全等问题也越来越成为对公共安全威胁严重的领域，这些领域，涉及政府、企业、公众多方面，亟须协同治理、有效化解和应对新的公共安全风险。

总之，我国城市目前正在进入相对高风险阶段，面临诸多公共安全隐患和治理瓶颈问题，亟待在政策、机制和体制领域进行创新。

二　我国城市公共安全治理存在的主要问题

目前我国城市特别是特大城市公共安全风险形势日益严峻，在多元协同、信息共享、社会共识等方面对公共安全治理提出了多方面的挑战。

（一）公共安全治理区域联动机制有待进一步加强

目前我国公共安全治理的区域联动机制已有雏形，包括国家与省（区市）之间的联动、省（区市）之间及其与所属城市的联动，以及各个城市和乡镇、社区之间的联动，但在实际运行中，纵向联动机制发挥作用较大，国家层面有应急管理部统筹安排公共安全治理行动，公共安全治理行动能够从国家到省（区市）到城市形成逐级响应，城市向县区和乡镇、社区的响应尤为顺畅，但是省（区市）之间、城市之间的区域横向联动响应不足，缺乏协同机制。目前很多地区都在探索如何构建行之有效的区域横向联动机制，珠三角地区和长三角地区的公共安全治理联动平台建设就是这方面的有益探索，珠三角目前正在推进包括泛珠三角地区城市群的华南地区公共安全治理联动反应机制，长三角地区从城市社会治安合作入手，首先在上海、江苏、浙江三地依托公安系统的跨区域协作网络，开展社会治安警务合作联动，统一行动治理行政区划交界地带的社会治安问题，取得显著成效。总之，目前我国的区域合作横向机制及行动协同能力，与日益复杂研究的公共安全形势相比，仍然需要进一步强化，纵向协同机制需要进一步提高响应的效率和力度。

第一，公共风险应急联动法制建设滞后，配套政策制度缺位较多。我国现阶段关于公共风险防控联动的法规依据是《中华人民共和国突发事件应对法》（以下简称《应对法》），此法规于 2007 年颁布实施，此后十多年正是我国城市化快速发展时期，城市规模扩大、人口激增，已经无法适应新的发展形势，另外，此《应对法》未明确应急管理和应急联动过程中政府间的权限从属关系和实施程序，也缺乏行动指南和激励、纠错及问责规定。第二，缺乏统一的标准和协同的行动安排，有的城市有专职应急服务中心，有的城市依托原有的灾害应急防控中心或者公安部门，不同的机构处理突发公共安全应急事件的程序、行动方案不同，造成各城市间难以统一行动，并且会出现各城市响应部门不同、管辖权不同，信息无法对接等现象。第三，目前各城市的应急联动能力总体薄弱，相关利益共同体合作意识淡薄，在重大公共安全事件发生时缺乏快速协同响应的动力机制，不能立足全局进行预先性的防控，从而造成全局性公共安全风险应对被动。另外，公众和社会组织、企事业单位，也是应急联动体系的利益共同体，但由于信息传播受阻、预防演习不到位，造成风险意识和与政府的联动应对意识缺乏，出现“应而不急，联而不动”的无效应对状态。

（二）城市公共安全治理基层能力薄弱现象亟待改变

我国目前的城市公共安全治理体系存在层级多、部门职能分割，末端治理能力薄弱等问题，表现为自上而下治理效能递减，部门横向沟通断崖等现象，并且城市公共安全的治理，主要成为政府相关部门的任务，较少吸收社会公众和市场力量参与，因此无法形成一个全社会的行动有力的城市公共安全治理网络。一方面，造成公共安全信息无法共享，治理资源无法协同，另一方面，常常出现风险预防控制形式化，末端层级应急救援能力不足，另外，中间层级在公共安全治理中权责过于集中容易形成向上和向下的通道阻塞，影响公共安全治理时效。

（三）公共安全危机的社会共识不足

只有政府与城市公众达成公共安全危机共识，才能有效行动应对危机，目前政府与公众的公共安全意识断层问题较为突出，由于缺乏沟通机制，对公众的公共安全宣传教育投入较低，社会公众和城市各类机构组织关注、认同、支持城市政府关于公共安全的信息和措施不足，常常出现信息不对称、技术应用无法推广、应急反应行动无法高效率执行、公众对于政府的危机应对措施不参与等问题，很多突发公共安全演习等流于形式。要有效促进政府与公众达成公共安全危机的及时和充分的社会共识，首先需要政府进行宣传引导，通过政府网站、各类媒体等进行公共安全知识普及、危机应对教育，同时要将城市公共安全危机教育纳入中小学教材和社区教育体系，培养社会公众对公共安全危机的关注意识、应对意识、协同行动意识，并培养公众的危机应对能力，从而在面对危机时，能快速有序反应。

（四）城市公共安全信息共享机制有待建立

公共安全信息是政府应急部门和社会公众及时获取公共安全预警信息的主要渠道，对突发公共事件的应急处理至关重要，虽然我国已经制订了国家突发公共事件预警信息发布系统的建设目标和内容，各城市初步具备了公共安全风险监测与预警能力，但在公共安全信息的动态更新、共享互动等方面仍然亟待加强。

一方面，公共安全风险相关信息传输滞后、真实性不足，完整性缺失，甚至出现对公众的误导，造成公众对政府信任度下降，还增加了行政成本，同时，由于信息共享不充分，舆情监控和应对迟缓低效，新媒体作为信息高效传播工具，信息传播面广，信息量大，传播速度快，当城市重大公共安全危机突发时，常常成为第一和主要信息源，造成政府与公众之间的信息断层，政府和公众都对所传播信息的可靠性无法甄别，容易对所获得的信息无限放大，造成多元主体的社会对立心理，其传播带来的破坏性直接影响到社会安定。另一方面，应急监测数据相对分散，信息孤岛普遍存在。很多政府职能部门在公共安全信息管理中各自为政，造成数据标准不统一、缺乏对接工具，从技术上难以实现信息共享和及时反馈沟通，信息的真实性也无法互证，因此大大降低了信息利用的价值和有效性、及时性，而且常常造成信息采集不充分和信息覆盖不完整现象，结果公共安全治理决策只能依据单部门信息，造成政策的片面性和政出多门。

三　我国城市公共安全多元合作治理对策

构建部门协同、信息共享、公众参与的城市公共安全防控和应对机制，充分实现城市社会对公共安全治理的系统化和一体化，是我国目前城市公共安全治理的关键所在。

（一）要构建多元化、扁平化治理模式

首先，要通过立法手段和任务清单制度，构建多部门联动的机制体制，修订《中华人民共和国突发事件应对法》并以其为总纲，制订涉及城市公共安全的各类突发事件的单行法和程序法，相应制订有关的政策和实施方案。实施方案应具有法规效力，在实施方案中，需要明确应急联动的具体路径和具体措施，实现信息、物资、人力、交通安排等方面的系统性安排。通过法律明确各政府职能部门的职责和相互间的接口，同时，要合理分解职能部门与属地责任，实行主管责任与属地责任相结合的责任追究制度，既要精简职能部门对属地的行政性检查任务，又要明确职能部门和属地的分管责任，同时还要防止出现部门与属地在公共安全治理中的空白和缺位，构建“政居社群”协同参与现代城市治理的共治新秩序，改变“主管部门责任淡化、属地责任难以落实”的公共安全治理困境。

另外，要在改革城市管理体制方面借鉴国际先进经验，如实现公共安全管理扁平化、短链条、灵活快速反应等，需要一方面对现有的管理层级、职能部门进行精简整合，另一方面，要设计政府部门——社会组织——城市社区居民间相互融合一体的城市公共安全治理的通道。

（二）要推动实现城市公共安全信息多元合作

要创新城市公共安全信息全社会共享的技术支撑和政策支持。构建城市公共安全大数据应用技术、城市灾害事故仿真技术开发平台，实现多源数据融合与安全共享的统一架构及技术标准，以“数用分离，智能驱动”新模式打造开放、共享、融合、关联的公共安全数据治理新体系，研究开发城市自然灾害、重大疫情、生产安全、消防安全、社会治安等领域监测预警、综合监管和快速处置智能系统，建立感知型、智能型、防范型城市公共安全风险防控示范平台，实现公共安全风险相关信息充分及时公开发布，并对重大公共安全事件的应对和预警政策制订提供充分支撑，从而形成智能化的公共安全信息保障体系。

面对目前城市政府各职能部门相关的公共安全信息封闭，互不衔接的状况，要在政府层面构建公共安全的行政信息共享共用制度，建立信息指标标准、信息互通接口、信息联动更新程序一体化的城市公共安全信息管理平台，从而改变公共安全信息的“孤岛”问题。通过信息共享实现高效决策、有效分工、协同行动。

（三）要强化风险沟通，构建人群共识

城市公共安全治理是涉及多个利益相关主体的复杂问题，其本质上是多主体博弈，只有充分和有效地进行风险沟通，实现城市公共安全治理全社会多元协作才有实现的可能。因此，要第一时间传递和共享城市公共安全风险相关信息，并及时对社会公众的信息反应进行有效和充分回应，在此基础上，进一步构建多元参与的决策形成机制，从而形成城市各类主体间的良性互动格局，是应对城市公共安全风险的重要举措。一方面，政府作为城市公

共安全管理的主要角色，要具备高水平的沟通合作能力，主动作为，形成风险沟通多主体的良好关系质量，另一方面，要特别关注社会底层人群、边缘人群等沟通合作能力较低的社会群体，避免使之排除在沟通合作之外。通过充分的风险沟通，可以构建高效的城市公共安全多主体协同网络，进而达成全社会防范和应对公共安全风险的社会共识，形成全社会协同一致的行为导向。

（四）要健全应急能力培养机制和人才培养体系

针对我国应急管理人才匮乏，应急能力建设有待提升的状况，要大力推动城市公共安全相关职能部门的人力资源共享体系建设，各相关职能部门要在人才教育培养、应急技能培训、应急风险评估、应急防控信息管理等方面的人才建设进行分工合作，在重大突发事件发生时，第一时间相互协作成立应急响应团队，及时有效应对突发公共安全事件，同时为上级领导提供充分的决策依据。同时，还要构建完善的应急团队奖惩机制和岗位责任清单，形成集储备—响应—决策支持为一体的现代城市公共安全风险应急人才体系。

总之，城市公共安全风险具有很强的复杂性和系统破坏性，任何一个政府部门或者社会组织都无法独立承担响应和应对的任务，需要政府相关职能部门间、政府部门与社会群体、家庭乃至个人的全面参与，协同行动。不同的主体，既要发挥优势提供资源，又需要进行协同行动，形成合力，并且实现信息真实和共享，从而有效应对公共安全风险，将损失降低到最低程度、最短时间。要实现上述城市公共安全的多元合作治理，需要创新体制机制，在人才建设、科技投入、信息化网络化联通、行政管理等方面，构建城市公共安全多元联动新机制。

参考文献

叶飞：《北京重大活动风险评估与控制工作实践与思考》，《城市与减灾》2019 年第 5 期。

范维澄:《安全韧性城市发展趋势》,《劳动保护》2020 年第 3 期。

曹惠民:《城市公共安全风险的生成机理及其因应策略研究——基于 HY6 · 29 重大事故的案例研究》,《中共杭州市委党校学报》2019 年第 5 期。

张宇栋:《城市公共安全管理存在的问题及其解决途径》,《城市问题》2018 年第 11 期。

李凡:《城市公共安全背景下应急联动体系探析》,《中国经贸导刊》2018 年第 6 期。

朱炜、田思琪:《我国特大城市公共安全现状及立法需求研究——以上海为例》,《中国名城》2017 年 4 月。

B.13
我国应急宣教及国民应急素养的现状、问题和对策

苗婷婷*

摘 要： 应急治理能力提升的关键在人，但一个人和一个社会群体的灾害处置能力不是天生的，而是后天的教育和训练形成的。因此应急宣教在应急治理能力建设中至关重要，是社会应急能力提升的基础和根本。在过去的十几年中，我国应急宣教体系逐步建立，建立了“政府主导，社会多元参与”的应急宣教体系，国民的应急素养有了很大提升。但是，由于我国公民在危机意识形成、突发事件处置方面“底子薄、难度大”，对应急宣教提出了很大挑战。未来我们仍需从学校应急安全教育、政府应急知识科普宣传、媒体公益宣传、单位应急演练、公务应急力量培训和社区动员宣教等六个层面继续深入改革，持续推进公民应急宣教工作，并实现公民应急素养提升的最终目标。

关键词： 应急宣教 应急素养 危机意识 危机处置能力

通过应急安全教育，全面提高人民群众的风险防范意识、自救互救能力，可以从源头上减少灾害事故对人民群众生命和财产造成的损失。应急知

* 苗婷婷，中国社会科学院生态文明研究所博士后，奥克兰大学博士，研究方向：城市治理、农民工市民化、城乡公共政策等。

识的科普和宣传教育，提高预防水平是增强社会应急能力的基础和根本，也是提高社会韧性的重要内容。2003 年以后，在实践部门和科研部门的共同努力下，我国社会各部门在应急知识的宣传教育工作方面进行了创新探索，取得了积极进展。2005 年，国务院办公厅发布《关于印发应急管理科普宣教工作总体实施方案的通知》，对应急宣教的内容、组织实施体系、工作技术要求和监督保障等各方面做出了详细规定。2007 年，全国人大常委会通过《中华人民共和国突发事件应对法》，对相应主体无偿开展应急宣教、演练和培训的职责进行了明确规定。依据国家应急宣教的各项法律政策，社会各界通过公共安全宣传周和每年的重大科普宣传主题日等，开展了内容多样、形式生动、广泛参与的公共安全主题宣传活动，人民群众在了解公共安全知识，掌握避险和自救、互救等基本技能，增强公共安全意识等方面取得了很大进步。

总体来讲，目前我国应急知识科普宣教制度化程度有了很大提高，应急知识宣教的国家定位有所提升、应急知识宣教的法律政策体系不断完善、形成了应急知识宣教的多元主体工作格局、宣教渠道不断丰富、宣教内容逐步系统化和专业化。与此同时，由于我国应急管理制度建设起步较晚，应急知识在社会大众层面的普及程度仍然不高。应急管理宣教工作具有长期性、渗透性和基础性的特点，提高人民群众的安全意识和素养，培养形成良好的安全行为习惯，是一项长期、艰苦的工作，这就需要各部门继续深入探索，在应急宣教的体系框架下持续不断推进，从而实现提高人民群众的安全意识和应急素养、提升社会应急能力的最终目标。

一　应急知识科普宣教的含义和内容

应急知识的科普宣教，是指相关主体通过宣传和教育将应急知识和危机处置技能有效地传递给受众的活动。随着城镇化的快速发展，城市面临的突发事件不断增多、风险不断加大，突发风险愈发呈现叠加和复合的特征，为城市应急治理提出了严峻挑战。针对日益严峻的城市安全治理形势，有必要以应急宣教为突破，对广大民众进行应急知识普及和宣传教育，建立应急科普宣教体系，提高科普宣教水平，为我国城市应急治理效能的提升奠定坚实基础。

宣教工作的实施对象有很多，一般包括党政领导干部、应急工作人员、企事业单位负责人、专业队伍、志愿者、普通民众等。从应急宣教的社会责任主体和实施场景来看，应急知识科普和宣教主要包括以下六个层面：一是学校应急安全教育，是指教育机构通过组织编写各级各类学校的公共安全课程教材，对学生开展应急知识普及教育；二是政府应急知识的宣传普及，包括对相关法律、各类应急预案的宣传和解读，对地方应急政策的宣传，对应急技能的科普以增强公众的法制意识、公共安全意识和应急处置能力；三是媒体公益宣传，这主要是指官方媒体和社会媒体对应急知识的公益宣传报道；四是单位应急演练，涉及基层社区的应急演练以及政府、企事业单位针对特定易发致灾因子组织的应急演练；五是应急力量培训，包括对各级领导干部、应急管理机构负责人、公务员及新闻发言人进行培训，以及各种应急救援力量的培训；六是社区教育，包括与朋友邻居讨论潜在的威胁和应急管理计划，通过非正式的方式进行沟通，或者在社区组织开展演说宣传活动，在居委会、物业、业主委员会等基层组织层面制定应急管理计划，告知社区居民应急管理工作的全部信息等。

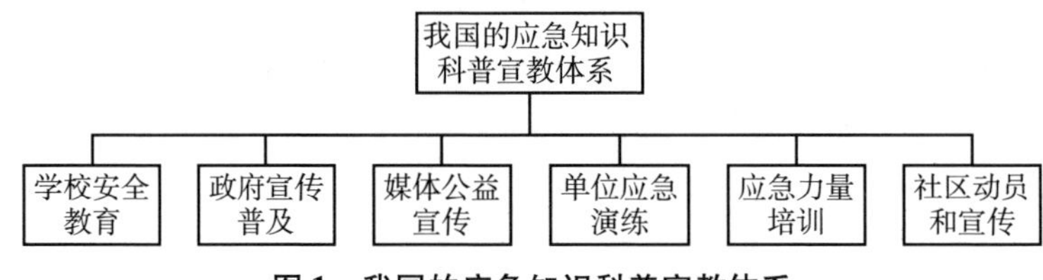

图1　我国的应急知识科普宣教体系

资料来源：钟开斌：《风险治理与政府应急管理流程优化》，北京大学出版社，2011。其中有所改动。

二　我国应急知识科普宣教的进展

2003 年以来，我国应急管理制度建设快速发展，应急知识科普宣教也全面推进。学校教育、媒体公益宣传（包括网络、电视广播、报纸杂志）和政府的应急科普宣传取得显著成效，为公民应急技能提升做出了发挥了积极作用（各渠道在应急宣教和公民获取应急知识、技能中的贡献见图 2）。

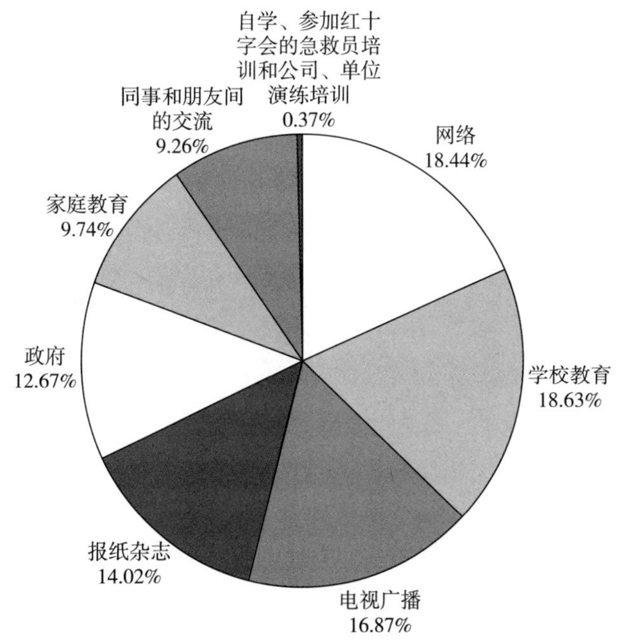

图 2　各渠道在应急宣教和公民获取应急知识、技能中的贡献

资料来源：薛澜等：《我国公众应急能力影响因素及培育路径研究》，《中国应急管理》2014 年第 5 期，第 12 页。

（一）学校应急安全教育已逐步规范化

学校是人才培育的重要领地，也是公民安全意识和应急素养形成的主要场所。近年来，在各级政府、教育管理部门以及各级各类学校的高度重视下，我国学校安全应急教育取得了显著成效。2006 年，教育部发布《中小学幼儿园安全管理办法》，对学校的应急安全教育职责、应急安全教育工作制度、学校在应急安全教育中的奖惩激励措施等都做出了明确规定。2007

年，教育部颁布《中小学公共安全教育指导纲要》，对学校公共安全教育的内容和教学模式进一步做出了指导说明。文件提出，学校应基于不同的学年阶段，不同的事故或事件模块进行安全教育内容设置，对社会安全、公共卫生、意外伤害、网络信息安全、自然灾害以及影响学生安全的其他事故或事件的安全知识传授、安全防范意识能力提升进行了专门部署。目前，学校应急安全教育已逐步规范化，安全教育已纳入学校教学内容；教职工获得专门的应急安全知识教育和技能培训；安全事故预防演练使学生对灾害场景有所认识，提高了自救和逃生技能。

（二）政府应急知识的宣传普及广泛开展

加强政府对应急知识的宣传普及，对提高政府和社会应对突发事件的能力，全面履行政府职能至关重要。在国务院《应急管理科普宣教工作总体实施方案》的指导下，多地政府、应急办出台“应急科普宣教办法”，在应急科普规划编制、组织实施、指导督促相关主体实施应急科普等方面进行了政策部署；此外，各地通过推进政府应急预案、应急知识、法律的宣传和解读、在“全国科普活动周”“全国安全生产月”“国际减灾日”“全国消防日”“全国法制宣传日”等主题日开展重大主题性公共安全宣传活动、利用政府门户网络平台、媒体、路牌、LED 屏幕等多种宣传工具开展应急知识普及、编制和发放应急知识科普宣传读物、建立应急安全教育实践基地、完善安全培训考核机制、组织安全培训进基层等，整合资源、深入多方开展应急科普宣教工作，为提高公民的危机意识、构建安全文化上做出了不懈努力，取得了不错的成绩。

（三）媒体公益宣传逐渐成为应急宣教的主阵地

依据《中华人民共和国突发事件应对法》，新闻媒体应当无偿开展突发事件预防与应急、自救与互救知识的公益宣传。目前，我国已形成了以官方主流媒体为主、民间媒体为辅、自媒体积极参与的媒体公益宣传网络。一方面，在政府部门的统一领导下，以党报、党刊、党网、广播电视台为代表的传统媒体，坚持正确的政治导向和舆论导向，凭借其权威性较高的优势，开展了积极正面的防灾减灾知识宣传教育；以《中国应急管理报》《中国安全生产》《中国应急管理》《劳动保护》杂志等为代表的专业报刊在应急理论、实践研究方面取得了很大进步；在新媒体时代，各级党政部门还建立了政府应急宣教门户网站、开设官方微博和微信公众号，充分运用网络通信技术，利用网络平台终端扩大了应急宣教的受众面。另一方面，很多民间媒体也在正确的价值取向的基础上，贴近人民群众的生活、生产实际，开设了很多人民感兴趣的、群众喜闻乐见的应急宣教栏目节目。最后，在全员媒体时代，网络技术的发展为应急知识的多点传播、信息流爆发创造了条件。因此，当前我国应急宣教已形成“官方权威统一领导、民间媒体协调联动、个人多点覆盖、多元优势互补”的传播矩阵，为应急宣传教育的快速全面开展奠定了基础。

（四）单位应急演练获得规律开展

突发事件具有不确定的特征，但我们可以通过应急知识培训，尤其是突发事件模拟应急演练对突发事件响应进行准备。充分的准备可以培养公民的危机意识，并提高社会的应急响应能力。目前，我国各级政府对应急演练越来越重视，2009 年 9 月国务院应急办制定《突发事件应急演练指南》对各领域的应急演练活动的开展方式进行了全流程指导说明；国家电力监管委、国家生产安全应急救援中心及各地方政府等也纷纷出台指导性文件，对特定行业、工业领域的应急演练流程、方法等进行了阐述。目前，各地各单位每年都深入、持续地开展应急演练活动，应急演练活动已逐步常态化。比如北京每年举行的各类演练达数千次。其中，应急管理部门主要通过桌面演练的形式，提高了事态研判、紧急会商和应急决策等应急能力；各企事业单位和社会团体则通过模拟场景下的实战演练，提高了应急响应速度和能力。

（五）应急队伍培训有序进行

应急队伍反映了社会应急核心力量的决策水准、技术能力、人才质量和建设水平，是提升社会应急治理能力的重要保证。目前，我国各级政府、各行业注重对应急队伍的培训教育，应急救援能力有了很大提升。总体来说，我国目前的应急队伍培训对象主要是应急管理干部队伍和应急救援队伍。其中，我国应急管理干部培训以学习应急管理理论、“一案三制”为基础，以突发事件应急处置演练为辅，提高了应急管理干部的危机意识和应对突发事件的指挥协调与现场处置能力；应急救援队伍培训，包括消防部门、公安部门、海事部门、武警部门等则基于各自的专业领域，通过实施理论教育和实战演练相结合的培训模式，提高了消防灭火、除暴防暴、水上救援、反恐防恐等能力。

（六）社区动员和宣传发展迅速

社区是与人民群众接触最为紧密的单位，也是进行应急宣教、提高居民应急意识和自救互救能力的主要场所。目前，社区应急教育通过多种多样的应急文化宣传，形成了“以政府为主导、社区居委会为主力、志愿力量积极参与”的社区应急教育体系。其中，政府通过进行社会应急宣教规划，依托重大主题日组织应急教育团队和专业救援团队下基层、进社区，结合“社会功能网格化”制度，动员网格员发放宣传手册、举办专项宣传讲座、悬挂宣传标语、开展消防演练等调动了多种社会主体、投入了大量应急物资，在应急文化培育中起到很大的指导作用；社区居委会在街道办的领导下，通过社区服务站点、治安联防队等，支持开展各类应急知识讲座、培训演练活动等多种社区活动，传播了应急知识，推动了“安全社区”的建设。各类志愿组织则通过应急科普、防灾减灾自救互救知识宣传、开展民情灾情收集、参与组织社区救灾等提高了社区应急宣传幅度。因此，通过政府领导和多主体参与，社区应急宣教提高了我国应急教育在社会的覆盖面，提升了居民的应急意识和防灾、减灾、救灾技能。

三　国民应急素养现状及应急知识科普宣教的不足

（一）我国国民应急素养的现状

近年来，我国应急管理部门及相关主体做了大量工作，应急管理科普宣教虽然取得了很大成效，但是，我国公民在突发事件应对、灾害处置方面可谓“底子薄、难度大”，公众的应急素养较差。主要表现在两个方面。

1. 公民风险和危险意识薄弱

应急处置能力或面对灾难的自救互救能力掌握程度不高。根据清华大学薛澜团队的调查（如图 3 所示），只有约 9% 的人认为自己将来极有可能遇到突发事件（灾害判断概率在 81% ~90% 以及 91% ~100% 两个区间内），有 28% 的人认为自己将来几乎不会遇到突发事件（灾害判断概率在 0 ~10% 以及 11% ~20% 两个区间内）。这说明我国有很大一部分公民仍难以清楚地意识到突发风险随时发生，并可能对自己和周边造成影响，公民的风险意识或危机意识有待提高。

2. 应对灾害的自救互救能力不足

当面对灾害等各类突发事件时，我国公民的应急处置能力和自救互救技能普遍不足。以火灾逃生为例，仅有 30. 92% 的民众知晓一些逃生技能，大部分不知道或知道一点逃生技能；60. 07% 的民众不会使用灭火器，仅有不足 40% 的民众知道灭火器的使用方法（见图 4）。这说明，我国民众的应急知识不足，应急处置能力较低，良好的应急文化氛围尚未形成，也说明我国应急知识的宣教工作还有很大的进步空间。

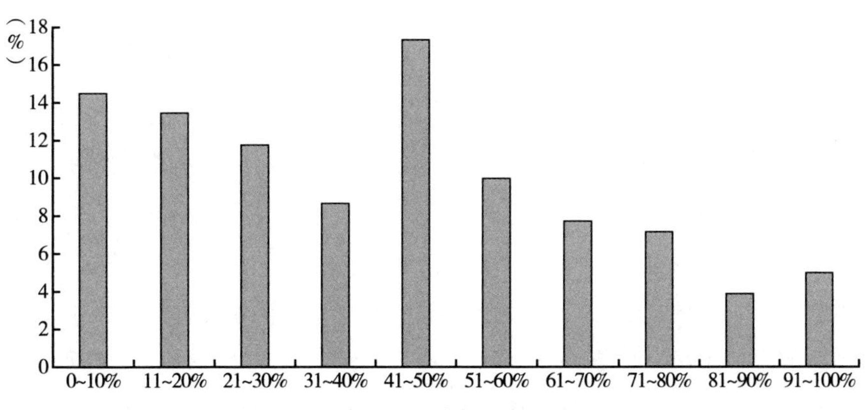

图 3　我国公民的危险意识图谱

资料来源：薛澜等：《我国公众应急能力影响因素及培育路径研究》，《中国应急管理》2014 年第 5 期，第 10 ~11 页。

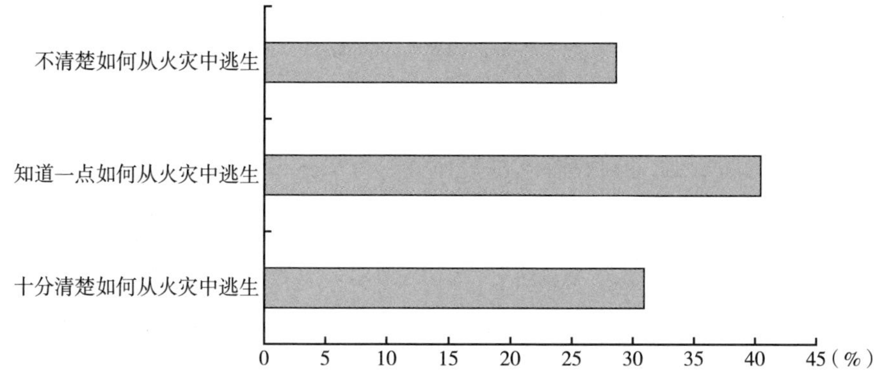

图 4　我国民众火灾逃生技能的掌握程度

资料来源：陈晶：《城市社区应急管理研究——以 X 区 B 街道办事处为例》，西北农林科技大学硕士学位论文，2019。

（二）我国应急宣教的问题和不足

基于我国民众的应急素养现状，说明我国应急科普宣教存在不少问题，如科普体系善未完善；形式不够多样化，内容不够丰富；接受普及教育的面也还不够宽；宣传方式还不够灵活；科普宣教基础设施不足，运行上存在困难；科普宣教队伍有待加强等。

1. 学校应急安全教育形式化问题突出

我国学校应急安全教育起步较晚，受教育体制及国家应急管理制度发展缓慢的影响，学校的应急安全教育仍存有一些不足。比如，在应试压力大的社会环境下，学校将教育重点放在考试内容教育，属于非考试内容的安全知识受到忽视；安全教育的形式化问题严重，教育形式僵化，整体来说，我国多数学校的应急安全教育限于书本教学及简单地教学活动，安全技能及自救能力难以得到有效提升；安全教育教师的师资水平不高，部分教师自身的安全知识都掌握不足，更妄论安全教学的专业性；安全教育内容也有所偏颇，目前我国多数学校的安全教育仍局限于传统的安全教育，比如交通、地震、防溺水、消防安全等，对其他突发应急事件的安全教育有所忽视，“北京市中小学生健康素养数据库（2016～2017）”显示，中小学生医疗急救方面的教育内容普遍偏少。因此，学校应急安全教育的实效性不太理想，大部分学生的安全意识淡薄，安全知识储备不足，应对突发事件的防范能力和自救能力仍有待提高。

2. 政府“灌输”式应急安全宣传效果欠佳

在我国目前的应急宣教中，政府起主导作用，安全宣教的多元化程度低，志愿者组织及其他社会团体的参与程度不高，应急知识宣传教育高度依赖政府等公共部门。但是政府因重视程度不足，应急宣教的规划统筹、宏观构建明显不足，比如政府部门对社会宣教力量的指导和培训力度有待提高；在应急管理过程中，注重事后的应急指挥和救援响应，对应急知识的宣教普及等事前减缓和准备层面重视力度不够；因缺乏对应急宣教的考核评估机制，政府缺乏在这方面倾注精力的动力；在宣教方法上，政府仍侧重于“灌输”性质的单项宣教，互动和回馈机制不健全，降低了宣教效果；对多数地方政府来讲，在应急管理宣教上的财政投入不足这些问题都说明政府的应急宣教工作仍有很大的进步空间。

3. 网络媒体应急安全知识传播鱼龙混杂

在当前媒体格局、传播方式和舆论生态发生深刻变化的时代背景下，应急知识宣传既面临前所未有的机遇，也面临很多新的挑战。官方媒体虽然具有较强的公信力、引导力，如若不能把握好时、效、度，在内容、形式、方法和手段等方面进行创新，很可能影响其应急宣教的影响力和传播力；再就是，目前网络技术和人们信息沟通交流模式为应急宣教提出了一定的挑战，民间网络媒体具有很强的即时性、灵活性、互动性和弥散性，信息的发布、传播和集聚难以受到监管，这也可能导致错误信息在民众之间发酵、爆发，引起不必要的恐慌或社会危机。

4. 单位应急演练形式存在薄弱环节

虽然我国应急演练理论和实践取得了很大进展，但也存在不少问题。比如，从演练形式上讲，目前各单位仍以开展单项演练为主，这种演练模式有利于提高特定任务场景下的应急响应能力，但当前突发事件复合性特征明显，需要通过组合演练来对多种应急任务的协调、整合能力进行训练，而这种类型的演练则因组织难度大、成本消耗高、活动范围难以控制等诸种因素的限制，实施较少。其次，从组织流程上看，我国应急演练在演练脚本制定、组织实施、现场导调、组织保障、评估总结等各个环节都有所不足，影响了管理部门、应急力量和民众对复杂突发事件的响应能力。比如在演练脚本制定和组织实施动员过程中，民众参与程度较低；应急演练参演单位和人员态度不积极；演练的指挥架构与真实应急处置存在不一致；后期评估以专家点评为主，缺乏民众参与，不利于发现应急预案中的不足；不同科目演练之间的衔接程度较低等。

5. 应急队伍培训有待提升

我国应急管理培训起步较晚，在培训过程中存在很多问题，影响了应急培训的效果。其中，应急培训形式单调，目前我国的应急管理培训，尤其是针对应急管理干部的培训，大多以授课为主，这种纸上谈兵形式的培训模式难以实现预想的培训效果；培训机构与演练组织分散性很高，很多地方党校、行政学院和高校都开设了应急管理的培训课程，但是课程内容不系统，针对性和实用性不强，其中多是对应急管理理论和案例的泛泛而谈，缺乏对很多应急管理难题的深入探讨；我国应急管理培训专业化师资力量不足，各地方党校和行政学院的授课人员自身应急管理实战经验不足，影响了培训水平；应急管理干部自身的流动性也较强，工作部门的频繁调动易导致应急管理人才的流失和应急培训资源的浪费；培训同样以单灾种、单部门、单层级为主，培训综合性不强，各政府部门、行业和军队往往局限于自己专业领域和需求进行培训，培训分散而不系统。

6. 社区动员和宣传能力亟待增强

目前，我国社区应急管理还存在很多问题，其中一个突出问题是我国社区安全文化底子薄弱，尚未形成成熟的社区应急文化氛围，民众普遍缺乏危机应急意识。这与我国社区应急宣教的工作不到位有很大关系。比如，我国社区应急宣教仍以政府为主导，社区居民或志愿组织主动开展的应急宣传教育活动很少，这种自上而下的宣传教育模式以及传统僵化的宣教方式和内容，不利于吸引社区民众的积极参与，而且在这种宣教模式下，宣传对象主要集中于一些商务楼、社区组织的工作人员和部分社区常住居民，宣教覆盖面有限，且民众多采用一种应付了事的态度敷衍行政任务，而不是积极主动地学习应急知识，大大降低了应急宣教的效果；其他主体包括居委会、物业、业主委员会和其他志愿者组织在自身应急技能掌握、应急宣教的组织、动员、资源等方面都有所欠缺，在社区应急教育领域未发挥应有的作用。

四 政策建议

基于我国民众的应急素养现状和应急教育科普中存在的问题，我国应急科普宣教工作可谓任重而道远。总体来说，我们的应急科普宣教要建立“党委领导、政府主导、社会协同、公众参与”的网状结构，发挥政府主导与社会参与的良性互动，从制度上、组织流程上、资源配置和人才供给上继续深化改革，根据不断涌现的应急管理挑战，加强和完善中国特色的应急管理科普宣教体系。

第一，及时利用焦点事件，激发群众对应急响应的重视，加强宣教，提高国民应急素养。一般情况下，一场自然或技术灾害会为人类社会带来灾害，从而成为焦点事件（focusing event），并引起民众对地方防灾计划的关注，提高对致灾因子缓解的需求。因此，我们应该抓住新冠肺炎疫情给应急宣教工作带来的契机，利用人口对应急管理知识需求提升的“窗口期”加强应急教育。“机会之窗”不会永远敞开，如果问题得到解决、采取的行动不断失败、另一事件转移了群众的注意力、政策倡导者失去决策权、缺乏可行的行动路线等都可能导致“机会之窗”的关闭。因此政府管理者、媒体、企业家、教育工作者及其他有关公民应该利用好当前的关键期，着力加强应急管理知识培训，鼓励民众掌握必备的致灾因子减缓或应急准备措施。

第二，为切实提高学生的安全意识和安全应急知识的应用能力，学校安全教育需要从以下几点出发，进行深入改革创新。学校管理层和教职工要转变观念，认识到学生安全教育的重要性；积极开发多样性的、生动的安全教育课程模式，多采用实践性或体验性的课程，真正提高学生的安全知识运用

能力和面对突发事件时的反应能力；完善安全教育内容，除了传统的安全教育以外，学校需将当前社会新出现的易发、频发的安全事故、事件纳入安全教育体系中来，对非传统的安全教育给予充分关注；加强师资队伍培训，学校要尤其注重对安全教育教师的知识和专业技能培训，提升教师的安全素养；充分利用多种安全教育资源，拓宽教育途径，加强社会专业力量的联系，更多地利用消防、公安等实战部门讲解或模拟实践，提高学生的安全技能和应急处置能力。

第三，随着城镇化的巨型化和复杂化，针对突发事件的应急治理难度越来越大，给城市和城市居民造成了不可估量的损失。政府必须提高对应急宣教的战略定位，充分认识到公民的安全意识和应急处置能力提升在消除和防范各类风险、提高政府应急管理效率中的基础性作用，大力推进安全科普宣传工作；要建构综合全面的应急宣教规划和组织落实体系，加强对相关主体的培训、指导、督促；基于应急宣教见效慢、无形化的特征，地方政府应加强应急科普奖惩激励建设、考核机制建设，通过指标体系的科学设定，将应急科普纳入政绩考核中来，激励政府在推进应急科普工作上的能动性；此外，政府应完善应急宣教的保障机制，为应急宣教提供充足的资金。

第四，针对全媒体时代的新变化，政府要顺应时代潮流，在信息监管、技术运用、终端开发、人才管理等方面加大工作力度，探索形式多样、生动灵活的宣教形式，提高信息传播的透明度和即时性，用双向互动交流取代传统的单向信息传播，提高主流声音的传播深度和广度；要加强官方主流媒体与民间媒体的优势互补和协同交流，改变以往控制或不对等的互动模式，与民间媒体进行正常、平等的互动沟通，将专业、准确的信息传播给非官方媒体，再由非官方或非专业的媒体分享给民众，实现官方媒体与民间媒体的融合式应急知识传播。

第五，应急演练是避免纸上谈兵，针对应急响应过程进行提前准备，将应急宣教进一步落实的过程，是应急管理活动最重要的内容之一。针对我国应急演练中的问题，我们需从以下几点进行完善。其中，应急演练要注重组合性质的演练，将具有紧密联系的多个应急任务放在一个演练过程中，加强各部门的信息交流、组织整合和资源协调分配能力；对演练频次、内容进行规划，提高演练类似科目之间的衔接性；提高演练活动与应急实际处置过程的一致性，切实提高演练效果；制定演练计划时需吸纳参演单位和民众的意见，充分考虑到演练人员的承受能力，避免造成社会恐慌或意外的人员生命损失，提高演练的危机敏感性，提高方案的可执行性；进行充分的动员，提高各参演单位及民众的积极性，保证演练的科学性、有效性；针对当前技术革命和网络时代的社会环境特征，注重信息发布和舆论引导的场景演练，控制突发事件的社会影响；制定科学的演练评价指标体系，对演练活动进行事后分析，其中要尤其重视应急能力和应急脆弱性分析，从而通过后续演练方案的改进，提高应急反应能力。

第六，基于应急培训中面临的问题，我们需借鉴国内外应急培训的有效措施，提高应急队伍的培训水平。其中，培训部门要学习国外应急培训的先进经验、理念、标准以及法律规范，通过运用模块化培训理念、进阶式教学、实践导向、案例教学、演练式教学等方法，提升我国应急管理培训的能力水平；要根据实际的工作对象和内容，活化应急情景，针对现场应急突发问题及时响应，提高反应速度，提升参与人员的积极性和应急管理培训工作的有效性；再就是要提高应急培训力量的专业化水平，不光要强调师资队伍的理论水平，还需通过各种学习、考察等形式提高教育培训队伍的整体教学水平；另外，我们还可借鉴发达国家的模式，按照应急管理的决策与执行两大职能，建立专门的应急学院或基地，把对我国各类应急智慧和决策人员相对集中起来，在专门的应急培训场所进行系统化的专业训练。

第七，社区是应对各类突发应急事件的前沿阵地，进行社区应急宣传教育，提高社区居民的危机意识和应急能力，是危机应对的最直接和最有效的手段。但是，虽然我国很多基层社区结合自身实际开展了应急知识的宣传，但社区居民的应急知识知晓度仍不高。基于此，社区应急宣教应该从以下几点进行改进：政府通过制定规章制度、调度资源、提供平台等规范引导社区应急宣教体系；居委会应承担更多的应急宣教职能，通过社区居民动员以及和其他组织合作等提升应急知识宣传教育水平；发挥志愿组织及私人部门在社区应急宣教中的作用，与社会基层组织合作，施加更加积极的正面宣传作用。

参考文献

高小平、刘杰、刘一弘：《建设我国应急管理科普宣教体系》，《中国应急管理》2011 年第 5 期。

郭其云、王莉英、邓彪：《关于进一步加强和改进新时代应急培训工作的思考》，《湖南安全与防灾》2019 年第 8 期。

浩洪涛：《学校安全教育的异化与纠偏策略研究》，《智库时代》2019 年第 46 期。

姜传胜、邓云峰、贾海江、王晶晶：《突发事件应急演练的理论思辨与实践探索》，《中国安全科学学报》2011 年第 6 期。

卢文刚：《面向社会公众的基层政府应急宣教培训工作的实践与探索——以广东肇庆市为例》，Proceedings of 2011 International Conference on Social Sciences and Society (ICSSS 2011 V4)。

孟訾涵、李伟、任雪：《关于防灾减灾宣传教育培训工作的思考》，《防灾减灾学报》2018 年第 3 期。

谯哲：《城乡社区治理能力建设的路径探索——以“网格功能化”提升社区应急能力为例》，《中国应急救援》2017 年第 6 期。

孙霞：《上海市社区应急文化培育模式改进研究》，华东政法大学硕士学位论文，2017。

田迎祥：《发达国家应急培训管理的主要特点及启示》，《国网技术学院学报》2016 年第 6 期。

王舒婷：《城市社区应急管理研究——以 Y 市 H 街道为案例》，南京大学硕士学位论文，2019。

徐扬：《关注学生安全问题新变化 构建学校安全教育新体系——基于北京市 9599 名中小学生安全教育现状的调查分析》，《中小学管理》2019 年第 5 期。

薛澜、周海雷、陶鹏：《我国公众应急能力影响因素及培育路径研究》，《中国应急管理》2014 年第 5 期。

钟开斌：《风险治理与政府应急管理流程优化》，北京大学出版社，2011。

周玲：《加强政府应急管理宣教工作探讨》，《中国应急管理》2009 年第 1 期。

应急产业篇

Emergency Industry Chapters

B.14 我国应急产业发展：现状、挑战及对策

丛晓男　季俊宇*

摘　要：发展应急产业是保护人民生命财产安全，维护社会稳定的内在要求。应急产业不同于普通产业而有其特殊性，其产品具有社会公共性、需求无规律性、高研发成本属性、专用性和可转换性。我国应急产业发展已经取得了很大成就，但仍然面临不少问题和挑战。基于应急产业的特性和我国对应急管理提出的新要求，提出我国应急产业发展应坚持政府引导、市场主导的基本导向，并从创新能力、发展环境、标准体系、军民融合等多方面推进。

关键词：应急产业　产业政策　公共安全　突发事件

* 丛晓男，中国社会科学院生态文明研究所执行研究员，研究方向：城市与区域发展；季俊宇，中国社会科学院大学经济学院本科生，研究方向：城市与区域发展。

一 引言

随着我国经济社会快速发展和城镇化快速推进，人口、经济在空间上集聚程度提高，灾害暴露度增加，公共安全事件、突发应急事件的威胁增大；人类的高强度开发打破了原有的人与自然平衡关系，自然灾害、传染病疫情等突发事件频发多发，防控和处理突发事件、保障公共安全的难度不断提高。发展应急产业，改进创新应急技术，强化应急装备与材料储备，提高应急保障能力是预防和处理突发事件的基本前提，也是提高安全治理基础水平、保障人民生命和财产安全的迫切要求。早在“十一五”规划中，国家就提出了“强化应急体系建设”的要求，后续出台了一系列政策文件，也为应急产业更好更快发展做出了顶层部署。我国应急产业发展已取得了一定成就，为提升应急保障能力奠定了坚实基础。新冠肺炎疫情暴发以来，我国的应急产业为及时收治患者、遏制疫情蔓延做出了重要贡献，展现了疫情防控的“中国速度”。但是，面对新形势下的安全治理格局，我国应急产业发展仍然存在诸多问题和不足，特别是疫情早期出现的防疫物资短缺、关键应急设备产能不足等问题也暴露了应急产业在应对公共卫生突发事件方面的短板，从而对应急产业发展提出了新的更高要求。适时总结我国应急产业发展中存在的短板，并结合新时代我国应急管理工作面临的新形势，研究和提出应急产业发展的新路径，具有重要的现实意义。

二 应急产业的内涵、外延和性质

（一）内涵

应急产业具有特定内涵。国务院 2014 年印发的《关于加快应急产业发展的意见》明确指出，“应急产业是为突发事件预防与应急准备、监测与预警、处置与救援提供专用产品和服务的产业”。应急产业产出的产品和服务就是围绕应对突发事件而展开的，具体应用场景包括突发事件发生前的预防、监测、预警等，突发事件发生时的传达、处置等和突发事件发生后的救援、善后等。发展应急产业的主要目标是提高公共安全水平，保障人民生命财产安全和社会稳定。

应急产业与安全产业紧密相关但又有所区别。2012 年工业和信息化部、国家安全监管总局联合发布《关于促进安全产业发展的指导意见》，明确提出安全产业是“为安全生产、防灾减灾、应急救援等安全保障活动提供专用技术、产品和服务的产业”。可见，应急产业和安全产业在发展目的上相似，在产业内容上有一定交叉。基于此，很多学者通常把应急产业和安全产业相联系甚至相等同起来。目前，对于应急产业与安全产业的差异，已有部分学者提出自己的见解。例如，有学者认为应急产业和安全产业各有侧重，应急产业侧重于公共安全，安全产业侧重于安全生产。也有学者认为应急产业已包含了安全产业，安全产业面向的主要是以生产安全和城市安全为主的应用领域，而应急产业则面对的是包括自然灾害、事故灾难、公共卫生事件和社会安全事件应对等在内的更加广泛的公共安全领域。笔者也认同后者的观点，即应急产业包括了安全产业，安全产业主要针对安全生产和城市安全，城市安全主要包括消防安全、电气安全和建筑施工安全；而应急产业则针对各类突发公共安全事件，侧重点在于突发事件的应对。2018 年，国务院进行大部制改革，将原国家安全监管总局划归新成立的应急管理部，从行政管理权限上看，安全生产已成为应急管理的子领域，这也与安全产业和应急产业的内涵协调一致。

（二）外延

根据所针对的突发公共事件类型，应急产业可相应地分为四类，即应对自然灾害、应对事故灾难、应对公共卫生事件和应对社会安全事件。应对自然灾害的产品和服务包括防洪物资、应急帐篷、针对洪涝灾害和地震地质灾害的应急搜救设备、针对森林火灾的高效消防设备和相应的应急抢险救援服务等。应对事故灾害的产品和服务包括安全防护设备、事故监测和预警设备、事故救援设备和相应的专业事故监测应急处理服务、事故救援服务等。应对突发公共卫生事件的产品和服务包括医疗防护物资、疫苗生产材料、应急消毒物品和药物、应急生化事件处理设备和应急医疗救援服务等。应对突发社会安全事件的产品和服务包括应急指挥和通信设备、应急反恐防暴设备、应急交通工具和专业公共安全保障服务等。

根据应急管理所针对的事前、事中、事后三个阶段，也可将应急产品和服务分为三类，即预防监测预警类、应急处置和防护类、救援保障类。预防监测预警类指在突发事件发生前对可能发生的伤害和危险进行预防，对危险信号进行监测和预警，例如安全帽、瓦斯泄漏监测设备、各类工厂和设备的安全预警装置、安全检查服务等。应急处置和防护类是指突发事件发生期间，用于事件处置、信息传达和基本防护的产品，例如消防器材、汽车安全锤、地震紧急警报、医用防护器材等。救援保障类是指突发事件发生后提供的应急救援服务、应急保障物资，例如应急帐篷、应急饮用水和药品、应急搜救设备和服务、应急医疗救援设备和服务等。

工业和信息化部印发的《应急产业培育与发展行动计划（2017～2019年）》也对应急产业的外延进行了说明，列出了十三类标志性应急产品和服务，分别是高精度监测预警、高可靠风险防控和安全防护、新型应急指挥通信和信息感知、特种交通应急保障、重大消防救援、专用紧急医学救援、事故灾难抢险救援、智能无人应急救援、突发环境事故应急处置、社会安全保障共十类产品和应急管理支撑服务、应急专业技术服务、社会化应急救援服务共三种服务。这些产品和服务基本涵盖了应急产业和服务的主要领域，对于明确我国应急产业发展的方向具有重要的指导意义。

（三）性质

应急产业由于其特殊的应用场景，具有一些特殊性质。一是应急产业具有社会公共性，表现为政府是其产品和服务的主要购买者；二是市场对应急产品的需求具有无规律性，即应急产品的供给不能经市场有效、精准调节；三是大部分应急产品具有高技术含量和高研发成本属性，这由应对突发事件的复杂性所决定；四是部分应急产品具有专用性，只能针对特定的突发事件，但也有部分应急产品具有可转换性，可在日常生产、生活中使用。

1. 社会公共性

应急产业以满足社会公共安全需要为首要目的，具有社会公共性。突发事件的影响范围通常比较广泛，涉及区域较广、主体类型多样，面对这样复杂化的事件，各主体处于自身利益考量往往难以采取全局化的应对措施，从而造成突发事件应对的“公地悲剧”，这一特性决定了政府是应对此类突发事件的主要组织者，因而也是应急产品和服务的主要购买者。应急产品和服务的社会公共性强弱需要分类讨论。部分应急产品和服务具有社会公共性，例如森林火灾的应对处置，关乎全社会公共利益，相应应急产品和服务的社会公共属性较强。也有部分应急产品和服务，如适用于工厂的安全生产设备、家庭消防器材，仅涉及较小区域和较少利益相关主体，应对突发事件的责任主体较为明确，此类产品和服务的社会公共属性较弱。

2. 对应急产品需求的无规律性

需求的无规律性是应急产品的特有属性。由于突发事件的发生是必然和偶然的对立统一，突发事件的必然性决定了应急产品需求存在的客观性，突发事件的偶然性决定了应急产品的消费时点、数量和应用场景都是不确定的。应急产品的无规律性是它的生产和消费不能经市场有效、精准调节的重要原因，在事件发生前，需求量不大，事件发生后的处置环节又存在短时需求量增大的情况。市场调节是一种事后调节，具有时滞效应，无法预知应急产品生产数量以适应应对突发事件的需要。例如新冠肺炎疫情暴发前，口罩、医用防护服用品等只存在常规性需求；新冠肺炎疫情暴发后，需求量急剧增大，既有储备量难以满足市场需求，价格飙升甚至黑市交易行为增加，在价格信号的引导下，大量资本进入此类产品的生产当中；疫情得到有效控制后，由于产能快速扩张，供给量远超过需求量，从而造成浪费。因此，在缺乏干预的前提下，对应急产品需求的无规律性极易造成事件发生前需求不足、事件处置时需求骤然增大以及事件结束后的产能过剩。应急产品生产、储备和投放需要政府引导、提前规划、提前布局。

3. 高技术含量和高研发成本属性

引发突发事件的原因是复杂多样的，且一旦发生，应对难度较大，后果通常比较严重。为了预防和处置复杂的突发事件，往往需要投入技术密集型的设备和服务。因此，应急产品与服务特别是专业化的应急装备属于高技术产品，其研发制造需要较强的技术积累。应急产品的高技术含量使其具有较高的技术垄断性。一些特种专用应急装备的研发需要大量资金投入，加之市场需求的不确定性，企业往往难以承担高昂的研发费用，因此，高科技应急产品的研发需要政府支持甚至国有资本的直接参与。

4. 产品兼有专用性和可转换性

应急产品及其生产线，一部分具有专用性，另一部分具有可转换性。应急产品的专用性是指它仅能针对特定的一些突发事件，在特定的应用场景下发挥作用，比如不同种类的消防设备、核事故处置和救援设备、重大传染病预防疫苗等。专用性越强的应急产品，其应用场景越窄。但是，也有部分应急产品具有可转换性，既可用于突发事件应对，也可以在日常生产、生活中使用（例如防护手套、挖掘机等），这也意味着一些非应急产品的生产线快速改装后还可进行生产应急产品。例如，新冠肺炎疫情期间，日常生活使用的或工业使用的防护口罩暂时替代了短缺的医用防护口罩以应对突如其来的疫情，美国通用汽车公司改装生产线后，很快具备生产呼吸机的能力。应急产品的专用性和可转换性意味着需要对应急产品的紧缺程度分类评估，充分考虑日常用品到应急产品的可转换量，科学估计储备量。

三　我国应急产业发展成就

在国家应急产业政策的引导支持下和日益增长的应急产品和服务需求的刺激下，我国应急产业蓬勃发展，取得了较大的成就。应急产业支持政策不断完善、产业规模快速扩张、创新水平不断提高，并呈现加速空间集聚的发展态势。

（一）应急产业发展支持政策不断完善

国家在“十一五”规划纲要中，首次提出要强化应急体系建设。在此之后，我国陆续出台了一系列具体政策和指导意见（见表1），积极推进应急体系建设，而促进和支持应急产业发展是其中的重要方面。

表1　“十一五”规划以来我国应急产业发展相关支持政策

文件名称	发布部门	发布时间	政策创新
《关于全面加强应急管理工作的意见》	国务院	2006年6月	1. 通过直接投资、贷款贴息、资金补助和政府采购等方式支持公共安全技术和产品的研发和生产。 2. 加强相关人才培养和理论研究支持，加强应急救援队伍建设。 3. 重点扶持一批应急产品大型生产企业
《关于加强工业应急管理工作的指导意见》	工业和信息化部	2009年9月	1. 加快制定应急工业产品相关标准，鼓励企业对现有产品开展适应性改进。 2. 加大工业应急管理投入，逐步完善应急工业产品动态储备机制，积极推进建立应急工业产品有偿使用机制
《关于进一步加强企业安全生产工作的通知》	国务院	2010年7月	制定促进安全技术装备发展的产业政策。鼓励和引导企业研发、采用先进适用的安全技术和产品。把安全生产专用设备的研发制造，作为安全产业加以培育，纳入国家振兴装备制造业的政策支持范畴
《关于加快应急产业发展的意见》	国务院	2014年12月	1. 支持应急产业创新研发，促进成果产业化应用。 2. 坚持需求牵引，采用目录、清单等形式明确应急产品和服务发展方向，引导社会资源投向应急产业。 3. 鼓励应急产业集聚区发展，建设一批国家应急产业示范基地，形成区域性应急产业链。 4. 加快制定应急产品和服务标准、完善相关法律法规，完善应急产业投融资政策，优化应急产业发展环境
《应急产业培育与发展行动计划（2017～2019年）》	工业和信息化部	2017年7月	在《关于加快应急产业发展的意见》基础上，对培育发展应急产业的政策进行了细化
《关于加快安全产业发展的指导意见》	工业和信息化部、应急管理部、财政部、科技部	2018年6月	以企业为主体，市场为导向，强化政府引导，着力推动安全产业创新发展、集聚发展

“十一五”期间，国家出台了一系列支持政策，主导和推动了应急产业发展。2006年，国务院发布了《关于全面加强应急管理工作的意见》，在“十一五”规划的基础上，首次发布专门针对应急管理工作的指导意见。该意见明确了我国应急管理工作的目标和任务，提出我国应急产业发展的核心思路，并列出了支持应急产业发展的一系列政策。这些产业支持政策，主要是由政府直接或间接提供资金支持企业开展研发和生产工作，由政府大力培养相关人才，建设应急救援队伍，充分体现了政府在发展应急产业中的主导作用。2009年，工业和信息化部出台《关于加强工业应急管理工作的指导意见》，提出通过制定产品标准来促进应急产业的发展和应急产品的改进，同时提出依据应急管理的需求完善应急产品储备，推进应急产品有偿使用等政策，这些意见对于应急产业的市场化发展有重要意义。2010年，国务院出台《关于进一步加强企业安全生产工作的通知》，将安全生产装备的研发制造纳入国家振兴装备制造业的政策支持范畴，该通知提到的安全技术生产装备在很大程度上与应急产品有交集，对于应急产业发展具有重要意义。

“十二五”时期以来，我国继续加大对应急产业发展的支持力度，且支持重点逐步转向市场培育、产业化发展和发展环境优化。2014年，国务院出台《关于加快应急产业发展的意见》，这是首份专门针对应急产业发展的指导意见，也是近年来我国支持应急产业发展的纲领性文件。该意见从多个方面提出了支持应急产业发展的一系列政策，为我国应急产业系统化发展奠定了坚实的政策基础。这些政策的特点是把政府放在市场监管者和应急产品购买者的位置上，减少直接参与应急产业的研发和生产，通过市场化的引导和支持，促进应急产业发展。具体来说，通过国家科技计划、产学研协同和知识产权保护促进应急科技发展运用；通过需求牵引，一方面明确应急产业发展方向，另一方面促进社会资源流向应急产业；通过政府购买促进应急服务业市场化；鼓励应急产业集聚，鼓励企业通过兼并重组、品牌经营等市场化形式进入应急产业；制定相关产品标准和法律法规，优化产业发展环境；完善应急产业投融资政策，促进企业通过社会融资解决资金问题，通过财税政策支持企业发展。这些政策都坚持了市场在资源配置中起决定性作用和更好发挥政府引导作用这一政策总基调，从而为我国应急产业的长期发展指明了方向。2017 年，工业和信息化部出台《应急产业培育与发展行动计划（2017～2019 年）》，确立了十三类标志性应急产品和服务，进一步细化和完善了应急产业支持政策。2018 年，工业和信息化部等四部委出台《关于加快安全产业发展的指导意见》，以生产安全和城市公共安全为主要侧重点，提出以企业为主体、市场为导向，强化政府引导，着力推动安全产业创新发展、集聚发展的意见，这也是应急管理部正式成立以来发布的首个安全产业发展指导意见。

（二）产业规模快速扩张

我国应急产业市场规模快速扩大、企业数量快速增加。从市场规模来看，据前瞻产业研究院发布的《应急产业市场前瞻与投资战略规划分析报告》，2011 年中国应急产业市场规模已达到 4727 亿元，到 2017 年我国应急产业市场规模约 11861.2 亿元，较 2011 年增长了 1.5 倍。从企业数量看，1992 年全国应急产业存续企业仅有 6883 家，此后应急产业存续企业数量逐年增长，增速呈现加快趋势。2019 年应急产业存续企业数量增加至 308574 家，1992～2019 年年均增长率高达 15.1%（见图 1）。

（三）创新水平不断提高

我国应急产业研发投入不断增加，创新水平不断提高。从应急产业企业数量排名前十省份的专利申请总数量来看，1992 年专利申请数量仅为 259 项，2017 年专利申请数量为 575896 项，专利申请数量年均增加率高达 36.1%，增速快于企业数量增加速度（见图 2）。

（四）产业加速空间集聚

我国应急产业呈现加速空间集聚的态势。应急产业主要集中分布在东部

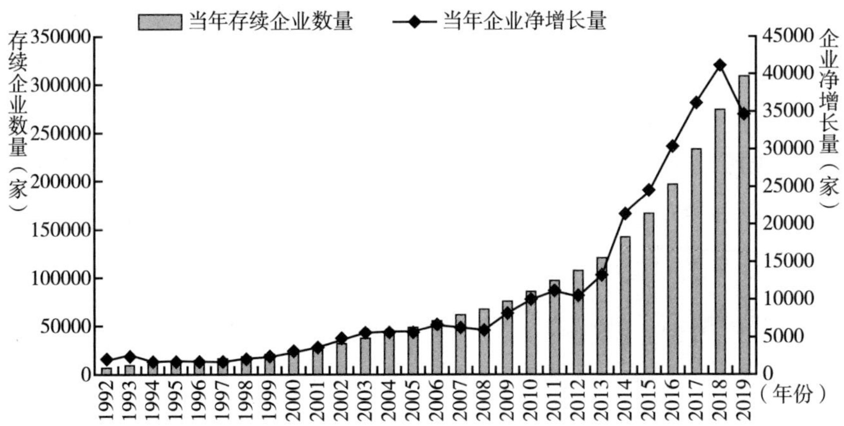

图 1　1992～2019 年全国应急产业存续企业数量和企业年度净增长量

资料来源：企研数据科技有限公司："应急产业专题数据库"，下同。

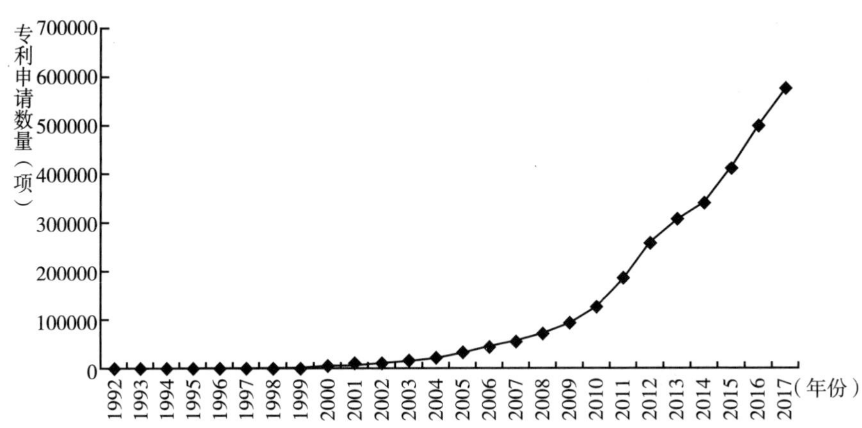

图 2　1992～2017 年年度应急产业企业数量排名前十省份专利申请总数量

沿海地区和经济发达省份。广东、山东、江苏三省应急产业企业数量位于全国前三，远高于全国各省份平均水平（见图 3）。国家工业和信息化部、发展改革委、科技部在 2015 年、2017 年、2019 年公布了三批共 20 个通过国家应急产业示范基地评审的产业园区，应急产业空间集聚发展的步伐日益加快。

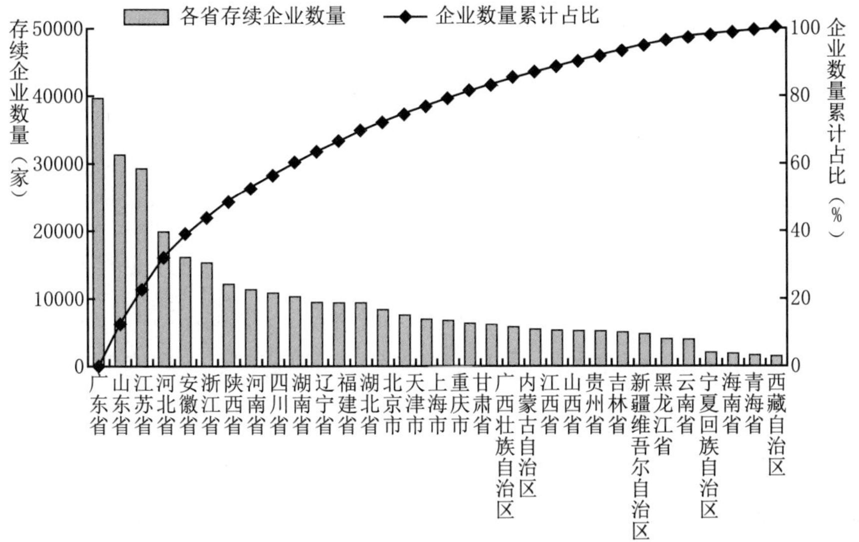

图 3　2019 年全国各省份应急产业存续企业数量

四　我国应急产业发展面临的挑战

我国应急产业发展面临严峻的外部形势，一些长期以来就存在的问题至今仍未得到很好解决。

1. 逆全球化导致国际需求疲软

当前世界的逆全球化趋势导致应急产品国际需求疲软，对国内应急产业发展造成不利影响。当前世界经济发展中出现了明显的逆全球化现象，一些国家有意回缩制造业，造成全球供应链、产业链、价值链有所松动。在逆全球化趋势下，国际贸易壁垒和技术壁垒增加，世界贸易、投资增速减缓，甚至下降，技术创新流动受到很大影响。在新冠肺炎疫情的叠加影响下，虽然口罩、消杀用品等需求量暴涨，但大多数非疫情使用的应急产品需求下降，供给链断裂，对应急产品产销的影响较大。我国应急产业生产的大部分产品仍是技术含量较低、附加值低、可替代性强的低端产品，其国际需求受全球经济下行影响较大。

2. 应急产业目录及标准体系亟待修订完善

应急产业标准是应急产业规范有序发展的基础。我国应急产业产品和服务目录亟待完善。2015 年，工业和信息化部、国家发改委发布了《应急产业重点产品和服务指导目录（2015 年）》，但是随着公共安全形势的变化和应急产品和服务的更新，2015 年版目录已经不能完全适应应急产业的发展，亟待动态更新完善。在应急产业标准体系方面，目前与应急产业相关的行业标准仅有劳动安全行业标准和公共安全行业标准，并没有专门的应急产业的行业标准。由于部分应急产品具有可转换性，同样的产品，在应急使用和日常使用时甚至也需要不同的标准。在新冠肺炎疫情期间，各种各样的防护口罩充斥市场，没有兼容的标准，给应急使用和市场监管造成困难。另外，应急产业计量和认证体系有待建设。目前，应急产业尚未建立计量和认证体系，检验评估难度较大，市场产品质量差距较大，从而不利于保证应急产品质量、推广使用认证产品、促进应急产业良性竞争。

3. 应急产业创新研发能力不足

应急产业企业创新研发的动力不足，投入相对较少，科技创新支撑能力也相对薄弱。应急产业创新研发的风险较大，投入较多时间和资金进行创新研发的期望收益难以确定，企业创新研发的动力不足，从而多生产一些低附加值、低技术密度的产品。另外，融资难、融资贵仍然是大部分民营企业面临的普遍困境，创新研发需要大量资金，应急产业企业通过社会融资获得足够的创新研发资金比较困难。同时，应急产业自主创新缺乏科技支撑。高校应急学科和应急科学研究机构研究能力有待强化，相关装备制造学科与应急产业结合也不紧密，产学研结合难以落到实处。应急产业对科研成果的利用和转化不足，基础研究成果与市场需求衔接不紧密，成果产出单位对科研成果的宣传推广不够，研究成果产业化、市场化速度慢。

4. 社会化、市场化的应急服务仍有待深化

社会化、市场化的应急服务发展仍有待深化。目前，社会应急救援服务力量还比较薄弱，也亟待规范。像蓝天救援队这样覆盖面较广，运行较规范的社会应急救援队伍屈指可数，消防部门和部队仍然是应急救援最主要力

量。应急服务市场发育尚不成熟。在我国，应急服务一直被视为政府服务或社会公益服务，应急服务市场起步晚，公众认知度低，目前发展滞后，尤其是面向企业和私人的应急服务市场发展空间巨大，亟待进一步发展。社会化、市场化的应急服务种类仍然比较单一。社会化、市场化的应急服务是拓展传统应急服务的重要渠道，是政府应急服务的重要补充。目前我国社会化的应急服务仍然拘泥于传统应急服务，如应急救援、应急保障等。应急信息、应急教育、应急演练、应急咨询等非传统应急服务行业在我国发展比较滞后，有很大发展空间。

五　促进我国应急产业发展的对策

我国应急产业的发展应秉持政府引导、市场主导的原则。国家应加大以市场化、产业化为导向的政策支持，推动应急产业供给侧结构性改革和转型升级。具体措施上，要加快修订和完善应急产业目录和标准体系；要加大培育国家应急产业示范基地力度，加强应急产业园区建设；通过国家科技计划支持和鼓励产学研融合，着力增强应急产业创新能力，加强现代信息技术在应急产业的应用，推进智慧应急产业发展；提升柔性制造能力，即加强通用产品转换为应急产品的能力，统筹推进应急产业军民融合发展；优化应急产业投融资环境，支持中小企业创新发展。

（一）坚持政府引导、市场主导的政策方向

应坚持以市场为主导，以企业为主体，以推进应急产业市场化和产业化为目标，引导和支持应急产业发展。作为应急产品和服务的主要购买者，政府本身就是应急产业市场主体之一。政府可以通过制定应急产品和服务需求目录、公开采购公共应急产品和服务的方式引导和支持应急产业发展。在设置需求目录和公开采购时，要逐步提高对应急产品和服务的要求，加大自主创新的、高技术含量应急产品的购买比重，逐步淘汰低端应急产品，对储备的应急产品进行更新迭代，从而激励应急产业企业提高自主创新能力，引导

应急产业的转型升级和供给侧结构性改革。作为应急产业市场的监管者，政府应更好发挥其在市场经济中的作用，健全应急产业相关法律法规，完善应急产业相关标准体系，加强宏观政策引导和财税支持力度，促进应急产业快速发展。

（二）制定和完善应急产业目录及其标准体系

进一步明确应急产业目录，并根据实际情况和市场需求动态更新。在现有标准体系基础上，加快构建独立的、完备的应急产业标准体系。应急行业标准一方面要确立一些过去没有标准的特种设备和特殊应急产品的标准，另一方面要确立在应急事件发生时，可转化使用的通用应急产品的标准。质检部门也应落实应急产业标准，加强对产品质量的检测和监督。

（三）着力增强应急产业创新能力

创新能力是应急产业高质量发展的根本动力。增强应急产业创新能力首先要加大国家对应急产业基础研发的支持力度，将关键应急设备的研发和技术改进列入国家科技项目重点选题方向，对在应急产业领域取得重要技术成果的个人和企业进行奖励。鼓励高校设立应急管理、应急工程相关专业，鼓励高校和科研院所加强应急产业领域的研究，推动应急关键技术研发。在此基础上，深入推进产学研融合，鼓励高校、科研机构和应急产业企业深入合作，建立常态化的人才、技术、资金交流机制。鼓励有活力、有创新能力的中小企业发展，加大财税政策、投融资政策的倾斜力度。

（四）优化应急产业空间布局

培育国家应急产业示范基地，加强应急产业园区建设。以产业园区为试点和标杆，引导应急产业空间布局优化。各地区应结合区域应急需求和区域产业发展基础，依托已有应急产业发展基础的工业园区，着力打造应急产业基地和园区。通过应急产业基地和园区建设，推动应急产业与机械装备、医疗卫生、交通物流、信息通信等多产业融合发展，整合各产业研发成果，降低资源和产品运输费用，推动应急产业发展。应加强应急产业企业集聚和合作，进一步细化产业分工，提高资源利用效率，促进形成完整的应急产业链。制定针对应急产业园区的财税优惠政策和投融资支持政策，鼓励研发和创新投入，吸纳和支持有创新能力的中小企业，让应急产业园区成为产业创新集聚区。

（五）推进智慧应急产业发展

推动现代信息技术产业和应急产业融合，促进传统应急产业与大数据、云计算、物联网、人工智能等现代信息技术的深度融合。鼓励现代信息技术企业利用自身技术优势，直接进入应急产业或向应急产业企业提供相关技术支持，研发智慧应急平台、智慧应急装备，提供应急咨询服务。推动信息技术与应急工程复合型人才培养，为智慧应急产业准备高层次人才，加深信息技术与应急产业的融合运营。

（六）提升应急产品柔性制造能力

重视通用产品或生产线向应急产品或生产线转化的能力建设。要制定通用产品向应急产品转化的预案，预案应该解决不同突发事件发生时，不同场景下，哪些通用产品可向应急产品转换、何时进行转换、转换的标准是什么、转换后的产品具体适用场景是什么等问题。在此基础上，提高应急产品生产转换在突发事件发生后的响应速度。此外，应科学预判应急产品储备数量，在国家进行一定统一储备的基础上，鼓励个人和企业对这类产品进行适量储备，保持消化储备和更新储备的动态平衡。同时，根据不同地区主要潜在突发事件的类型以及其柔性制造能力，优化应急物资的空间布局。加快推进应急产业军民融合发展。很多军工装备都具有应对突发事件的能力或可以转换为应急装备。推进应急产业军民融合发展能够发挥国防资源优势，提高资源利用效率，提高应急装备生产能力和技术水平。具体来说，首先要推进应战应急一体化准备，本着有战应战、无战应急的原则，统筹生产和利用军民两用应急产品。另外，加强军用、民用生产企

业合作，利用各自优势，在保密原则允许范围内，加强应急装备的技术交流和生产合作。

参考文献

王建光：《我国安全（应急）产业基地发展模式研究——以中国西部安全（应急）产业基地为例》，《中国应急管理》2012 年第 2 期。

李湖生：《安全与应急产业相关概念的形成与发展探讨》，《安全》2018 年第 12 期。

佘廉、郭翔：《从汶川地震救援看我国应急救援产业化发展》，《华中科技大学学报》（社会科学版）2008 年第 4 期。

杨柳、伏伦：《安全产业的概念、特质与分类》，《中国安全生产》2015 年第 6 期。

宋烜懿：《我国应急产业发展综述》，《劳动保护》2018 年第 10 期。

张纪海、杨婧、刘建昌：《中国应急产业发展的现状分析及对策建议》，《北京理工大学学报》（社会科学版）2013 年第 1 期。

唐林霞、邹积亮：《应急产业发展的动力机制及政策激励分析》，《中国行政管理》2010 年第 3 期。

B.15
网络安全产业发展状况、问题与对策

张卓群 *

摘　要： 网络安全产业是新一代信息技术产业的核心领域之一，也是我国大力发展的重点产业之一。促进我国网络安全产业健康平稳发展，对维护网络空间主权和国家安全、社会公共利益，保护公民、法人和其他组织的合法权益具有重大意义。报告在分析我国网络安全产业发展状况的基础上，阐明我国网络安全产业在产业规模、产业链条、人才供给和创新能力方面存在的不足，讨论信息技术革命、扩大对外开放创造的机遇，以及全球经济下行、国内机制改革带来的挑战，提出在信息基础设施建设、人才培养与产业创新、企业发展与主体培育、海外市场开拓方面持续进行优化和提升，协同促进我国网络安全产业实现高质量发展。

关键词： 网络安全产业　新一代信息技术　高质量发展

网络安全产业是随着互联网快速发展而产生的新兴行业，其主要关注网络系统中硬件、软件和数据的安全防卫，通过提供技术、产品和服务解决方案，保证网络系统安全平稳运行。2008 年之后，随着大数据在全球范围内的兴起，人工智能、云计算、物联网等新一代信息技术的广泛应用，网络安

---

* 张卓群，中国社会科学院生态文明研究所助理研究员，经济学博士，研究方向：数量经济与大数据科学、城市与环境经济学。

全产业朝着现代化、信息化、智能化方向稳步迈进。本报告通过分析我国网络安全产业发展状况及存在问题，研究网络安全产业面临的机遇与挑战，为我国网络安全产业高质量发展提供政策建议。

一　我国网络安全产业发展状况

20 世纪 90 年代之后，我国的互联网产业在全球互联网热潮带动下快速发展，从无到有，从小到大。经过 30 余年发展，呈现产业规模迅速扩张、产品供给丰富多样、政策支持持续加强的良好发展态势，并且作为新一代信息技术的重要组成部分，成为全面建成小康社会之后国家信息化建设工作的重点内容。

（一）产业规模迅速扩张，防卫能力保持稳定

“十三五”时期以来，我国网络安全产业增长进入快车道。产业发展规模在 2016 年为 336.2 亿元，2017 年和 2018 年分别达到 409.6 亿元和 495.2 亿元。2019 年初步统计产业规模超过 600 亿元，2020 年预计进一步上升至 749.2 亿元（见图 1）。五年之间年均增长率超过 20%，远超国际上 8% 的平均增长水平。“十四五”期间，随着产品体系进一步完善、创新动力进一步增强、发展环境进一步优化，我国网络安全产业预计持续快速增长，至 2025 年整体市场规模将超过 2000 亿元。①

“十三五”时期以来，我国网络安全防卫能力表现较为稳定。感染网络病毒主机数量方面，2016 年第二季度达到峰值 1110 万个，随后波动下降，2018 年第一季度至 2019 年第二季度各季度基本维持在 200 万～300 万个，2019 年第三季度之后有所上升。新增信息安全漏洞数量方面，在 2017 年第四季度达到区域峰值 5358 个之后，2018 年有所下降，至 2019 年第三季度

---

① 工业和信息化部：《关于促进网络安全产业发展的指导意见（征求意见稿）》，http：//www.miit.gov.cn/n1278117/n1648113/c7449603/content.html，最后访问日期：2019 年 9 月 27 日。

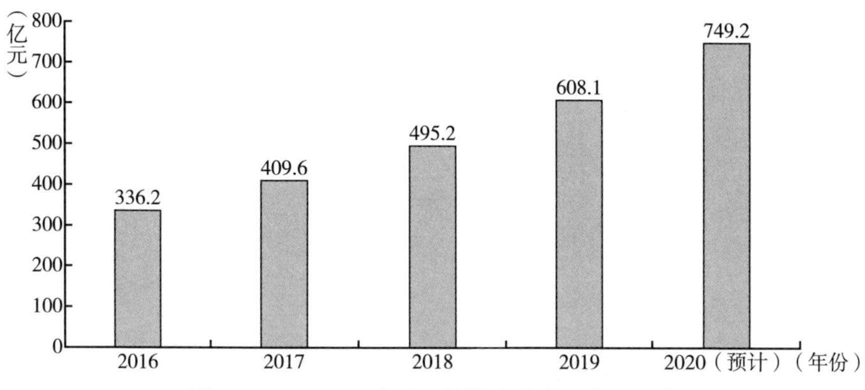

图 1　2016～2020 年中国网络安全产业发展规模

资料来源：中国信息通信研究院。

再次有所上升。网络安全事件处理数方面，2016 年第一季度为 28323 起，随后波动下降，2019 年第二季度之后基本维持在 4500～6000 起（见图 2）。2019 年第三季度之后，感染网络病毒主机数量与新增信息安全漏洞数量有所反弹，一个主要原因是全球贸易壁垒升高，经济发展前景不明朗，特别是 2020 年世界暴发新冠肺炎疫情，经济局势的不稳定性由真实世界传入网络世界。但同时可以认识到，即使在多重不利因素的冲击下，我国的网络防卫能力依然表现较好，各项指标基本可控。

（二）产品供给丰富多样，细分领域发展迅猛

在我国网络安全产业发展的初期，产品和服务相对单一，主要以防火墙、杀毒软件为主。随着全球进入信息时代，国内网络安全产业应用场景进一步丰富，产业链条进一步完善，安全产品供给呈现多样化发展。

从网络安全产品结构来看，国内网络安全产业产品种类齐全，可以分为硬件、软件和服务三个方面。硬件方面包括硬件认证、智能识别、生物鉴定、防火墙、入侵检测与防御等。软件方面包括安全配置、智能认证、身份管理、安全合规、内容与威胁管理、信息治理等。服务方面包括咨询服务、实施服务、运维服务、培训服务等。需要注意的是中国网络安全产业在硬件和软件方面具有一定优势，2018 年这两类产品在国内网络安全市场中的占

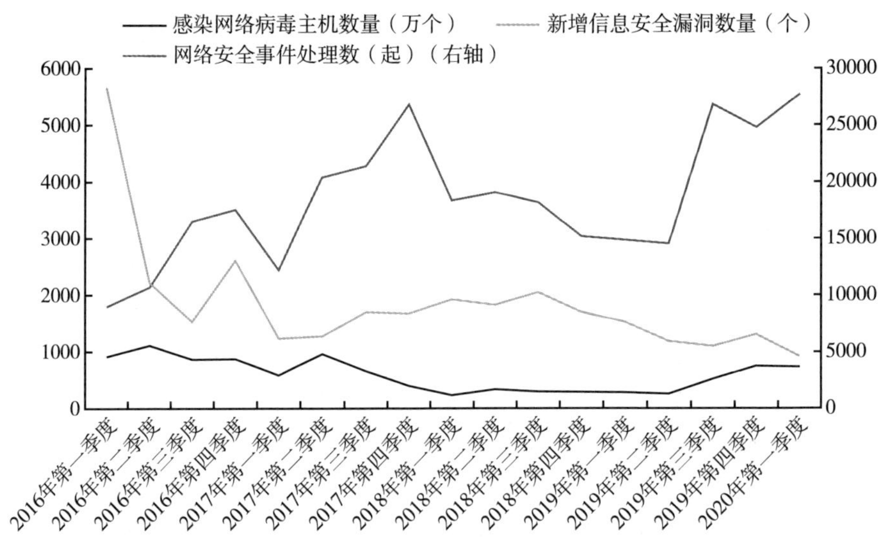

图2　2016～2020年分季度中国网络安全防卫情况

资料来源：工业和信息化部。

比分别达到48.1%和38.1%，服务占比较低为13.8%。①

从网络安全重点细分领域来看，国内网络安全产业与新一代信息技术相融合，发展势头迅猛，在部分细分领域走在国际前列。在与人工智能结合方面，通过机器学习可以对网络流量进行智能检测，找出异常访问；通过自然语言处理可以对舆情进行实时分析，鉴别敏感信息。在与工业物联网结合方面，可以对工业协议、通信协议进行智能解析，实现信号感知与网络安全监控。在与5G结合方面，可以构建无人应用场景的智能解决方案和重大风险源监控方案，进一步应用于城市安全管理和智能治理。②

（三）政策支持持续加强，制度建设成效显著

随着信息技术的快速发展，网络安全的重要性愈发凸显，已经上升到国

① 兴业证券：《计算机：网络安全深度，市场更大，景气更高》，wind研报平台，最后访问日期：2019年9月29日。

② 中国信息通信研究院：《中国网络安全产业白皮书2019》，http：//www.caict.ac.cn/kxyj/qwfb/bps/201909/t20190918_211485.htm，最后访问日期：2019年9月18日。

家信息安全的层面。早在2000年前后，国家已经开始强调网络安全的重要性。1997年3月，第八届全国人民代表大会第五次会议对《中华人民共和国刑法》进行了修订。明确规定了非法侵入计算机信息系统罪和破坏计算机信息系统罪的具体体现。2007年11月，由全国信息安全标准化技术委员会组织制定、国家标准化管理委员会审查批准发布的《信息安全技术信息安全风险评估规范》等7项国家标准正式实施，为科学评估、系统分析信息安全风险提供评判标准。

党的十八大以来，国家对于网络安全的政策支持力度持续加强。2014年2月，中央网络安全和信息化领导小组正式成立，由习近平总书记担任组长。中央网络安全和信息化领导小组致力于解决我国网络安全管理中长期存在的职能交叉、责权不一问题，标志着我国由网络大国向网络强国迈出坚实的一步。2016年11月，全国人民代表大会常务委员会发布《中华人民共和国网络安全法》，并于2017年6月1日正式施行。《网络安全法》的出台，构成我国网络空间管辖和维护国家网络主权的基本遵循，是依法治国理念的具体体现，为国家网络安全战略和网络强国建设提供强有力的法治保障。随后，国家相关机构陆续出台一系列关于网络安全方面的制度与条例，如2017年7月，国家互联网信息办公室发布《关键信息基础设施安全保护条例（征求意见稿）》；2018年6月，公安部发布《网络安全等级保护条例（征求意见稿）》；2019年9月，工业和信息化部发布《关于促进网络安全产业发展的指导意见（征求意见稿）》；2020年4月，国家互联网信息办公室等12部门联合制定《网络安全审查办法》等，从各方面全面促进我国网络安全产业的发展与制度建设。

二　我国网络安全产业主要问题

我国网络安全产业处于迅速发展阶段，具有广阔的市场发展前景。但是同时需要认识到，与世界主要发达国家较为成熟的网络安全产业相比，在产业规模、产业链条、人才供给与创新能力等方面仍然存在一些不足，具有较大的发展和改进空间。

（一）产业总体规模较小，聚集效应有待凸显

据国际数据公司（International Data Corporation，IDC）统计，2018 年中国网络安全产业占全球 IT 市场的比重为 1.84%，全球平均水平为 3.74%，美国为 4.78%。我国网络产业规模仍未突破 1000 亿元大关，与世界主要发达国家相比仍有较大差距。另外，我国网络安全产业细分程度较高，目前已经涵盖百余种安全产品和服务。但是据《2018 年中国网络安全产业报告》指出，我国网络安全产业集中度 CR5 <30%①，聚集程度不高，基本属于低集中竞争型市场。

此外，美国网络安全产业龙头企业赛门铁克（Symantec）、Palo Alto Networks、飞塔（Fortinet）2018 年企业年收入分别达到 48.34 亿美元、22.73 亿美元、18.01 亿美元，日本网络安全产业龙头企业趋势科技（Trend Micro）企业年收入达到 14.56 亿美元，以色列网络安全产业龙头企业 Check Point Software 企业年收入达到 19.16 亿美元，相比而言我国网络安全产业龙头企业天融信、深信服、启明星辰企业年收入仅达到 9.16 亿美元、4.69 亿美元、3.67 亿美元，与世界级领先水平差距较大。产业格局较为分散、龙头企业带动能力不强，成为制约我国网络产业高质量发展的突出瓶颈。

（二）产业链条不够完善，附加价值有待提升

按照产业链条划分，网络安全产业可以分为上游基础硬件提供商，中游安全硬件、软件、集成商，下游应用行业场景，我国网络安全产业总体呈现上游较弱、中游适中、下游较强的发展格局，产品和服务的附加值有待进一步发掘。

上游基础硬件提供商方面，主要涉及芯片、储存器等基础元器件。在这些细分领域，我国的整体产业发展水平并不占据优势，与国际一流水平差距显著，相关产品明显依赖进口，2019 年集成电路进口值高达 1878.09 亿美

① 产业集中度是指该行业的相关市场内前 N 家最大的企业所占市场份额的总和。

元，特别是在芯片方面，我国的自给率只有15%左右。中芯国际在2019年实现14nm FinFET工艺的芯片量产，代表我国芯片制程的最高水平，但与国际领先的7nm EUV工艺相比仍有约两代的差距。

中游安全硬件、软件、集成商方面，国内与国际领先水平差距并不大。硬件领域，启明星辰、天融信、东软集团在防火墙、威胁管理、入侵检测与防御、安全平台方面表现较好；软件领域，涌现出瑞星、上海格尔、绿盟科技等一批行业领先企业；集成领域，新华三、奇虎360等为用于提供一站式网络安全解决方案。中游领域主要面临的问题，是未能出现规模和实力达到国际领先水平的龙头企业。

下游应用行业场景方面，我国在此方面综合实力较强。主要原因是我国市场规模巨大，行业门类齐全，网络安全在政府、国防、教育、文化、医疗、金融、能源、通信等领域具有丰富的应用需求。作为全球最重要的安全网络市场之一，我国已经成为新技术、新产品、新服务首先应用的国家之一。

（三）专业人才供给不足，创新能力有待增强

与我国广阔的安全网络产业市场相比，专业技术人才缺口巨大。网络安全建设关键在于人才，据英特尔公司安全研究团队调查显示，美、英、法、德等8个国家71%的企业认为，由于安全人才缺乏，网络攻击会给公司带来巨大损失。目前我国高校每年能够培养的网络安全人才数量约为1.5万人，截至2018年1月，注册信息安全专业人员（Certified Information Security Professional，CISP）持证人数约为2.5万人[①]，预计2020年国内网络安全人才需求将达到140万人[②]。特别是北京、上海、广东的网络安全人才需求巨大，占全国需求的比例超过六成。[③] 此外，我国网络安全人才供给

① 资料来源：北京汇哲信安知识分享平台。

② 《中国网络安全人才缺口巨大 近三年高校毕业生仅3万人》，中国新闻网，http://www.chinanews.com/sh/2016/11-21/8070253.shtml，最后访问日期：2016年11月21日。

③ 中国信息安全评测中心、杭州安恒信息技术股份有限公司、猎聘网：《2018网络安全人才发展白皮书》，http://www.cac.gov.cn/2018-12/28/c_1123919726.htm，最后访问日期：2018年12月28日。

面临结构性矛盾，高学历、高技能人才占比不高，顶尖专家匮乏，难以满足网络安全高端岗位需求。

网络安全人才短缺带来直接后果，就是网络安全产业的创新能力不强。在 Cybersecurity Ventures 发布的 2018 年《全球网络安全创新 500 强》企业榜单之中，美国公司占据 358 家，位居全球第一；以色列、英国分别以 42 家和 23 家占据第二、三位；中国内地只有 6 家企业上榜。创新能力不强，除了人才因素以外，还存在国内产学研用体系不健全、配套服务体系不完善，创新激励机制不通畅等原因。首先，大学、研究机构在网络安全方面的研究与市场实际需求存在一定程度的脱节，研发成果转化落地的渠道不顺畅；其次，网络安全创新研发门槛高、周期长、资金需求量大，金融、科技、法律、咨询、财务等服务配套跟不上，延缓研发进程；最后，国内部分企业通过修改开源代码就能模仿产品，通过贴牌、OEM 等形式就能取得利润，缺乏自主创新的意愿，形成劣币驱逐良币的逆向淘汰局面。

三　我国网络安全产业机遇与挑战

进入 2020 年以来，国内外的政治经济形势发生重大变化，新一轮信息技术革命蓄势待发，我国对外开放程度进一步加深，为网络安全产业发展提供新的契机。与此同时，世界经济发展的不确定性和国内体制机制改革进入攻坚克难阶段为网络安全产业发展带来新的挑战。

（一）信息技术革命为扩大对外开放创造机遇

迄今为止，人类历史的发展经过了三次工业革命，每一次革命都带来了生产力的大幅提高，而以新一代信息技术为主的第四次工业革命即将到来。大数据、云计算、人工智能、物联网等新一代信息技术的逐步成熟，将深刻改变产业的组织方式和人类的工作及交流方式，信息将作为一种全新的生产要素参与到物质生产与服务供给之中。21 世纪，新一代信息技术成为全球主要国家争相占领的制高点，如美国 2012 年 3 月发布《大数据研究和发展计划》，2016 年 11 月出台《国家人工智能研究与发展战略计划》；德国 2014 年推出《新高科技战略》，2018 年 7 月发布《联邦政府人工智能战略要点》；日本 2013 年 6 月出台《创建最尖端信息技术国家宣言》，2017 年 3 月公布《国家人工智能战略》等。在此发展环境之下，网络安全产业作为新一代信息技术的重要组成部分，与大数据、人工智能、物联网等深度融合的格局逐步显现。此外，网络安全产业作为新兴产业，发展历史并不长，我国在该领域具备一定程度的积累，与世界主要发达国家的差距并不大，在部分细分领域甚至具有一定优势，依托广阔的国内应用市场，我国网络安全产业发展大有可为。

2015 年 3 月，我国正式发布《推动共建丝绸之路经济带和 21 世纪海上丝绸之路的愿景与行动》，即“一带一路”国家级顶层合作倡议。“一带一路”倡议致力于发展与沿线国家的经济合作伙伴关系，共同打造政治互信、经济融合、文化包容的利益共同体、命运共同体和责任共同体，促进我国由开放大国向开放强国转变。该倡议一经提出，即得到沿线国家的广泛响应和高度认同。“一带一路”倡议通过政策沟通、设施联通、贸易畅通、资金融通、民心相通，对沿线发展中国家的经济发展产生重大促进作用；通过互联互通进一步提升我国的对外开放水平，推动世界秩序重构。在“一带一路”倡议的历史机遇下，我国网络安全产业将打破以国内市场为主的发展格局，大力拓展海外市场，与沿线国家形成紧密的网络安全合作关系，将中国的网络安全产品和服务推向世界，将创新成果与各国同行广泛交流，为世界网络经济持续良好发展、网络安全持续优化提升做出新的贡献。

（二）全球经济下行给国内机制改革带来挑战

据世界银行统计，2019 年全球 GDP 增速为 2.48%，创 2009 年全球金融危机之后最低水平，世界经济仍然处于长周期下行阶段。2020 年初，新冠肺炎疫情在全球暴发，世界主要经济体受挫严重。美国 2020 年第一季度 GDP 下降 4.8 个百分点，4 月非农就业人口失业率达到 14.7%，失业情况是自大萧条以来最严重的一次。法国、英国 2020 年第一季度 GDP 环比萎缩

5.8%和2%，中国GDP同比下降6.8%。国际货币基金组织在2020年6月发布的《世界经济展望》中，预计2020年全球GDP增速将下降4.9%，全球经济发展前景面临巨大不确定性。疫情冲击深刻影响全球贸易格局，加速全球产业供应链重新配置。网络安全产业在短期之内上游的基础硬件供应商面临产能压缩，中游和下游的产品和服务供应商出现业务量萎缩，签约、部署实施、回款均面临较大困难；而硬性开支成本并未压缩，资金链承压较大。长期来看，我国经济基本面向好，国内网络安全市场所受影响不大；而国外经济复苏不均、前景不明朗，对我国网络安全产业走向国际化具有一定影响。

党的十八大之后，我国改革已经进入深水区和攻坚期，经济增长速度发生变化、产业结构面临重大调整，新旧增长动能出现转换。特别是进入2020年之后，受世界经济严重衰退、国际贸易投资萎缩和产业链、供应链循环受阻影响，国内消费、投资、出口下滑，就业压力显著加大，企业特别是中小微企业困难凸显，金融等领域风险有所积聚，基层财政收支矛盾加剧。[①] 做好“六稳”、落实“六保”，成为我国2020年和下一个阶段工作的重点内容。网络安全产业，一方面作为新一代信息技术产业受到国家政策的大力支持，另一方面同样面临行业发展规制亟须健全、中小微企业和民营企业发展亟须支持的局面。特别是在网络安全产业人才培养机制、创新研发和成果转化机制、产业链完善和服务机制、企业发展支持机制等方面，还面临一些制度障碍，亟须通过深化改革解决上述关键问题。

四　促进我国网络安全产业高质量发展对策建议

在新的全球政治经济环境之下，我国网络安全产业发展要进一步把握机遇，应对挑战，在信息基础设施建设、人才培养与产业创新、企业发展与主

① 李克强：《2020年国务院政府工作报告》，http：//www.gov.cn/zhuanti/2020lhzfgzbg/index.htm，最后访问日期：2020年5月30日。

体培育、海外市场开拓方面持续优化与改革，促进网络安全产业形成高质量发展新格局。

（一）大力发展信息基础设施建设，构筑网络安全产业本底条件

网络安全产业发展离不开完善的新型信息基础设施网络。2019 年之后，我国开始重点布局新型基础设施建设，信息基础设施作为新基建的重要组成部分，成为我国未来一个时期基建发展的主要方向。信息基础设施的核心包括通信网络、数据存储、计算应用三个主要方面，而这三个方面均与网络安全产业紧密相关。首先，大力发展以 5G 为代表新一代通信网络，有利于构建起国家网络安全系统、丰富网络安全的商业应用；其次，大力构建大数据平台，有利于丰富网络安全产业的资料来源；最后，大力推进云计算中心建设，能够大幅提高网络安全产业所需的计算机算力。通过构建以政府为主导、以企业为主体、以市场需求为核心的新型信息技术设施网络，能够进一步满足网络安全产业迭代所需的基础设施需要，并为网络安全产业未来发展打下坚实基础。

（二）着力构建层次分明人才体系，推动产学研用综合协同创新

数量充足、素质良好的专业人才队伍为网络安全产业发展提供核心保障。一方面，要大力培养网络安全产业所需的大量基础人才和骨干人才，满足现阶段该领域存在的巨大人才缺口。这就需要我国高校在培养网络安全人才时，需要以市场需求为导向，大力促进知识学习与技能实践紧密结合，不断优化课程设置体系，通过联合培养、定向培养、校内外双导师制度等，不断培养适应网络安全产业现代化发展的人才。另外，要重点培养和引进网络安全产业所需的高精尖人才，通过大力建设国家重点实验室、加强国际合作交流、支持高层次人才承担科技计划项目及课题、实施柔性引进、做好高层次人才服务保障工作等逐步建立网络安全产业高端人才流动、协商、沟通机制。

此外，需要着力打造网络安全产业产学研用全产业创新链条，不断增强

创新驱动能力。要进一步整合高校、科研院所和龙头企业的创新研发资源，通过加强各方面的深度合作，以共商、共建、共享的形式，将科研创新延伸至产业发展与落地应用，在知识产权改革、成果利益分配等机制方面深化改革，构建起广泛、高效的网络安全产业创新联盟。通过构建网络安全产业创新共同体，力求在关键技术方面实现重大突破，促进5G、物联网、大数据、云计算、人工智能与网络安全产业深度融合，综合提升威胁情报分析、智能检测预警、加密通信等网络安全防御能力，不断丰富网络安全在各行各业的落地应用场景。

（三）重点加强小微企业支持力度，打造富有生机活力市场主体

网络安全产业发展的主体是企业，特别是小微企业，在细分领域发展中具有重要作用。在新冠肺炎疫情影响下，我国网络安全小微企业的经营和发展面临较大困难。这就需要一方面加强对小微企业的金融支持，将金融服务渗透到小微企业发展的不同阶段，通过多渠道为小微企业提供更多的融资，增强其财务的可持续性，保障小微企业渡过难关，实现长期平稳发展。另一方面加强对小微企业的服务配套支持，在创新孵化、科技咨询、财务服务、法律顾问、平台建设等方面全方位发力，持续增强网络安全产业小微企业的生机活力。

网络安全产业中的大型国有企业和民营企业担负着引领发展的重任。要发挥国有企业政治体制优势，进一步强化国有企业在建设国家网络安全体系中的责任，在国家网络安全重大项目、重点专项的研发、实施和应用方面起到领头羊的作用。另一方面，要发挥大型民营企业机制灵活和市场化程度高的优势，通过加强国家在网络安全产业中的布局领导，进一步凸显产业集聚效应，打造网络安全产业的领军企业和龙头企业，起到示范带动作用。此外，需要持续优化营商环境，通过构建服务型政府，打破民营企业面临的“三座山”和“三扇门”问题，放开不涉及国家核心安全领域的其他领域准入门槛，确保国有企业和民营企业在市场中具有同等的竞争地位，促进国有企业和民营企业之间相互竞争、相互合作、相互促进，实现有序竞合共赢发展。

（四）不断拓展中国企业海外市场，提升产品服务全球影响能力

随着我国网络安全产业技术水平提高和产业规模逐步扩大，需要由国内市场逐步走向海外市场，不断向全球提供优质的产品和服务。首先，需要国家从顶层给予网络安全产业对外开放指导，优化细分领域产品和服务投资布局。其次，需要国内企业充分研究国外网络安全产业发展格局，清楚了解当地的政治状况、文化差异、法律制度、市场需求等情况，对标自身情况制定发展战略。再次，需要扩大对外交流合作，包括但不仅限于学术交流、技术交流、产品交流、服务交流等，进一步学习国外顶尖网络安全研发机构和龙头企业经验，不断壮大自身实力。最后，需要努力促进国内网络安全产业向全球价值链的顶端攀升，通过强弱项、补短板，在关键核心技术方面取得突破，构建新业态、新模式，促进中国由网络安全大国向网络安全强国转变。

参考文献

陈兴跃：《中国网络安全产业发展阶段研究》，《信息安全与通信保密》2019 年第 7 期。

军芳：《近十年来中国网络安全产业大事记》，《信息安全与通信保密》2016 年第 4 期。

孙松儿：《“新基建”背景下网络安全产业发展的思考与应对》，《中国信息安全》2020 年第 5 期。

魏亮、赵爽、周杨：《中国网络安全产业发展现状与趋势》，《新经济导刊》2019 年第 4 期。

许玉娜、杨建军、于江：《我国网络安全产业现状、问题与发展》，《中国信息安全》2020 年第 3 期。

王勇、刘强、韩赵杰：《新冠疫情对中国网络安全产业发展的影响》，《信息安全与通信保密》2020 年第 5 期。

张卓群：《深化投资结构改革，保证经济稳定发展》，载潘家华、单菁菁主编《中国城市发展报告 No. 12》，2019。

祝剑锋、李苏：《新形势下我国网络安全产业范畴的再认识及发展思考》，《通信世界》2020 年第 2 期。

国内案例篇

Chinese Experience Chapters

B.16

北京公共安全治理的进展与经验启示

龚　轶*

摘　要： 作为超大城市和国家首都，北京在公共安全治理方面的模式与经验具有典型意义和借鉴价值。文章从公共安全政策法规体系、应急管理体系、基层治理机制、公共安全专项行动、新技术应用、多元共治和区域协治等方面梳理了北京公共安全治理的一系列布局和举措，并进一步总结和分析了北京公共安全治理的经验与启示。

关键词： 公共安全　治理　应急管理　超大城市

* 龚轶，北京决策咨询中心副研究员，博士，研究方向：技术创新、城市与区域发展。

一 引言

习近平总书记指出，“首都的安全稳定在全国社会稳定大局中具有特殊重要意义”，“首都稳则全国稳”，维护城市安全稳定是北京城市治理的重中之重。作为拥有 2100 万人口的世界级超大城市，北京人口和建筑物密集，城市公共安全具有不稳定、不确定、复杂性和模糊性特征，公共安全问题突出。作为发展中的城市，北京中心城区人口高度密集，城乡接合部流动人口多，远郊区经济社会发展相对滞后，存在诸多容易引发公共安全问题的社会因素。作为首都，北京是全国政治中心、文化中心、科技创新中心、国际交往中心，经济要素高度集聚，政治、文化、国际交往活动频繁，公共安全面临种种难以预测却要处处设防的风险和隐患。在公共安全治理实际工作中，北京既要完成城市自身公共安全防治工作，又要安排推进在京中央国家机关、军队和企事业单位的公共安全工作，公共安全治理难度大。适时梳理和总结北京公共安全治理的模式和经验，不仅有利于分析治理体系存在的问题，进一步提升首都安全治理能力，也能够为全国其他超大城市、特大城市的公共安全治理提供有益借鉴，因而具有重要的研究意义。本文拟系统梳理北京市公共安全治理的一系列举措，特别是“十三五”规划期间北京市公共安全治理的最近进展，识别模式特征，并总结有益经验。

二 北京公共安全治理进展

北京高度重视城市公共安全治理工作，始终将公共安全治理置于首都经济社会发展的重要内容来谋划和推动。经过不断探索和优化，逐步形成了具有首都特色的超大城市公共安全治理新格局。

（一）健全公共安全政策法规体系

2008 年 7 月，北京市率先实施我国第一部地方性应急管理法规《北京市实施〈中华人民共和国突发事件应对法〉办法》，并配套出台《北京市突发事件应急演练管理办法》《北京市突发事件信息管理办法》《关于加强公共安全风险管理工作的意见》等一系列政策措施。“十三五”时期，北京市公共安全治理制度化、规范化和法治化进程有所加快，相关政策法规体系不断完善。

1. 规范应急管理

修订《北京市突发事件总体应急预案（2016 年修订）》，出台一系列专项应急预案；修订《北京市突发事件应急预案管理办法》，完善市、区、街（乡镇）、企事业单位四级应急预案体系。出台《突发事件现场指挥部设置与运行指导意见》，规范应急指挥工作；出台《北京市突发事件应急指挥与处置管理办法》和《北京市应急管理标志使用办法》，规范应急管理体系及相关工作；出台《关于推进城市安全发展的实施意见》，全面布局首都特色的城市安全发展体系。

2. 完善风险治理

在《北京市人民政府关于加强公共安全风险管理工作的意见》的基础上，出台《北京市人民政府关于推进安全预防控制体系建设的意见》，以新思路、新办法和新机制推动安全预防控制体系建设。出台《北京市城市安全风险评估试点工作方案》《北京市城市安全风险评估三年工作方案（2019 年 ~ 2021 年）》《北京市安全风险管理实施办法（试行）》，推进北京市公共安全风险管理实施指南体系建设工作，持续深化安全风险管理工作基础，增强城市重大安全风险防范化解能力。出台《北京市危险化学品安全生产风险监测预警系统运行管理办法（试行）》，加强危险化学品企业动态监督管理。

3. 强化安全生产监管

出台《北京市企业安全生产标准化建设管理办法》和《北京市企业安全生产标准化评审组织单位管理办法》等标准化工作制度，规范和加强全市安全生产标准化建设工作，强化企业安全生产主体责任落实。制定《北京市工业企业落实安全生产主体责任情况检查评估制度》，助推工业企业提高安全生产管理水平。出台《北京市生产安全事故隐患排查治理办法》和

《北京市生产安全事故隐患排查治理评价考核办法（试行）》，加强和规范生产安全事故隐患排查治理工作并督促落实。出台《北京市安全生产信用体系建设管理办法》，加强企业安全生产信用体系建设管理。出台《北京市安全生产领域守信行为联合激励实施办法（试行）》，完善信用联合激励工作机制，激励安全生产守信行为。

4. 深化社会安全治理

出台《北京市社会救助实施办法》，细化和完善日常救助和临时救助的救助内容和救助标准；出台《北京市老旧小区综合整治工作手册》，梳理规范北京市老旧小区综合整治实施流程；先后两次修订《北京市安全社区管理办法》，加强街道（乡镇）层面资源和力量统筹，全面提升基层区域综合减灾能力与安全管理水平。出台我国第一部专门针对街道办的地方法规《北京市街道办事处条例》，明确街道在辖区安全治理中的权责。出台《北京市物业管理条例》，明确物业开展突发事件应对的物资资金支持，健全社区公共安全治理体系。

5. 加强公共卫生治理

2020 年新冠肺炎疫情发生以来，北京市快速反馈，积极应对，迅速制定出台了一批相关政策和措施。在梳理总结首都疫情防控工作经验和问题的基础上，于 2020 年 5 月出台《关于加强首都公共卫生应急管理体系建设的若干意见》（以下简称《若干意见》），从疾病预防控制、重大疫情防控救治、重大疾病医疗保险等六个方面，提出了加强首都公共卫生应急管理体系建设、全面提升首都公共卫生应急管理能力的主要方向和具体措施。6 月，出台《加强首都公共卫生应急管理体系建设三年行动计划（2020～2022 年）》，细化落实《若干意见》，出台《关于加强本市院前医疗急救体系建设的实施方案》，深入推进适应首都城市战略定位和公共卫生应急管理要求的院前医疗急救服务体系建设。

（二）塑造首都特色的应急管理体系

2003 年“非典”以后，北京市委、市政府做出了全面加强应急管理工作的战略决策。2004 年 9 月，北京市委、市政府通过了《北京突发公共事件总体应急预案》，确立了“党委领导、政府主导、专业处置、部门联动、条块结合、军地协同、社会参与”的综合应急管理体制。2005 年 4 月，北京市在全国率先成立突发事件应急委员会，以“首都安全”为目标，以“一案三制”① 为核心，建立完善了北京市应急管理的“五大体系”②。“十三五”以来，北京市加快应急管理体系建设步伐，从应急管理的组织框架、指挥体系、责任制度等方面，系统构建和完善首都特色的应急管理体系。

1. 优化应急管理组织框架体系

成立北京市应急管理局。2018 年国家机构改革成立应急管理部，考虑到首都公共安全治理工作在城市发展中的重要性以及原有应急管理组织模式造成的应急管理工作的分散化和碎片化，北京市跟随国务院机构改革步伐，整合原市安全生产监督管理局、市政府办公厅的应急管理、市公安局的消防管理、市民政局的救灾、市规划和国土资源管理委员会的地质灾害防治、市水务局的水旱灾害防治、市园林绿化局的森林防火及相关应急指挥部的职责成立应急管理局。随后全市 16 个区先后成立区级应急管理局。

完善“3 +2 +1”应急管理组织框架体系。“3”即由市级应急管理机构、市属 18 个专项应急指挥部和 16 个区级应急管理机构构成的 3 级管理体制（见图 1）。“2”即由 110 紧急报警服务中心和 12345 非紧急救助服务中心构成的 2 个信息流通服务平台；“1”即以属地为主的基层应急体系。从应急管理机构的职能上看，北京市突发事件应急委员会统一领导突发公共安全事件，北京市应急管理局为办事机构，同时北京市应急委设立突发事件专项应急指挥部。此外，如发生其他突发事件，成立临时指挥部。从具体负责部门看，主要由应急管理局负责组织应对自然灾害和事故灾难，卫健委负责组织应对突发公共卫生事件，公安部门负责组织应对社会安全事件，专项指挥部和市相关职能部门负责组织应对其他突发事件。

---

① 即预案、体制、机制和法制。

② 即应急管理组织体系、应急预案体系、信息管理体系、技术支撑体系和宣教动员体系。

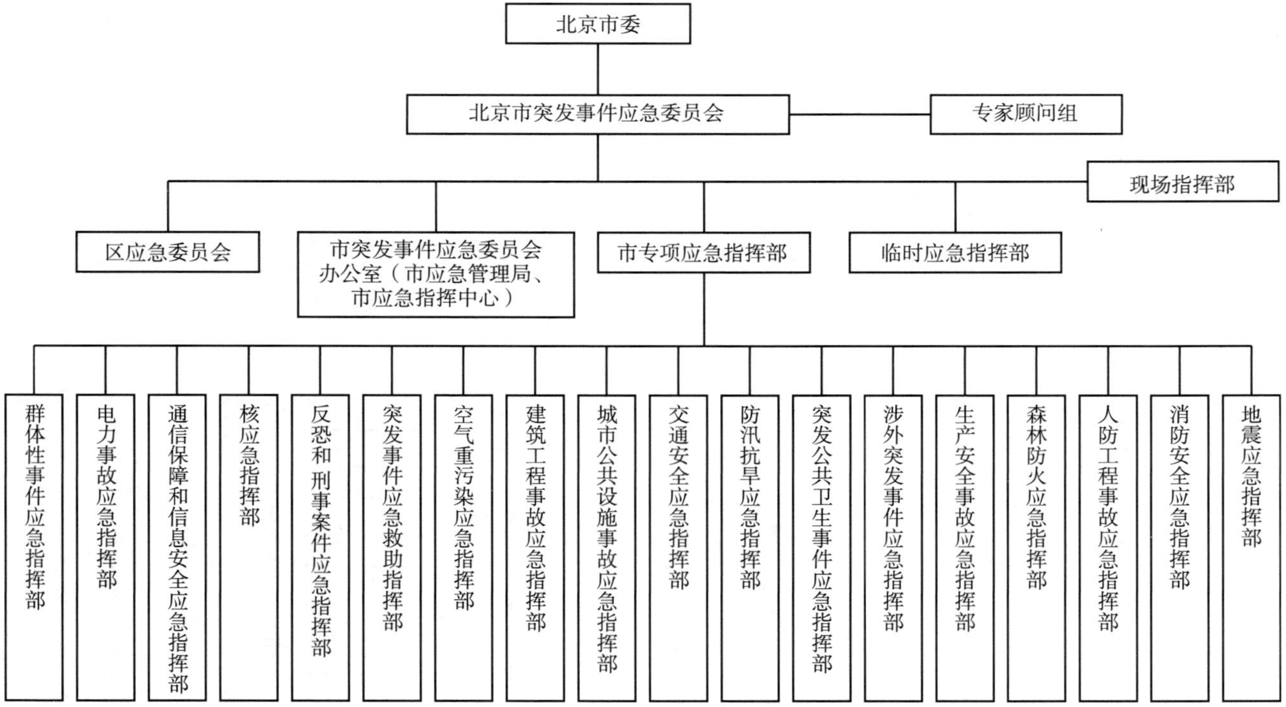

北京市委
北京市突发事件应急委员会
专家顾问组
现场指挥部
区应急委员会
市突发事件应急委员会办公室（市应急管理局、市应急指挥中心）
市专项应急指挥部
临时应急指挥部
群体性事件应急指挥部
电力事故应急指挥部
通信保障和信息安全应急指挥部
核应急指挥部
反恐和刑事案件应急指挥部
突发事件应急救助指挥部
空气重污染应急指挥部
建筑工程事故应急指挥部
城市公共设施事故应急指挥部
交通安全应急指挥部
防汛抗旱应急指挥部
突发公共卫生事件应急指挥部
涉外突发事件应急指挥部
生产安全事故应急指挥部
森林防火应急指挥部
人防工程事故应急指挥部
消防安全应急指挥部
地震应急指挥部

图 1　北京市应急管理组织架构体系

资料来源：赵海星、王耀著《加强统一指挥 提高应急治理效能》，《中国应急管理》2020 年第 4 期，第 33 ~ 36 页。

2. 探索平战结合应急指挥体系

建立逐级响应的平时指挥模式。据《北京市突发事件总体应急预案》，突发事件分为四级，一般突发事件（Ⅳ级）、较大突发事件（Ⅲ级）、重大突发事件（Ⅱ级）和特别重大突发事件（Ⅰ级）。对前三类事件，由北京市应急委以下级别组织应对，是一种常规的、平时性的指挥体系。其中一般突发事件（Ⅳ级）由所在城区负责指挥应对，市协助；较大突发事件（Ⅲ级），重点区（城六区①和天安门等重点地区）由市专项指挥部负责指挥应对，其他区由区或市专项指挥部负责指挥应对；重大突发事件（Ⅱ级）由市应急委统一指挥，市专项指挥部具体指挥。

扁平简洁的战时指挥模式。特别重大且影响社会稳定的公共安全突发事件由北京市委统一领导，成立领导小组和办公室，从各职能部门临时抽调人员组成专班进行应对处置。例如在新冠肺炎疫情防控工作中成立了市委主要领导任组长的领导小组，下设由分管市领导牵头的“一办十组”，对口指挥相关职能部门。这是一种非常规的、战时性指挥体系（见图2）。

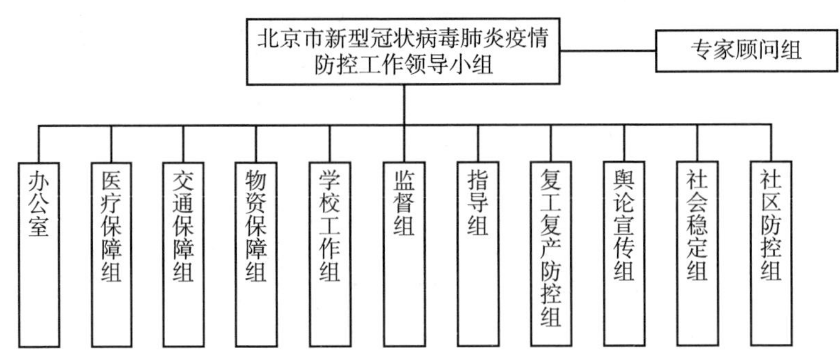

图2　北京市新冠肺炎疫情防控指挥体系框架

资料来源：赵海星、王耀著《加强统一指挥 提高应急治理效能》，《中国应急管理》2020年第4期，第33～36页。

平时指挥模式分四级指挥，权责清晰、逐级响应，战时指挥模式分两级指挥，层级精简、响应快速，实践证明均是较有效率的指挥模式。

---

① 指北京市东城区、西城区、朝阳区、海淀区、丰台区和石景山区。

3. 强化应急管理责任制度体系

健全落实安全生产责任制。印发《北京市安全生产“党政同责”规定》，全市16个区和经济技术开发区、24个负有安全生产监管职责的政府部门全部落实“党政同责、一岗双责”政策措施。制定《北京市安全生产工作考核办法》，强化安全生产综合考核，市区两级政府签订责任书，实现“一对一”个性化考核。将考核结果作为市政府绩效考核、首都综治考核的重要内容，并作为干部选拔任用的重要参考。制定《北京市党政领导干部安全生产责任制实施细则》，强化属地管理，对党政领导干部安全生产职责进行细化，完善了党政领导干部安全生产“责任链”。

压实“四方责任”构筑全社会共同防控体系。新冠肺炎疫情暴发后，北京市迅速响应，压实“四方责任”体系，完善应急管理的责任落实机制，推动各项战疫指令和强化措施能够在一线扎实落地。所谓“四方责任”是指在新冠肺炎疫情类的战时期间，动员全市力量，全面落实属地、部门、单位、个人的“四方责任”，建立全社会共同责任体系。严格的“四方责任”体系保证了指挥体系发出的各项政策措施能够高效、精准落实，是“战疫”成功的首要保障。

（三）建立条块联动的基层治理机制

基层是公共安全的主战场，也是建构现代化公共安全治理体系的关键节点。北京市践行以人民为中心的发展思想，到基层一线解决问题，大力推进首都基层公共安全治理体系和治理能力现代化，筑好首都公共安全“护城河”。

1. 通过吹哨报到破解基层安全治理难题

以吹哨报到凝聚基层治理合力。2018年3月起，北京市在全市331个街乡中选取169个街乡试点推广党建引领“街乡吹哨、部门报到”改革。所谓“街乡吹哨、部门报到”，即基层乡镇或街道遇到仅靠自身无法解决的管理问题，可通过“吹哨”紧急召集相关职能部门，共同解决问题。基于明责赋权，构建权责清晰、条块联动的治理机制，有效凝聚多方治理合力，实现城市治理和服务重心向基层下移，破解城市治理“最后一公里”难题。

吹哨报到打造基层治理新模式。在吹哨报到改革中，明确街乡责任，赋予街乡“吹哨”依据；以“6 室 +1 纪工委 +1 综合执法队 +3 中心”[①] 为基本模式改革街乡机构，提升街道“吹哨”能力；完善基层考核评价制度，给街乡赋权，使街乡对职能部门考核所占比重达 1/3，授予街乡“吹哨”权力。在此基础上，设立综合执法平台，实施“1 +5 + N”[②] 模式，推动执法部门到街乡“报到”。此外，通过街巷长、专职社区专员等制度，引导干部深入一线，构建“吹哨报到”快速响应机制。“吹哨报到”改革通过扩大街道的统筹协调权，强化了“块”对“条”的整合力度，提升了基层难题的化解能力。

2. 通过12435接诉即办撬动基层治理创新

以 12345 打通基层治理“最后一米”。12345 市民服务热线是北京市政府设立的非紧急求助服务热线，前身是 1987 年设立的“市长电话”。12345 热线整合了全市分散的热线资源形成面向企业群众的“一号响应”机制，统一受理诉求、解答公众咨询、整理社情民意、协调督促诉求办理，实现“单单有回应，件件有反馈”。2019 年 1 月 1 日起，12345 热线开始将街道（乡镇）管辖权属清晰的群众诉求直接派给街乡镇。街乡镇“接诉即办”迅速回应，区政府同时接到派单，负责监督。各街乡镇群众可就诉求办理情况及时向来电人员反馈，并同时向 12345 反馈。

12345 热线成为群众参与基层安全治理新通道。新冠肺炎疫情期间，12345 电话设为新冠肺炎疫情常态化防控举报电话，24 小时受理群众有关新冠肺炎疫情防控的举报、投诉。12345 热线成为群众参与疫情防控的重要平台。“放宽车辆限行政策”“建议医院增加开药量”等建议由 12345 热线反馈给相关部门后，得到迅速回应，受到市民一致好评。北京市还将以 12345

---

① “6 室”包括综合保障办公室、党群工作办公室、民生保障办公室、社区建设办公室、社区平安办公室和城市管理办公室，“3 中心”则指设置党群服务中心、街区治理中心、市民服务中心 3 个事业单位。

② 以街乡城管执法队为主体，公安、消防、交通、工商、食药等 5 个部门分别派驻 1 至 2 人，房管、规划国土、文化等部门明确专人随叫随到，人员、责任、办公场地相对固定，便于协同行动。执法中心主任由街乡主要领导担任，派驻人员由街乡负责日常管理。

热线为依托，发动群众参与安全隐患排查治理，继续深化 12345 热线在安全治理中的作用。

（四）推进去隐患治顽疾专项行动

长期以来，北京中心城区人口过度集聚，一些城市边缘的大型居住区管理失序，“大城市病”突出，也造成了大量的公共安全隐患和风险，亟待整治。这些问题的形成非一天两天，涉及的单位和部门众多，治理难度大。为此，北京市下大力气，调动多方资源，从源头抓起，克服巨大困难，开展了专项行动，进行彻底整治。

1. “疏解整治促提升”专项行动消除城市安全环境

2017～2020 年，北京市政府组织开展了“疏解整治促提升”专项行动。一方面，对不符合首都功能定位的一般制造业企业加大调整退出力度，尤其是一些高污染、高风险、高耗能的企业，包括危化品企业。至 2018 年危险化学品企业约 80 家退出北京。另一方面，加大以拆违为重点的城市治理力度。持续开展城乡接合部地区违法建设、社会治安、出租房屋、安全生产、市场经营、消防安全、环境卫生等综合整治。加快推进中心城区老旧小区违法建设、群租房、地下空间、低端业态等综合整治工作。2018 年全市拆除违法建设建筑面积 4000 万平方米，散乱污企业实现动态清零目标，城市副中心 155 平方公里范围内基本无违法建设。

2. “回天行动计划”补齐城市治理短板

“回天行动计划”是疏整促工作在城市发展新区的接续。回天地区是北京市昌平新城南部的大型高密度人口居住区，其公共服务体系建设严重滞后、基层社会矛盾问题日益突出，是名副其实的“难啃的硬骨头”。为此，北京市先后出台《优化提升回龙观天通苑地区公共服务和基础设施三年行动计划（2018～2020 年）》和《关于加强“回天地区”基层社会治理的实施方案》，从“软”“硬”两方面着手，破解社区治理难题。在补充公共服务设施、市政交通基础设施和公共安全设施的基础上，坚持党建引领，通过回天有我、回天有数、回天有智等一系列新机制、新举措和新项目，多渠道多方式吸引党员干部群众、社会组织、企业、智库参与回天地区社会治理，在多方努力之下，回天地区正在成为共建、共治、共享的大型社区治理样板。

（五）探索瞄准城市特定场景的新技术应用

新技术发展为公共安全治理提供了更多的方法和手段。北京市各区在公共安全治理工作中结合本区的资源特色与公共安全治理工作需求，加快推进“大智物云”等新技术在公共安全治理中的应用，各区根据自身情况均进行了积极探索，其中海淀区和昌平区的工作最具代表性。

1. “城市大脑”孕育智能治理中枢

2018年，作为全国科技创新中心核心区，海淀区启动高度集成的智慧管理体系“城市大脑”建设，探索提升城市治理能力的科技之路。“城市大脑”系统综合运用大数据、云计算、人工智能等技术，将多个部门的数据信息实时共享，对区内公共安全、城市环境、交通出行、环保生态等问题进行智能分析。在公共安全领域，由应急管理局、公安分局、消防支队、卫生健康委、市场监督管理局牵头，重点围绕社区安全、社会治安、生产安全、消防安全、食品药品安全、公共卫生安全等应用场景，构建公共安全智能服务保障体系。依据该项目计划，“城市大脑”将于2020年底初步建成。

2. “回天有数”构建精细治理平台

“回天有数”计划是昌平区政府为加快提升回天地区城市品质和公共服务水平而制定的社区治理大数据平台建设计划，是“回天行动”的一部分，于2017年8月启动。区别于一般城市管理领域的大数据应用停留在问题发现或描述阶段的“传统”模式，“回天有数”计划将大数据与城市科学治理深度耦合，致力于解决城市治理领域的“复杂问题”。该计划整合昌平区跨部门政务、社会、民意诉求和社区数据，建立城市监测与治理平台，围绕回天地区公共服务设施和主干路网优化，对政府推进的社会治理项目和措施的实施效果进行观测、分析和评价，探索优化城市规划治理的途径和方式，为回天地区精细化治理、提升社区服务水平提供精准科学的决策建议。

（六）以制度创新驱动多元共治与区域协治

公共安全治理要秉承共建共治共享治理理念。北京市在强调政府主体地位的同时，还重视引导和联合社会组织、企业、公民个人等多元主体共同参与，强化区域合作与区域协同，共同应对城市公共安全问题。

1. 党建引领多方力量参与安全共治

在公共安全多元共治中坚持党建引领。利用党建工作协调委员会、党员“双报到”等载体平台和强大的组织网络密切联系各类组织，进一步将党的政治优势、组织优势转化为城市治理优势。以回天地区治理为例，为推进“回天地区”无违建社区创建工作，昌平区回天工作专班衔接区、局、镇街，利用城管体制改革、重心下沉优势，发挥属地各执法队主力军作用，确保回天地区“无违建社区”创建工作责任落实。依托“街乡吹哨、部门报到”工作机制，加大综合执法力度，充分发挥基层党组织作用，实行社区干部包干负责制，积极谋划、主动出击，营造全民参与、共同治理、共同监督的良好氛围。

创新多元主体“协商共治”机制。围绕基层治理中的突出问题和重大事项，利用社区议事厅等方式，开展社会公众共商共议活动。通过项目补贴、项目委托、购买岗位等多种方式，吸引多方社会力量共同参与基层治理，推动城市治理从自上而下的“单向治理”，向多元主体“协商共治”转变。至2019年，全市3177个城市社区全部建立议事厅，农村社区覆盖率超过了70%，为社区居民参与社区治理提供了议事和参与平台。在回天地区治理中，整合社区党支部、居委会、业委会、物业公司和社会组织的力量，建立“五方共建”工作机制，通过五方联席会议等形式，协同联动、沟通协商，促进多方资源共享，共同解决社区问题。五方代表每月定期与居民座谈，完善业主和居民反馈机制。

发动群众参与公共安全治理。北京市高度重视发挥群众在公共安全治理中的重要作用，各区根据需要创立了一系列着手发动群众参与治理的模式。例如，西城区大栅栏街道铁树社区于2006年成立了一支由女性组成的社区消防队，主要成员由居委会工作者、退休居民组成，她们在排除消防隐患、宣传消防知识的同时，还协助维护社区治安、环境保护、调解社区邻里矛盾，被街坊们亲切地称为“妈妈消防队”，由于成本低、效果好，目前这支队伍已经由最初的 12 人发展到 40 人，在社区公共安全治理中发挥了不可替代的作用。此外，“西城大妈”“海淀网友”“朝阳群众”等人群也成为北京群众参与治理的标签，对于改善社区卫生环境、强化安全巡查、维护网络安全等发挥了重要作用。2016 年以来，“海淀网友”互动平台、“朝阳群众 HD”手机应用陆续上线启动，越来越多的群防群治品牌在城市社区治理和公共安全治理中发挥着重要的作用。

2. 多维度推进京津冀区域协同治理

京津冀协同发展国家战略实施以来，三地有序部署公共安全领域的协同与合作。在应急管理合作方面，2014 年 8 月，三地共同签署《北京市、天津市、河北省应急管理工作合作协议》，三方协同应对涉及跨区域突发事件，联合开展应急工作。2019 年 10 月，三地签订《北京市天津市河北省应急救援协作框架协议》，集合区域应急力量和资源，推动三地在跨区域应急救援领域深化合作。随着新冠肺炎疫情的出现，三地加快了公共安全治理领域的协同步伐。2020 年 3 月，京津冀协同发展领导小组办公室出台《关于进一步加强京津冀区域重特大突发事件应急处置协同联动建设的意见》，提出到 2035 年，京津冀区域全面建成重特大突发事件应急处置“体系完备、一体联动、务实高效、智能辅助决策”的联防联控体系。

新冠肺炎疫情发生以来，京津冀区域建立京津冀新冠肺炎疫情联防联控联动工作机制，由三省市常务副省（市）长担任牵头负责人，三省市协同发展办公室负责协调服务，三省市相关专业部门共同成立人员流动引导、交通通道防疫、防疫物资保障、生活物资保障、企业复工 5 个专项组，协同开展疫情防控各项工作。三地还进一步细化落实区域疫情信息互通、生产生活保障物资通行、人员有序流动等十方面制度措施。

（七）系统推进公共安全教育

北京市充分利用城市丰富的公共安全教育资源，广泛组织公共安全宣讲教育活动，不断规范公共安全教育体系，推动公共安全教育体系建设不断深入。

1. 广泛组织宣讲教育活动

全面提升公民公共安全知识水平建设是当下国家公共安全发展战略的一大重要内容。北京市充分利用在京的各种教育资源广泛开展公共安全教育。通过“法律十进”、“以案释法”普法宣传、“有限空间作业安全风险防控宣传”、“安全生产责任险宣讲”等活动，选拔优秀宣讲员。依托“5·12”全国防灾减灾日、“6·16”全国安全宣传咨询日、“10·13”国际减灾宣传日和“应急先锋·北京榜样”评选等宣教平台，全方位多层次推进各种形式的公共安全科普活动。加强中小学生安全教育，2019 年 9 月在北京卫视播出了北京市首档中小学生《公共安全开学第一课》。节目采用多种电视呈现手段，既适合现场观众观看，又可满足电视观众的观赏需求，取得了很好的宣传教育效果。

2. 规范公共安全教育体系

2014 年北京市首批“国家安全教育示范基地”正式授牌。2018 年，北京市响应国家“十三五规划”中对“健全公共安全体系、提升防灾减灾救灾能力、广泛开展防灾减灾宣传教育和演练”的要求，建设落成涵盖地震安全、消防安全、出行安全、民事防护、自然灾害、自救与他救等七大模块的北京公共安全体验馆。2020 年 6 月北京市启动公共安全教育基地分类分级评估工作，进一步加强公共安全教育基地、体验场馆等基础设施的规范化建设，提高公众安全意识和自救互救能力。北京市公共安全教育体系正逐渐规模化和规范化。

三　经验与启示

（一）在战略高度上布局和推动公共安全治理工作

高度重视公共安全治理工作。超大城市是复杂巨系统，脆弱性显著、易

发生人为灾害或人为因素诱发的自然灾害、灾害的扩散性较强、易引发次生灾害和衍生灾害。因此，要充分认识超大城市开展公共安全治理的重要性和艰巨性，从战略高度上布局和推动公共安全治理工作。北京市高度重视公共安全治理工作，将城市公共安全治理工作置于首都经济社会发展的大局来谋划和推动，坚持以首善标准抓好公共安全治理各项工作，将维护城市安全稳定作为北京城市治理的重中之重，确保首都城市安全运行、社会和谐稳定。以“吹哨报到”改革为例，北京市委将其列为2018年全市“一号改革课题”，制定详细工作方案，确定重点改革任务。市委书记蔡奇赴一线调研和听取意见40余次，每月召开区委书记会分析点评，亲自谋划、亲抓落实；区委书记领衔各区改革工作，专职副书记具体负责；组织部门牵头月通报、季调度；市级多家媒体广泛宣传，极大地推动了这项改革不断深化。

以公共安全治理高标准倒逼城市高质量发展。当前我国正处于由高速增长阶段转向高质量发展阶段的关键时期，高标准严要求推动公共安全治理工作，有助于淘汰高能耗、高污染、高风险、低附加值的落后产能和生产方式，倒逼城市加快转型步伐，走高质量发展之路。“十三五”时期以来，通过“疏解整治促提升”“城市安全隐患治理”等一系列专项行动，北京市全面疏解和整治环保不达标、安全隐患严重的一般制造业和低端服务业企业，坚定有序推进“减量”发展，既改善了城市安全运行状况，优化了人居环境，也为城市高质量发展拓展了空间。一方面，更多“高精尖”产业引进来，城市经济结构不断优化；另一方面，倒逼城市强化科技优势，突出创新引领，走高质量发展之路。在多方措施共同推动下，2019年北京市生产安全事故起数和死亡人数同比下降11.6%和12.3%，全年规模以上工业企业劳动生产率达到50.3万元/人，比上年提高4.6万元/人，经济总量达到3.5万亿，经济结构更加优化，实现了更高质量的发展。

（二）找准方向和方法深化体制机制改革创新

构建扁平化公共安全治理架构。我国公共安全治理体系是以政府为主导的层级式结构，遵循“统一领导、分类管理、分级负责”的原则。层级式公共安全管理模式受到效能衰减和损耗的影响，末端层级的功能和作用往往被严重弱化。为此，可发挥网络信息技术在处理和传输多层级巨量数据和信息方面的优势，运用科学管理手段推动城市公共安全管理的扁平化。扁平化改革有助于增强政府对城市面临的安全风险与变化的敏感性和应急效力，克服管理效能衰减和损耗问题。北京构建的战时应急管理体系就具有显著的扁平化特征，实践证明取得了较好的运行效果。可按照“扁平、精简”的基本原则实施职能整合和层级缩减，探索构建“市—社区”二级体制，形成更加高效的城市公共安全治理体制。

探索“小核心、大协作”公共安全治理模式。在完成机构改革之前，我国原有的公共安全管理体系是一种分领域、分部门的分布式组织结构，部门分割、条块分治、综合不足、信息不畅等问题比较突出。2018 年国务院机构改革后各省市随之成立应急管理厅（局），这些问题在一定程度上得到解决。由于公共管理涉及领域和部门众多，专业性强，从组织架构上完全大一统是不现实的。为此，可以将应急管理部门作为防灾减灾救灾运行的主体责任单位，相关参与部门承担分管领域的具体责任，打造“小核心、大协作”的运行模式，既保证日常运行的规范稳定，也有助于重大突发事件期间的多部门协作。从北京市基层治理实践探索看，“吹哨报到”改革通过强化街道党组织领导作用，以更加精干有力的街道为核心，加大对上下各“条”“线”的整合力度，形成“X”形结构：以街道为中心，向上链接职能部门，向下链接各个社区。在应急指挥和处置方面，北京市正在探索将市应急局和应急指挥中心作为核心的应急筹划和处置部门，上对市委市政府和市应急委，下对各职能部门，从而构建主体清晰、多点联动、平战一体、运转高效的应急指挥体系。

运用科学方式方法，重点突破、循序渐进开展体制机制创新。当前，城市公共安全治理体系的基本框架已经确立，如何结合城市实际具体推进落实，还需要深入探索。各城市情况千差万别，要因地制宜，选准切入点和突破口，确保短时间内见到明显成效，提振信心，坚定决心；同时也要把握整体性、系统性和协同性，一步步扎实推进。一些公共安全领域的顽疾和系统性隐患，需要以针对性的专项行动予以破除，打好任务“攻坚战”；还要完善工作支撑体系，以体制机制建设巩固专项任务成果，构建长效机制，打好任务“持久战”。北京市在推进“疏解整治促提升”专项行动中，为整治占道经营和无证无照经营等安全隐患，通过加强巡查检查、加大执法力度、积极协调联动、快速处置举报、强化宣传引导等措施，深入开展盲道秩序整治，将盲道秩序管控纳入常态化管理，形成了消除隐患的长效机制，有效防止违法违规行为的反弹。

（三）统筹推进下好公共安全的“大棋”和“小棋”

统筹规划公共安全治理与城市综合治理工作。城市公共安全治理涉及城市运行多方面，与城市综合治理联系越来越紧密。统筹推进城市安全治理与城市综合治理工作，有助于从源头上追溯和控制风险，构建系统化风险防控网，营造整洁、安全、有序的生产和生活环境，为公共安全治理工作铺就更好的底色。北京开展“疏解整治促提升”“回天行动”等专项工作，都是把公共安全与城市综治紧密结合，协同推动。比如“疏解整治促提升”专项行动包含疏解一般制造业和“散乱污”企业治理、拆除违法建筑、整治城乡接合部和中心城区老旧小区等 10 方面内容，针对城市治理中出现的多方面问题综合推进，系统化解决。

全面推进应急管理与风险管理工作。当前公共安全理念已从传统的救灾减灾向风险治理、协同应对、韧性提升的可持续发展方向转变。公共安全治理越来越呈现高度系统化特征。不管哪一个环节出了问题，都可能带来巨大的风险。“十三五”时期，北京市制定安全生产规划、应急体系等发展规划，有序推进公共安全治理体系建设，努力打造与城市经济社会发展水平相适应的、具有首都特色的超大城市公共安全治理新格局。未来城市公共安全体系的建设需统筹规划，全面推进，加强公共基础设施布局保护与公共安全治理体系建设并重，快速应急响应与风险防控管并重，公共治理架构体系与公共治理能力并重。

（四）加快构建城市共建共治共享治理新格局

整合各维度公共安全力量和资源。北京在公共安全治理体系建设过程中，充分利用城市丰富的公共安全资源，在应急响应、风险管控等方面，有效整合多方资源形成合力，提升公共安全治理的效率和效益。与津冀地区建立疫情联防联控联动工作机制，共同打赢疫情防控总体战、阻击战，为全国疫情防控做出积极贡献。通过央地协同、军地协同、区域协同，推动城市公共安全体系更好发展。我国城市公共安全治理要以开放共享的理念，完善区域内信息共享与共同研判机制，提高公共安全治理联动性，强化重大公共安全事件共治能力建设。

发动群众参与公共安全工作与体系建设。“回天行动”专项中“回天有我”社会服务活动推进过程充分说明，群众是公共安全治理体系，尤其是基层治理体系中必不可少的重要力量。我国城市公共安全治理应加强公共安全科普宣教，探索助推公共安全科普宣教的有效机制，提升群众对公共安全问题的认识和参与公共安全治理的能力；大力支持公共安全领域的社会组织发展，落实公共安全相关的各类社会组织、志愿者组织参与公共安全工作的有效途径；着眼于党和政府与社会各方合作互动的网络型多元治理，完善城市公共安全治理的共治新秩序。

四　总结与展望

作为首都，维护好中央机关和中央领导同志的安全，为中央政务功能的实现提供安全的城市环境，是北京城市治理工作最紧迫最重要的任务。“创新的思维、扎实的举措、深入的作风”是习近平总书记对首都城市治理提出的要求，也是首都公共安全治理工作的重要准则。北京在公共安全治理工作中，牢牢把握深化公共安全治理体制机制改革、整合公共安全治理资源、公共安全治理能力现代化三条主线，积极推进公共安全治理法治化、社会化、智能化、协同化，取得了良好的治理效果。随着新冠肺炎疫情防控步入

“常态化”，北京公共安全治理仍将面临严峻形势。新冠肺炎疫情期间北京暴露出防疫物资储备重复、条块分割、结构不合理等问题，有待以体制机制改革和创新去解决。此外，超大城市系统的脆弱性、监测预警系统发展的滞后性、大数据时代城市公共安全治理中保障安全与诱发风险的矛盾等各种问题，亟待开展更深入的探索和实践。

参考文献

韩新、丛北华：《超大城市公共安全风险防控的主要挑战——以上海市为例》，《上海城市管理》2019 年第 4 期。

连玉明：《城市应急管理的风险防范》，《城市管理与科技》2008 年第 4 期。

刘文富：《新时代超大城市公共安全治理的战略转型与选择》，《复旦城市治理评论第 2 辑》，上海人民出版社，2018。

吕拉昌：《首都城市公共安全风险及其治理》，经济管理出版社，2018。

袁振龙：《习近平首都社会治理思想的主要内容与指导意义》，《前线》2018 年第 6 期。

赵海星：《完善首都重大突发事件应急指挥机制的思考》，https：//mp. weixin. qq. com/s? _ _ biz = MzA4NDE3NTc2Nw = = &mid = 2653805888&idx = 1&sn = d82e0d808447e1ff4928377b99da573e&chksm = 843243b8b345caaeaeb730770078248517f99b6278407d29b01f1d1935c709d95ef92adb41d3&mpshare = 1&scene = 1&srcid = &sharer_ sharetime = 1593497441269&sharer _ shareid = b2f6212d62c3b604cf1b235c0f9e4483&exportkey = AS0v1hh52Q2VwRMQmGPZW% 2Bw% 3D&pass_ ticket = LgBQl9% 2B03e3x1xZkeATQYfbRY9Jcw2LtY9LQcrqVQf2H7lPhVwqItTROctQ0z8% 2Bz#rd，2020 年 3 月 18 日。

中央组织部组织二局：《北京市党建引领“街乡吹哨、部门报到”改革情况的调查》，《党建研究》2019 年第 2 期。

B.17

上海市城市安全治理经验与创新

蒋华福*

摘　要： 城市健康安全运行是上海建设卓越全球城市和具有世界影响力的社会主义现代化国际大都市的重要前提和保障。通过构建系统的城市安全风险监测预警体系、编织科学严密的城市安全管理防控网、建构高效的城市安全应急处置系统、培育全面有效的城市安全多元治理体系以及构筑相关重点领域安全监管防线，上海市不断加强城市安全与治理创新，有效提升了城市治理体系和治理能力现代化水平，为特大、超大城市安全治理提供了可资借鉴的经验。

关键词： 上海　城市安全　治理体系　治理能力现代化

一　导言

上海市总面积为6340平方公里，常住人口2428万人，高密度的经济活动、高频率的人口流动给城市安全运行带来了极大挑战，如何提升城市安全运行水平、推进城市治理能力现代化是上海城市健康发展面临的重大课题。“十三五”期间，上海十分重视统筹协调城市安全治理与风险管理，针对城市重大安全风险不断提升城市精细化和智能化管理水平，城市风险防控、隐患治理能力和安全能级显著提高。2017年9月18日上海市发布《关于本市深化安全生产领域改革发展的实施意见》（沪委发〔2017〕21号），全面提出了上海市安全生产领域改革发展举措和各项措施细化落实的要求。2019

* 蒋华福，中共上海市委党校副教授，研究方向：城市安全与应急管理。

年9月2日上海市出台《上海市推进城市安全发展的工作措施》，以城市安全治理体系和治理能力现代化为目标，从源头治理、综合规划、过程监管、夯实基层基础等方面，推动政府、社会组织及公众等城市治理主体对城市基础设施日常运转、公共事业正常运行、公共空间安全预防实施有效管理，进一步保障了上海城市安全运行。2020年6月，上海市发布《上海市安全生产专项整治三年行动实施计划》，并配套9个专项整治实施方案，聚焦风险高隐患多、事故易发多发行业领域，组织开展安全整治，包括危险化学品、消防、道路运输、民航铁路、工业园区、城市建设、危险废物、渔业船舶、危爆物品等9个行业领域的专项整治方案。基于此，上海正深入扎实推进城市安全治理体系和治理能力现代化，努力实现事故总量持续下降、重特大事故有效遏制，全市安全生产整体水平有比较明显的提高，城市安全能级得到提升。

“十三五”时期，上海紧紧围绕以人为本、安全为先的主线，聚焦城市综合管理、城乡一体建设、城市运行安全，以最严的标准、最严的要求、最严的措施集中整治安全隐患区域，进一步加强城市运行应急管理，全面加强城市运行安全各项工作；严守底线，强化红线意识和底线思维，坚持问题导向，注重查漏补缺，加强制度建设，创新监管方式，提高执法效能，强化有效管控，努力构建城市安全防御体系，及时发现和消除各种安全隐患，提升应对风险致灾因素的修复能力，为促进城市持续健康发展提供有力支撑（见图1）。

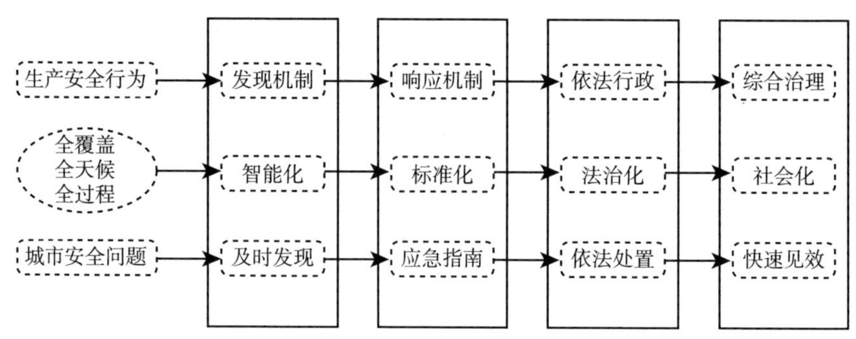

图1　上海城市安全精细化创新举措

资料来源：笔者自绘。

二 当前上海城市安全治理领域面临的新形势新挑战

随着城镇化进程的快速推进，上海城市人口和产业加快集聚，高层和超高层建筑高度密集，交通承载量接近甚至超过负荷，城市运行系统日趋复杂，城市风险也呈现多元立体性特征。当城市硬环境和制度软环境的风险叠加，并耦合人的危险行为和物的不安全状态时，就极易诱发蝴蝶效应，导致城市安全问题。

（一）城市发展过程中积累的安全风险正在集中凸显

上海作为国内超大城市，经济、文化及国际交往活动频繁，人才、技术、资金、信息等多种要素高度聚集和高频率流动；建筑物密集，建设项目多，施工强度大；地下管线、地铁线路纵横交错，运行强度大；机动车数量多，城市基础设施、公共服务设施高强度、高负荷运行，各类要素流动性和集聚度进一步增加，保障城市安全运行面临巨大挑战。在高层建筑、危险化学品、油气长输管线等“生命线”工程、老旧建筑及设施、工程建设、人员密集场所、城中村等方面不同程度存在薄弱环节，建筑施工、交通运输、特种设备、燃油管道等领域的安全隐患防不胜防。随着基础设施运行年限的增长，诸多领域普遍存在各类风险，基础设施设备得不到及时更新或安全趋于弱化，城市将进入一个风险病害的集中暴发期。就风险行业分布特征而言，上海城市高风险行业包括建筑业、重化工业、交通运输业、餐饮娱乐业、仓储及零售商业、供水供电供气业等，其中供水、供电、供气系统作为上海城市生命线，事故一旦触发则社会影响面巨大。风险较高的安全生产行业集中在建筑业和重工业，其中，建筑行业风险主要集中在施工现场、改造现场；重工业风险主要集中在储罐区、作业现场以及危险化学品运输环节；轻工业和服务业风险主要集中在使用易燃易爆危险化学品的喷涂行业、长途客货运行业等。

（二）新业态、新产业、新技术安全问题带来的新风险

随着上海经济社会的快速发展，新产业、新业态、新模式、新技术快速涌现，城市管理面临众多、纷杂的不可预知风险。城市运行安全和生产安全风险将长期、客观存在，风险管控的难度也越来越大。例如，大量城市更新改造不当增加的基础设施安全风险，快速城镇化带来的城市危险废物处置能力不足，以及大型新能源汽车动力电池的安全风险等都给城市安全运行带来了前所未有的风险挑战。另外，城市大型商业综合体和超高层建筑的不断建成给火灾防控带来了极大挑战。上海市城市建筑设施数量巨大，高层和超高层建筑不断建成，轨道交通客运量屡创新高，确保城市安全有序运行任务艰巨。基层政府特别是街道镇（开发区）一级属地监管责任的落实缺乏必要的人力，物力保障条件相对欠缺。城市安全应急体系有待完善，跨部门联动机制尚不完善，协同应急处置能力有待加强，安全隐患源头治理尚需加强，市民风险意识和自救互救能力需要提升。此外，上海市危险化学品全生命周期中存在的风险点在生产、经营、储存、使用、运输等重点环节中，成为影响城市安全的堵点、难点和痛点。

（三）安全生产和城市安全管理机制面临的新考验

上海城市安全运行既考验管理体制是否完全理顺，也考验运行机制上流程及标准是否科学，是否解决因条块、块块分割而带来安全保障的缺位、错位或越位。与此同时，近年来的自然灾害风险多发频发给城市治理带来了自然灾害应对的挑战。对上海来说，自然灾害同时来自海洋、陆地两个方面，近年来台风频发、潮位趋高、暴雨极化，黄浦江沿线及东海沿线风险源密集，雷电灾害对上海东北和西南区域影响较大，赤潮、风暴潮和灾害性海浪主要殃及长江口及邻近东海海域，较易造成次生、衍生灾害，尤其风、暴、潮“三碰头”中造成的危害更大。上海还有地面沉降、水土流失、海岸线变化等渐变性灾害，城市将长期面对各类自然风险，与构建“全灾种、大应急”的应急救援力量体系还有一定差距。

三 上海市城市安全治理成效与经验

为加快建立国际一流城市、率先全面建成小康社会的国家战略任务，上海正推进实施长三角协同发展战略，建立风险管控更加科学、隐患治理更加有效的城市安全治理体系。新时期，面对复杂的超大城市安全形势，基于2020年突发的新冠肺炎疫情经验教训，上海以总体国家安全观为统领，用系统的思维和全局的眼光更加重视突发事件可能引发的系统性连锁反应和对整个国家安全的全局性影响，从战略高度上加强城市安全发展的顶层设计和系统谋划，逐步建立起了分类管理、分级负责、条块结合、属地管理为主的城市安全治理格局，着力推进城市应急管理、城市安全生产和城市防灾减灾救灾协同发展的机制模式，着力构建部门联动、条块结合、区域协同的城市安全治理机制。

（一）构建一个系统的城市安全风险监测预警体系

1. 完善公共安全风险评估机制

2015年，上海制定印发了《上海市人民政府关于进一步加强公共安全风险管理和隐患排查工作的意见》，要求各部门和单位每年需报备高风险等级危险源、危险区域和一级安全隐患排查结果。在全市深入推行突发事件风险评估工作，落实各委办局和各区的隐患排查责任，开展自然灾害、事故灾难等突发事件风险源调查与评估工作，形成区域内的风险地图，定期完成区域和专项风险评估，提交对策报告。开展风险控制与动态管理，进一步规范评估流程和机制，完善风险评估的内容与方法，逐步实现风险评估工作量化、程序化和标准化，推动城市安全工作由处置向预防、由应急向常态转变。一是细化整改任务。按照一项目一方案的方法，制定整改工作方案，逐一明确分管领导、责任部门、时间节点和工作要求等。二是消除重点隐患。采取关闭、移除、加固、改建等措施，消除重点隐患。三是搞好检查验收。做到“完成一个、验收一个、销号一个”。每月对隐患整改进展情况进行跟

踪，并对部分重点风险隐患项目进行实地察看。

2. 加强风险监测和灾害预警工作

上海尤为重视风险监测和灾害预警工作，一是推进自然灾害监测预警体系建设，完善气象、地震自然灾害监测网，加强自然灾害早期预警能力建设、健全自然灾害预报预警机制，提高灾害预警信息发布的准确性、时效性。二是加快推进重大减灾项目建设，健全自然灾害监测预警和风险管理制度，推进智慧气象和自然灾害综合监测预警体系建设，促进灾害监测预警、风险评估、灾情管理等数据信息共享。三是加强灾害预防性基础设施建设，开发灾害信息预警的 App，借鉴新冠肺炎疫情成功防控中的信息发布和预警经验，利用科技赋能，提升灾害信息预警和发布的及时性、准确性和科学性。此外，结合历史灾情数据，强化灾害风险综合预警分析发布。同时关口前移，推动救灾与减灾的有机结合。

3. 有效推进城市安全风险管控

加强城市安全风险评估的实践创新，通过减轻灾害风险促进经济社会可持续发展。多元参与，探索社会力量的有效参与。加强政府在救灾减灾领域的规划指导，强化部门合作，培育社会组织和志愿者，充分利用科技企业的市场优势，探索形成政府、社会和企业的三方合作、互动的格局。实行城市安全风险分级分类管控，制定风险管理清单。编撰风险预警蓝皮书，每年向社会公布。城市规划布局、设计、建设、管理等工作实行重大安全风险“一票否决”。建立高架桥梁、危险化学品输送管道等设施风险预警、联防联控机制。建立供水、供电、供油、供气、通信等地下管网信息共享机制；加快规划实施“深隧系统”工程，加强城市地下排水管网和河道的疏浚工作，形成常态化管理机制。加强重点人员密集场所和安全风险较高的大型群众性活动风险管控，建立大客流监测预警和应急管控处置机制。加强闲置厂房出租、厂房改建工程等安全管理和风险管控。

4. 深化重大风险源隐患排查治理

充分发挥信息化手段功能，加大重大危险源监测平台建设，提高风险源预监测通能力。完善城市重大危险源辨识、申报、登记、监管制度，建立动态管理数据库，加快提升在线安全监控能力。建立完善城市高层建筑物、体育场馆、会展场馆以及涵洞、桥梁等大型建筑（设施）科学设置安全防护和应急避险设施。做好城市建设、危旧房屋、玻璃幕墙、渣土堆场、燃气管线、地下管廊等重点隐患安全防范，加强基础建设，提升安全保障能力。稳步推进危险化学品和化工企业生产、仓储安全搬迁工程，进一步推动集中发展，绘制危险化学品重大危险源地理信息图，加强重大安全风险管控。健全轨道交通、交通设施、道路水路客运、危险货物存储和运输等行业安全生产重大隐患清单制和整改责任制。加强施工现场精细化管理，推行工期法定，推广施工安全标准化，强化危险性较大的分部分项工程风险评估和管理。强化对各类生产经营单位和场所落实隐患排查治理制度情况的监督检查，督促建立隐患自查自改评价制度。

（二）编织一张科学严密的城市安全管理防控网

1. 稳固安全生产基本盘

以抓“法人＋工人”的重点人员为主线，推行“要素检查、记分管理”制度，压实安全生产主体责任，督促企业建立健全自我约束、持续改进的内生机制；推行属地管理、分类管理、专管员等工作制度，引导企业持续改进企业安全生产条件，提升安全管理水平。强化企业安全风险分级管控和隐患排查治理双重防控机制，开展风险辨识、自评价，实施风险警示，强化危险源监测和预警。强化高危行业安全行政许可，加强对新材料、新工艺、新业态安全风险评估和管控，结合供给侧结构性改革，推动高危产业转型升级。

2. 优化安全生产综合监管模式

立足治理能力建设，着力改进监管观念。正确把握“亲商政策”内涵，坚持宽严相济，凸显政府各委办局指导、调控等社会管理、治理作用，既做到对优质企业的慎用处罚、适度容错，又做到对安全基础差、经济贡献低企业的依法查处，实现“腾笼换鸟”，助力地区产业结构调整，降低源头风险。立足亲商环境，优化监管模式。积极发挥引导、调控、配置等职能作用，通过试行“积分制”“端末管理”等新规，完善包容审慎监管与轻微违法行为免罚等制度，引导企业落实主体责任；坚持行业调控与风险调控并举，依法依规“淘汰”地区内安全管理差、经济贡献低的企业，减少源头隐患；合理配置管理资源，试点建设危化品集中储配中心，服务南部高端智造核心区建设。立足“引导、约束、合作和智能”，落实安全监管责任。加强对企业的分类分级管控，加大对管理风险高企业的监管力度；建立安全生产监督检查的“要素”清单，突出对企业安全生产主体责任落实情况的监督检查。

3. 构建安全生产社会共治的新格局

坚持协同治理理念，动员多元主体参与安全生产监管，充分发挥市场主体、社会主体的功能，建立安全生产共建、共治、共享的共同体；坚持政府引导、部门推动、市场运作的原则，建立主体多元、覆盖全面、综合配套、机制灵活、服务高效的新型安全生产管理社会化的格局。完善政府购买安全生产服务制度。进一步规范政府购买安全生产许可审查、标准化建设、事故调查分析鉴定、安全宣传、事中事后监督检查等安全生产服务行为；按照相关政策，鼓励安全生产专业服务机构开展安全培训、技术咨询、检测检验、安全评价等技术支撑服务，培育多元化服务主体。

4. 创新消防行政监管服务新模式

对标国务院《关于深化消防执法改革的意见》，建立以“双随机一公开”监管为基本手段、重点监管为补充、信用监管为基础、“互联网 + 监管”为支撑、火灾事故责任调查处理为保障的消防监督管理体系。依托信用信息平台，将消防执法、火灾调查情况纳入征信系统；探索与市场、房管、建管等行业部门联合执法模式，形成执法合力；强化与公安派出所联勤联动，切实做好居民社区及一般单位消防安全监管。依托“网格化 + 消防”日常监管模式，打造消防工作专属模块，将消防工作深度嵌入网格治理工作，提升消防安全日常监管的纵深度。推动“智慧消防”建设提升火灾防控能力。以科技手段提升社会消防安全管理能级，依托“物联网 + 消防”模式强化社会面消防管理，推广建设消防物联网监控系统和消防大数据平台，进一步加快火灾事故处置响应速度；推动将消防管理职责嵌入各区，将各区下属镇、街道、社区等基层综治、社区、网格等信息化管理平台嵌入消防安全管理模块，织密做实基层消防管理网络，提升消防信息化社会治理能力水平和消防智能化水平。

（三）建构一个权威高效的城市安全应急处置系统

1. 加强应急指挥平台和系统建设

上海抓好政务服务“一网通办”、城市运行“一网统管”，并将“两张网”建设作为提高城市现代化治理能力和水平的“牛鼻子”工程。“一网统管”的目标是“一屏观天下、一网管全城”，强化“应用为要、管用为王”价值取向，以城市运行管理中心为运作实体，以城市运行管理系统为基本载体，以着眼于“高效处置一件事”，着眼于防范化解重大风险，着眼于跨部门、跨层级的协同联动为基本主线，力争探索走出一条符合超大城市特点和规律的治理新路子，形成城市治理的“上海方案”。根据超大城市运行安全需要，上海综合运用大数据、物联网、人工智能等先进信息化技术，建设立体化感知网络、天地一体化应急通信网络、协同联动的智能应用体系、安全可靠的运行保障体系、完整统一的标准规范体系，建成集预警监测、指挥调度、预案管理、资源管理、视频管理等功能于一体的系统。不断提高智慧安全应用水平，利用大数据平台，综合分析风险因素，促进人工智能在公共安全领域的深度应用，提高对风险因素的感知、预测、防范能力。上海的“一网统管”也正着力于城市运行，有力促进和提升城市管理的精准化水平，有力保障城市安全运行，有力维护社会和谐稳定，彰显“人民城市为人民”的要求。

依靠科技推动城市安全治理提档升级是实现“五个能力”（监测预警能力、监管执法能力、辅助指挥决策能力、救援实战能力和社会动员能力）的重要基础。目前，云计算、大数据、物联网、人工智能、区块链等新一代信息技术的迅速发展和深度应用，一定程度上加快了城市安全技术创新、应用创新和模式创新。上海城市安全工作已嵌入全市“一网统管”，发挥“一网统管”平台的功能成为城市安全治理精准化的重要探索。“一网统管”不仅仅是技术的迭代升级，更重要的是政府借助人工智能和大数据技术改造政府运行模式，全方位推进政府在理念、结构、流程、效能和监督方面的全面再造，打破政府管理边界，从条上合作到条条合作、条块合作、区域合作，更加突出以问题为导向、以需求为引领，解决城市管理中面上难点热点痛点问题，提供更多的服务产品，真正体现了系统治理、依法治理、综合治理、源头治理的思维方式。上海坚持“一网通办”与“一网统管”更高层面的有机融合，发挥各自的优势，力争达到相互促进、相互推动，促进“两翼”齐飞，推进上海全方位高水平开放，推动城市安全治理创新系统集成向纵深发展。

2. 完善自然灾害、事故灾难等应急预案体系

借助城运中心平台，统筹市、区、各委办局和相关企业事业单位的有关自然灾害、事故灾难方面预案协调联动工作，进一步理顺各部门、各单位在城市安全工作中的关系和职责，提高应急预案体系的整体联动性。指导重点行业企业做好应急预案的编制、备案工作，提高应急预案质量，增强预案的适用性和可操作性。依据国家和地方法律、法规、政策和方针的变化，及时调整、修订各级各类应急预案。此外，实现应急演练常态化，以危化品储存运输、大面积停水停电、台风暴雨灾害、地铁大客流等领域为重点，定期组织有关联动单位开展综合性应急处置演练。通过综合性演练，查找专项应急预案之间存在的矛盾和问题，及时进行协调与沟通，促进应急联动机制趋向完善。指挥机构、救援队伍和社区群众要全方位参与应急演练，多方演练主体协同进行，检验并完善联动机制，大力提升跨部门合成作战能力。适当开展即时性的应急演练和拉动，检验演练主体应急处置能力和预案执行能力。在完善各类突发事件应急救援预案基础上，定期开展应急演练、评估。加强应急救援力量建设，强化高层建筑、地铁、化工、船舶、大跨度建筑等救援队伍建设。完善街镇、居村应急管理组织和应急设施，发挥街镇城市网格化综合管理中心在应急联动中的作用。

3. 加强多层次应急救援队伍建设

根据全市“一网统管”建设的统一部署，推动各区城运中心成为城市

运行管理的应用枢纽、指挥平台和赋能载体，连同各大业务系统，畅通各级指挥体制，为跨部门、跨区域、跨层级的联勤联动、高效处置提供快速响应，通过智能化管理方式，为各级决策者和一线工作人员提供优质的数据服务和良好的技术支撑，完善城市运行基本体征指标体系，实现城市运行管理精细化、科学化、智能化和高效化。此外，根据《上海市人民政府办公厅关于进一步明确突发事件应急处置指挥的意见》，制定并完善突发事件应急指挥体系，明确城运中心、各委办局、各区等单位在处置中的职责分工、工作要求和指挥关系。明确城运中心的地位及职权，强化其在应急联动和指挥中的功能，明确其信息汇总、协调调度和先期处置的职责。加强对基层城市安全工作的指导，明确不同风险等级事件的指挥权，落实重大突发事件的垂直管理和紧急应对措施。

同时，进一步加强专业应急救援队伍、企事业单位应急救援队伍建设，重点推进危化品、电信、交通、运输、供水、供气等重点行业（领域）应急队伍建设。鼓励部分高危和较大危险企业建立应急救援队伍。探索创新基层综合应急救援队伍建设新思路，借助“一网统管”体系建设平台，促进各区网格化管理队伍和应急队伍整合发展，鼓励各区通过整合基层警务、综治维稳、医务、民兵、预备役、保安等具有相关救援专业知识和经验的人员，组建“一队多能”基层应急队伍，与应急预案演练协同进行，提高基层应急救援队伍的综合救援能力。

4. 健全应急物资储备体系

完善应急物资储备体系日常管养、应急调度、紧急运输、后续补充等制度机制。按照“备得有、找得到、送得快和用得好”的原则，统筹规划全市应急物资储备，实现专业储备和储备专业有机结合。确定各级各类应急物资装备布局、储备种类、方式和数量，形成应急物资装备和储备体系，实现应急物资数据应用常态化、系统化。依托大中型企业和社会机构，完善以实物储备、协议储备、市场储备和生产能力储备有机结合的应急物资、救灾物资保障新模式。通过协议储备、依托企业代储方式，探索建立政府、企业和社会相结合的应急物资共享平台，进一步构建多元救灾物资储备体系。根据应急物资需求清单，购置物资，选配人员，科学选址，新建规模适度、距离适中、管理有序的应急物资仓库。

（四）培育一个全面有效的城市安全多元治理体系

加强专业培训、宣传教育，形成覆盖各类突发事件的应急培训演练体系。深入开展面向全社会的安全教育和宣传，加强市民教育，普及防灾减灾知识和技能，增强市民的公共安全意识和社会责任意识。

1. 夯实城市安全基层基础建设

上海在全国首创了基层应急管理单元做法。在特定区域建立单元，强化城市安全治理，明确应急管理组织体系、应急预案、应急保障、工作机制、指挥信息平台“五要素”，确保平时“有人牵头”抓防范、急时“有人召集”先期处置。全市已将若干个重点区域和高危行业重点单位确定为应急管理单元，纳入全市应急管理组织框架体系，形成了“条（委办局）、块（区政府）、点（应急单元）”相结合、全覆盖的应急管理体系；各区也已建立区级应急管理单元。2016 年上海制定印发《关于进一步加强街镇基层应急管理工作的意见》，围绕“补短板、织底网、强核心、促协同”，推进街镇基层应急管理工作“六有”（有班子、有机制、有预案、有队伍、有物资、有演练）建设，并向村（居）委延伸。针对 2020 年突发的新冠肺炎疫情，上海总结经验，吸取教训，探索推进应急体制和机构改革举措，建立完善“应急部门主导、行业部门联动、基层属地落实”工作模式，统一调配市、区、街镇三级部门资源和力量，集中实施危险化学品和易燃易爆物品安全管控措施。创新建立“标准化管理 + 社会化风控 + 清单化管控”安全治理模式，以“一清单（自然灾害防治工作清单）、两建设（乡镇街道基层防灾减灾能力标准化建设、村居应急避灾站点建设）”为主要抓手全面强化各级防灾减灾救灾主体责任。定期开展风险形势研判，组织开展综合减灾示范社区创建工作，积极引导社区和社会组织协同开展灾害隐患排查、上报和处置，有力提升了社区防灾减灾能力。监测预警体系建设不断加强，会同市气象局加强气象预警。建立应急指挥联动机制，统一指挥协调医疗、电力、燃气、水务、气象、辐射等应急救援队伍，做好城市应急值守备勤和突发事件处置工作。

2. 营造城市运行风险治理新格局

充分利用上海电视台、上海发布、微博微信等媒体资源，加强城市公共案例宣传教育平台建设，推进城市安全教育活动进社区、进学校、进家庭、进人员密集场所，形成全方位立体化的城市安全教育体系。以“5·12”防灾减灾日、119消防宣传周、安全生产月等活动为抓手，举办中小学生抗震知识竞赛，并充分利用电子屏、微博、微信等方式宣传防灾减灾应急知识，进一步增强全民防范意识和自救能力。借助民政、安监、民防、气象等部门的防灾减灾和安全生产知识宣传平台，加强防灾减灾知识技能和各类新型公共安全隐患知识的培训和普及，充分动员、引导、发挥社会力量参与防灾减灾工作和举报或提供风险隐患信息的积极性，进一步提高市民城市安全方面防范能力。

3. 完善城市安全责任制度体系

创新与风险防控紧密结合更加精细化的责任归属模式。坚持党政同责、一岗双责、齐抓共管、失职追责，明确“统”“分”关系，落实“防”“救”责任，层层压实风险防控、会商研判、监测预警、分级响应、协调联动、信息管控、调查评估、善后救助、灾后重建、监督考核等应急管理责任，加强督查考核，严格责任追究。初步建立了一套横向到边，纵向到底的责任体系，形成党委领导、政府监管、单位负责、公众参与和社会监督的城市安全工作格局。

（五）筑牢一道重点领域安全监管防线

上海高度重视城市安全风险防控，增强抵御灾害事故、处置突发事件和危机管理能力，提高城市韧性，聚焦治安、消防、交通、建设、生产等领域及人员密集场所的安全管理，围绕“人、物、房、点、路、网”等关键要素，应用先进科技手段，全域、全量、多维、即时感知城市运行各类风险，加强重点行业领域如建筑施工、危险化学品、交通运输、特种设备、消防等方面的风险治理。

1. 轨道交通安全

一是制定完善轨道交通安检标准。在上海轨道交通区域共设安检点，轨道安检与轨交总队“每站有警”和车厢巡查安保措施一并构成轨道网三道安全防线，严密查堵各类危险品进站上车。二是健全轨道大客流风险评估和监测预警机制。针对目前路网客流超1000万人次且呈现常态化的现状，从行车组织、客运组织、安全宣传等多途径采取措施，以确保轨道交通日常运行安全。三是强化轨道交通应急能力建设。完善应急抢修布点和应急装备。根据应急处置重点、难点，配备车辆起覆设备、轨道摩托车、应急视频、应急照明，并落实定期维护、定期保养、定期检查的管理流程。通过抢修机动车安装GPS、落实应急系统和单兵终端使用等措施，实现应急响应时人员、工器具30分钟到位，各类故障的处置时间小于规定时间的目标。此外，本市已在运行的轨交车站全部建立了“四长联动”机制，完成了“一站一预案”编制工作及开展演练。

2. 消防安全

一是加大消防安全隐患整治。积极转化高风险调研成果，扎实推进夏季消防检查、冬春火灾防控等专项行动，深入开展12类突出隐患集中整治、电气火灾和高层建筑消防安全综合治理等专项行动，进一步健全消防安全责任制、消防安全监管机制、消防安全检查机制、消防宣传教育培训机制，不断提升社会火灾防控能级。二是加强社会消防组织建设。推动将消防“网格化”管理纳入基层服务管理平台，推动消防微信群、高层建筑楼长制等精细化治理模式在基层应用。根据季节性特点，结合各街镇平安办及区属企业日常管理，开展群众性消防隐患治理，重点打击违法违规行为。三是推进智慧消防工作。推进“AI + 消防”建设，推广“智慧社区”经验，对重点单位消防设施实施全天候监测管理，建成消防大数据一期应用平台，推广使用移动执法终端，建立火险隐患风险评估和预警机制，进一步丰富人工智能等现代科技在消防治理中的运用。四是增配更新各类装备设施器材。编制《“十三五”灭火救援装备建设规划》，购置登高灭火救援车、破拆机器人等

“高精尖”设备，投用远程供液、单兵红外侦察仪等一批先进装备。五是加强公共消防设施建设。将消防车通道建设纳入城市总体规划消防专项规划，在城市建设及更新改造时，要求相关道路规划、设计、建设、维护部门应按标准建设消防车通道，并应符合道路、防火设计相关规划、标准的要求；城市各级道路进一步完善优化路网结构，减少尽端路的设置。六是继续开展消防站点设施改造。在消防实事项目开展的基础上，总结经验，针对隐患较为集中和突出的重点区域、部位，继续开展消防站点设施增设、集中改造和环境卫生整治，并做好后期日常维护的规划。

3. 建筑施工安全

一是进一步深化行政审批制度改革。结合上海实际情况，发布了《关于本市建筑施工企业办理安全生产许可证人员配置标准细则的通知》，强化了事中、事后监管的力度，进一步简政放权。二是电子化审批持续推进。实现受理系统与三类人员管理系统、社保数据等相关部门的数据库进行对接，建立电子化安全生产许可证审批系统，提高办事效能和增加办理流程透明度，最大限度降低廉政风险。三是完善建设工程质量安全巡查制度。制定了《建设工程质量安全巡查工作考核办法》，并发布了《建设工程质量安全巡查手册》，进一步规范各区管理部门的质量安全巡查工作。四是构建装配式建筑质量安全管理制度。制定出台了《装配整体式混凝土结构工程施工安全管理规定》和《关于进一步加强本市装配整体式混凝土结构工程质量管理的若干规定》，有效指导装配式施工质量安全管理工作。五是开发数字化安全监管系统。基于 BIM 技术的可视化、协同化和集成化，结合 BIM 模型与云技术、物联网技术，研发数字化安全监管系统，作为安全监管工作可视化智能化协作平台，构建 BIM 技术安全管理信息系统。

4. 危险化学品安全

一是不断完善法律法规标准体系。修订《上海市危险化学品安全管理办法》，为各项工作提供法律保障。实施第三批《上海市禁止、限制和控制危险化学品目录》，中心城区首创正面清单目录化精细、精准管理。二是开发危险化学品使用单位登录报送系统。开发了本市化学品使用单位登录报送系统，实现了与工商法人数据库对接，以及按化学品使用企业的区域、单位、产品等统计功能。三是推进危险化学品领域安全生产行政审批改革。全面实施危险化学品安全许可第三方技术审查。为进一步将危险化学品经营许可证审批权下放至区安全监管局，修订出台了《危险化学品经营许可工作实施细则》，明确许可的申请类别、需要提交的材料、受理和审查要求、审批时限等，力求尽量减少审批要素，简化审批流程。四是启动建设危险化学品电子标签自动识别系统。根据上海市危险化学品企业的实际状况，在上海化学工业区启动开展危险化学品电子标签建设试点工作。制定完成了危险化学品单品身份标识二维码和 RFID 标签规范、有源车载标签规范、仓储的增强现实技术（AR）技术规范，以及企业生产发货管控和仓储企业管理与政府信息平台的对接原则。五是实施危险化学品的安全综合治理。印发了《上海市危险化学品安全综合治理方案》，结合《中共中央国务院关于推进安全生产领域改革发展的意见》提出的危险化学品领域相关重大改革举措，督促危险化学品相关企业全面开展安全风险辨识，推进危险化学品精细精准管控。深化危险化学品安全管理“一张图”1.0 版建设，作为全市联勤联动重点应用纳入“城运云”系统，实时对接 110 警情、危险货物运输车辆 GPS 监控等数据，展现危险化学品企业和加油站的“一企一档”信息，关联其重大危险源和应急预案信息。

5. 特种设备安全

一是开展基于风险的安全管理评价。安全管理评价涉及液氨制冷行业、气瓶充装行业、移动式压力容器行业三类重点行业的特种设备使用、充装单位评价。建立电梯维保记录电子化和智能监管系统。通过维保记录的电子化、实时上传和统计分析，最大限度地杜绝“打钩式维保”和“超期维保”等维保乱象。充分运用特种设备动态管理系统和移动监管系统，进一步加强检查发现问题的统计分析，研判监管的薄弱环节和风险点。开展特种设备风险识别，及时发布风险警示，预防事故发生。二是依托平台完善监管工作格局。充分发挥区特种设备联席会议等平台作用，以督查考核为抓手，强化落实“三管三必须”“党政同责、一岗双责”要求，进一步完善行业主管、部门监管和属地监管相结合的监管工作格局。充分发挥行业主管部门作用，以医院、学校、游乐场所、化工和公众聚集场所等为重点，推进特种设备风险防控和隐患治理。各行业、各部门、各街镇开展特种设备安全隐患排查工作时发现的共性问题要及时汇总、交流、沟通，先进的经验和优秀管理案例要及时分享，提升安全管理工作效能。三是建设一体化智慧电梯专业管理服务平台。合理布局全市三级救援网络，基本形成较为完善的电梯应急处置和救援体系；推动成立上海市电梯安全专业委员会，筹建上海市智慧电梯综合服务中心；启动一体化智慧电梯专业管理服务平台，选取部分具备条件的企业、行业、地区开展试点工作，初步形成电梯安全管理链。

6. 地下空间安全

一是落实地下空间安全使用管理综合协调职能。每年召开全市地下空间管理联席会议，市政府与各区签订地下空间安全管理工作责任书。印发《地下空间安全使用管理工作考核办法（试行）》，加强对各区地下空间安全使用管理工作的考评。二是做好地下空间安全使用管理联合检查和日常抽查。市地空联办牵头组织本市地下空间安全使用管理联合检查，会同市级公安（治安）、消防、水务、安监等市地下空间管理联席会议成员单位，开展地下空间安全使用联合大检查。三是做好地下空间信息化管理及宣传工作。完善优化地下空间信息管理平台建设。对“地下空间综合管理信息系统”开展升级改造工作，功能升级后基本实现本市普通地下室使用备案的全过程网上操作，提高地下空间行政服务效能，提高本市地下空间安全使用管理水平。

四　简要总结

上海从超大型城市运行安全面临的各种风险致灾因素出发，将精细化管理理念引入城市管理中，对城市管理各个工作环节实施信息化指挥、网格化管理、精量化定责、精准化操作，通过构建系统的城市安全风险监测预警体系、编织科学严密的城市安全管理防控网、建构高效的城市安全应急处置系统、培育全面有效的城市安全多元治理体系以及构筑相关重点领域安全监管防线，上海市不断加强城市安全与治理创新，有效提升了城市治理体系和治理能力现代化水平，为促进城市持续健康发展提供了有力支撑。

总之，上海城市运行安全任务繁重艰巨，要确保城市安全、社会安定，实现安全形势与高标准全面建成小康社会相适应，必须做好面对困难、迎接挑战的充分准备。上海正致力于2035年基本实现城市安全治理体系和治理能力现代化，城市运行安全和安全生产保障能力将进一步增强，基本建成能够应对发展中各种风险、有快速修复能力的韧性城市，显著提升符合社会主义国际化大都市特点和规律的超大城市安全运行水平。

参考文献

蒋华福：《强化超大城市轨道交通安全风险治理》，《党政论坛》2018年第11期。

蒋华福：《维护世界公共卫生安全与中国方案》，《当代世界》2020年第5期。

蒋华福：《总体国家安全观的战略体系与思维方法》，《党建研究》2019年第6期。

《快速发展带来城市安全问题与挑战》，《中国应急管理》2020年第1期。

上海市人民政府：《上海市推进城市安全发展的工作措施》，2019年9月2日。

上海市人民政府：《中共上海市委、上海市人民政府关于本市深化安全生产领域改革发展的实施意见》，2017年9月18日。

B.18 智慧城市视角下的青岛公共安全治理的模式与经验

葛　通*

摘　要： 信息技术已经逐渐渗透进了城市生产生活的方方面面，不断有新技术、新方法取得突破，并投入商用。城市正在变得更“智慧”，管理者也正努力借助这些新技术、新手段来提升公共安全治理水平。青岛市通过智慧城市建设促进城市公共安全管理，积累了丰富的实践经验。报告首先梳理了信息技术在公共安全管理中的重要作用，然后从数据基础设施建设、算法技术能力建设、综合智能系统建设三个方面，讨论了青岛公共安全治理智能化的工作思路、工作模式，并对青岛“数字抗疫”典型案例做了分析。报告提炼出“基础设施超前规划、能力建设稳妥推进、应用建设紧贴需求”的青岛经验，为其他城市采用信息化手段提升公共安全管理水平提供参考和借鉴。

关键词： 公共安全管理　智慧城市　信息技术　青岛市

公共安全是一种重要的公共产品，保障城市公共安全是城市政府的重要职责。在城市演化的历史进程中，公共安全管理的内涵经历着持续的变迁。

* 葛通，经济学博士，海信集团智慧城市研发部人工智能专家，研究方向：大数据与智慧城市，城市知识图谱。

早期城市要防御外敌、应对天灾、打击犯罪、防火防汛、应对瘟疫，保障城市居民的生命健康和财产安全。随着城市先后进入工业化时代和信息化时代，危化品爆炸、交通违法、电讯中断等一系列新的风险因素纷纷出现，城市公共安全治理面临许多新的威胁和挑战。大城市的城市规模仍在不断扩张，安全的暴露度和脆弱性也相应被放大，一旦城市突发公共安全风险，将造成更为严重的人员伤亡和财产损失。

“智慧城市”为城市复杂问题的解决提供了一个新的视角，即通过采集和分析“城市数据”，开发信息服务产品，为城市难题的解决提供技术方案。城市每时每刻都在产生大量的数据，而建设智慧城市，就是要开发新技术、新产品，挖掘这些数据的价值，帮助城市中的管理者、企业和居民来做精准认知、科学决策，将城市打造成一座能够自我调节、灵活互动的智能系统。我国很多地方都在积极推进智慧城市、智慧社区、智慧公安、智慧应急等项目的建设。“智慧城市”在公共安全管理当中正发挥着越来越重要的作用。如何应用新的技术手段，提升公共安全治理水平，是各个城市政府需要思考的问题。然而，目前的城市智能系统建设普遍是科技公司在“讲故事、堆硬件”，城市管理者难以把控项目风险，城市居民感受不到项目带来的“获得感”。青岛市在公共安全管理智能系统建设上取得了一定的成果，报告首先分析智慧城市建设在公共安全治理领域中的重要作用，然后对青岛市运用城市数据构建智慧城市，破解公共安全治理难题的方式方法和实战效果做分析和研究，最后总结“青岛模式”对中国城市公共安全治理能力提升的经验与启示。

一 智慧城市建设在公共安全治理领域中的重要作用

智慧城市的含义，可以追溯到 2008 年 IBM 提出的“智慧地球”概念。“智慧地球”的主要内涵是，以技术手段，支撑更透彻的感知、更广泛的互联互通、更深入的智能化，提高政府、企业和人之间交互的明确性、效率、灵活性和响应速度。随着大数据技术和深度学习技术相继取得重要研究进展，智慧城市建设本身也经历了从“重信息”到“重智能”、从“重硬件”到“重应用”的变迁。Morozov and Bria（2018）对智慧城市提出了新的定义，即“将先进的技术部署在城市，目的是优化资源的使用，产生新的资源，引导用户行为，提高城市运行的灵活性、安全性和可持续性”。

运用技术手段提升公共安全治理水平，主要从三个方面入手。第一方面要借助机器的数据采集、数据存储、数据搜索等能力，挖掘城市数据的价值，让各类公共安全相关数据“触手可得”。第二方面要借助机器的数据挖掘、数学建模、特征学习能力，让算法帮助人更好地处理城市数据，辅助相关决策。第三方面要将城市数据和技术能力加载到综合智能系统当中，支撑城市数据、分析算法和公共安全管理者之间的高效协同。

（一）跨部门数据融合，让公共安全管理有数可依

城市公共安全管理需要参考大量的城市数据、城市信息。用信息化手段提升智能化程度，首先要让公共安全管理部门掌握这些数据。过去的政务信息化建设，主要是由各个部门分别投资建设，跨部门数据应用的问题未能解决，形成了一个个“数据烟囱”。而新型智慧城市建设，要通过融合数据，碰撞和挖掘数据价值，进一步提升城市治理水平。以防汛工作为例，防汛部门首先要收集部门内的信息，比如要掌握河道分布、城市积水点、防汛物资仓储等信息，构建城市防汛工作的基础数据集。而跨部门数据对防汛工作同样有重要的价值，防汛部门可能还需要对实时气象数据做监测，对危化品仓储、危化品运输车辆做监测，才能更好地应对突发状况。

社会治安管理方面，需要融合大量数据帮助案件侦办。其中，基本数据包括人口、法人等社会活动主体的基本信息、主要特征。此外，公安部门还要对城市地理环境、主体社会关系等大量城市信息做实时掌控；要结合“天网工程”“雪亮工程”，对城市公共空间的视频数据做记录。为案件侦破需要，公安部门有时还需要对重点人员的出行活动、财务活动等信息做监测。

社会应急管理方面，在应对城市突发事件时，也需要及时掌握大量城市数据。这些数据大致可以分成：城市基础数据（包括自然环境、社会环境、

历史灾害、城市地理信息、公共设施运行等数据）、城市实时数据（包括水文气象数据、卫星遥感数据、空中视频数据、移动终端数据等）和应急知识数据（包括历史应急案例、应急专家知识、危化品分布数据、应急物资数据、应急人员安排等）。这些数据对公共安全治理具有重要的价值，但收集、查询、整理这些数据，需要耗费大量的时间和人力成本。在智慧系统的帮助下，在应对突发事件时，城市公共安全管理者可以快捷方便地调取相关数据，做出更科学的决策。

从城市公共安全管理工作来看，社会治安事件和应急突发事件（以及新冠肺炎疫情这类的公共卫生突发事件）都具有高度的突然性和不确定性。综合运用物联网、5G 传输、大数据分析、人工智能等技术，可以将大量历史数据、专家知识、实时数据，加工转化成应急管理者、应急处置人员、城市居民等群体在预测和处置公共安全事件时所需要的知识和信息。这些智能数据服务，让城市安全管理者“耳聪目明”“博闻强识”。

（二）人工智能技术赋能，让公共安全管理精准决策

社会治安事件和应急突发事件具有高度的复杂性。很多时候，仅仅提供数据并不能很好地支撑公共安全管理相关决策，还需要对数据做智能分析。综合运用云计算、大数据、深度学习、知识图谱等技术手段，可以帮助城市管理者高效地处理大量信息分析工作。随着人工智能技术在图像识别、语音识别、视频识别、自然语言处理等领域快速地商用化，大量科技从业人员着手探索上述技术在公共安全管理上的应用。很多技术都是首先在公共安全管理工作上得到应用，而后再推广到其他城市治理领域，赋能公共管理和城市治理。

社会治安管理方面，需要结合智能化手段发现风险苗头，侦破犯罪线索。通过异常识别、异常追踪、异常筛选、推理推荐等算法，在海量数据当中识别有用信息，是社会治安智能化的关键。而深度学习算法，可以较好地学习非格式化数据的典型特征，并在新的数据集当中认出这种特征，辅助公安干警捕捉数据中的关键信息。“天网工程”中的视频数据就是典型的非格式化数据。图像识别技术，能够帮助公安干警对视频做初步筛选，提升视频

识别效率；人脸识别算法，能够自动筛选可疑人员；车牌识别算法，能够自动筛选可疑车辆；图片搜索技术，能够根据图片内容，在视频中定位人员、车辆在各卡口、监控点位的轨迹信息。这些人工智能技术的引入，大幅减少了人工排查视频信息的工作量。

在应急管理方面，需要借助智能化手段对风险做预测预警、评价评估，对方案做运筹优化、风险推理。在日常工作当中，应急管理部门需要对城市复杂系统进行全面分析，研究评估城市的灾害风险及脆弱性，制定科学预防规划和应急处置方案。智能化算法可以对风险预警、预防规划、应急处置提供重要的助力。通过对历史案例做机器学习和量化分析，可以建立各类风险事件的预测预警模型。将跨部门数据带入模型当中，可以得到风险发生的概率，指导应急管理部门合理安排物资调配和人员排班。在公共安全事件发生时，应急管理部门需要在极短的时间内进行快速决策和应急处置，根据历史案例和专家经验开发的决策分析算法也能为应急部门提供决策支撑。

城市安全涉及城市运行的各个方面和不同层次，各子系统之间有着千丝万缕的联系，相互影响，从而构成复杂系统。开发合适的模型算法，依靠计算机实现对复杂问题的快速计算，能给城市管理者带来巨大的帮助。这些人工智能算法，让城市安全管理者“见微知著”“日理万机”。

（三）建设综合智能系统，让公共安全管理协同高效

数据动态共享和算法模型分析，要依靠智能化系统来实现。系统应该具有数据储存、数据分析、分析交互等多方面的能力，并提供智能应用，给城市公共安全治理提供帮助。2020 年年初暴发的新冠肺炎疫情是典型的复杂公共卫生安全事件，防控形势严峻、公共数据分散，而数字化智能系统有效地提升了全民协同防控疫情的能力。很多城市建设了自己的“一图概览”“一键提报”“扫码即登记”等便捷信息服务应用。“健康码”等数字防疫产品迅速成为国民级产品，帮助城市有序组织复产复工。智能信息服务系统正在公共安全治理工作当中扮演越来越重要的角色。

社会治安领域，建设中枢系统能提供多路视频对比查看、多类算法同步运

行、案件线索落图展示等功能。中枢指挥大厅得以掌握全局情况，并结合地理信息、人口库信息、法人库信息，帮助干警更好地完成案件分析和处置决策。

应急管理领域，系统提供高清视频实时传输、人员物资实时调度、专家参与协同指挥等功能。中枢智能系统借助现代通信手段，统筹现场信息、专家知识等各方信息，辅助指挥调度。决策中枢可以看到现场的高清视频，各地专家的分析建议也能第一时间传输到决策中枢。在决策中枢和通信系统的支撑下，智能系统能为各级安全管理参与人员提供有效的信息服务，提供各方所需的一手信息、专家知识、分析结论。在没有突发事件发生时，智能系统也可以结合数据和算法，对风险做评估，对公共设施、公共场所、危化物品做监测，发现城市安全中的问题和隐患。

智能化系统的建设，经历了从“分别建设”到“整体建设”的模式变迁。在早期建设过程中，通常是多个城市委办局依据各自的职责分工，建设各自的系统。由公安局搭建公安智能系统，由应急局搭建应急智能系统，由卫健委搭建公共卫生相关智能系统。随着智慧城市行业的不断演化，对数据管理能力、算法管理能力要求越来越高，各城市倾向于对这部分能力做统一建设，也就是建设“城市云脑（城市大脑、城市超脑）”。现代综合智能系统，需要大量硬件支撑，包括计算机网络、应急通信、图像传输、数据存储交换、保障系统、备份系统等；需要大量信息支撑，包括城市基础数据、档案数据、预案数据、案例数据等；需要大量能力支撑，包括指挥交互能力、分级提报能力、视频解析能力、数据分析能力等；需要大量智能应用，包括日常管理应用、监测预警应用、分析模拟应用、指挥会商应用、信息比对工具等。功能丰富的智能系统让城市安全管理相关领导“统揽全局”“运筹帷幄”。

此外，城市建设公共安全相关智能系统之后，通常要根据系统，对本地各级管理者做角色分配，对本地管理组织做职责分工调整。因此，建设智能应用、智能系统，不仅能直接提升公共安全管理效能，还能帮助城市管理者学习城市公共安全管理共性组织经验，对本地相关制度做优化调整。反过来说，本地相关制度的调整，也会反映到本地公共安全智能系统的迭代当中。智能系统既是公共安全管理的工具，同时也是公共安全管理经验的一种固化和沉淀。

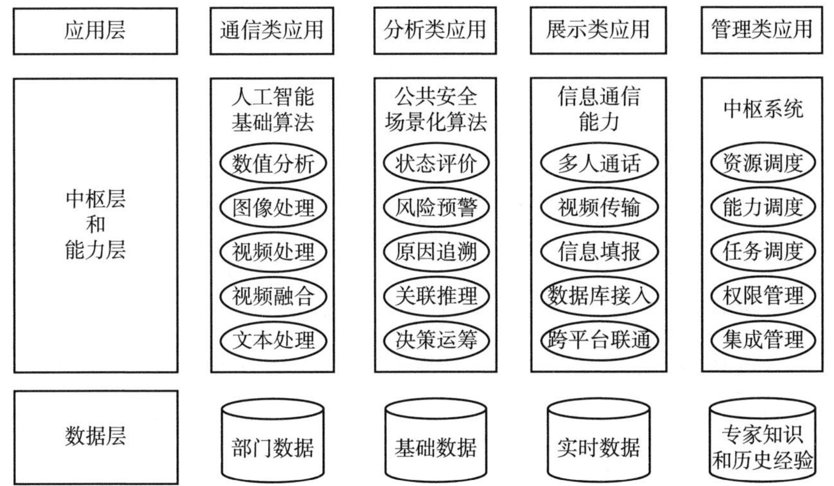

图 1　公共安全智能系统一般架构

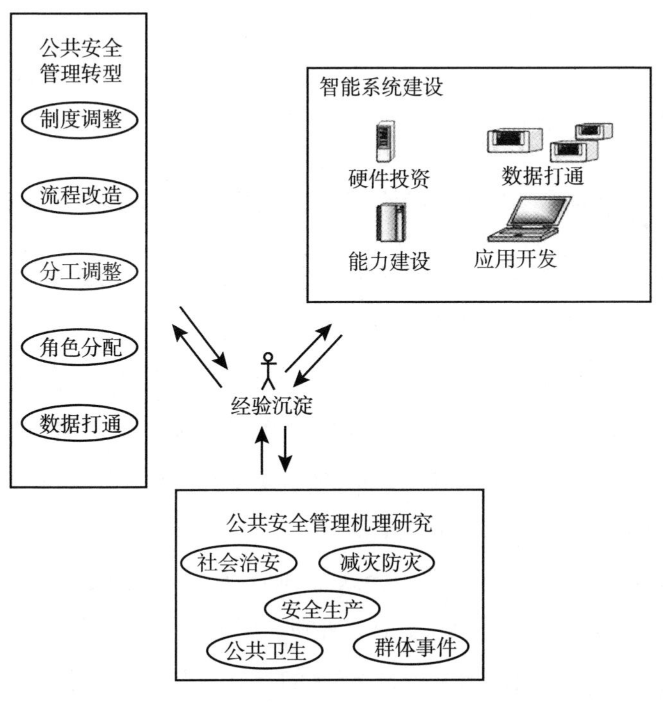

图 2　智能系统建设与公共安全管理转型相辅相成

二　青岛市应用智能系统提升公共安全管理水平的模式分析

青岛地处我国华东地区、山东半岛东南，是国家计划单列市和副省级城市，山东省的经济中心，沿海重要中心城市、滨海度假旅游城市和国际性港口城市。2019 年，青岛全市生产总值 11741.31 亿元，三次产业比例为 3.5∶35.6∶60.9，全市常住人口 949.98 万人，人均 GDP 达 124282 元，市区常住人口 645.20 万人，属于经济社会较发达的特大城市。城市对外开放水平高，社会治安形势复杂；濒临黄海，土地利用类型复杂，人口分布不均，产业功能布局集中，公共防灾方面主要面临气象灾害（台风）、火灾（山火）、危化品事故（泄漏、爆炸）等公共安全风险。这些风险，是我国很多城市所面临的共性风险。青岛市在通过智慧城市建设促进城市公共安全治理方面探索出了一系列新模式，可以为我国城市公共安全管理和城市综合治理的智能化提升提供借鉴。

（一）加强数字化基础设施建设，强化城市数据融合能力

青岛市特别重视数字化基础设施的建设和发展，采用数字化手段支撑城市管理的能力日益增强。宽带普及提速成效显著，固定互联网宽带接入用户总数超过 347 万户，互联网城域网出口带宽达到 5540G。光纤改造全面完成，光纤网络覆盖率 100%，基本建成全光网城市。无线网络建设加速推进，移动基站数量超过 54000 个，4G 网络基本实现城乡深度覆盖，5G 基站建设和网络试点获国家批复并全面展开。

在基础设施的保障下，城市公共管理形成了强大的数据获取、数据传输、数据融合能力，城市管理、应急管理、环境保护、社会治安、建设监管等社会管理领域数字化不断深入，政府的社会治理能力和治理水平大幅提升。数字城管建设稳步推进，网格化管理信息系统整合了市政管理、治安防控、安全生产、食药监管等公共管理资源，形成“一张网”的城乡综合治

理网格化管理体系；建成应急基础支撑平台，应急管理指挥系统覆盖重点部门和各区（市），实现实时指挥；环境大数据应用不断深入，环境大数据中心汇聚整合了环境监测、排污申报等17类数据，建成了环境大数据综合管理云平台和污染源档案、空气质量统计分析、水环境管理等多个管理系统，基本形成“一套数、一张图”的治理模式；“平安青岛”建设快速推进，社会治安“天网”工程已与市级应急平台实现联通，建成公安信息综合应用等多个管理服务平台，大数据促进打防管控能力显著提升。

随着信息技术的进一步发展，城市公共安全相关数据也在逐渐发生变化。在公共安全相关数据的融合过程中，可能会遇到组织结构的限制，遇到“部门壁垒”等问题。青岛市遵循让“数据打通”和“制度调整”两项工作相互推动的思路，通过研究数据打通需求，识别组织架构调整方向；通过调整组织架构，提升数据融合效果。

（二）对接人工智能技术前沿研究，提升信息化系统智能水平

青岛市各级公共安全管理部门长期以来都十分重视信息化系统的建设和升级，积极拥抱前沿技术，从事前管理、事发管理、事中管理和事后管理四个方面，提升公共安全事件的处置水平。下面以青岛公安系统的相关工作为例，介绍青岛市对接人工智能技术，提升社会治安事发管理、事中管理水平的相关实践。

伴随深度学习技术取得突破性进展，青岛公安系统迅速研究如何应用图像识别、视频识别技术，提高现有信息化系统的智能水平。已经建成的智能系统平台，采用人工智能、大数据、视频融合与分析等先进技术，整合多维感知信息数据，以视频深度应用为突破口，针对业务特点深化功能设计，建设“基础能力+实战应用+保障体系”的智能架构，推动公安警务工作向智慧化发展。智能系统针对公安业务需求，输出大量基础能力，其中部分技术属于行业前沿，如“视频资源整合技术”“视频内容解析技术”“多元数据分析”“多维信息管控”等。在这些先进的基础技术能力支撑下，城市公安部门得以有效整合各业务部门的数据信息，实现横向联

动，并能对视频做高效分析。智能系统围绕公安业务定制实战应用，建设有立体化防控、可视化指挥、精准化侦查三大功能模块，聚焦业务，赋能实战。

智能系统将公安业务与人工智能技术深入融合，集人工智能、大数据、云计算于一体，依托云平台架构，建设一体化、全方位、服务型公安大数据中心，以及多算法融合、智能调度的算法仓库，最终支撑公安打防管控核心业务应用，提升城市公共安全管理智慧化水平。视频数据是社会治安管理的重要抓手，在视频接入方面，智能系统也做了许多工程技术的改进，视频安全接入网集“信令与媒体服务”“视频编码转换”“安全隔离和审计”于一体，支持不同视频平台、不同视频设备的接入，实现标准化转换，解决视频联网“整合难、共享难、不安全”三大难题。

以青岛市城阳区天网项目为例，2018 年项目验收三个月内，串并案件 180 起，抓获犯罪嫌疑人 267 名，打掉犯罪团伙 27 个，破获各类案件 300 余起。青岛西海岸天网项目建成当年，破获串并案件 200 余起，抓获犯罪嫌疑人 585 名，打掉犯罪团伙 23 个；破获各类案件 720 余起。国际啤酒节期间通过人脸布控系统，抓捕嫌疑人百余名，大幅提升了新区安全管控能力与资源利用效率。

青岛市公安系统正计划建设天网工程和与社会资源共通共融的全网共享工程，对公共安全、交通安全、安全生产等进行预警，构建全域覆盖、全网共享、全时可用、全程可控的公共安全视频监控应用格局，实现城市管理、社会治理智能分析。

（三）建设智能化应用体系，用技术手段改进业务流程

青岛市积极推动建设“智能应用”示范项目，以示范带动更多“智能应用”，以“应用体系”带动“智能系统”建设。在具体措施上，引导政府部门向科技公司开放，帮助科技公司学习研究公共安全治理业务流程，对科技公司不设障碍，鼓励科技公司开发相关智能应用。以下重点分析青岛海信为青岛城市应急事件处置工作开发的智能应用。

青岛海信应急管理智能系统主要由感知、通信、分析、展示、交互五大模块组成。模块协同打通，帮助应急管理者实现事发态势的多维度全面快速感知。遇到突发事件时，系统能在城市三维场景中迅速定位事发位置，并自动调取事发地周边监控及物联感知数据；处置过程中实时更新救援人员部署及应急物资调度情况，并支持无人机拍摄视频与三维场景的深度融合，辅助决策者全面了解事件态势。

信息实时传输和协同指挥调度对通信保障的要求极高。应急系统设置了多种互相备份的应急通信保障方式。建立包括公网通信、卫星通信、短波通信、超短波通信、4G、LTE 移动基站在内的多样化通信手段，实现不同通信手段的整合和互联互通，使各种应急通信方式能互相备份，提高通信保障能力。

在感知信息的同时，针对城市火灾、防汛等不同突发事故场景，定制了特定问题“一张图”模式，将突发事件处置所需要的联动单位、应急资源、预警预测信息等集中在一张图上显示，支撑事发处置的快速指挥。这些信息的显示，背后需要大量算法和知识信息作为支撑。

应急接报系统还可以与智能系统做深度融合。智能系统将电话接报的语音转化为文本，对文本做分析，实现电话接报过程的智能化识别。基于这样的分析，智能平台可自主分析研判事件等级并生成定制化事件处置流程，将核实、研判及处置过程缩减至 30 ~ 50 分钟。

在下一步的智能系统建设当中，青岛应急智能系统还需要与青岛城市应急本地预案不断磨合。大量专家知识、本地经验，都将在青岛应急智能系统中有所体现。城市应急智能系统与城市应急组织经验也有相互推动、交替迭代的关系。

（四）“数字抗疫”：智慧城市赋能城市治理的典型案例

新冠肺炎疫情防控阻击战，是对各个城市公共安全管理能力的一次大考。城市交通体系是风险人员外部输入和疫情风险内部扩散的重要途径。青岛市的智能交通建设走在全国前列。为配合疫情防控，青岛将城市应急指挥系统和交通管理系统做了打通，为疫情防控和复产复工提供了重要的技术保障，形成了一些有特色的“数字抗疫”案例。

第一，基于路上智能设备，防疫工作者可以实现对重点车辆实时拦截报警、实时追踪和行驶轨迹预测。青岛结合交通卡口视频数据，对车牌等信息做实时识别。针对风险车辆，系统能够对车辆及人员做精准追踪，快速实现轨迹再现和人员定位，进一步通过同行分析，锁定密切接触和伴随人员。信号的管控系统也可以为城市疫情管控提供帮助，如果发现某出租车、营运车辆有风险，管理者可以对风险车辆做一键红灯堵控。

第二，交通管理部门可以借助智能交通系统，将道路资源向防疫抗疫倾斜，面向特殊医患、保障物资运输、突发事件处置等应急车辆出行，提供实时位置监测和沿线视频追踪，精准掌握车辆运行轨迹和行车状态，提供全程信号绿灯放行服务，保障应急车辆快速、安全通行。

第三，在青岛地铁上，智能系统可以评估车厢拥堵程度，将评估结果传输到地铁显示屏当中。地铁各显示屏可以向乘客展示各车厢的拥堵情况，对人员密集情况做预警，同时引导乘客到人员较少的车厢就坐，有效缓解车内拥挤、站内拥挤，实现减少接触感染的目的。

第四，在城市应急系统基础上，青岛市迅速搭建了城市疫情防控综合平台，展示疫情关键指标，并结合交通数据对确诊人员做全息档案，展示关系，分析出行记录，推理疫情接触史，分析公共交通换乘轨迹。基于数据排查传播链条，助力高风险人员的及时发现、跟踪、管控，支撑疫情管控的快速分析研判。

此外，青岛在智能分析助力防疫方面还做了许多微创新。比如在很多公共场所布置了非接触测温仪等智能硬件，分担了防疫工作人员的劳动强度。青岛本地医院还借助丰富的视频资源，快速开发了视频识别算法，对采集到的视频数据做分析，提取乘客口罩佩戴等特征，系统发现未佩戴口罩的人员后会自动报警。

青岛的“数字抗疫”模式，不仅围绕抗击疫情工作建设新的业务系统，还对已经建成的数字化、智能化系统做升级改造，有力地提升了城市管理部门对公共安全事件的应对水平。

三 “青岛模式”的经验与启示

科学技术已经融入城市的各个层面、各个领域，渗透到城市的每个组织系统当中。这些技术手段和方法，能从防灾规划、防灾管理、应急管理、政务服务等多个方面，提升城市公共安全治理水平。借助数据的力量，对公共安全管理工作做数字化升级，是公共安全管理水平提升必不可少的一环。很多专家学者和政府官员都在积极探索如何建好公共安全管理智能系统，为城市提升安全感，为居民带来获得感。青岛市在公共安全智能管理上所做的工作，同样也仅仅是一个阶段性的探索。在“新基建”迅速发展的背景下，各个城市的治理智能化转型具有一定的共性。对青岛工作进行阶段性总结，可以给其他城市公共安全治理提升提供借鉴。

（一）超前规划公共安全相关数字基础设施建设

公共安全事件通常具有高度的突然性和复杂性。青岛市在应急处理处置过程中，能实现现场数据实时传输、中枢综合协调指挥等信息能力，离不开城市先进的数字化基础设施建设。城市公共安全相关数字基础设施包括数据采集设备、城市大数据中心、城市通信传输网络设施等。

随着数字经济持续发展和各地政府政务数字化水平不断提升，国内外城市都将持续推进各自的数字基础设施建设。总体而言，中国城市的数字基础设施建设还是应该坚持“分级分类”的原则，根据城市实际需求推进相关建设。但对于大城市、特大城市而言，应该对城市数字基础设施做出适当超前的规划，不断完善自身数字基础设施建设水平，为公共安全管理及其他城市治理工作的数字化升级创造基础条件。

（二）积极稳妥推进公共安全管理技术能力建设

公共安全治理工作线多面广。在科技公司的广告宣传册里，几乎每一项工作都能讲出“智能化提升”的故事。公共安全管理所需要的技术能力建设，一定不是一次规划、一蹴而就的。青岛市在公共安全管理技术能力建设方面，经过了广泛调研和精心选择。例如，针对公安系统开发一系列与实际业务直接相关的人工智能算法，“需求明确”“价值可感”“技术成熟”，整个项目具有效果可预知、价值可预判、回报有保障等特点。

智能系统能否经受住实战的考验，能否取得好的效果，仍存在不确定性。况且，公共安全管理的数字化升级不是一次技术采购就能解决，还可能涉及业务流程改造。相关政府部门应该牢牢把握技术能力建设的主导权，力求每一项技术能力都有实效做支撑。政府数字化系统建设工作，既要避免很有价值的项目因费用投入不足，建设半途而废、效果大打折扣；也要避免价值尚不清楚的项目仓促上马、盲目建设，一味关注建设技术能力，实战效果乏善可陈。如何选择合适的技术能力建设方向，控制好项目资金与把握好项目效果，是对各地政府部门履职能力的考验。

（三）结合业务流程需要建设公共安全管理应用

只有建设大量公共安全管理应用，公共安全管理系统及相关技术能力才能发挥其应有的价值。青岛市公共安全管理部门主动参与公共安全管理工具的功能设计，让公共安全管理应用真正给业务流程需求带来价值。青岛公安系统在工作中注意提炼业务的智能化需求，积极与科技公司共同讨论智能化应用相关产品，与科技公司共同进步，最终建成了“海信战狼”等一系列有示范效应的公共安全管理应用。

建设公共安全管理应用，需要大量规划设计、算法研发、应用开发等工作，需要科技公司投入大量资源，而研发方向尤为关键。科技企业掌握前沿智能技术和先进生产力，但对公共安全管理的业务场景不够熟悉。这就要求地方公共安全管理人员不仅要有业务知识、行业知识，还要主动与科技公司交流。通过交流碰撞，帮助科技公司识别关键需求、突破关键技术、开发好的产品，带动城市公共安全治理的智能化升级。

参考文献

李爱国、李战宝：《“智慧地球”的战略影响与安全问题》，《计算机安全》2010 年第 11 期。

李纲、李阳：《智慧城市应急决策情报体系构建研究》，《中国图书馆学报》2016 年第 3 期。

孙华丽等：《超大城市公共安全风险评估、归因与防范》，《中国安全生产科学技术》2018 年第 8 期。

滕五晓：《城市灾害应急预案基本要素探讨》，《城市发展研究》2006 年第 1 期。

周建亮：《 建设国家安全发展示范城市》，《青岛日报》2016 年 11 月 5 日，第 2 版。

Morozov Evgeny，Francesca Bria，*Rethinking the Smart City*：*Democratizing Urban Technology*（New York：Rosa Luxemburg Stiftung，2018）.

Wilson Bev，Chakraborty Arnab，“Planning Smart（er）Cities：The Promise of Civic Technology，” *Journal of Urban Technology* 26（2019）.

国际经验篇

International Experience Chapters

B.19
伦敦安全治理的经验：打造更韧性的全球城市

王晓阳 *

摘　要： 打造韧性城市是城市安全治理的重要战略和路径。本文介绍了伦敦建设韧性城市的背景和现状，指出了伦敦建设韧性城市面临的主要威胁和阻力，举例说明了伦敦未来建设韧性城市的三个着力点：以人为本的韧性工程，例如食品安全问题；打造韧性的基础设施，例如零碳化和去碳化基础设施；城市治理进程中保持韧性能力，例如反对恐怖主义的进程中加强城市合作和协作，建立全球化应急网络。最后，在总结伦敦城市韧性战略的基础上，对中国城市安全治理提出三点政策建议。

* 王晓阳，牛津大学经济地理学博士，全球城市实验室首席研究员，研究方向：国际金融中心、全球城市、城市与区域发展等。

关键词： 城市安全治理　伦敦　城市韧性　韧性战略

一　前言

城市化是现代文明最明显的趋势之一。2007 年，历史上首次有超过一半的人口居住在城市，根据联合国的估计，到 2050 年这一比例将上升到 2/3。这些城市增长大部分将发生在非洲和亚洲。我们的未来将以城市为主要舞台，这使城市和城市－区域在世界政治中具有前所未有的重要性。在过去 20 年里，全球发展政策逐渐向城市转移，当前社会面临的主要挑战——从气候变化、移民到不平等问题主要集中在城市，而城市安全治理对化解这些挑战至关重要。这一政策趋势的高潮是 2016 年联合国《2030 年可持续发展议程》的发布，其中包括一个关于包容性、韧性和可持续性城市的专门目标。我们正在目睹全球安全治理的深刻变革，在全球安全治理中，城市尤其是超大城市正从被视为当地问题热点或战略干预的地点，转变为积极变革的重要驱动力。

打造韧性城市是当代城市安全治理的重要战略和路径。城市韧性可以理解为无论经历哪种类型的长期压力和急性冲击，城市中的个人、社区、机构、企业和系统都能表现出较强的生存、适应和发展的能力。随着人口增长，城市环境面临复杂而又相互联系的新旧挑战。气候变化和环境恶化需要新的资源管理方式；经济不稳定、不平等、社会紧张局势和恐怖威胁破坏了城市居民的信心和社区融合。本文关注伦敦城市安全治理中的城市韧性战略。伦敦是一个多元化、开放和充满活力的全球城市，拥有 890 万人口，预计在未来 10 年内将增长到 1000 万人。伦敦是英国的经济引擎，GDP 占英国总量的 23%。目前伦敦的发展也面临气候变化、宗教冲突、交通拥堵、脱欧的不确定性等一系列问题，因此，打造韧性城市是当前伦敦城市安全治理的重要战略。

《伦敦城市韧性战略 2020》特别关注从 2020 年到 2050 年城市面临的安

全治理挑战，强调提高城市安全治理和应对未来危机的能力。通过当下安全治理能力投资，伦敦可以为未来做好准备，应对预期的冲击和压力以及不可预见的挑战，并支持伦敦居民适应不断变化的全球环境。伦敦的城市韧性战略是伦敦提升可持续应变能力的起点，它将不同的政策领域整合在一起，以提供跨领域的收益，旨在将抵御能力作为伦敦政策制定的核心。本文的主要结构如下：首先，介绍了伦敦打造韧性城市的愿景和主要特征；其次，分析了伦敦建设韧性城市的挑战和阻力；再次，总结了伦敦建设韧性城市的主要战略举措；最后，是本文的结论部分，以及对中国城市安全治理的借鉴。

二　伦敦打造韧性城市的愿景和韧性城市建设的现状

规划城市未来的韧性是一种特殊的挑战。在未来几十年中，伦敦可能面临的冲击和压力会有所变化，而英国脱欧和全球新冠肺炎疫情等不可预测事件提醒规划者，未来建设韧性城市存在许多未知的挑战。因此，一个合理的韧性城市规划必须增加对各种可能性的准备。韧性的关键是创建一个具有系统路径和灵活性的城市，以应对不可预测的事件，并在出现问题时恢复到新的更好的正常状态。到 2050 年，伦敦打造韧性城市的愿景是：从有韧性的城市居民开始，积极参与构建韧性城市生活；能够适应不断变化的社会经济脆弱性及当地需求；具有敏捷性以开发韧性措施来应对长期压力，将未来的挑战变成机遇；调动集体智慧以改善当前和未来的社会福祉；不断地准备和发展以面对各种破坏性因素，使韧性成为伦敦城市治理日常思考和行动的一部分。

为了使城市具有韧性，我们需要建立一个能够承受、响应并更容易适应冲击和压力的系统。《伦敦城市韧性战略 2020》指出，具有韧性的城市系统有以下主要特征：包容的、融合的、适应的、内省的、资源丰富的、强健的和富余的（如表 1 所示）。特别是，城市需要有效的安全治理以及社会和金融基础设施以应对长期压力，通过改变和适应环境来继续为城市居民提供服务。作为一个开放包容的全球城市，伦敦进行了持续的国际、区域和地方变革，它的反应能力已经取得了很大的进步。在过去的15年中，伦敦已经建立了一个世界一流的多机构的紧急响应基础设施。例如，伦敦已经颁布了气候紧急方案，以应对气候变化与其他环境压力，包括启动世界上第一个24小时超低排放区（Ultra-Low Emission Zone）来净化城市的有毒空气，并成为世界上第一个国家公园城市。除此之外，伦敦还加入了韧性城市100项目（100 Resilient Cities Programme）。伦敦的城市韧性战略，通过考虑当前的风险并着眼于更广泛的冲击和压力来确定如何最好地应对这些挑战，从而对城市韧性的含义进行广泛而长远的理解。通过全面考虑伦敦的韧性，这个战略规划可以帮助伦敦和伦敦人为未来做好准备。

表1　韧性城市系统的主要特征

特征	内涵
包容的 inclusive	基于利益相关者广泛的咨询和参与
融合的 integrated	在不同的系统、机构和领域之间建立联系以促进收益最大化
适应的 adaptive	设计灵活，愿意并能够根据环境变化采用其他选择
内省的 reflective	从历史中吸取经验教训指导未来决策
资源丰富的 resourceful	使用可替代的资源来实现目标
强健的 robust	设计合理，经久耐用，精心构造和管理以降低失败风险
富余的 redundant	拥有富余的能力以应对突发情况

资料来源：笔者根据《伦敦城市韧性战略2020》整理。

伦敦通过“伦敦韧性伙伴关系”制定了强有力的应急计划，这对于伦敦的城市安全治理至关重要，但它们也只是复杂韧性系统中的一个重点区域，需要融入大系统中并提升整体韧性能力。实际上真正的韧性构建在此阶段之前就已经开始，包括：其治理结构需要对韧性城市的关键特征进行支持、发展和维护；韧性的价值应体现在城市治理的各个层面，从通过公民参与和赋权帮助当地建立有韧性的社区、通过核心城市政策提升社会福祉，可持续性和良好增长，到将韧性思想嵌入解决长期问题的决策中；充分认识和沟通风险，形成沟通整合机制，融合各政策领域以提升城市整体韧性（见图1）。

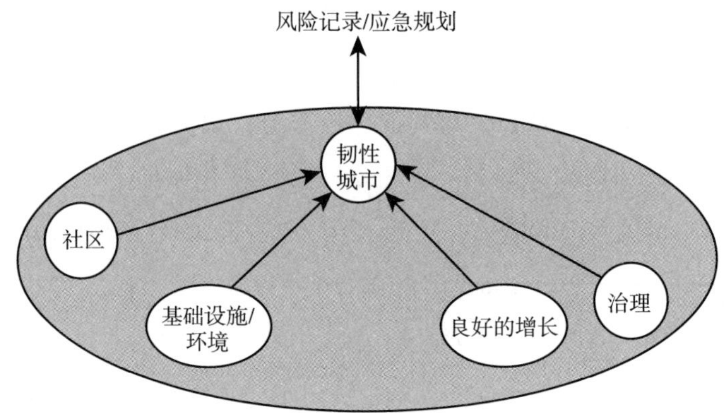

图1　伦敦的政策如何提升城市韧性：在风险记录和应急规划统领下打造韧性城市

资料来源：笔者根据《伦敦城市韧性战略2020》整理。

三　伦敦打造韧性城市的挑战和压力

建设韧性城市的进程中，许多挑战可能会影响到伦敦的城市运行和伦敦居民的日常生活。像其他城市一样，伦敦的城市韧性战略不是详尽无遗地列出将来可能会面临的风险，因为其中一些风险是当下我们无法想象的。伦敦以多种复杂的方式与英国其他地区和世界其他城市联系在一起。公用事业、电信、食品和商业供应链遍布全球。破坏可能是由于突发的冲击事件引起的（例如新冠肺炎疫情和脱欧事件），也可能是由缓慢的压力经过长时间累积而导致的。辩证地讲，慢性压力会增加突发性冲击事件的可能性。当确实发生突发性冲击事件时，慢性压力还可能会放大影响，并且从金融角度和个人、社区角度而言，延长了恢复的时间和成本。识别冲击和压力，并从整体角度为居民、社区、企业和治理机构提供支持，将帮助伦敦政府满足社区需求、降低风险和脆弱性，并实现长期的城市韧性。

突如其来的冲击事件（例如干旱、恐怖袭击、洪水、极端天气、互联网攻击、基础设施老化、全球疫情）会立即破坏一个城市的运行，并且可能会产生大范围的意外的影响。气候变化导致的极端天气事件越来越频繁，例如热浪、洪水、干旱、暴风及其次生灾害。泰晤士河是潮汐河，对未来的海平面上升非常敏感，需要复杂的屏障及引入其他防潮和防洪系统。伦敦被视为一个寒冷潮湿的城市已经是一个过时的说法，实际上，伦敦的降雨量不断减少，出现了越来越多的干旱警告。热浪等突发性事件给伦敦的基础设施带来压力，运输、电力和电信基础设施有可能停止工作，日常生活和业务被中断，使伦敦居民更难获得帮助来应对其他影响。伦敦的众多部门依靠来自欧洲和许多其他国家的海外劳工，包括金融服务、卫生服务、酒店和食品等诸多领域。这种优势赋予了伦敦开放包容的文化，但是英国退欧有可能导致国际贸易中断，可用劳动力和人才的数量减少，以及机构和投资为了保持与欧盟的联系而迁出伦敦。

长期慢性的压力削弱了城市的结构，最终可能导致突发性的重大冲击。这些压力问题包括缺乏社会融合、不平等、糟糕的空气质量、食品安全问题、房价过高问题、基础设施老化、健康问题和脱欧。许多慢性压力与伦敦的城市年龄以及人口的增长有关。伦敦是全球的金融中心，但是城市内部的贫困问题和种族隔离非常突出，伦敦的收入不平等现象比英国其他地方更为明显。收入差距日益扩大和缺乏可负担住房能力的长期压力使家庭和社区更容易受到突发性冲击事件的影响。长期的慢性压力还会加剧突发性事件的影响。在维多利亚时代的系统中，由于渗漏造成的水流失加剧了伦敦的干旱状况。定期的热浪会使空气质量恶化，影响现有的健康状况，同时损害伦敦居民有效管理健康和福祉的能力。

伦敦面临的慢性压力之间彼此相互作用，它们对伦敦居民和伦敦社区长期的总体影响通常不明确，而且难以量化。如果不理解和有效应对慢性压力，伦敦可能会承受严重的负面影响，对城市安全治理和城市恢复力产生不利影响。例如，伦敦的《住房策略》提到，护士和社会护理人员等高级技工难以负担在伦敦的生活，除了这种基础性不公平之外，如果没有足够的劳动力担任这些角色，可能会对许多伦敦居民的健康产生巨大挑战，英国脱欧也可能会给这些关键技工的市场供应量带来额外压力。

除了从整体角度关注城市人口之外，城市韧性还需要考虑跨社区的社会融合。有效的规划可以提供更多负担得起的住宿、工作、商业空间和医疗保健服务（还有许多其他功能）。然而伦敦居民间个人互动建立的社区联系也同样至关重要。没有这些人与人之间的联系和社区生活，个人和家庭就无法建立个人安全网。如果没有跨社区的安全网，城市就会变得越来越缺乏韧性，一旦发生冲击，将难以管理。因此，伦敦的韧性规划需要推动人与人之间的联系，以此充当丰富社区生活的润滑剂。其中社会基础设施、志愿服务和公民参与应在伦敦的发展行动中优先考虑，以建立社区居民的社交网络，否则将无法建立城市的基础韧性。

四　城市安全治理：伦敦打造韧性城市的主要战略举措

防患于未然，尽可能广泛地提高适应能力将帮助伦敦和伦敦居民有效应对未来的冲击或压力，而不必等到发生冲击时再进行补救。2020 年，伦敦市政厅出台了《伦敦城市韧性战略 2020》。这项具有前瞻性的城市韧性战略提出了强大而完善的解决方案，以应对各种现有风险和潜在的紧急情况。该战略分析了伦敦面临的长期韧性挑战，提出要采取不同的方法来解决未来面临的不同风险。伦敦的城市韧性战略落脚于“3P”工程（people，place 和 process），即以人为本的韧性工程、打造韧性的基础设施和在城市治理进程中保持韧性。人的韧性强调打造更韧性的社区、地区的韧性关注打造更韧性的自然环境和基础设施、制度韧性即设计更韧性的治理举措，这些韧性工程将帮助伦敦实现更具韧性的愿景，但它们不应该被孤立地看待，相反，它们是高度重要的互联。在此策略中制定的每个行动方案都可以交叉链接，并提供多种韧性收益。下文通过三个韧性工程来介绍伦敦打造韧性城市的主要战略举措，同时举例说明为什么这些举措对于伦敦的韧性和城市安全治理至关重要。

（一）以人为本的韧性工程

“以人为本”的韧性工程致力于提升社区韧性，以更好地应对破坏性扰动。本部分重点介绍伦敦的食品安全行动，了解伦敦的食品供应和食品安全对韧性城市和城市安全治理的重要性。食品安全意味着不管人们住在哪里，不论他们的个人情况或者收入高低如何，所有伦敦居民都应该、能够吃得到健康的食物，负担得起食物。但是，数据显示伦敦有150万成年人和40万儿童的食品安全水平低下或非常低，由于资源限制无法获得足够的食物。食品不安全侧面反映了更广泛的贫困问题：低薪、惩罚性的福利机制和伦敦高昂的住房成本。依靠复杂的相互依赖关系和及时交付系统，伦敦的食品供应链效率位居世界前列。但这个效率对城市韧性有影响，破坏食物供应链可能会不成比例地影响伦敦居民已经脆弱的食品安全问题。

2018年12月，英格兰银行行长马克·卡尼（Mark Carney）表示，硬脱欧或无协议退欧，可能导致食品成本增加6%～10%。其他因素也可能同样导致供应链中断，从而加剧食物不安全问题，使更多的伦敦居民受到食品安全的危害，也可能威胁到伦敦弱势居民依赖的食品供给项目。无协议脱欧计划促使伦敦的城市韧性战略从更广泛的角度探索食品供应的可能影响和潜在的破坏性，并考虑现有治理、政策的有效性，以及降低风险的规划。这项工作将致力于增强食品安全韧性，并与适应气候变化的行动相辅相成。伦敦的韧性规划已经完成建模，构建了脱欧背景下英国的新鲜食品供应中断对食品系统不同部分产生影响的时间表。这些数据将有助于中央政府制定政策以提高伦敦的食品安全韧性。它提供了有关食品系统不安全的证据基础，证明了需要增加首都的食品供给，并支持开发更具韧性的食品系统。该数据还将用于制定措施，应对弱势群体面临的风险，向地方当局及其他有关组织提供食品不安全的证据，来保护部分脆弱的伦敦居民。

伦敦的城市韧性战略将启动对弱势伦敦居民食品安全问题的进一步研究，以确定增强韧性的优先干预措施。这将集中在批发市场、街头摊贩以及向他们提供健康、负担得起的食物所依赖的区域供给链条。从中收集的证据将探索伦敦周边农场向伦敦弱势居民群体出售农产品的渠道，包括通过社区交易模式。英国的大量食物都要从欧盟成员国进口，因此，无协议退欧可能会严重破坏伦敦的食品供应链。了解到脱欧可能带来的潜在影响后，伦敦城市韧性战略建立了专项工作组，以保证伦敦居民能够获得食物，其中主要是专注于新鲜食品的供应。通过一系列研讨会，食品供应链及其相互依存关系的漏洞从端口映射到板块。这包括对整个分配系统中食品供应链被破坏的后果及其在零售商、市场和家庭中产生影响。目前同样复杂的国家食品供应系统是几十年来通过国际（主要是欧洲）自由贸易地位和市场力量取得的。在这样的背景下，这项研究工作证明了伦敦食品网络改革在许多方面的复杂性，比如依靠快速跨境交付和通过及时交付需求来管理供应链。因此，打造伦敦的食品安全韧性，有必要做进一步的工作，以增强内部的抗干扰能力，包括保障国家一级的食品供应系统。在伦敦，政府通过城市韧性战略，致力于解决食品不安全问题，以实现城市的安全治理。

（二）打造韧性的基础设施

伦敦的城市韧性战略工程的第二部分主要关注基础设施。着眼于长期可持续利用资源，为伦敦居民打造韧性的环境和韧性的基础设施，主要包括：改善伦敦的水循环系统、创造共享空间、保障公民的数据安全、应对互联网危机、运用大数据改善基础设施、零排放基础设施、安全的居住环境、打造更韧性的商业氛围等。伦敦依靠环境和基础设施的韧性，不仅要维持城市运行，更要打造一个宜居的城市。制定强有力的韧性措施需要不同政策领域的协作及其产生的附加值，例如使用数据、基础设施、数字化转型和规划来改善城市的环境，减缓气候变化，寻找创新机遇来应对压力。伦敦的气候在变化，预计还会出现更多极端天气事件。伦敦面临越来越大的干旱和热浪风险，同时还可能遭受更多的极端降雨、风暴和局部洪水。泰晤士河作为潮汐河，也容易受到海平面上升的影响。应对气候紧急情况意味着加大力度减少碳排放，使城市变得更加可持续、清洁和绿色。本部分重点介绍伦敦的韧性及零碳排放的基础设施。

伦敦的城市韧性战略确定了实现伦敦可持续发展雄心的关键步骤。伦敦市长办公室在宣布气候紧急情况时，认识到伦敦的零碳排放目标以及增强韧性以应对气候变化的迫切需要。伦敦的基础设施建设对于这一转变至关重要。改变和加强城市的水、能源、运输和防洪系统，需要未来几十年的投资和行动。伦敦人口的稳定增长使这项任务的实施变得更加困难。伦敦规划草案颁布的政策以及有关的战略规划，如交通、住房和环境等，对伦敦通过基础设施建设应对气候危机的方式方法进行了说明。但是，在政策落地过程中存在实际的挑战。确定去碳化或增强气候韧性的最佳办法可能具有挑战性。基础设施的提供商需要指引，转变常规的工作方式，以实现提高基础设施韧性的目标。机构之间必须共同努力来释放投资，但合作可能会充满挑战。

伦敦的城市韧性战略旨在最大程度地应用可用工具来实现韧性基础设施与零碳排放的未来目标兼容。它将阐明利益相关者的期望以及引入新的措施和行动指南，以使韧性和减碳成为伦敦每项基础设施决策中的考虑因素的核心。该项工程将立足于基础设施协同以及气候危机应对的合作行动，并通过创新融资方式和完善法律法规以加速政策实施。

该工程旨在将气候可持续性和韧性目标纳入伦敦的基础设施协调计划，通过跨部门的合作制定气候解决方案，并增加韧性投资。并在韧性目标不变的同时，确保伦敦居民负担得起这些新的服务。通过空间规划系统的不足分析，该行动方案将明确实现韧性和去碳化的行动指南，制定框架、目标和建议，协助基础设施提供商、地方政府和其他机构的决策制定，将气候解决方案纳入常规干预措施和投资项目之中。

伦敦狗岛地区的增长规划就是一个典型的案例。针对本地区，打造韧性基础设施的工作核心是为该地区制定一项综合的水管理战略。这项战略主要思考如何应对未来对清洁水、污水处理和地表水排水的需求。后续战略将制定规划，解决该地区的能源需求，实现基础设施数字联通。这种方法将维持增长与本地规划和场所营造所需的物理基础设施目标整合在一起，韧性和去碳化是这些战略的核心考虑因素。

（三）城市治理进程中保持韧性

伦敦的治理体系能够持续地发挥韧性。强健的应急规划是确保伦敦具有城市韧性的核心，但仅仅靠应急规划是不够的。好的城市治理需要一个了解政策和战略影响的手段，以及创新和适应能力，以应对变化的环境。伦敦必须继续提高其应对突发破坏性事件的能力并减轻潜在的冲击和压力。在伦敦的城市安全治理结构中嵌入韧性思维和监测、管理风险的能力将有助于实现这一目标。伦敦并不是一个孤立存在的城市，因此至关重要的是，要把本地、国家和国际的挑战同时考虑在内。为伦敦和伦敦居民制定政策时，从长远角度思考未来的韧性挑战将使伦敦的城市安全治理变得更强大。提高韧性意味着与世界各地的城市合作，与全球合作伙伴协作，分享知识和实践以提供解决方案，使伦敦和世界各地的民众受益。21 世纪是数字连接和信息基础设施大发展的时代。伦敦是数字精神的全球领先城市，具有提高韧性能力的有利条件，收集并分析伦敦的数据可以提高服务的效率和更准确地建模，帮助城市提升韧性。

以城市反恐合作为例，伦敦的城市韧性战略主张扩大城市在反恐准备方面的合作网络，从而确保城市安全。城市以不同方式影响国家的安全，例如瞬时冲击、慢性的压力和恐怖主义的挑战。2018 年 6 月，巴塞罗那、曼彻斯特、伦敦、巴黎、鹿特丹和斯德哥尔摩的代表们通过相互学习，加强合作，创建了一个联合反恐准备网络（Counter Terrorism Preparedness Network, CTPN）。反恐准备网络建立了一种新的方式来开展反恐合作、战略准备和响应安排。CTPN 尊重城市的经历和实践，寻找机会进行信息传播和影响优先事项。它提供了一个共享的知识和信息交换平台。这种创新而独特的合作方式使实践部门从目标城市获取广泛经验，专业知识也可用于学术研究。CTPN 的协作方法通过探索政策设计和实施的综合方式，制定战略和一体化的多机构联合的方法来为反击恐怖主义做准备，并达到增强伦敦城市韧性的目标。

2019 年 11 月，伦敦市长办公室出版了五份战略报告，正式启动了反恐准备网络。迄今为止，CTPN 的成功引起了广泛关注，许多城市希望将来成为正式会员。并且 CTPN 的反恐工作得到了一系列主要利益相关者的认可。CTPN 的目标旨在通过开展和推动城市层面的研究，积极开发和利用 CTPN 内部合作伙伴城市之间的关系，影响城市在安全治理方面的战略性机构合作。未来，CTPN 将继续支持城市层面的政策开发和机构合作。这将包括通过交流专业知识、经验和做法扩大城市间的学习，动态监测报告的影响，并探索其他研究和政策建议。目前，反恐准备网络将制定网络恐怖主义和通信方面的战略报告作为优先事项。

五 结论和政策意义

伦敦打造韧性城市是城市安全治理中的重要战略和路径。综上所述，伦敦城市韧性战略对政策和风险的分析以及主要的韧性工程为伦敦的安全治理和韧性提升提供了基础；通过识别突发性冲击和慢性压力，了解在哪些方面可以进行更多的行动，对城市韧性建设形成了更清晰的蓝图，利于促进伦敦城市安全治理水平的提升。本文介绍的韧性工程旨在建立联盟和伙伴关系，以应对伦敦面临的主要韧性挑战。随着这些工程的推进，他们将为伦敦的整体韧性能力提升做出更大贡献。伦敦城市韧性战略划分为三个方面——以人为本的韧性工程、打造韧性的基础设施和在城市治理进程中保持韧性，但是每个领域之间相辅相成。伦敦的城市韧性战略通过继续完善举措、加强合作伙伴关系和制定城市安全治理政策，以解决本地、国家和国际上不断变化的危机问题，将韧性能力建设作为伦敦未来城市安全治理的重要组成部分，这有助于伦敦建成真正有弹性或韧性的全球城市。

伦敦的城市韧性战略对中国城市安全治理具有重要的政策意义。第一，坚持以人为本，关注城市中的不平等问题，关注弱势群体的基本生活。例如，水资源的可持续治理、社区的融合、社区的急救系统、食品安全等。第二，加强国际合作。任何城市不是孤立的，很多城市安全治理问题，单个城市无法解决，例如互联网黑客、全球气候变化、全球恐怖主义等。要加强城市之间的合作和国际协作。第三，城市的治理需要透明化，引入专家评审和大众的监督，加强专项学术研究，最后形成具有法律效力的公共政策。

参考文献

Abdullah H (Ed.). Cities in World Politics: Local Responses to Global Challenges. Barcelona: CIDOB edicions, 2019.

City Intelligence. London Measured: A Summary of Key London Socio-economic Statistics, Greater London Authority, 2018. https://data.london.gov.uk/blog/london-measured/ (accessed June 2020).

City Intelligence. Survey of Londoners Headline findings, Greater London Authority, 2019. https://data.london.gov.uk/dataset/survey-of-londoners-headline-findings (accessed June 2020).

CTPN. Community Preparedness-Report 2019. London: Counter Terrorism Preparedness Network, 2019.

GLA. London Resilience Strategy Preliminary Resilience Assessment, 2019. https://www.london.gov.uk/sites/default/files/london_urban_resilience_strategy_pra_final_0.pdf (accessed June 2020).

Harris. An Independent Review of London's Preparedness to Respond to a Major Terrorist Incident, 2016. https://www.london.gov.uk/sites/default/files/londons_preparedness_to_respond_to_a_major_terrorist_incident_-_independent_review_oct_2016.pdf (accessed June 2020).

National Research Council. Countering Urban Terrorism in Russia and the United States: Proceedings of a Workshop. Washington, D C: The National Academies Press, 2006.

Trust for London. Inequality-The Gap between the Richest and Poorest in London, 2019. https://www.trustforlondon.org.uk/data/topics/inequality/ (accessed June 2020).

B.20
新西兰的应急管理制度及其韧性城市策略

苗婷婷　陈立丰*

摘　要： 作为一个南太平洋岛国，新西兰特殊的地理位置和自然条件导致其经常受自然灾害侵扰。面对频发的自然灾害及潜在的人为灾害的威胁，新西兰逐步形成了完善的应急管理制度。尤其是，2002年《民防应急管理法》出台，新西兰提出了建设“韧性新西兰”的应急管理目标，强调制度组织的协调与整合，重视社会资本的有效利用，“制度韧性”和“社会韧性”明显提升。在城市尺度，惠灵顿加入洛克菲勒基金会的“全球100韧性城市项目”，制定了综合全面的韧性城市建设策略，以更好地应对日益频发的社会、经济、自然挑战。新西兰的应急管理制度和韧性城市策略对世界各国城市均有积极的借鉴意义。

关键词： 新西兰　应急管理　惠灵顿　韧性城市

新西兰坐落于南太平洋，位于澳大利亚板块与太平洋板块的连接处。两大板块的强力俯冲使其南、北两大岛内多隆起山地与丘陵，地震与火山灾害频发。随着海洋温度的上升，作为中纬度的海上岛国，新西兰也越来越常受

* 苗婷婷，中国社会科学院生态文明研究所，博士后，研究方向：城市治理、应急管理、政府改革；陈立丰，新西兰奥克兰大学社会科学院博士研究生。

到海啸和破坏力强大的热带气旋的袭击。查询“全球减灾与灾后恢复基金”（GFDRR）的地域灾害在线搜索工具“Thinkhazard!”，可以看到新西兰灾害风险种类多、级别高，是世界上自然灾害威胁较大的国家之一。面对各类灾害与风险，新西兰政府高度重视应急管理，逐步构建了完善的应急管理制度，值得世界各国研究与参考借鉴。

一　新西兰致灾因子及灾害脆弱性分析

（一）致灾因子分析

一般来讲，应急管理的客体包括自然灾害和人为灾害两大类。作为偏居南太平洋一隅的岛国，特殊的自然地理条件决定了新西兰的致灾因子以自然灾害为主。在各类自然灾害中，洪涝、地震和火山喷发三类灾害爆发频率最高，破坏力最强，不过其他破坏性自然灾害的威胁也呈增加趋势。具体介绍如下。

新西兰洪涝灾害最为普遍。新西兰早期移居者对灾害和风险的认识不足，河流中下游地区土壤肥沃、水源充足、交通便利，在定居选址时很受推崇。但新西兰地形陡峭、河流狭促、水流湍急，因而从开始降雨到出现洪峰的时间非常短，预警时间有限。虽然新西兰具有完善的保护机制和预警系统，但洪涝灾害仍然给私人财产和基础设施带来了巨大损失。其次，地震破坏性严重。新西兰坐落于澳大利亚板块和太平洋板块的连接处，两大板块的碰撞和挤压使得新西兰南北岛地壳活跃、地震频发。地震引发海啸、海岸山体滑坡等，增加了人员损伤和财产损失风险。2011 年新西兰第二大城市基督城爆发 6.3 级地震，造成了 185 人死亡，基督城及周遭的坎特伯雷区域的重建成本预计达 400 亿纽币（合人民币约 1800 亿元）。最后，火山喷发风险不容低估。新西兰处于环太平洋火山地震带的南端，活火山分布密度高，部分时常喷发，是“太平洋火环”的重要一节。古老的火山穹窿、火山活动景观（包括火山喷泉、火山泥塘）、温泉和泥塘为新西兰旅游业和经济发展带来了许多恩惠，但火山的突然爆发也会对周边基础设施、农牧业及旅游业造成惨重损失。2019 年 12 月，怀特岛火山毫无征兆的射气喷发导致 16 名游客死亡，附近的瓦卡塔尼小镇的观光旅游业受到重创。另外，新西兰还经常遭受山体滑坡、海啸、飓风、暴雪和干旱等自然灾害的侵扰，对当地人的生命财产安全造成了严重威胁。据科学家预测，随着全球气温升高和海平面的上升，未来几十年来，新西兰有超过 20% 的可能性遭受海啸和破坏性飓风的袭击。

除各类自然灾害风险之外，新西兰也面临事故灾难、公共卫生事件、社会安全事件等人为灾害的威胁。近百年来，新西兰发生过多次重大人为灾害，其危险程度不亚于自然灾害事件。1918 年在新西兰大暴发的流感疫情，1968 年 Wahine 游轮沉没和 1979 年新西兰空难等重大事故灾难，1998 年为期 40 天的奥克兰 CBD 能源危机，2019 年新西兰南岛基督城的恐怖袭击等都给新西兰社会带来了较大的负面影响。

（二）社会的灾害脆弱性

新西兰致灾因子暴露性高，各类自然灾害和人为灾害为社会安全和发展带来了巨大挑战。这些灾害风险问题，加上新西兰的社会经济结构特征，使其应对风险时具有较高的脆弱性。在新西兰，社会系统的脆弱项主要包括以下几点。第一，其经济国际化程度高，高度依赖农牧、旅游业和国际贸易；第二，老龄化严重，老年人是社会弱势群体，越来越多的高龄人口为应急服务和管理提升了难度；第三，作为高度城市化的国家，新西兰 86% 的人口居住于城市，54% 的人居住于奥克兰、基督城、惠灵顿和汉密尔顿四大城市，对生命线工程的依赖度高；第四，大量不同族裔移民涌入致使其社会十分多元、文化习惯和英语语言熟练度差异很大；第五，新西兰人标榜其民族“追求冒险”“生性乐观”，蹦极这种极限运动便最先出现在新西兰，这种冒险精神实际上很容易导致民众对灾害风险的轻视或准备不足。以上这些特征在致灾因子多发的背景下，加剧了社会面对灾害时的脆弱性，不利于缓冲和应对各种不确定性扰动，威胁社会的正常运行。

二 “韧性新西兰”框架下的应急管理体系

近20年来，“韧性”治理成为世界各国应急管理的热门话题。“韧性”理念强调自然社会系统由“脆弱”逐步变得“坚韧”，通过合理准备来应对不确定性扰动，使公共安全、社会秩序和经济建设等捱过灾害风险并迅速恢复过来。区别于传统的防灾减灾理论，“韧性”理念强调：在工具手段上，不仅关注物质系统抵御灾害的力量，更加突出公共部门和社会群体防灾减灾的“软实力”；在目标层面，除了灾后物质环境重建外，还要重视社会体系的营建和维护；在应对过程中，在网络化的社会群体支持和生命线系统的运作下，对灾害逐步适应，在学习、调整、应对过程中社会变得更强大；在减灾结果上，人类社会在受到灾害冲击后，能够抵受住冲击，而不会产生长期的物质、社会或经济内伤。简而言之，在“韧性”的逻辑内涵中，建设韧性社会要求通过社会资本的灵活运用和组织制度的合理安排，分割和抑制灾害风险带来的失效，从而促使社会系统整体快速恢复正常。

2002年，新西兰出台《民防应急管理法》，提出建设“韧性新西兰”的目标，主张改变脆弱的社会自然环境，提高“韧性”，强调危机管理的“可持续性”来实现更高程度的公共安全。依据《民防应急管理法》，“韧性新西兰”框架下的应急管理主要包括六个方面的内容：一是综合全面的应急管理模式；二是法律制度的衔接；三是组织机构的协作；四是个人与社会力量的参与；五是充分利用信息专家资源；六是灾害后果的修复。

（一）“4R”应急管理模式

在《民防应急管理法》中，“韧性新西兰”强调“可持续性”危机管理来实现更高程度的公共安全，主张利用“4R”应急管理模式，即通过缩减“reduction”、预备“readiness”、响应“response”和恢复“recovery”（见表1）来有效应对灾害风险。其中，“缩减”是指评估、分析对人类生命和财产有威胁的长期灾害风险，从源头上进行干预，如可行便采取逐步措施来消除风险，如不可行则降低风险影响等级及其冲击力。其《资源管理法》〔"*Resource Management Act*"（1993）〕便本着未雨绸缪的原则，通过制定国家环境质量标准，对各类资源的保护、开发和使用进行规定，避免或减轻对环境造成负面影响，充分体现了减缓的内涵。"预备"是指事先制定计划、确定程序、预备资源指导灾后的应对工作。家庭、社区、单位、政府等的应急响应计划和恢复计划需要提前就位，有些机构还需经过定期专门培训，比如消防、治安、医院、学校等要时常演练，为突发事件做好提前准备。"响应"过程始于事件发生时，对灾害影响地区快速评估，并引导资源进入，以最大程度地救治生命，保护民众的财产安全。在这方面，新西兰强调各组织机构之间的协调合作、政府公职人员的担当以及对科学技术的充分利用。"恢复"则是指在灾害发生及结束时，通过救助、修复或重建活动等，使社区恢复到原来的状态。新西兰应急管理注重应对和恢复的同步开展，通过评估灾害影响，制定短期、中期和长期的恢复计划，以促使社区最快恢复到灾害前状态。

表1　新西兰"4R"应急管理内容

"4R"	内容
Reduction（缩减）	•评估、分析对人类生命和财产有威胁的长期灾害风险 •如可行便采取措施来消除风险，如不可行则降低风险影响等级及其冲击力，针对灾害的根源，减少灾害发生的可能性
Readiness（预备）	•构建有效的风险管理运作系统，事先制定计划、确定程序、预备资源指导灾后的应对工作，提高风险应对能力
Response（响应）	•在灾害事件发生后，对灾害影响地区快速评估，影响范围引入资源，以最大限度地救治生命，保护民众的财产安全
Recovery（恢复）	•制定短期、中期和长期的恢复计划，通过救助、修复或重建活动等，使社区尽快恢复到原来状态

资料来源：新西兰《民防应急管理法》。

〔美〕迈克尔·林德尔的《公共危机与应急管理概论》，中国人民大学出版社，2016。

因此，新西兰"4R"应急管理注重对灾害风险进行事前、事中和事后的全过程干预，通过抵御、容纳、吸收、适应、转化等各个方式，进行全面渗透，帮助新西兰从危机中迅速恢复，实现可持续的危机管理，提高社会韧性。

（二）配合衔接的法律政策体系

在制度上，新西兰“可持续”和“韧性”的应急管理注重法律政策的统筹和协调。目前，新西兰应急管理的法律政策体系由《民防应急管理法》等法律、“国家民防应急战略”、“国家民防应急规划”、“国家民防应急规划指南”和“民防应急工作组和地方规划”等共同构成（如图1所示）。法律和其他应急管理文件互相衔接、彼此嵌套和配合，构建了协调的应急法律政策体系。

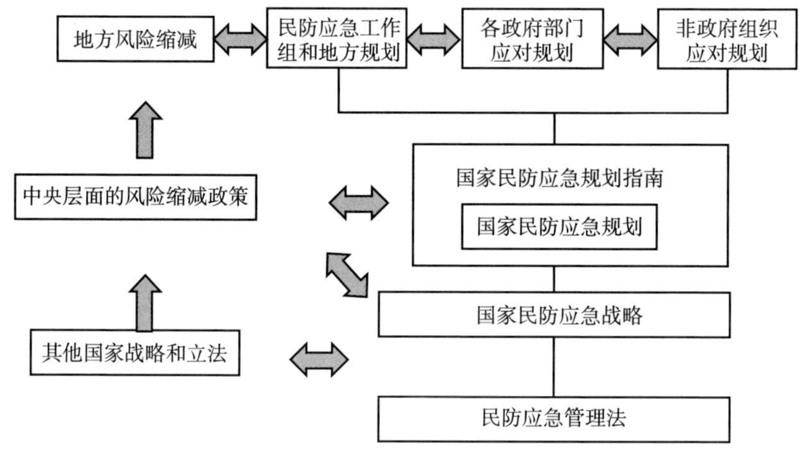

图1　新西兰应急管理的法律政策体系

注：其中非政府组织包括生命线工程企业、志愿者组织等，政府部门包括卫生、农林、警署等。中央层面的风险缩减政策包括制定建筑规范、土工网络建设和灾害风险研究等，地方层面的风险缩减包括河流管理、基础设施设计建设等。

资料来源：依据《民防应急管理法》《国家民防应急战略》《国家民防应急规划》《国家民防应急规划指南》等法律文件绘制。

2002年，新西兰修订出台《民防应急管理法》（The Civil Defense and Emergency Management Act 2002，CDEM Act 2002）并沿用至今，《民防应急管理法》提出推进灾害的可持续管理，制定包括预备、缩减、回应和恢复在内的应急规划，提供部门间和不同层级政府间的整合协调机制，协调地方灾害风险规划和应对，为健全的应急管理体系和“韧性新西兰”建设奠定了法律基础。其他相关法律包括《生物安全法》《建筑法》《流行病防治法》《卫生法》《地方政府法》《治安法》《资源管理法》等。灾害风险发生后，新西兰应急管理部门会依据不同的灾害类别，援引《民防应急管理法》和特定专门法，快速启动应急机制。

《国家民防应急战略》制定新西兰国家层面的民防应急管理的愿景和战略方向，强调灾害风险准备、应对和恢复的必要性，为其他规范性文件的制定提供依据。《国家民防应急规划》和《国家民防应急规划指南》是战略达成的机制工具，其中“规划”是对风险抑制相关的各战略、政策、法律和项目的整合，而“规划指南”则是规划的工作机制，对各机构如何有效执行规划提供解读、辅助和支持。此外，按照《民防应急管理法》规定，新西兰成立了16个民防应急工作组（CDEM Groups），这些工作组由地方政府组建，但同时与应急事务部门、生命线运营商、地方企业、社区组织等密切合作。每个民防应急工作组也必须在国家民防应急战略的框架下制定规划，为风险管理做准备。

此次新冠肺炎疫情发生后，在《卫生法》和《国家应急管理法》的框架下，新西兰连续发布3项《国家行动计划》（包括初级计划、计划2.0和计划3.0），旨在警报4级状态下，领导国家的疫情应对行动，对各部门（包括私有部门）的目标与行动、战略与政策进行明确界定，确保行动执行与国家战略目标保持一致。

（三）密切协作的应急组织结构体系

在组织管理中，新西兰《民防应急管理法》特别强调“群体协作方法”（cluster approach），以合作、整合和协调为原则，通过各机构组织的目标职责确定、能力评估以及行动规划来消除隔阂，确保其灾害风险治理的有效性。

新西兰专门的国家应急管理部门是“国家应急管理局”（National Emergency Management Agency，NEMA）。20世纪初，新西兰便设立民防部门，主要职责为辅助军队应对战争威胁。随着战争的平息和核威胁的弱化，地震、台风等自然灾害成为主要威胁，新西兰《民防应急管理法》经过了多次修改，对民防部的应急管理、各级政府包括社区的权力职责设定、应急服务和生命线工程的运营等都进行了修补完善。1964 年，新西兰民防部（Ministry of Civil Defense）更名为民防应急管理处（Ministry of Civil Defense and Emergency Management），隶属内务部，2014 年归并到总理内阁部，以体现新西兰对公共安全的重视并突出总理内阁部在灾害危机中的领导角色。2019 年，民防应急管理处改为国家应急管理局，被赋予更高的自主权。作为新西兰的国家应急管理部门，其主要职责是评估新西兰的灾害风险治理能力及社会经济弹性；成立灾害应对和管理结构；向其他应急管理利益主体提供支持；在风险治理的减缓、预备、应对、恢复（4R）环节进行协调；对超出地方能力的重大事件进行干预。国家应急管理局的管理中心——国家危机管理中心（National Crisis Management Center，NCMC），位于惠灵顿国会大厦的下方，其目标为在灾难状态下仍能保持运作，在危机发生后汇集信息、迅速做出反应指示。

行政内阁中，新西兰应急管理的中央决策机构是“内外安全协调内阁委员会”（The Cabinet Committee for Domestic and External Security Coordination，DESC），由总理和相关内阁部长组成，主要职责是针对各类应急事件拟定政策；另有由各部首席执行官（或称总干事）[①] 组成的“官员委员会”（Officials’ Committee）为内阁部长们提供政策建议。

除此之外，新西兰还有“国家动物保护应急管理工作组”“地震委员会”“太平洋海啸预警中心”等对特定重大灾害进行专项治理的专门组织，这些组织在灾害发生后与国家应急管理局、地方民防应急工作组、非政府组

① 1988 年，新西兰通过《国家部门法》，在政府各部门引入“首席执行官”制度，部长由获胜的政党组阁任命，负责决策制定。而部长任命“首席执行官”，他们是政府各部的全权负责人，对机构雇用人数、标准、工资、内部结构和工作流程等事务全权负责，以高效地推动政府工作。首席执行官体制以“公司化”为特征，引入契约精神，强调社会服务效率与质量，形成独立于政治博弈之外、较为灵活的公务员体系。

织以及内阁相关部门，比如环境部、卫生部、农林部和内务部等密切合作，对各类灾害进行有效治理（组织机构关系见图2）。

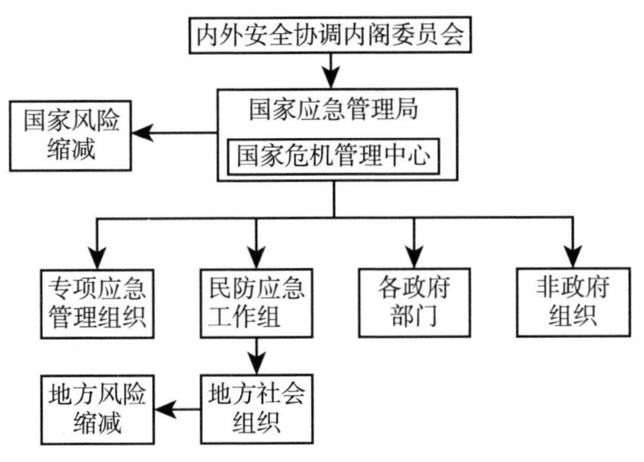

图2　新西兰应急管理组织结构关系

资料来源：依据《民防应急管理法》《国家民防应急战略》《国家民防应急规划》《国家民防应急规划指南》等法律文件绘制。

为应对此次新冠肺炎疫情，新西兰应急管理局启动了国家危机管理中心，负责收集管理信息、业务监管、拟定决策和应对协调，以团结国家多方抗疫力量。中心在其他地方还成立了作战指挥部（Operational Command Centre），用以监管并协调跨部门的应对行动，保障各工作流（workstream）以及资源分配得以有序进行。国家危机管理中心主任为John Ombler，被授权领导国家抗疫行动。Ombler牵头成立了“新冠肺炎防疫领导小组”（COVID－19 Leadership Team），带领国家卫生总干事Dr Ashley Bloomfield、国家战略和政策主管Dr Peter Crabtree、国家应急管理局主任Sarah Stuart-Black和警务署长Mike Bush一起统筹国家抗疫策略和部门行动。作战指挥部和抗疫领导小组可整合与抗疫有关的卫生、供应链和基础设施、社会福利、教育、民防应急、教育、海关、外交外贸、法律秩序和商业就业等多个行政系统的信息与资源，并保障各部门的有效政策输出。

（四）强调个人和社会力量承担责任，调动自身能动性

在新西兰，政府不断宣传面对灾害和危机需要人们团结起来，以防止城

市和国家崩溃或毁灭。一方面，公民需互相照应，在家庭、工作、社交媒体、地方及文化社群中加强彼此联系，以在危机来临前做好准备，在危机来临后科学应对，通过团结一致的行动使得社区和社群较快适应、逐步变强并克服危机。另一方面，鼓励企业和其他社会组织积极融入应急管理框架中来，承担一定的应急响应职能。以奥克兰为例，在群众动员方面，奥克兰民防应急管理组强调居住社区加强联系，建立互助网络，措施包括：鼓励互相交换联系方式，在灾害发生后邻里间易于联系；制定自己的应急计划，告知社区邻居并互通信息；清楚在灾害发生后谁最有可能帮助到你，或最需要你的帮助；建立三人以上网络，在民防危机警报发布后互相通知。在社区组织参与方面，奥克兰还鼓励发展“邻里互帮小组”（Neighbourhood Support Group），互帮小组由社区成员、资助者和合伙组织组成，合伙组织包括社区巡逻队、警方及地方民防应急管理部门，每个互帮小组有一个来自警方的联络治安官。互帮小组可为社区居民提供安全方面的建议，通过互帮小组，居民也可参与风险情景的对话，理解社区的脆弱性，了解特定的危害及影响。通过多种正式、非正式的小组活动，邻里互帮小组便能够帮助成员加强对风险应对行为的认知，以便做出备灾方面的决策。除此之外，新西兰应急管理注重对非政府组织的管理、协调和监督，相关企业和志愿者组织都被纳入应急响应框架中，以整合全部社会力量并实现国家应急行动的一致。

（五）充分利用专家资源

新西兰《民防应急管理法》规定，灾害发生之后，相关国家职能部门的部长可以任命有资历且有经验的专家或技术官僚担任应急管理专员，发挥其专业技术优势来应对灾害。专员的职责包括：向相关职能部门的部长提供政策建议、评定在国家层面产生重大影响的灾害和风险；监测并评估国家的应急管理措施；参与制定、监管并评估国家应急规划；制定国民行动指南、行为规范或技术标准以有效应对灾害；对国家民防应急管理小组的应急措施进行监管和评估；在国家紧急状态或过渡时期，有权调动各种资源用于应急管理。总之，《民防应急管理法》赋予专业技术官员极大的权力，他们可以利用任何必要、合理的手段，调动任何有用的资源来全力应对灾害危机。

新冠肺炎疫情属突发性公共卫生事件，新西兰的应急管理授予了卫生专家极大权力，充分重视了专家或技术官僚在危机治理中的决策地位。2020年3月24日，依据《传染病防治法》，新西兰总理发布《流行性传染病公告》（Epidemic Notice），授命卫生总干事 Dr Ashley Bloomfield 为“卫生专员”（Medical Officer of Health）。Bloomfield 是“新冠肺炎防疫领导小组”重要成员，可越过卫生部长直接向总理进行工作汇报，甚至享有发布政令的特殊权利。Bloomfield 的形象深入民心，其专业权威受到民众高度信任，地位犹如中国的钟南山教授，对稳定新西兰民众的信心有积极作用。另外，Bloomfield 在卫生部是卫生总干事，并非卫生部长。卫生部长 David Clark 在新冠肺炎疫情之初，与家人驱车前往海滩消遣而违反其所签订的隔离令政策，其随后主动提出请辞内阁职位及国会议席，最终暂以降职作为处置。即使卫生部长出现丑闻，但亦无碍专家团队的运作及其专业判断。由此可见，以专家为核心的抗疫行动降低了政治因素在其中的干扰，可第一时间迅速做出应对决策并提高执行效率。

（六）注重灾害后果的修复

前文提出新西兰采用“4R”应急管理模式，注重对灾害的修复，强调在灾害发生后，协调资源逐步采取即时措施、中期措施及长期措施以实现社会的整体修复。依据新西兰《民防应急管理法》，灾害发生后可任命国家恢复主管（National Recovery Manager），应急管理专员可以在灾害发生后或过渡期间授予国家恢复主管以相当大的权力，以尽快促进国家和社会从灾害中恢复过来。如没有任命恢复主管，则国家应急管理专员自身可行使相关职能，指导协调国家灾后修复工作。

此次新冠肺炎疫情防控过程中，新西兰“防疫指挥部”任命了恢复主管，以对此次公共卫生危机造成的后果进行同步修复。恢复主管的职责包括组建团队，成立灾害恢复机构；对此次新冠肺炎疫情可能产生的即时、中期和短期后果进行评估，参与制定不同阶段的恢复计划；评估在灾害恢复过程中政府的角色，制定恢复计划，协调并支持相关部门和组织开始恢复活动。

由上可见，新西兰“韧性”应急管理坚持“可持续性”应急管理模式。一是通过全面、动态的应急管理模式以及制度组织的整合来提高应对灾害的“制度韧性”，提高社会应急管理主体对社会资源的全面调动和引导能力；二是强调“社会韧性”的提升，即充分利用居民、社区、非政府组织及专家的力量，发挥社会资本的最大效用，对灾害危机进行逐个击破，从而有效减缓外部灾害事件对系统整体的冲击。

三　惠灵顿的韧性城市策略

在国家韧性应急框架下，城市也开始注重韧性发展，以实现更高水平的城市安全。例如：在过去的60年中，惠灵顿已发展成为一座高度国际化的、具有多元种族的、充满创造力的城市，被誉为“世界最酷的小型首都”。与此同时，惠灵顿也面临地震频发、全球变暖导致海平面上升、多元移民造成的社会融入困难、老龄化、失业率上升、高房价、贫富差距拉大等诸多问题的挑战。为促使惠灵顿人及其子孙后代更好的生存和发展，促进城市持续改进，惠灵顿制定《惠灵顿韧性战略》，对如何更好地应对压力和挑战提出了设想。

《惠灵顿韧性战略》提出，建设韧性城市就是随着惠灵顿的发展变化，所有生活在惠灵顿的人都能够很好地生存和成长。其中，惠灵顿的挑战主要来源于三个方面：一是惠灵顿社会正在发生结构性变化，人口总数在不断增长，老龄化问题凸显，随着移民的流入，社会文化越来越多元化，不平等的问题也越来越严重。二是由于地理原因，惠灵顿一直难以避免地震的干扰，如果不能对日益紧凑的城市进行科学的规划和管理，地震造成的经济和社会损失将难以估量。三是，海平面上升和极端天气频发，对惠灵顿的设施、财政、文化和社会造成了严重威胁。

针对上述问题，《惠灵顿韧性战略》提出了三个目标，设计了完整的韧性城市建设体系（见表2）。第一个目标是，惠灵顿将通过三个项目、十个方案对公民赋能，不断提高群众之间的联系和社会整合度。第二个目标是构建更加科学的决策体系，即持续提高城市的治理能力、进一步推送信息、提升城市的适应和恢复能力。第三目标是通过增强城市的住房、通信、自然环境、交通和能源服务，促使惠灵顿的住房、自然和建成环境更加健康与稳健。

表 2　惠灵顿的韧性城市建设方案

<table>
<tr><td colspan="4">目标 1:公民之间联系更加紧密,社区归属感更强</td></tr>
<tr><td>1.1 个人福祉</td><td colspan="2">1.2 社区韧性</td><td>1.3 经济韧性</td></tr>
<tr><td rowspan="2">提高家庭韧性及物资可获得性</td><td colspan="2">提高社区韧性</td><td rowspan="2">提高中心城区和周边地区的经济韧性</td></tr>
<tr><td colspan="2">支持社区承担一些灾后职能</td></tr>
<tr><td>应对老龄化</td><td colspan="2">发展可持续食物网络</td><td>帮助中小企业制定业务连续性规划</td></tr>
<tr><td>减少无家可归者</td><td colspan="2">辅助文化保护区制定风险管理计划</td><td>了解劳动力发展趋势</td></tr>
<tr><td colspan="4">目标 2:各层级的决策更加科学</td></tr>
<tr><td>2.1 治理</td><td>2.2 信息</td><td>2.3 适应</td><td>2.4 恢复</td></tr>
<tr><td>增强政府规制</td><td>提高必要信息的通达性</td><td>制定沟通与参与战略</td><td>制定惠灵顿地区恢复计划</td></tr>
<tr><td>重新审视城市生命线</td><td rowspan="2">打造城市虚拟模型</td><td rowspan="2">制定气候适应方案</td><td rowspan="2">开展震后房屋研究</td></tr>
<tr><td>对韧性目标进行可持续性评估</td></tr>
<tr><td colspan="4">目标 3:住房和城市环境更加健康</td></tr>
<tr><td>3.1 住房和通信</td><td colspan="2">3.2 水和自然环境</td><td>3.3 交通与能源</td></tr>
<tr><td>建设更加温暖、安全和干爽的房屋</td><td colspan="2">对水系统进行生态保护</td><td>探索可替代能源供给</td></tr>
<tr><td>宣传保险知识</td><td colspan="2">提高污水污泥处理能力</td><td>推广电动汽车</td></tr>
<tr><td>加强对非防风防雨房屋的后果认识</td><td colspan="2">提高医院等的应急水资源供给能力</td><td rowspan="2">增加投资提高交通韧性</td></tr>
<tr><td>提高远程工作能力</td><td colspan="2">提高应急水资源储备及水循环利用率</td></tr>
</table>

资料来源：根据《惠灵顿韧性战略》绘制。

《惠灵顿韧性战略》的编制体现了包容性、生动性、可持续性、学习性的原则，对今后三年可能遭遇的风险和挑战进行了充分预估，也对当前和未来一段时间的应对措施进行了部署。

第一，《新西兰韧性战略》的编制广泛吸纳了 200 名各界专业人士，包

括政府公务人员、城市基建管理者、小商业主、社区成员、研究科研人员等。通过研讨会和合作设计的模式，韧性战略的制定把惠灵顿区域各行各业的利益相关者都囊括进来，从不同视角对韧性城市的打造提出了意见建议，充分考量到提高城市韧性的各个维度，发挥了各行各业专家和从业者的专业优势，通过观点碰撞和结合，达到战略编制的效果最大化。

第二，惠灵顿的韧性战略在编制过程中还采用了别开生面的形式，即通过“故事”分项的形式，生动还原了韧性城市建设的个人需求和未来愿景。在各种各样的研讨活动中，建立虚拟家庭以捕获惠灵顿未来几十年的生活场景，讲述可能发生的身边故事，为韧性城市建设提供了灵感和试验。在最后的韧性战略报告中也植入了大量图片，以图文并茂的形式向公众推广城市的韧性战略，提高了战略的可接受度。

第三，打造韧性城市关键的一点是适应不断变化的环境和挑战。因此，惠灵顿的韧性战略尤其注重可持续性原则，不光对未来风险进行了评估调研，注重资源和建设的可持续性；还对韧性战略自身审视，预留了弹性调整空间。比如韧性战略编制小组拥有对各项韧性方案的监督权，对各方案的执行情况进行考核，每年2月份上报市议会，并提出修订建议。通过这种形式，韧性战略方案自身便具备了可持续适应能力，能够有效应对不可知的突发状况。

第四，韧性尤其强调学习转化能力，因此惠灵顿的韧性战略在编制过程中，充分借助洛克菲勒基金会的韧性城市项目，通过学习交流共享知识和经验，将世界其他城市在韧性建设中的成功经验为我所用，建立了韧性城市建设的学习转化机制。比如，惠灵顿对布里斯托尔的流浪汉管理经验、比布鲁斯的文化遗产保护措施、纽约的设计竞赛重建模式、墨西哥城的大数据和交互式智慧网络等都进行了学习借鉴，拓宽了建设路径，提高了创造性，有利于综合汲取外界经验并提高自己的灾害抗御能力。

四　总结和启示

总体来讲，新西兰已建立了较为完善的应急管理制度，其注重全流程的

“4R”应急管理模式、衔接的政策法律体系、密切合作的组织结构体系，以及多元主体的广泛参与，提高了新西兰国家和城市韧性，有助于有效应对日益频发的社会、经济、自然挑战。概括来讲，基础设施韧性和经济韧性暂不考虑，新西兰的应急管理体制体现了较强的“制度韧性”和“社会韧性”，制度组织协调高效，人力社会资本配合度高，政策手段完善规范，为其他国家应急管理提供了许多可资思考和借鉴的经验。

参考新西兰的应急管理机制和惠灵顿的韧性城市策略，对我国应急管理体制的健全和完善有以下几点启示。第一，转变应急管理理念，从“韧性”的角度理解灾害事件，在灾害的不同阶段，对社会各部门进行功能优化组合，以分散风险和快速抑制失效；第二，理顺《传染病防治法》《突发事件应对法》等法律条文中不一致的地方，捋清灾害发生后各主体的行动路径；第三，正视运动式应急管理的不足，将非常态的应急管理转为常态应急管理，形成法治化、规范化的应急管理制度体系，提高国家治理的合法性及制度韧性；第四，以应急管理部为核心，基于不同的灾害风险类型，与其他部门探索形成行之有效的应急响应战术，提高政府部门间的协同响应能力；第五，增强社会韧性，治理主体以政府为主导，但要注重社会资源的引入，培育应急治理的内生力量，提升志愿服务水平，完善基层组织工作机制，提高危机应对能力；第六，在减灾的同时，对灾害后果进行同步恢复，提升社会各部门的调试恢复能力；第七，对应急管理策略不断进行评定反思，及时启动纠偏机制，提升学习能力，形成科学有效、更具人性化的政策体系；第八，在城市巨型化和复杂化的大背景下，制定韧性城市框架，建立一个能够承受、响应并更容易适应冲击和压力的城市社会系统。

参考文献

ChrisWebb and David A. McEntire：Emergency Management in New Zealand：Potential Disasters and Opportunities for Resilience，https：//training. fema. gov/hiedu/downloads.

Civil Defense and Emergency Management Act, New Zealand, 2002.

"The Laws Helping the Government Support New Zealand during the COVID - 19 Epidemic", New Zealand Parliament, https://www.parliament.nz/en/get-involved/features/the-laws-helping-the-government-support-new-zealand-during-the-covid-19-epidemic/.

〔美〕戴维·R. 戈德沙尔克:《城市减灾:创建韧性城市》,许婵译,《国际城市规划》2015 年第 2 期。

陈立丰、孙碧洋:《新西兰毛利民族殖民时代社会地位的变化及后续发展》,《内蒙古民族大学学报》(社会科学版)2019 年第 2 期。

黄振威:《韧性治理:推动应急管理现代化新方向》,《学习时报》2020 年 4 月 20 日。

邵亦文、徐江:《城市韧性:基于国际文献综述的概念解析》,《国际城市规划》2015 年第 2 期。

王章辉:《列国志 - 新西兰》,社会科学文献出版社,2014。

附　　录

Appendix

B.21
城市发展大事记

（2019 年 7 月 1 日至 2020 年 6 月 30 日）

武占云　张双悦　执笔*

2019 年 7 月 9 日　健康中国行动推进委员会印发《健康中国行动（2019～2030 年）》，明确提出要以“健康中国行动主要指标”来衡量全民健康素养（主要包括 16 个一级分类，124 个指标），目标是到 2022 年，覆盖经济社会各相关领域的健康促进政策体系基本建立；到 2030 年，全民健康素养水平大幅提升，健康生活方式基本普及，居民主要健康影响因素得到有效控制，实现《“健康中国 2030”规划纲要》有关目标。

2019 年 7 月 20 日　国家发展改革委、河北省人民政府印发《张家口首

* 武占云，中国社会科学院生态文明研究所副研究员，博士，研究方向：城市与区域经济、国土空间开发与治理等；张双悦，首都经济贸易大学城市经济与公共管理学院博士，研究方向：城市经济与区域发展。

都水源涵养功能区和生态环境支撑区建设规划（2019～2035年）》（发改地区〔2019〕1252号），明确提出紧紧围绕“两区”功能定位，树立生态优先意识，加强生态建设，建设天蓝地绿水清、生态宜居宜业的首都“后花园”，发展绿色经济，建设绿色城市，推进低碳交通城市建设等。

2019年8月2日 国家发展改革委印发《西部陆海新通道总体规划》（发改基础〔2019〕1333号），提出要统筹区域基础条件和未来发展需要，优化主通道布局，创新物流组织模式，强化区域中心城市和物流节点城市的枢纽辐射作用。综合交通运输网络，密切贵阳、南宁、昆明、遵义、柳州等西南地区重要节点城市和物流枢纽与主通道的联系。

2019年8月23日 国务院办公厅印发《关于进一步激发文化和旅游消费潜力的意见》（国办发〔2019〕41号），提出要在试点城市基础上，择优确定国家文化和旅游消费示范城市并动态考核，推动试点城市、示范城市建设国际消费中心城市，鼓励建设集合文创商店、特色书店、小剧场、文化娱乐场所等多种业态的消费集聚地，到2022年，建设30个示范城市、100个试点城市等。

2019年8月26日 国家发展改革委、科技部、工业和信息化部、自然资源部、国家开发银行印发《关于进一步推进产业转型升级示范区建设的通知》（发改振兴〔2019〕1405号），明确提出要以产业转型升级引领带动经济高质量发展，增强城市辐射带动作用，提高集聚产业和人口能力，积极探索加快示范区和示范园区建设的新机制、新方法，促进产业由集聚发展向集群发展全面提升等。

2019年9月18日 习近平在黄河流域生态保护和高质量发展座谈会上的讲话提到，新中国成立以来黄河治理取得巨大成就，要认识到，保护黄河是事关中华民族伟大复兴的千秋大计，未来，要坚持绿水青山就是金山银山的理念，坚持生态优先、绿色发展，以水而定、量水而行，因地制宜、分类施策，上下游、干支流、左右岸统筹谋划，共同抓好大保护，协同推进大治理，着力加强生态保护治理、保障黄河长治久安、促进全流域高质量发展、改善人民群众生活、保护传承弘扬黄河文化，让黄河成为造福人民的幸福河。

2019 年 9 月 20 日 自然资源部印发《关于以“多规合一”为基础推进规划用地“多审合一、多证合一”改革的通知》（自然资规〔2019〕2 号），明确提出要合并规划选址和用地预审、合并建设用地规划许可和用地批准、推进多测整合、多验合一，同时简化报件审批材料。

2019 年 10 月 2 日 国家发展改革委、市场监管总局印发《关于新时代服务业高质量发展的指导意见》（发改产业〔2019〕1602 号），提出要深化产业融合，推动城市群和都市圈公共服务均等化和要素市场一体化，构建城市群和都市圈服务网络，促进服务业联动发展和协同创新，形成区域服务业发展新枢纽。强化中小城市服务功能，打造一批服务业特色小镇，形成服务周边、带动农村的新支点等。

2019 年 11 月 5 日 《中共中央关于坚持和完善中国特色社会主义制度推进国家治理体系和治理能力现代化若干重大问题的决定》发布，明确提出要在中心城市和城市群，推进机构、职能、权限、程序、责任法定化，使政府机构设置更加科学、职能更加优化、权责更加协同。严格机构编制管理，统筹利用行政管理资源，节约行政成本。优化行政区划设置，提高综合承载和资源优化配置能力，实行扁平化管理，形成高效率组织体系。

2019 年 11 月 15 日 国家发展和改革委员会等印发《关于推动先进制造业和现代服务业深度融合发展的实施意见》（发改产业〔2019〕1762 号），明确提出要顺应科技革命、产业变革、消费升级趋势，通过鼓励创新、加强合作、以点带面，深化业务关联、链条延伸、技术渗透，探索新业态、新模式、新路径，推动先进制造业和现代服务业相融相长、耦合共生。

2019 年 12 月 1 日 国务院印发《长江三角洲区域一体化发展规划纲要》，明确指出长三角地区是我国经济发展最活跃、开放程度最高、创新能力最强的区域之一，在国家现代化建设大局和全方位开放格局中具有举足轻重的战略地位。为进一步推动长三角一体化发展，要增强长三角地区创新能力和竞争能力，提高经济集聚度、区域连接性和政策协同效率，引领全国高质量发展、建设现代化经济体系，需要以规划统筹，示范引领长三角地区更

高质量一体化发展。

2019 年 12 月 5 日 住房和城乡建设部办公厅印发《关于成立部科学技术委员会智慧城市专业委员会的通知》(建办人〔2019〕80 号),强调要充分发挥专家在城市信息模型(CIM)平台建设和智慧城市建设工作中的作用,组织开展智慧城市领域相关重要课题的基础性研究,参与城市建设管理领域数字化、精细化、智能化相关政策、法规、技术规范的研究制定;为智慧城市和城市信息化建设中的重大问题提供技术指导和专业咨询等。

2019 年 12 月 15 日 国务院发布《关于同意在石家庄等 24 个城市设立跨境电子商务综合试验区的批复》(国函〔2019〕137 号),同意在石家庄市、太原市、赤峰市、抚顺市、珲春市、绥芬河市、徐州市、南通市、温州市、绍兴市、芜湖市、福州市、泉州市、赣州市、济南市、烟台市、洛阳市、黄石市、岳阳市、汕头市、佛山市、泸州市、海东市、银川市等 24 个城市设立跨境电子商务综合试验区,名称分别为中国(城市名)跨境电子商务综合试验区,具体实施方案由城市所在地省级人民政府分别负责印发。

2019 年 12 月 21 日 国家发展改革委、公安部、国务院扶贫办、农业农村部印发《关于加快促进有能力在城镇稳定就业生活的农村贫困人口落户城镇的意见》(发改规划〔2019〕1976 号),明确提出要精准识别进城就业生活的建档立卡农村贫困人口,督促城区常住人口 300 万以下城市取消落户限制,推动城区常住人口 300 万以上城市放宽落户条件,提高建档立卡农村贫困人口落户城镇的便利性,维护进城落户建档立卡农村贫困人口的农村权益。

2019 年 12 月 31 日 国务院办公厅印发《关于支持国家级新区深化改革创新加快推动高质量发展的指导意见》(国办发〔2019〕58 号),明确提出要探索高品质城市治理方式,深入推进智慧城市建设,提升城市精细化管理水平。支持有条件的新区创新生态环境管理制度,推动开展气候投融资工作,提高生态环境质量等。

2020 年 1 月 14 日 国家发展改革委印发《关于滇中城市群发展规划的复函》(发改规划〔2020〕71 号),原则同意《滇中城市群发展规划》,提出要将滇中城市群定位为我国民族团结进步示范区、生态文明建设排头兵，面向南亚、东南亚辐射中心，充分发挥滇中城市群对我国面向南亚、东南亚辐射中心的核心支撑作用，加快形成面向南亚、东南亚开放新局面。

2020年1月16日 国家发展改革委、生态环境部印发《关于进一步加强塑料污染治理的意见》（发改环资〔2020〕80号），明确提出要积极应对塑料污染，创新引领，科技支撑，多元参与，社会共治，推广应用替代产品，培育优化新业态新模式，增加绿色产品供给，有力有序有效治理塑料污染，努力建设美丽中国。

2020年1月19日 山东省发展和改革委员会明确提出要坚持生态优先、绿色发展，实施好黄河三角洲生态系统修复工程，建设好东营河口湿地、济齐湿地；重点依托黄河大堤、南展大堤，串联多片林地、湿地及林果基地，建设沿黄河生态廊道；积极开展海岸带修复，提升海洋资源环境及生态价值，构建多重型生态修复系统。计划“实施总投资9.8亿元的30项水气土污染治理工程，加大环境保护力度，增加生态用水补给，促进黄河三角洲生态系统健康发展”。

2020年1月20日 国家发展改革委印发《关于江苏省徐州市城市轨道交通第二期建设规划（2019～2024年）的批复》（发改基础〔2020〕105号），原则同意徐州市城市轨道交通第二期建设规划，建设3号线二期、4号线一期、5号线一期、6号线一期等4个项目，并按照现代、安全、高效、绿色、经济的原则，统筹城市开发进程、建设条件及财力情况，量力而行、有序推进项目建设。

2020年1月22日 住房和城乡建设部印发《关于命名2019年国家生态园林城市、园林城市（县城、城镇）的通知》（建城〔2020〕17号），决定命名江苏省南京市等8个城市为国家生态园林城市、河北省晋州市等39个城市为国家园林城市、河北省正定县等72个县城为国家园林县城、浙江省泰顺县百丈镇等13个城镇为国家园林城镇。

2020年1月23日 国家发展改革委印发《关于调整厦门市城市轨道交通第二期建设规划（2016～2022年）的批复》（发改基础〔2020〕136号），

原则同意对《厦门市城市轨道交通第二期建设规划（2016～2022年）》（简称《规划》）方案进行适当调整，并按照现代、安全、高效、绿色、经济的原则，统筹城市开发进程、建设条件及财力情况，科学论证项目建设方案等。

2020年2月5日 国家发展改革委印发《关于兰州中川机场三期扩建工程可行性研究报告的批复》（发改基础〔2020〕192号），明确提出加快构建兰州区域航空枢纽，提升机场综合保障能力和服务水平，完善区域综合交通运输体系，促进地方经济社会发展，为城市轨道交通线的接入预留好建设空间。

2020年2月29日 国务院应对新冠肺炎疫情联防联控机制印发《关于进一步做好民政服务机构疫情防控工作的通知》（国发明电〔2020〕6号），提出要严防民政服务机构发生聚集性感染，坚决落实“四早”要求，及时收治感染患者，做好特殊群体兜底保障。

2020年2月29日 甘肃省人民政府着力推进黄河流域治理保护，明确提出要编制1个水利总规划，编制节水潜力分析和重大节水措施、水生态治理与修复、水土流失综合防治、水旱灾害防御、供水安全保障体系、智慧水利建设6个专项规划，开展南水北调西线下移方案对甘肃影响、黄河“87”分水方案调整甘肃需求、重大理论与政策、水利投融资研究、黄河流域生态保护治理协同机制、水权水价改革等6大专题研究，建立“政策库”“理论库”“技术库”“水利项目库”四库，绘制甘肃省黄河流域涉水底数图。

2020年3月2日 河南省黄河流域生态保护和高质量发展领导小组印发《2020年河南省黄河流域生态保护和高质量发展工作要点》，提出要把握沿黄地区生态特点和资源禀赋，引领沿黄生态文明建设，在全流域树立河南标杆。同时高水平推进郑州国家中心城市和郑州大都市区建设，打造郑州大都市区黄河流域生态保护和高质量发展核心示范区；完善支持洛阳中原城市群副中心城市建设政策措施，推动与三门峡、济源示范区联动发展，支持洛阳打造“洛阳智造”新引擎。

2020年3月3日 国家卫生健康委办公厅、国家中医药管理局办公室印发《新型冠状病毒肺炎诊疗方案（试行第七版）》，明确提出了新型冠状病毒的传播途径、“病理改变”、“临床表现”、诊断判断、临床分型、“重型、危重型临床预警指标”、治疗等，为“为进一步加强对该病的早诊早治，提高治愈率，降低病亡率，最大可能避免医院感染，同时也要注意境外输入性病例导致的传播和扩散”提供了指导。

2020 年 3 月 17 日 国家发展改革委印发《关于安徽省合肥市城市轨道交通第三期建设规划（2020～2025 年）的批复》（发改基础〔2020〕431 号），原则同意合肥市城市轨道交通第三期建设规划，建设 2 号线东延线、3 号线南延线、4 号线南延线、6 号线一期、7 号线一期、8 号线一期等 6 个项目。

2020 年 3 月 17 日 中共中央、国务院、京津冀协同发展领导小组发布《北京市通州区与河北省三河、大厂、香河三县市协同发展规划》，明确提出要充分发挥城市副中心示范引领作用，辐射带动北三县协同发展，优化提升城市综合功能与城市品质，打造绿色城市、森林城市、海绵城市、智慧城市。

2020 年 3 月 21 日 《科技部印发〈关于科技创新支撑复工复产和经济平稳运行的若干措施〉的通知》（国科发区〔2020〕67 号）发布，提出要围绕“一城一主题、一园一产业”，组织遴选 100 个左右创新型城市（县市）和 100 个左右国家高新区、国家农业高新技术产业示范区、国家农业科技园区等，结合地方需求及其优势快速推广应用一批先进技术和科技创新产品。

2020 年 3 月 26 日 国家发展改革委印发《关于调整深圳市城市轨道交通第四期建设规划方案的批复》（发改基础〔2020〕484 号），要求按照现代、安全、高效、绿色、经济的原则，统筹城市开发进程、建设条件及财力情况，把握建设规模和节奏，量力而行、有序推进。加强城市轨道交通与深圳宝安国际机场等主要交通枢纽的衔接，做好换乘设计。统筹城市轨道交通与高速铁路、城际铁路等规划建设，提升旅客出行安全性、便捷性等。

2020 年 4 月 2 日 国家发展改革委、交通运输部关于印发《长江三角

洲地区交通运输更高质量一体化发展规划》的通知（发改基础〔2020〕529号），提出要大力提升城市之间的运输服务质量，加快引领区域人口经济空间布局的调整，推动中心城市与周边城镇之间形成更加合理的层级结构，实现交通运输与城镇形态、人口布局协调融合发展，打造智能绿色的交通运输体系。

2020 年 4 月 3 日　《国家发展改革委印发〈2020 年新型城镇化建设和城乡融合发展重点任务〉的通知》（发改规划〔2020〕532 号）发布，明确提出要着重“增强中心城市和城市群综合承载、资源优化配置能力……促进大中小城市和小城镇协调发展，提升城市治理水平，推进城乡融合发展……为全面建成小康社会提供有力支撑”。

2020 年 4 月 3 日　《国家发展改革委关于印发〈2020 年新型城镇化建设和城乡融合发展重点任务〉的通知》（发改规划〔2020〕532 号）发布，明确提出要促进大中小城市和小城镇协调发展，提升城市治理水平，推进城乡融合发展，实现 1 亿非户籍人口在城市落户目标和国家新型城镇化规划圆满收官，为全面建成小康社会提供有力支撑。切实改进城市治理方式，推动城市政府向服务型转变、治理方式向精细化转型、配套资源向街道社区下沉。加强和创新社区治理，引导社会组织、社会工作者和志愿者等参与，大幅提高城市社区综合服务设施覆盖率，提高国土空间规划水平等。

2020 年 4 月 7 日　国家发展改革委、财政部、住房和城乡建设部、生态环境部、水利部印发《关于完善长江经济带污水处理收费机制有关政策的指导意见》（发改价格〔2020〕561 号），要求长江经济带省份各城市（含县级市）应尽快将污水处理费标准调整至补偿成本的水平，采取针对性措施，切实提高城市生活污水集中收集率。

2020 年 4 月 9 日　《住房和城乡建设部办公厅关于做好 2020 年全国城市节约用水宣传周工作的通知》印发（建办城函〔2020〕164 号），提出要推动形成城市绿色发展方式和生活方式，在城市社区、街道开展节水宣传，推广节水措施；提高居民节水意识；开展节水在公共建筑、校园、企业的宣传活动。

2020年4月10日 国家发展改革委印发《关于促进枢纽机场联通轨道交通的意见》（发改基础〔2020〕576号），强调要提升航空服务水平和枢纽运营效率，加快构建现代化综合交通运输体系，推动基础设施高质量发展，积极做好顶层统筹，注重机场分类施策，加强一市多场联通，不断满足广大人民群众安全、便捷、舒适的航空出行需要。

2020年4月12日 中共北京市委、北京市人民政府印发《关于建立国土空间规划体系并监督实施的实施意见》，强调要以《北京城市总体规划（2016年~2035年）》为统领，建立权责清晰、科学高效的国土空间规划体系并监督实施，发挥国土空间规划战略引领和刚性管控作用，实现国土空间开发保护更高质量、更有效率、更加公平、更可持续，推动"多规合一"。

2020年4月15日 住房和城乡建设部办公厅印发《关于开展2020年度海绵城市建设评估工作的通知》（建办城函〔2020〕179号），明确要求以排水分区为单元，对照《海绵城市建设评价标准》（GB/T 51345－2018），从自然生态格局管控、水资源利用、水环境治理、水安全保障等方面对海绵城市建设成效进行自评，并指导设市城市按照《海绵城市建设自评估报告要点》编制自评估报告。

2020年4月29日 住房和城乡建设部印发《关于组织开展城市建设领域防疫情补短板扩内需调研工作的通知》（建科函〔2020〕72号），提出要围绕中央关于统筹推进新冠肺炎疫情防控和经济社会发展以及本地人民政府相关要求，重点从城市、社区、建筑等3个层面开展调研。

2020年5月6日 国务院印发《关于同意在雄安新区等46个城市和地区设立跨境电子商务综合试验区的批复》（国函〔2020〕47号），同意在雄安新区、大同市、满洲里市、营口市、盘锦市、吉林市、黑河市、常州市、连云港市等46个城市和地区设立跨境电子商务综合试验区，名称分别为中国（城市或地区名）跨境电子商务综合试验区。

2020年5月15日 中国人民银行、银保监会、证监会、外汇局发布《关于金融支持粤港澳大湾区建设的意见》（银发〔2020〕95号），明确提出要以服务实体经济、合作互利共赢、市场化导向、防范系统性金融风险为总体原则，进一步提升粤港澳大湾区金融服务创新水平，重点聚焦金融、医疗、交通、社区、校园等城市服务领域。

2020 年 5 月 17 日 中共中央、国务院印发《关于新时代推进西部大开发形成新格局的指导意见》，明确提出要因地制宜优化城镇化布局与形态，提升、发挥国家和区域中心城市功能作用，推动城市群高质量发展和大中小城市网络化建设，培育发展一批特色小城镇。鼓励重庆、成都、西安等加快建设国际门户枢纽城市。

2020 年 5 月 18 日 中共中央、国务院印发《关于新时代加快完善社会主义市场经济体制的意见》，明确要求深化户籍制度改革，放开放宽除个别超大城市外的城市落户限制，探索实行城市群内户口通迁、居住证互认制度。推动公共资源由按城市行政等级配置向按实际服务管理人口规模配置转变。

2020 年 5 月 19 日 中共上海市委、上海市人民政府印发《关于建立上海市国土空间规划体系并监督实施的意见》，明确提出上海要分步走，到 2020 年，基本建立上海市国土空间规划体系，逐步建立规划编制审批体系、实施监督体系、法规政策体系、技术标准体系；到 2025 年，实现各级国土空间规划全覆盖和国土空间统一用途管制；健全国土空间规划法规政策体系、技术标准体系；到 2035 年，实现国土空间治理体系和治理能力现代化，基本形成具有世界影响力的社会主义现代化国际大都市更具活力、更富魅力、更可持续的国土空间格局。

2020 年 5 月 22 日 国家发展改革委、国家卫生健康委、国家中医药局印发《关于印发公共卫生防控救治能力建设方案的通知》（发改社会〔2020〕735 号），明确提出要建设现代化的疾病预防控制体系，全面提升县级医院救治能力、健全完善城市传染病救治网络、改造升级重大疫情救治基地、推进公共设施平战两用改造等。

2020 年 5 月 29 日 陕西省生态环境厅办公室关于印发《陕西省推动黄河流域生态保护和高质量发展 2020 年工作要点》厅内任务分工的通知（陕环办发〔2020〕29 号），明确提出要实施水土流失治理工程，整合省级相关专项资金，按照山、水、林、田、湖、草系统治理原则，在黄河流域生态保护重点区域开展省级黄河流域山、水、林、田、湖、草生态保护修复试点工程。实施水污染综合治理工程。优化国土空间开发，在开展黄河流域国土空间开发保护现状和未来风险评估的基础上，把水资源总量作为刚性约束，划定完成黄河流域生态保护红线、永久基本农田、城镇开发边界三条控制线。

2020 年 6 月 4 日 国家发展改革委印发《关于青海省西宁城市投资管理有限公司发行城市地下综合管廊建设专项债券核准的批复》（发改企业债券〔2020〕125 号），同意西宁城市投资管理有限公司发行城市地下综合管廊建设专项债券不超过 14 亿元，所筹资金 12 亿元用于西宁市地下综合管廊二期工程（第三批）项目，2 亿元用于补充营运资金。

2020 年 6 月 9 日 国家发展改革委、工业和信息化部、国务院国资委、国家文物局、国家开发银行发布《推动老工业城市工业遗产保护利用实施方案》（发改振兴〔2020〕839 号），明确提出要结合老工业城市发展实际，加快推进老工业城市工业遗产保护利用，更好推动新时代中国特色工业文化建设，培育高质量发展的新动力源，以文化振兴带动老工业城市全面振兴、全方位振兴。

2020 年 6 月 12 日 交通运输部印发《关于推进海事服务粤港澳大湾区发展的意见》（交海发〔2020〕57 号），明确提出要在大湾区打造具有全球竞争力的国际海港枢纽，推进综合交通枢纽一体化规划建设，建设世界一流港口。目标是到 2022 年，粤港澳大湾区水上交通安全保障能力协同发展，船舶污染防治能力明显提高，粤港澳海事管理机构合作机制有序运行等；到 2035 年，粤港澳大湾区水上交通安全便捷，航运要素高效流动，全面建成海事服务交通强国建设先行区、海事改革开放创新发展试验区、海事高质量发展示范区。

2020 年 6 月 19 日 全国爱卫办印发《关于深入开展爱国卫生运动 强化市场环境整治的通知》（全爱卫办发〔2020〕4 号），明确提出要开展市场环境综合整治，把维护人民群众健康放在第一位，统筹做好夏季卫生防病工作，建立环境卫生治理长效机制，营造良好的城乡卫生环境，从源头上切断疾病传播的途径，充分发动机关、企事业单位、村（居）委会和城乡社区居民，强化环境治理。

Abstract

Urban safety is the precondition for sustainable development of urban social economy, the guarantee for people's happiness, and an important indicator of urban competitiveness. At present, China's urbanization is steadily improving, the urban scale is expanding, the urban structure is increasingly complex, and various elements are rapidly gathering and flowing. Coupled with the transformation of the socio-economy and the complicated situation of current era, urban safety issues have become increasingly prominent, and urban safety governance is faced with more challenges. Since the beginning of 2020, COVID - 19 rapidly has spread at an alarming rate and since June 2020 a large-scale flooding disaster has broken out across the country, which once again highlight the challenges of city risk response and security governance. City safety has become the focus of all sectors of society.

General Secretary Xi Jinping emphasizes the need to "adhere to the overall national security concept and take a path of national security with Chinese characteristics", and urban security is the concrete implementation of the national security concept in cities. Based on the theme of "Urban Safety in the Process of Big Country Governance", the "Annual Report on Urban Development of China No. 13 (hereinafter referred to as the Report) reviews the development process of urban safety in China, and carries out systematic analysis on the institution, concept and practice of urban safety governance. The "report" contains nine chapters: General Reports, Urban Governance, System Construction, Technological Innovation, Social Governance, Emergency Industry, Chinese Experience, International Experience, and Appendix. It conducts in-depth research on the development history, governance status, challenges, development trends, innovative experience of China's urban safety governance and the beneficial practices of foreign countries. Then it puts forward several suggestions for improving the modernization of China's urban safety governance system and governance capabilities.

The "Report" points out that in the past two decades of urban safety governance reform, China's urban safety governance concept has undergone a major change, showing a new development trend: from passive responses to active prevention, from fragmented management on single elements to comprehensive governance under the guidance of the overall national security concept, from focusing on emergency relief after the accident to a normalized and full cycle management, from the traditional management mainly relying on artificial experience to the intelligent management drived by science and technology. The governance concept and means have been continuously developed and innovated. In terms of the urban safety governance system, based on the "one-plan-three-system" framework China's has constructed the urban safety emergency plan system which is "vertical to the bottom, horizontal to the edge". A systematic legal system of safety governance has been basically established, and a series of effective safety governance mechanisms have been implemented. The level of standardization, institutionalization and legalization of urban safety governance has been continuously improved. The urban safety governance system with Chinese characteristics has been gradually established, which is featured with "unified command, possessing special and regular skills, sensitive response, joint action of the upper and lower levels, and peacetime and wartime integration".

The "Report" also points out that modern society is entering a "risk society", characterized by frequency of natural disasters, fragility and weakening of urban system, and normalization of emergency events. Urban security and sustainable development are facing more and more severe challenges. However, urban risk itself possesses of systematicness, complexity, suddenness and so on, so it is difficult to prevent and control the urban risk. In particular, the prevention and control of the COVID – 19 pandemic this year has exposed some shortcomings and deficiencies in China's urban safety governance. For example, our safety governance is limited to "known risks", limiting the thinking framework and action scope; the legal system is not yet complete, the coupling degree between the laws is low, and there are still some loopholes in some areas; the governance structure is insufficiency, lacking multi-agent coordination; the formulation of urban emergency plans has problems such as strong homogeneity, insufficient pertinence, weak predictability and operability; there are still room in emergency prevention and preparation, monitoring and warning, emergency response and rescue and recovery and reconstruction mechanism to improve.

General Secretary Xi Jinping mentioned that " be prepared for danger in times of safety" and "make use of the characteristics and advantages of our emergency management system, learn from foreign practices, and actively promote the modernization of China's emergency management system and capabilities" . From a global perspective, the "Report" proposes that urban safety governance in foreign countries pays great attention to the governance ideas, the dynamic revision and improvement of laws, "integrated" or "comprehensive" management, the "self-reliance of communities and individuals" and the use of information and technology. In particular, it is worth noting that the construction of "resilient city" has become a new trend in urban safety governance at home and abroad. The "resilience" concept emphasizes the integration of social, economic, and natural factors, focuses on the multi-sectoral and multi-agent cooperation in disaster response, and advocates learning, reorganizing, transformation and so on in the disaster-resistance and recovery phases to enhance the urban ability of response, digestion, recovery, and sustainable development.

Based on China's national conditions and drawing on international experience, the "Report" brings forward that in the new development stage, China's urban safety governance reform must proceed from several aspects, including changing the concept of emergency governance, establishing and improving the legal system, institutions and mechanism of security governance. Specifically, we should adhere to the overall security concept, promoting full vision, normalization and full cycle governance; improve the legal system to provide legal guarantee for urban security governance; adhere to the "peacetime and wartime integration" to strengthen the top-level design of urban safety governance; encourage social participation to promote multiple collaborative governance of urban safety; strengthen safety education and the construction of grassroots emergency safety capacity; adhere to the science and technology empowerment, and improve the urban safety governance; comprehensively improve the urban public security governance capacity, ensure the stable and healthy operation of the city, and build a more "resilient" and more sustainable safe city.

Keywords: Urban Safety; Emergency Management; Multi - Governance; Full - Cycle Conception; Resilient City

Contents

Ⅰ General Reports

B. 1 China's Urban Safety Governance: Challenges and Countermeasures *Research Team* / 001

Abstract: With the rapid development of urbanization and highly intensified construction of human beings, the size of the urban population is increasing, the space is expanding, and the social structure and the production and life relations are increasingly complex. In general, cities are entering a "risk society" which is featured with frequent natural disasters, fragile urban system and normalized emergency. Urban safety is facing more and more severe challenges. Since the SARS epidemic in 2003, China's urban safety governance and construction have made remarkable achievements. Nevertheless, there are still some problems such as public safety plans lagging behind the requirements of urban development, the inadequate safety laws and regulations system, passive response model of urban safety governance, and the lack of active defense and cross-department cooperation. Based on current circumstance and drawing on international experience, this article proposes to continue to promote the reform of urban safety governance under the framework of "one-plan-three-system": adhering to the overall security concept and establishing a full-scope, normalized, and full-cycle governance; improving the legal and regulatory system and building a legal foundation for urban safety governance; strengthening resilient thinking and enhancing the top-level design; improving the city emergency plan system based on local conditions; encouraging social participation to realize multiple coordination;

accelerating empowerment and capacity expansion to increase the grassroots safety governance capacity; and emphasizing technological innovation to further enhance the effectiveness of urban safety governance. In this way, we can build a more resilient and sustainable city.

Keywords: City; Safety Governance; One-plan-three-system; Full-Cycle Conception

B. 2 Evaluation of China's Healthy City Development in 2019 -2020

Wu Zhanyun, Shan Jingjing and Zhang Shuangyue / 040

Abstract: The rapid process of urbanization, industrialization and globalization is promoting the formation of a high-density, high-intensity and high-mobility urban development model in China. The accumulated risks and sub-health problems in the process of urban development are becoming prominent. Based on the analysis of the problems and challenges faced by the healthy development of Chinese cities, this paper systematically evaluates the healthy development of Chinese cities based on the five dimensional evaluation model covering health economy, health society, health culture, health environment and health management. The evaluation results show that: the "short board" problem of China's urban healthy development has been alleviated, but the regional imbalance situation is continuing, and the imbalance pattern of "strong in the South and weak in the North" is more evident; megacities occupy an absolute advantage in economic quality and efficiency, and the eastern coastal areas continue to lead high-quality development; the regional gap of basic public services is gradually narrowing, the equalization of medical and cultural services still need to be improved; the health management level of medium-sized cities is the highest, and there are obvious "short boards" of health management in mega cities. In the future, we should promote the formation of a public safety oriented spatial pattern, build a diversified health co governance mechanism and interregional collaborative governance mechanism, actively participate in global health governance, and comprehensively promote urban health and sustainable development.

Keywords: Healthy Development Index; Healthy City; Structure Features; Spatial Features; Urban Governance

Ⅱ Urban Governance Chapters

B. 3 Assessment on the Ecological Management of Urban Communities and Public Health Service Capacity

Zeng Chen, *Deng Xiangzheng*, *Yang Jing and Zhao Tongxin* / 084

Abstract: In this study, we have made a participatory investigation in 64 typical urban communities nationwide and obtained 666 questionnaire and 64 semi-structured interviews to carry out assessment and analysis on ecological management and public health service capacity of urban communities. We used the ecological management of urban communities and epidemic prevention and control capacity as the research objective. In the criterion layer, we applied sanitation and public health, ecological awareness and behavior, landscape and management service to construct the indicator system. The geographical distance was used to formulate the spatial Technique for Order Preference by Similarity to an Ideal Solution (TOPSIS) to make the assessment. The results showed that there were apparent differences in the dimensions of sanitation and public health, and ecological awareness and behavior between the traditional communities and new-type communities. Generally, there were drawbacks on the property maintenance and garbage collection and sorting in communities. The satisfaction degree on sanitation and public health was at low levels. In the future, it is suggested that the ecological management of urban communities be strengthened from the perspective of guiding and restraining the consuming behavior and lifestyle of urban residents. It is also necessary to reinforce the public health service capacity.

Keywords: Residents Satisfaction; Ecological Management; Participatory Investigation; TOPSIS

B. 4 From Emergency Response to Resilience: Resilient City Construction in Risk Governance

Shan Jingjing, *Wang Fei* / 099

Abstract: Resilient city is a hot issue in academic research and urban construction practice in recent years. This paper summarizes the definition, research emphases and development of the theory of resilient cities in different disciplines at home and abroad, and the progress and results of the construction of resilient cities in China from the aspects of urban planning, ecological resilience, disaster prevention and resistance, emergency management system and other key aspects. This paper points out that the current urban construction in our country is faced with prominent problems that the national spatial planning, the infrastructure construction, the urban governance management capacity and urban ecological environment construction all lag behind the development needs. In the face of disasters, the robustness, redundancy, adaptability and resilience of cities are obviously insufficient and generally lack of urban resilience. Therefore, combining with international experience, this paper puts forward some countermeasures and suggestions to strengthen the construction of resilient cities in China from the aspects of strengthening the top-level design of resilient cities, improving the supporting laws and regulations, reinforcing the resilience of infrastructure and ecological environment, enhancing the disaster prevention and emergency management capacity by using smart means, and strengthening the disaster prevention and emergency response capacity of the grassroots.

Keywords: Resilient City; Disaster Prevention and Mitigation; Emergency Governance; Risk Governance; Construction of Resilience

B. 5 Research on Urban Waterlogging Control from the Perspective of Rainwater Reclamation *Shan Jingjing* / 115

Abstract: In recent years, affected by global climate change, extreme rainfall has increased, and urban waterlogging is becoming a new type of natural disaster, seriously threatening urban development and the safety of people's lives and property. However, China is a country with severe water scarcity, and there is a huge water shortage in cities. How to solve the problem of urban waterlogging and make good use of rainwater resources has become an urgent task. Therefore, it is necessary to change the traditional urban waterlogging control mode of "rapid drainage and terminal treatment", take the concept of "natural infiltration, source control" from the perspective of water ecological restoration and water cycle regulation, and combine natural and artificial measures, underground construction and ground construction, and the green engineering, gray engineering and blue engineering, to establish the whole process management cvering source control, pipe network drainage, storm water absorption, and rainwater utilization.

Keywords: Waterlogging Control; Rainwater Reclamation; Drainage Network; Sponge City

Ⅲ System Construction Chapters

B. 6 Research on China's Urban Emergency Management System *Zhuang Guobo*, *Shi Xin* / 123

Abstract: Urban emergency management is related to economic development, social order and the life quality of citizens. The construction of China's urban emergency management system has gone through three stages—— "initial development", "significant shift" and "comprehensive optimization", and has achieved certain results. But at the same time, the response to COVID -19 epidemic reflects that there are still some shortcomings in city's emergency management system in

China. It is necessary to change the whole society's safety concept, reconstruct the legal system for emergency response, optimize the participation channels for multiple subjects and improve the enthusiasm of grassroots organizations, to promote the construction of China's urban emergency management system.

Keywords: Urban Emergency Management; System Construction; Multiple Participation

B. 7 Main Problems and Policy Suggestions of Modern Urban Governance *Hao Qing, Shan Jingjing and Miao Tingting* / 138

Abstract: Promoting the modernization of urban governance is a key measure to enhance the comprehensive competitiveness and sustainability of cities, and is also a breakthrough to enhance our social governance capacity. In view of the complex, diversified and individualized trend of cites in China, this paper puts forward some policy suggestions to promote the modernization of urban governance: (1) The management concept should be renewed, and the physical space oriented planning and construction management should be changed to people-oriented, so as to promote the comprehensive development of people; (2) It is necessary to adjust the urban governance structure and give full play to the coordinated action of multiple subjects. (3) We should combine the administrative means, economic means, legal means and other means to enhance the efficiency of urban governance. (4) We should refine the grassroots governance unit, realize the sinking of resources to the community, and improve the level of grassroots governance. (5) The awareness of "full cycle governance" needs to be established to achieve prevention in advance, control in the event, and reflection after the event. (6) According to the governance needs of modern urban areas such as urban agglomerations and metropolitan areas, we should expand the physical boundaries of urban administration and promote regional co-governance. (7) We should strengthen the construction of laws, regulations and systems in the field of urban governance, pay attention to the education of citizens, and form a good governance atmosphere. (8) Urban governance should focus on shaping a good living environment and improving the ability of urban crisis response so as to achieve high-level governance of modern cities.

Keywords: Urban Governance; Precise Governance; Grassroots Governance; Ecological Civilization

B. 8 Resilient Community: Direction and Exploration of Community Construction in Risk Governance *Wang Dianli, Xu Jingran* / 154

Abstract: The novel COVID - 19 pandemic outbreak in 2020 has greatly impacted the public health emergency management system in China, but it also provided a rare opportunity to test the achievements of our community building. As the end of the national governance capacity and governance system modernization, communities play the role of fortress to prevent external import and internal proliferation. Community protection has also changed from the initial emergency management to resilient community construction, from the simple pursuit of recovery to the full cycle oriented integration and development. Through self-protected contraction, internal digestion and integration, accumulating strength to rebound, resilient community gives full play to adaptability, learning and innovation, in order to achieve a new balance and sustainable development of the community. At present, there are still some problems in the construction of resilient community in China, such as system failure, weak organizational participation and dependence on resources and technology. It is also necessary to enhance institutional resilience, organizational resilience, resource resilience and technological resilience to achieve collaborative and efficient community governance, and to create a normalized resilient mechanism combining peacetime and wartime, so as to promote the development of national governance capacity and modernization.

Keywords: Resilient Community; Full-cycle Conception; Organizational System; Social Network; Multiple Governance

Ⅳ Technological Innovation Chapters

B. 9 Research on Urban Public Safety Governance Driven by Big Data

Liu Kuanbin, *Zhang Zhuoqun* / 171

Abstract: Urban public safety governance is an important issue for China to build well-off society and move towards urban governance modernization. As a typical representative of the new generation of information technology, big data has brought new ideas for the whole process of "pre-event", "in-event" and "after-event" of urban public safety. In addition, to apply big data technology in urban public safety governance practices in large-scale faces the following challenges: (1) breaking through the "data island" problem; (2) solving the problem of data storage and structure; (3) preparing for security issues; (4) further enhancing data mining capabilities. Finally, some policy recommendations are mentioned to promote the application of big data technology to urban public safety governance: establishing a unified public safety big data system, enhancing unstructured data processing capabilities, strengthening data security management, developing big data mining capabilities, encouraging the diversified development of participating entities and promoting multi-sectoral collaborative governance.

Keywords: Big Data; Urban Public Safety; Whole Process

B. 10 Research on the Application and Development of Artificial Intelligence in the field of Urban Public Safety

Zhou Ji, *Niu Zhankui* / 187

Abstract: With the maturity of artificial intelligence technology and the continuous enrichment of application scenarios, artificial intelligence technology provides new ideas and new means for solving urban public safety problems. In

terms of urban public safety, the effective integration of artificial intelligence technology is conducive to improving the current situation of urban public security and creating a more secure, stable and harmonious space for public life. Artificial intelligence has made great achievements in maintaining public safety in cities, but there are also some security risks. It's necessary for the government to consider the overall strategy, strengthen technological innovation, actively participate in international communication and cooperation, eliminate security risks, realize the modernization of governance system and governance ability, and further enhance the well-being and sense of gain of citizens.

Keywords: Artificial Intelligence; Public Safety; Governance Capabilities

B. 11 Research on the Demand and Supply of Emergency Logistics under the Background of Public Safety Crisis

Wang Han / 204

Abstract: Emergency logistics is an important part of China's emergency material security system, and an important link and guarantee for responding to public safety crises. The novel COVID -19 pandemic further shows the important role of emergency logistics in the public safety crisis, and also exposes many urgent problems. This paper firstly analyzes the characteristics and difficulties of the demand, supply and matching of emergency logistics. Then, it summarizes the problems existing in China's urban and rural emergency logistics, as well as the relatively mature emergency logistics management system in foreign countries. Finally, combined with China's national conditions, this paper studies and puts forward some suggestions to promote the healthy development of urban and rural emergency logistics in China.

Keywords: COVID - 19 Pandemic; Emergency Logistics; Supply and Demand Matching

V Social Governance Chapters

B. 12 Research on Multi-Cooperative Governance of Urban Public Safety *Li Hongyu* / 214

Abstract: The management, coordination and guarantee of urban public safety need to be systematically designed from the aspects of system, mechanism and policy, public opinion and technical support. Urban public safety involves many fields and subjects. In the overall design of protecting urban public safety and responding to public safety risks and events, how to achieve effective multi-cooperation is very important. At present, the multi-cooperation is still a short board in China's urban public safety governance, which needs mechanism design and innovation.

Keywords: Urban; Public Security; Multi-Cooperation

B. 13 China's Emergency Education and National Emergency Literacy: the Status Quo, Problems and Countermeasures *Miao Tingting* / 226

Abstract: The key to improving social emergency management capabilities lies in people. The disaster managing capabilities of a person or a social group are not inborn, but are gradually formed through education and training. Therefore, emergency education is of vital importance in the construction of emergency management capabilities. In the past two decades, our emergency education system, reflected as "government-led with social pluralistic participation" has been basically established, and the emergency literacy of citizens has been significantly improved. Nevertheless, because Chinese citizens have a "weak foundation" in the crisis awareness, it still poses a great challenge to emergency education. In the future, we need to conduct in-depth reforms in school, government, media, unit and community education, and emergency force training, and then to achieve the ultimate goal of national emergency literacy improvement.

Keywords: Emergency Education; Emergency Literacy; Crisis Awareness; Crisis Management Capacities

Ⅵ Emergency Industry Chapters

B. 14 The Progress, Challenges and Countermeasures of Chinese Emergency Industry *Cong Xiaonan, Ji Junyu* / 241

Abstract: Developing emergency industry is an inherent requirement for protecting the safety of people's lives and property and maintaining social stability. The emergency industry is different from the ordinary industry with great particularities. Its products have social publicity, irregular demand, high R&D cost, specificity and convertibility. Chinese emergency industry has made great achievements, but it still faces many problems and challenges. Based on the characteristics of the emergency industry and the new requirements for emergency management, it is proposed that developing Chinese emergency industry should adhere to the basic way of government guidance and market dominance, and promote from many aspects such as innovation capabilities, development environment, standard system, and military-civilian integration.

Keywords: Emergency Industry; Industrial Policy; Public Safety; Emergencies

B. 15 Development Status, Problems and Countermeasures of Network Security Industry *Zhang Zhuoqun* / 257

Abstract: Network security industry is one of the core fields of the new generation information technology industry, and it is also one of the key industries in China. Promoting the healthy and stable development of China's network security industry is of great significance to safeguarding cyberspace sovereignty, national security, social and public interests, and protecting the legitimate rights and interests of citizens, legal persons and other organizations. Based on the analysis of the development of China's network security industry, the report clarifies the shortcomings of China's network security industry in terms of industrial scale, industrial chain, talent supply and innovation ability, discusses the opportunities created by the information technology revolution and the expansion of opening-up, as well as the challenges brought about by the global economic downturn and domestic mechanism reform, and proposes to continuously optimize and improve the construction of information infrastructure, personnel training and industrial innovation, enterprise development and subject cultivation, and overseas market development, so as to promote the high-quality development of China's network security industry.

Keywords: Network Security Industry; New Generation of Information Technology; High Quality Development

Ⅶ Chinese Experience Chapters

B. 16 Progress and Experience of Public Safety Governance of Beijing Municipal *Gong Yi* / 270

Abstract: As a mega city and national capital, Beijing's public safety governance model and experience has significant reference value for other cities in China. The paper reviews the new layout and measures of Beijing's public safety governance from the aspects of public safety policies and regulations, emergency governance system, grassroots governance mechanism, public safety special action, new technology application, multi governance and regional co-governance, and further summarizes and analyzes the experience and some inspirations from Beijing's public safety governance.

Keywords: Public Security; Governance; Emergency Management; Megacities

B. 17 Experience and Innovation of Urban Safety Governance in Shanghai *Jiang Huafu* / 289

Abstract: The healthy and safe operation of the city is an important premise and guarantee for Shanghai to become an outstanding global city and a socialist modern international metropolis with world influence. Through the construction of systematic urban safety risk monitoring and early warning system, scientific and strict urban safety management prevention and control network, efficient urban safety emergency response system, comprehensive and effective urban safety multiple governance system and safety supervision and defense line in relevant key areas, Shanghai has continuously strengthened urban safety and governance innovation, effectively improved the urban safety management system and the modernization level of governance capacity, which provides valuable experience for the safety governance of super large cities.

Keywords: Shanghai; Urban Security; Governance System, Governance Capacity Modernization

B. 18 Analysis of Qingdao Experience on Public Safety Governance from the Perspective of Smart City *Ge Tong* / 307

Abstract: Information technology has gradually penetrated into all aspects of urban production and life. Many new technologies and new methods have made breakthroughs, and have been put into commercial use. Cities are becoming smarter, and managers are trying to use these new technologies and tools to improve public safety governance. Qingdao has accumulated rich practice in promoting urban public safety management through the construction of smart city. Firstly, this report combs the important role of information technology in public safety management. Then, we discuss Qingdao's public safety management work from three aspects (data technology infrastructure, capacity building and integrated intelligent system construction). "Digital anti-epidemic" cases are analyzed. The report extracts Qingdao's experience of "advanced planning of infrastructure, steady promoting of capacity building, and sticking to the demand of application construction", which provides great reference for other cities to improve the level of public safety management.

Keywords: Public Safety Management; Smart City; Information Technology; Qingdao

Ⅷ International Experience Chapters

B. 19 The Experience of London's Safety Governance: Building a More Resilient Global City *Wang Xiaoyang* / 322

Abstract: Building a resilient city is the critical strategy and approach for urban safety governance. This article introduces the background and current situation of London's vision as a resilient city, points out the main shocks and stresses that challenges London's future as a resilient city, and introduces London's future actions to build a resilient city from three aspects: people resilience projects, such as food safety issues; place resilience projects, such as zero-carbon and decarbonized infrastructure; process resilience projects, such as countering terrorism, strengthening city cooperation and collaboration, and establishing a global emergency network. Finally, on the basis of summarizing London's urban resilience strategies, three policy recommendations are put forward for China's urban safety governance.

Keywords: Urban Safety Governance; London; Resilient City; Resilient Strategy

B. 20 Analysis of New Zealand's Emergency Management System and Resilient City Strategy *Miao Tingting*, *Chen Lifeng* / 335

Abstract: As an island country in South Pacific, New Zealand is vulnerable to natural disasters due to its geographical location and natural conditions. With the frequently happening of disasters, New Zealand has developed a comprehensive system of emergency management. Especially after the legislation of "Civil Defense Emergency Management Act 2002", the government introduced the concepts of "resilience" and "sustainability" into the new emergency management system, in which the coordination of governmental institutions and social stakeholders were strengthened. In the city scale, Wellington joined the Rockefeller Foundation's "Global 100 Resilient Cities Project" and formulated a comprehensive strategy for the construction of resilient cities to better respond to the increasingly frequent social, economic and natural challenges. New Zealand's emergency management system and resilient city strategy have positive reference for cities all over the world.

Keywords: New Zealand; Emergency Management; Wellington; Resilient City

Ⅸ Appendix

B. 21 Memorabilia of Urban Development

Wu Zhanyun, *Zhang Shuangyue* / 351

权威报告·一手数据·特色资源

皮书数据库

ANNUAL REPORT(YEARBOOK) DATABASE

分析解读当下中国发展变迁的高端智库平台

所获荣誉

- 2019年，入围国家新闻出版署数字出版精品遴选推荐计划项目
- 2016年，入选“‘十三五’国家重点电子出版物出版规划骨干工程”
- 2015年，荣获“搜索中国正能量 点赞2015”“创新中国科技创新奖”
- 2013年，荣获“中国出版政府奖·网络出版物奖”提名奖
- 连续多年荣获中国数字出版博览会“数字出版·优秀品牌”奖

成为会员

通过网址www.pishu.com.cn访问皮书数据库网站或下载皮书数据库APP，进行手机号码验证或邮箱验证即可成为皮书数据库会员。

会员福利

- 已注册用户购书后可免费获赠100元皮书数据库充值卡。刮开充值卡涂层获取充值密码，登录并进入“会员中心”—“在线充值”—“充值卡充值”，充值成功即可购买和查看数据库内容。
- 会员福利最终解释权归社会科学文献出版社所有。

数据库服务热线：400-008-6695
数据库服务QQ：2475522410
数据库服务邮箱：database@ssap.cn
图书销售热线：010-59367070/7028
图书服务QQ：1265056568
图书服务邮箱：duzhe@ssap.cn

社会科学文献出版社 皮书系列
SOCIAL SCIENCES ACADEMIC PRESS (CHINA)
卡号：151663237747
密码：

S 基本子库
UB DATABASE

中国社会发展数据库（下设 12 个子库）

整合国内外中国社会发展研究成果，汇聚独家统计数据、深度分析报告，涉及社会、人口、政治、教育、法律等 12 个领域，为了解中国社会发展动态、跟踪社会核心热点、分析社会发展趋势提供一站式资源搜索和数据服务。

中国经济发展数据库（下设 12 个子库）

围绕国内外中国经济发展主题研究报告、学术资讯、基础数据等资料构建，内容涵盖宏观经济、农业经济、工业经济、产业经济等 12 个重点经济领域，为实时掌控经济运行态势、把握经济发展规律、洞察经济形势、进行经济决策提供参考和依据。

中国行业发展数据库（下设 17 个子库）

以中国国民经济行业分类为依据，覆盖金融业、旅游、医疗卫生、交通运输、能源矿产等 100 多个行业，跟踪分析国民经济相关行业市场运行状况和政策导向，汇集行业发展前沿资讯，为投资、从业及各种经济决策提供理论基础和实践指导。

中国区域发展数据库（下设 6 个子库）

对中国特定区域内的经济、社会、文化等领域现状与发展情况进行深度分析和预测，研究层级至县及县以下行政区，涉及地区、区域经济体、城市、农村等不同维度，为地方经济社会宏观态势研究、发展经验研究、案例分析提供数据服务。

中国文化传媒数据库（下设 18 个子库）

汇聚文化传媒领域专家观点、热点资讯，梳理国内外中国文化发展相关学术研究成果、一手统计数据，涵盖文化产业、新闻传播、电影娱乐、文学艺术、群众文化等 18 个重点研究领域。为文化传媒研究提供相关数据、研究报告和综合分析服务。

世界经济与国际关系数据库（下设 6 个子库）

立足"皮书系列"世界经济、国际关系相关学术资源，整合世界经济、国际政治、世界文化与科技、全球性问题、国际组织与国际法、区域研究 6 大领域研究成果，为世界经济与国际关系研究提供全方位数据分析，为决策和形势研判提供参考。